Sascha Stahl | Der Reißverschlusskönig

SASCHA STAHL

Der Reißverschlusskönig
Eine helvetische Lebensgeschichte

BUCHER

Bibliografische Information der Deutschen Nationalbibliothek:
Die Deutsche Nationalbibliothek verzeichnet diese Publikation
in der Deutschen Nationalbibliografie; detaillierte bibliografische
Daten sind im Internet über http://dnb.d-nb.de abrufbar.

1. Auflage 2011
© BUCHER Verlag, Hohenems – Wien
www.bucherverlag.com
Alle Rechte vorbehalten

Umschlaggestaltung: Angelika Wittwer
© *Fotos:* Alex Baur
Lektorat: Peter Natter
Druck: BUCHER Druck Verlag Netzwerk

Printed in Austria

ISBN 978-3-99018-067-9

Die Kapitel

DIE JUGENDJAHRE

1. Kapitel, *das von einem Lebemann erzählt, der in einem denkbar unglücklichen Moment aus seinem doch recht zufriedenen Leben gerissen wird, wodurch diese Geschichte eigentlich beginnt.*   8
2. Kapitel, *das von einem Mystiker handelt, der nicht so glücklich lebt wie sein Bruder, der Lebemann, aber dennoch ähnlich aus seinen Träumen gerissen wird.*   34
3. Kapitel *über einen Unternehmer, der die beiden Vorigen zu Hilfe ruft, weil er wirklich gute Gründe dafür hat.*   56

DER AUFBAU

4. Kapitel, *in dem ausführlich vom tolldreisten Plan der drei erzählt wird, und zwar aus Sicht der nicht wenig in Mitleidenschaft gezogenen Frau des Unternehmers.*   86
5. Kapitel *über die glückselige Wendung im Leben unserer vier Helden, mit zum Teil ganz vorzüglichen Anekdoten über Dinge, die später manchmal lustig, oft aber schauerlich enden. Erzählt von einem, der es wissen muss.*   116
6. Kapitel, *das sich einer ganz speziellen Anekdote verdankt, an die unsere Freunde noch länger denken werden, als ihnen lieb ist. Dargelegt und lustvoll kommentiert von einem ganz speziellen Freund.*   134

DIE WILDEN JAHRE

7. Kapitel, *das ausführt, wie Martin Othmar Hilfe anbietet, selbst aber fast mehr davon braucht, weil so unsagbare Dinge geschehen sind, dass man meinen möchte, es handle sich um handfeste Lügengeschichten.*   160

8. Kapitel, *das davon handelt, wie Peter wieder zu Othmar und Martin stößt, obgleich angeführt werden muss, dass dies nicht so einfach ist, wie es erscheinen mag.* 187

9. Kapitel, *das dem Leser nicht verbergen kann, wie sehr die drei in Gefahr schweben, in dem es aber dennoch gelingt, preiszugeben, mit welchen Mitteln sie dagegen ankämpfen.* 208

Die bösen Jahre

10. Kapitel, *das die Geschichte einmal aus einer anderen Perspektive beleuchtet, was manchen Leser, aber auch die erzählende Person besonders betroffen macht.* 234

11. Kapitel, *das wohl nicht alle Zweifel, dass diese Geschichte noch gut endet, ausräumen kann, aber immerhin von einer hoffnungsvollen Stimme vorgetragen wird.* 263

12. Kapitel, *das uns immer tiefer in einen Strudel von Konfusion und Spannung hineinziehen wird, so dass es scheint, nur ein ausgefuchster Anwalt könne darüber Rechenschaft ablegen.* 284

13. Kapitel, *das in immer heiklere Sphären gleitet, bis einige Dinge an den Tag kommen, die wir uns nie und nimmer erträumt hätten.* 307

14. Kapitel, *das davon erzählt, wie es denen ergehen kann, die den Ereignissen des letzten Kapitels zu unvorsichtig und mit etwas zu viel Theatralik nachgehen.* 318

15. Kapitel, *das an jenen Ort führt, der scheinbar unvermeidbar war, auf jeden Fall aber ein Ende und einen Anfang zugleich bedeutet.* 326

Anhang 339

Die Jugendjahre

1. Kapitel,

das von einem Lebemann erzählt, der in einem denkbar unglücklichen Moment aus seinem doch recht zufriedenen Leben gerissen wird, wodurch diese Geschichte eigentlich beginnt.

Othmar setzt gerade zu einem erotischen Kunstgriff erster Güte an. Seine Augen sind festgezurrt an ihrem Dekolleté. Seine Hände auch. Die Bänder des Korsetts aber leider ebenfalls. Nun müsste beherzte Handarbeit folgen, hielte ihn nicht ein mächtiges Poltern an der Tür zurück. Es gibt fast nichts, was ihn in einem solchen Stadium aufhalten könnte. Er ist zwar in wenigen Bereichen seines Lebens sehr konsequent, aber in diesem dafür auf ganz besondere Weise. Dieses Poltern muss etwas ganz Schreckliches bedeuten, etwas wirklich Schreckliches!

Dabei hat er gerade bei dieser bodenständigen jungen Dame recht lange gebraucht, um seine Fingerfertigkeiten einsetzen zu können. Sie ist die Tochter eines Gemüsehändlers am Marktplatz. Gebildet, aber nicht in den wichtigen Dingen des Lebens. Aufgeweckt, aber nicht in der Nacht. Als er sie das erste Mal gesehen hat, glaubte sie noch, dass ein Mund allein dem Essen oder Beten und eine heruntergelassene Hose einzig der Notdurft oder der Erziehung diene. Dieser Glaube hat sich seither grundlegend gewandelt, dafür hat Othmar im letzten halben Jahr gesorgt. Seit etwa einem Monat ist sie so weit, eine väterliche Liebe zu suchen, die, sobald der Zauber einer reifen Liebschaft aufgebaut und das Vertrauen in den Überbringer dieser Liebe noch nicht erschüttert ist, nahtlos in ein schamlos betriebenes Physicum übergehen darf. Dafür braucht er jetzt nur einen unverdächtigen Anfang. Und just heute Abend ist ihm ein solcher aus seiner Kindheit in den Sinn gekommen: Er trippelt mit Zeige- und Mittelfinger über ihren Bauch und bald auch über ihr Dekolleté, während er rezitiert: »Es kömmt ein Bär von Konstanz her. Ich seh' nen Braunen und nen Weißen. Die kommen, um der Yvonne in die Nas zu beißen!«

Dann zwickt er sie lustig in die Nase und die Wangen und bald einfallsreich in die Nippel, und schwupp, da ist die Bluse schon offen und der Bär tippelt fröhlich über ihr Grübchen bis an den Bauchnabel, weit über Konstanz hinaus, bis nach Schamhausen, wo er sich im dichten Gestrüpp verfängt, der schusselige Bär, und dort lautlos verschwindet. Und nun poltert der unselige Diener wie ein Irrer an die Tür!

»Verdammt, Heinrich, nicht jetzt! Nicht jetzt!«

»Herr, es ist wichtig. Ich bin untröstlich.«

Der Bär auch. Er zieht seine Hose rauf, die sich im Verlaufe des Abends gelöst haben muss, wie Yvonne bemerkt. Othmar ist sehr aufgebracht. Heinrich ebenfalls.

»Herr, es ist eine Nachricht aus Wuppertal«, zischt er eindringlich durch die Tür.

»Nicht aus Konstanz?«, fragt Yvonne und bemerkt die Unordnung um ihren Busen. Sie errötet ein wenig, fast so wie die Flammen im Kamin nebenan. Othmar ist bereits aufgestanden und an die Tür geeilt. Heinrich übergibt ihm stumm ein Telegramm. Othmar öffnet es, sieht kurz seinen Diener an, der jedoch den Augenkontakt vermeidet und erst wieder aktiv wird, als sein Herr in das Ankleidezimmer hineinstürzt. Yvonne sieht ihm fragend nach. Der Bär ist indessen verschwunden.

»Othmar, der nächste günstige Zug geht erst übermorgen Nacht. Sie können jetzt nicht weg!«, versucht Heinrich die Situation zu beruhigen.

Doch Othmar verharrt in seinem Entsetzen. Er steht ratlos vor seinem Kleiderschrank, denn er hat seit Jahren keine seiner fein gebügelten Hosen mehr selbst in einen Koffer gepackt, und auch die gestärkten Hemden werden ihm jeden Morgen von flinken Händen gereicht.

Das ist wohl der Moment, in dem ich mich als Autor einbringen muss. Sie verstehen, auch ein eher biografisch abgehandelter Roman verlangt ab und zu, trotz Anrecht auf Fantasie und Fiktion, nach einer objektiven Einschätzung, nach einem mahnenden Gewissen, nach einem neutralen Dritten sozusagen, der sich vom Geschehen nicht mitreißen lässt. Diese Rolle übernehme ich, und ich werde immer wieder an jenen Stellen auftauchen, die eine vermittelnde Instanz notwendig erscheinen lassen. Sie werden sehen, es ist in diesem Roman nicht immer alles, wie es scheint. Manchmal galoppieren die Gedanken der Erzählenden davon, verheddern sich in Wunschbildern oder Fiktionen oder sind ganz einfach verloren im Gestrüpp langjährig verbrämter Erinnerungen. Das ist der Nachteil, wenn man sich auf Dritte verlässt, auf Augenzeugen und Zeitgenossen, die ihre Sicht der Dinge in dieser Geschichte kundtun. Der Vorteil jedoch ist, dass wir diese Lebensgeschichten so nah und präzise erfahren, wie sie wirklich geschehen sind oder wie sie zumindest von jenen kolportiert werden, die dabei gewesen sind. Näher können wir der Wahrheit nicht kommen. Natürlich verbirgt sich auch mit dieser Methode vieles im Dunkeln. Vieles muss literarisch ergänzt und kann nur vermutet werden.

Im vorliegenden Fall ist mit Recht von gesicherten Tatsachen zu sprechen: Othmar hatte ein gutes Leben und war damit zufrieden. Das war im Jahr 1936 nicht einmal in der Schweiz selbstverständlich, auch nicht in St.Gallen, wo wir uns gerade befinden. Europa war in einer unbehaglichen Situation. Überall formierten sich eigenartige politische Gebilde und die Wirtschaft siechte an einem Virus, den man bisher einfach nicht kannte. Aber davon später. Wollen wir einmal schauen, weshalb es unserem Lebemann so gut ging und warum er überhaupt ein solcher wurde:

Der Januar 1908 war kein Monat, dessen die Geschichte besonders gedenkt. Am achten des Monats starb Othmars Vater an Herzversagen.

Wie jeden Morgen schritt dieser pünktlich um 7:08 Uhr durch sein Kontor und wies allein damit seine Untergebenen unmissverständlich darauf hin, dass ein weiterer Tag in ihrem Leben als Buchhalter, Disponent oder Stenotypistin angebrochen war und sich nichts ändern würde, gar nichts, solange er diesen Gang fortsetzte. Aus seinem Jackett leuchtete eine goldene Kette, und an dieser Kette hing eine goldene Uhr. Diese Uhr wurde im Mikrokosmos seines Kontors fast mehr gefürchtet als der Leibhaftige. Nach dieser Uhr richteten sich Sterne und Schicksale, und gar manche Existenz zerbrach an einer Minute, die sie sich zu spät in den Reihen der Arbeitenden einfand. Im Saal herrschte sakrale Ruhe. Nur die Schreibapparate erfüllten die Stille mit einem unaufhörlichen Takt, der Punkt sieben Uhr in der Früh begann und nach 18 Uhr allmählich verstummte. Dann saßen nur noch vereinzelte Köpfe hinter den grün schimmernden Tischleuchten. Manchmal huschte eine Aufräumerin zwischen den Reihen hindurch. Später dann, wenn sich nichts mehr rührte, wenn die Zahlen schwiegen und sich der Dunst seines Zigarrenrauchs im Saal gelegt hatte, unternahm Othmars Vater seinen Gang in die entgegengesetzte Richtung, schloss die Tür ab und verließ sein Reich.

An jenem 8. Januar 1908 zeigte seine goldene Uhr bereits 7:30 Uhr. Er hatte also seinen Gang hinter sich gebracht. Der Saal war erfüllt von Demut und Dienstbeflissenheit. Die Schreibapparate knatterten. Er griff sich ans Herz. Der Druck unter seinem Jackett war diabolisch. Noch nie hatte er an so viele Dinge gleichzeitig gedacht. Er fürchtete sich, es schmerzte ihn, er wurde lahm, ihm wurde heiß, ihm wurde kalt. Niemand bemerkte etwas. Seine Zigarre brannte artig bis an seine Lippen ab, denn es war eine Dannemann, eine noble Marke, deren Asche bis zu seinem letzten Zug glühte.

Als der Prokurist gegen Mittag scheu an die Tür klopfte und sich niemand rührte, ging er ergeben wieder zurück an sein Pult. Er wunderte sich, dass ihm sein Patron nicht antwortete. Als Prokurist war er schließlich der Erste unter den Elenden. Aber die Zeit war nicht reif, zu hinterfragen, was Chefs tun und weshalb sie etwas tun. Das Verhalten Höhergestellter war keine Ansichtssache, sie waren eine Institution, ähnlich wie der Staat oder damals auch noch die Kirche. Also schrieb er weiter, so lange, bis ihn die Neugier vom Stuhl riss. Die war damals schon stärker als die Höflichkeit. Und er hatte auch schon eine geradezu verwegene Idee: Um die Tinte nachzufüllen, musste man in einen entlegenen Lagerraum gelangen. Von dort konnte man, wenn man Glück hatte, durch die hinteren Glasscheiben in das Innere des Chef-Refugiums schauen.

Er fragte also nicht die Sekretärin nach Tinte. Weder fragte er seinen Stellvertreter, was er üblicherweise sicherlich getan hätte, noch beauftragte er einen Lehrling. Nein, er, der Prokurist, stand auf und schritt mit entschlossener Miene in Richtung des Lagerraums. Sein Herz pochte heftig. Doch als leitender Elender hatte er sich über Jahre die Haltung eines Würdenträgers antrainieren können. Er bog also um die vorderen Pultreihen, sah die Tür des Patrons immer noch verschlossen, huschte in den Gang und steuerte auf den Lagerraum zu. Bevor er den Schlüssel drehte, schaute er noch kurz zurück, dann bückte er sich jäh und spähte durch das Glasfenster. Was er sah, ließ ihm alle Würde aus dem Gesicht entgleiten.

Othmar stand kurz vor seinem 19. Geburtstag, als er an jenem kalten Wintermorgen an der Spitze des Trauerzuges ging, der von der Marktgasse in die Gallusstrasse einbog. Ihm und seinen drei Gehilfen, die den Sarg trugen, folgte eine unüberschaubare Schar schwarz Gekleideter, die andachtsvoll einherschritt und dem Tod fast etwas Würdevolles verlieh. Dicht hinter ihm ging seine Mutter, die aus ihrer gebückten Haltung immer wieder angstvoll zu ihm aufsah. Sein Bruder Peter hatte ihn gefragt, ob er das Tragen übernehmen solle. Aber Othmar traute sich nicht, gegen den Willen der Mutter zu opponieren. Und diese traute sich nicht, sich gegen den Willen der Kirche zu stellen. Also trug Othmar, weil die Kirche es so wollte. Nun aber hörten seine Mutter und sein Bruder Peter sein Ächzen und es übertönte manchmal sogar das Schluchzen der Heuchlerinnen hinter ihnen.

Als sie beim Dom angekommen waren, hielt der Leichenzug inne. Der Pfarrer erwartete sie an einer weitläufig ausgehobenen Mulde und Othmar war froh, bald von der Last seines Vaters enthoben zu sein. Als die vier Männer die schwarze Holzkiste auf die Erde stellten, geschah jedoch etwas, was das Leben des bald Neunzehnjährigen nachhaltig beeinflusste. Er stellte für einen

Moment die Lade auf seine Schultern, während die drei Gehilfen ihre Last bereits über den Kopf wuchteten. Der Sarg geriet in eine Schieflage. Othmar sah seinen Vater schon aus der Kiste purzeln, weshalb er mit einer unmenschlichen Anstrengung seine Seite alleine anhob, sich breit darunter stellte und das Gewicht langsam zu Boden ließ. Der Sarg war heil. Othmars Leiste war gebrochen. Ein ziehender Schmerz erstreckte sich von seinem Bauch bis zum Oberschenkel. Er wurde blass, schwitzte kalten Schweiß und glaubte sich in das offene Grab übergeben zu müssen. Das wäre ihm wahnsinnig peinlich gewesen.

Die Minuten am Grab schienen endlos zu sein. Vor Schmerzen im Bauch vergaß er jene im Herzen, wohl deshalb, weil ihn jene im Bauch ungemein stärker quälten. Othmar respektierte seinen Vater als einen gerechten Ernährer und einen unerschütterlichen Erhalter von Zucht und Ordnung in der Familie. Für Ersteres war er ihm ehrlich dankbar. Letzteres war in seiner Familie so unnötig wie das Almosengeben in einer Bank. Es wäre vielleicht sogar etwas mehr Zeit geblieben, ihm eine Ahnung von Dingen wie Vertrauen oder Liebe oder familiärem Wohlbefinden mitzugeben, hätte das väterliche System der Familienführung nicht frappant jenem seines Kaufmannsbetriebes geähnelt. Er war ihm dafür nicht böse, aber es reichte auch nicht für eine gegenteilige Gefühlsregung.

Nun war der Vater tot und Othmar hatte Schmerzen im Bauch. Sie dauerten die nächsten Jahre an und es gab kein Mittel in der Ostschweiz und auch keines im süddeutschen Raum, das er zur Linderung nicht ausprobiert hätte. Sogar die Quacksalber im Appenzell suchte er auf. Doch entweder war der Mond gerade am Abnehmen oder der Biorhythmus stand im Minus oder der Kosmos war mit sich selbst beschäftigt – stets war irgendetwas, was seine Heilung quasi durch höhere Macht vereitelte, sagten sie ihm. Und sie hatten recht. Es tat unablässig weh. Es tat am Abend des väterlichen Begräbnisses weh, am Tag darauf und auch ein halbes Jahr später. Es zwickte, als er die Schule beendete und es zerrte, als er nach einem Studienplatz Ausschau hielt. Auch als er endlich immatrikulierter Student der Universität Leipzig wurde, erinnerte ihn sein Unterleib fast jeden Tag an den verdammten Sarg des Vaters.

Er befand sich bereits im zweiten Studienabschnitt und kannte ansonsten wenig Sorgen, denn er hatte von seiner Mutter bereits einen beachtlichen Teil seines Erbes erhalten. Ihre Gesundheit war nicht mehr die beste und sie wollte, dass die nötigen Mittel vorhanden wären, sollte sie bald medizinische Hilfe benötigen. Othmar schien zu ahnen, dass er dafür kein Geld brauchen würde und verjubelte einen großen Teil davon auf fidelen Reisen nach Italien und Frankreich. Einen Rest behielt er, sollte sich sein Leistenbruch auswachsen und er selbst medizinische Hilfe brauchen. Er führte gerade Buch über die verbliebenen Anteile und das Bargeldvermögen, als es wieder fürchterlich zu schmerzen begann. In seiner Wut über die gestörte Beschäftigung mit seinen Büchern griff er nach einem seiner langen weißen Unterhemden und nähte mit dem Flickzeug, das ihm seine Mutter mitgegeben hatte, an jenen Stellen eine Bandage ein, die ihn am meisten peinigten. Diese Bandagen bündelte er an einem Punkt oberhalb des Bauches, so dass er die schmerzhaften Stellen jederzeit mit wenigen Handgriffen wie durch ein Korsett abbinden konnte. Es grenzte fast an ein Wunder, dass die Qualen innerhalb weniger Minuten verschwanden, so dass Othmar noch die ganze Nacht dazu benutzen konnte, sein Vermögen zu zählen und darüber zu räsonieren, wie es sicher und nachhaltig zu vermehren sei. Denn eines war ihm ganz klar: Nach dem Spaß auf seinen Reisen und vielleicht ein paar weiteren Lustfahrten wollte er reich und wohlhabend werden. Und zwar nicht so wie sein Vater, indem er dafür tagtäglich schuftete wie ein Idiot, um dann irgendwann zwischen sieben und acht Uhr morgens den Geist aufzugeben. Nein, er wollte mehr, viel mehr.

Nach seinem Erfolg im Umgang mit seinem körperlichen Leiden wurde er nicht müde, dies an jeder Stelle kundzutun und bei Bedarf auch sein Leistenhemd, wie er es nun nannte, an seinem Körper selbst zu präsentieren. Seine Hausmeisterin brüskierte er etwas damit, denn nacktes Fleisch war sie höchstens gewohnt zu kochen. Seine Kommilitoninnen verzückte er dafür umso mehr, denn sie hatten es meist weder auf dem Teller noch unter der Bettdecke. Seinen Apotheker, dessen Lebensunterhalt er durch den maßlosen Kauf von Schmerzmitteln bestritt, schockierte er geradezu. »Mein Gott, das ist ja ein regelrechtes Bruchband! Damit könnte man ja ...«, stotterte der alte Mann und schlug sich die Hand auf's Maul. Othmar schaute ihn kurz an. Dann betrachtete er seine Erfindung – und ging hinaus.

Zwei Wochen später kaufte Othmar mit seinem verbliebenen Erbanteil die Apotheke und führte dort unter anderem ein Sortiment an federlosen Bruchbändern, die in seiner Bude von zwei Philosophiestudentinnen und einer Obstverkäuferin hergestellt wurden. Bei Verletzungen aller Art, aber auch bei stechendem Schmerz und inneren Blutungen versprachen die raffinierten Wickel eine schnelle, wenn auch nicht gerade kostengünstige Abhilfe. Drei Jahre verkaufte er mäßig, dann griff das Schicksal ein, und zwar gnadenlos.

Der Erste Weltkrieg brach am 28. Juli 1914 aus. Ein von der Routine der Industriegesellschaft erstarrtes Lebensgefühl entlud sich mit einer Wucht, die mit alltäglichen sozialen Strukturen nicht mehr zu bändigen war. Die Stimmung zu Beginn des Krieges glich einem Freudenfest, in dessen Gesang und Gejohle schnell das Trommelfeuer der neuen Maschinengewehre einstimmte und bald auch das Kreuzfeuer der Artillerie, das Krachen der Panzer und das Gekreische der fliegenden Kampfmaschinen. 1918 war das Fest dann zu Ende. 15 Millionen Menschen waren für immer verstummt, darunter sechs Millionen Zivilisten. Über 20 Millionen blieb das Röcheln und Stöhnen. Sie waren verstümmelt, verletzt, entstellt, verunstaltet.

Unter den Glücklichen, die dem Tod entronnen waren, befanden sich auch zwei äußerst prominente Kriegsherren. Der eine war Generalfeldmarschall Helmuth von Moltke. Er führte die großen Offensiven der fünf deutschen Armeen, die am 18. August 1914 gegen Frankreich vorrückten. Nach anfänglichen Erfolgen machte sich bereits im September bei der Schlacht an der Marne der Kräfteverschleiß deutscher Truppen bemerkbar. Moltke beurteilte die Lage seiner Truppen überaus skeptisch und gab den Befehl zum Rückzug. Damit war die deutsche Offensive gebrochen und Kriegsminister Erich von Falkenhayn übernahm den militärischen Oberbefehl.

Nicht nur im Westen kämpften deutsche Truppen gegen einen immer stärker werdenden Feind, auch im Osten fürchtete die Oberste Heeresleitung um einen russischen Einfall. Sie reaktivierte deshalb den pensionierten General Paul von Hindenburg zum Aktivdienst und machte ihn zum Oberbefehlshaber der 8. Armee. Gemeinsam mit Erich Ludendorff gelang ihm mit den Schlachten bei Tannenberg und an den Masurischen Seen die Rückschlagung der russischen Truppen. Im August 1916 übernahm er mit Ludendorff die Oberste Heeresleitung und initiierte ein immenses Rüstungsprogramm.

Außer gegenseitigem militärischem Respekt verband Moltke und Hindenburg nicht viel. Aber einen Verband brauchten sie doch beide. Und den kauften sie in der Apotheke unseres Lebemanns in Leipzig. Othmar hielt nicht viel vom Krieg. Er empfand nicht wirklich Mitleid für die Idioten, die mit schwingenden Fahnen einrückten und nie wieder heimkehrten. In Wahrheit störte der Krieg seine Behaglichkeit. Doch als die beiden honorigen Herren seine Waren kauften und das ihre Freunde und Kameraden wissen ließen, da konnte er sich einer gewissen praktischen Sympathie für die Sache nicht erwehren. Geschäftstüchtig wie er war, sandte er ihnen jeweils seine neuesten Modelle, die mittlerweile in einem Hinterzimmer seiner Apotheke maschinell gefertigt wurden. Damit seine Produktion der gesteigerten Nachfrage folgen konnte, hatte er bereits weiteres Personal angeheuert. Nun gesellte sich auch noch eine professionelle Schneiderin dazu, welche die Herstellung und Verarbeitung der Bruchbänder fachmännisch vorantrieb.

Einmal schickte Othmar den beiden Herren eine Lieferung reich verzierter Bruchbänder mit der Bitte, ihren Kommentar dazu in einer Werbung verwenden zu dürfen. Es ist mir nicht bekannt, ob Generalfeldmarschall a.D. Helmuth von Moltke deshalb einem Schlaganfall erlag oder ob er andere Gründe dafür hatte. Auf alle Fälle zeigte sich Generalfeldmarschall a. D. Hindenburg dazu bereit, und so verbreitete sich die Kunde der federlosen Bruchbänder wie ein Lauffeuer durch ein morbides, kriegsgebeuteltes, siechendes Deutschland, das dringend der Pflege bedurfte. Der Erfolg stellte sich auch postwendend ein. Nicht für Deutschland. Sein Tiefpunkt stand noch bevor. Aber für Othmar. Er verdiente sein erstes gutes Geld.

»Du bist ja auf einmal so aufgeregt? Was ist denn los?«, fragt Yvonne ängstlich unter dem Bettlaken hervor, wo sie den Bären nun wirklich nicht mehr findet.

Heinrich, der Diener, kommt trotz äußerster Diskretion nicht umhin, sie zu bemerken, dreht sich pikiert um und starrt hoffnungsvoll auf seinen Herrn. Der wühlt gerade in seinen Sachen, sucht irgendwelche Dokumente und redet dazu in Satzfetzen, die Heinrichs Sorge um seinen mentalen Zustand nicht wirklich beruhigen.

»Ich bin das einfach nicht mehr gewöhnt. Dieser Aufruhr! Diese Unruhe!«, schreit Othmar.

»Ja, ich kenne das. Bei uns am Marktstand ist auch immer so furchtbar viel los!«, versucht Yvonne ihn zu trösten.

Othmar stolpert zu ihr ans Bett.

»Yvonne, Liebes. Ich bin froh, die Hektik bei euch am Marktstand nicht erleben zu müssen. Es wäre aus vielen Gründen kein Leben für mich, glaube mir.«

Er bemerkt, dass er sie in seiner Aufregung angespuckt hat und wischt peinlich berührt über ihren Busen.

»Ich wurde eben darüber informiert, dass ich möglicherweise in eine staatspolitische Affäre verwickelt bin! In Wuppertal! Kannst du dir das vorstellen? In dieser Zeit? Da geht es um Geld. Um viel Geld. Möglicherweise sogar um ...«

Er hält inne, weil er über sich selbst erschrickt und weil ihm Yvonne währenddessen einen Arm um den Hals gelegt hat.

»Könnte es sein, dass wir uns nie wiedersehen?«

Ihm graut vor dem Gedanken. Doch dann sieht er Yvonnes Schaudern. Ihr Gesicht zerknittert sich wie das Laken, auf dem sie beide sitzen und es nimmt auch allmählich dessen Farbe an. Er empfindet es als seine Pflicht, das Mädchen zu beruhigen und er ist bereit, den Schrecken aus ihrem Gesicht zu zaubern. Manch einer aus seiner Umgebung und am allermeisten jene, die seine Eltern kennen, würden sich wohl fragen, woher dieses spezifische und galant zielsichere Feingefühl herrühren mochte. Niemand weiß es. Othmar selbst am allerwenigsten. Aber er liebt sich dafür.

Diese und andere Eigenschaften adeln das Sittenbild eines Lebemannes. Einem Jugendlichen kommen sie nicht wirklich entgegen. Als er sieben Jahre vor dem Tod seines Vaters ins Kollegium Schwyz gebracht wurde, hatte er bereits alle Anlagen dafür, im Leben viel Erfolg und im klösterlichen Gymnasium viel Ärger zu haben. Diesbezüglich war er gänzlich anders beschaffen als sein Bruder Peter, der drei Jahre vor ihm im nicht weit entfernten Kloster Einsiedeln eine respektable Karriere gestartet hatte. Othmars erste Tage im Kollegium Schwyz verliefen etwas anders. Holger Pölsterli, der wirklich so hieß und darüber hinaus der Betreuer der Eleven war, begrüßte ihn, führte ihn sogleich ein in die Regeln und Sitten des Hauses und setzte ihm dann in seiner Koje im großen Schlafsaal etwas vor, von dem man ihm sagte, es sei das Abendbrot. Darauf folgte ein stilles Studium, währenddessen er Zeit hatte, zu überlegen, was er hier eigentlich tat. Nach einer Weile wurden die Lichter gelöscht. Hunger, Stille und Dunkelheit, das waren die ersten Eindrücke seines neuen Zuhauses. Am nächsten Morgen war Frühmesse. Noch bevor der Hahn vom Krähen träumte, wurden die Zöglinge von ihren Pritschen getrieben und zur Versammlung in die Kirche geschickt. In seiner Panik war Othmar in zwei Minuten geputzt und angezogen und stand frierend vor dem barocken Klosterplatz, die Kirche im Auge und die Furcht in der Hose, als sich plötzlich hinter dem Fontänenbrunnen etwas regte. Er hätte sich nicht gewundert, wenn der Leviathan aus dem Brunnen gekrochen wäre oder gar der Bockfüßige höchstselbst, denn in diesen Gemäuern schien ihm alles möglich zu sein. Doch hier krochen keine biblischen Kreaturen, es waren sehr weltliche. Drei Jungs aus der oberen Klasse versteckten sich hinter dem Brunnen und gossen sich ein grünlich schimmerndes Getränk ein. In ihrer rauschhaften Freude luden sie den jungen Novizen eindringlich ein. Othmar nahm einen kräftigen Schluck aus der Flasche und nochmals und nochmals, so dass sich bald ein Empfinden geselligen Aufgenommenseins einstellte. Dann schien es ihm, als ob nun doch ein Leviathan über seine Schultern blicke und schließlich brach ein zauberhaftes Gefühl aus ihm hervor, das ihn wie auf Wolken in die Kirche trug. Plötzlich saß er in der Estrade und eine ganz mütterlich wirkende Orgel schien ihn zärtlich in die Arme nehmen zu wollen.

Er taumelte beseelt zur Bank in der ersten Reihe, seine neuen Freunde stützten ihn kichernd. Die Liturgie begann. Finstere Stimmen raunten geisterhaft durch die Gewölbe, ein magisches Gefühl überströmte ihn und er war wirklich knapp davor, hier sein erstes mystisches Erlebnis zu haben, hätte sich nicht sein Magen dabei gedreht und aus dem Mund entleert, was er in den letzten 24 Stunden gierig zu sich genommen hatte. Leider war auch das wenig charmante Abendbrot darunter. Im letzten Moment konnte er sich vom Balkongeländer abwenden und seine Kutte hochziehen, was die Schüler der unteren Bankreihen rettete, aber in seiner Kutte eine heillose Sauerei anrichtete. Othmar hatte größte Mühe, die Stoffe so zusammenzuhalten, dass nichts heraustropfte, wobei er vermutlich seine ersten Erfahrungen für sein späteres Bruchband sammelte. Dass der abgestandene Geruch bald aus dem Kragen kroch, das war eine Sache, dass sich die größten Brocken wie Schnecken seinen Körper hinunter schleimten eine andere, aber dass sein ganzer Mageninhalt langsam aber sicher eiskalt wurde und es ihn bis auf die Knochen fror, das war fürwahr ein peinigender Start seiner kurzen Laufbahn im ehemaligen Jesuitenkollegium.

Dieses bittere Erlebnis konnte er noch vor den strengen Brüdern verbergen, doch als sein Auge das erste Mal die Tochter des Dorfbäckers erblickte, da schien es ihn zu treffen wie Saulus auf dem Pferde. Nur kam Othmar nicht als Apostel des Volkes auf dem Boden an, sondern als dessen handfester Verführer. Als er ihr, der Greti, einmal eine Bibelstelle aus Sprüche 7,18 vorlas – die einzige übrigens, die er sich je merkte –, und sie ihm darauf mit einem Kuss antwortete und dann noch einen herzhaften Krapfen nachreichte, da verschoben sich, ähnlich wie damals hinter dem Fontänenbrunnen auf dem barocken Klosterplatz, Raum und Zeit. Ersteres spürte er in der Hose, Letzteres in seiner nächtlichen Ruhe, denn fortan gab es keine Nacht mehr, in der er nicht aus seiner Lagerstatt ins Dorf schlich. Sie war nach einer Zimtschnecke bald sein Liebes, nach einem Schwarm von Küssen sein Juwel, nach dem ersten ungelenken Griff an ihren Po sein Herzblatt, und dann türmten sich die Ereignisse zum Ein und Alles, zur Muse, schließlich zum Augenlicht, und dann, es musste ja so kommen, zur großen Liebe. So groß, dass sie bis zum Großen Mythen reichte, dem Hausberg des Städtchens Schwyz, auf den es letzte Nacht geschneit hatte.

Bei ihr wäre er gestorben, sein Herz hätte er vor ihr ausgeleert, gesuhlt hätte er sich im Blut seiner Leidenschaft, er hätte den Himmel zerrissen und Gott seiner Sterne beraubt, nur für sie, für seine Greti, deren Küsse süßer als ihre Zimtschnecken und deren Po runder als ihre Semmeln waren. Wäre nicht eines Abends Holger Pölsterli vor seinem Fenster gestanden. Wie ein Fels stand er da, und man hätte darauf Kirchen und Gefängnisse gleichzeitig bauen können. Seine Augen funkelten, aber nicht so wie die von Othmar. Holger Pölsterlis Funkeln blies Othmars Flämmchen der Liebe schneller aus, als der sich noch eine weitere Zimtschnecke seiner Geliebten in dieser Nacht hätte sichern können.

»In unserem Haus ist kein Platz für fünfzehnjährige Schürzenjäger«, schrieb der Rektor nach Aufdeckung der Affäre. Beigefügt waren auch die Regeln und Vorschriften des Hauses. Der Vater wurde angehalten, seinen Sohn so schnell wie möglich abzuholen.

Ein heftiges Weinen erweichte den Felsen wenigstens dahingehend, dass sich Othmar am nächsten Tag noch unter Aufsicht eines gestrengen geistlichen Professors von Greti verabschieden durfte. Nachdem er seine Sachen schon gepackt hatte, trat er seinen letzten Gang ins Dorf an, über die Zeughausgasse und die Bahnhofstrasse zum Hauptplatz. Der Zerberus heftete sich an seine Fersen. Gemeinsam traten sie also vor den Verkaufsladen und Othmar deutete ihr, in den Garten zu kommen. Sie kannte das Spiel. Unauffällig schlich sie sich hinten hinaus. Othmar wollte ihr folgen. Sein Bewacher gab ihm unmissverständlich zu verstehen, dass er bei ihm bleibe. Eine Zimtschnecke und zehn Franken verschafften jedoch dem vom Herzen Getriebenen zehn Minuten Privatsphäre. Die Kirche denkt in solchen Angelegenheiten immer pragmatisch.

Als Othmar in den Garten trat, stand Greti unter einer großen, freistehenden Eiche. Er trat zu ihr, einen Abschied auf der Zunge und eine Träne im Herzen. Er brachte keinen Ton heraus. Sie glaubte zu verstehen, nahm seine Hand und streifte mit ihm den Zaun entlang. Ihre Blicke erreichten den schneebedeckten Großen Mythen nicht. Sie erfroren unterwegs im Eis. Sie lächelten einander an und sahen in einen Spiegel. Eine vollkommen vertraute Welt wiegte sie für einen Moment in Sicherheit und versprach ihnen ewige Eintracht. Greti redete von den letzten Tagen und meinte eigentlich die Zukunft. Sie sagte ihm etwas Liebes und er wollte das auch tun. Sie trachtete, es von seinen Augen zu lesen, und er nahm ihren Kopf zwischen die Hände. Sie wären vielleicht länger als zehn Minuten in dieser schönen, zärtlichen, beseelten Umarmung verharrt, hätte sie nicht gefragt: »Warum bist du eigentlich gekommen?«

Und er: »Weil heute mein letzter Tag in Schwyz ist.«

Und sie: »Ach so.«

Was immer sie in diesem Moment gefühlt, gedacht oder erkannt hatte, ihm dämmerte schauerlich, dass er soeben die erste Frau für ein ganzes Leben verloren hatte. Er hätte vielleicht noch etwas dazu gesagt, doch dann stand sein Bewacher vor ihm. Er musste ihn nicht losreißen. Sie wehrte sich nicht und er, er schaute nicht mehr zurück.

»Du bist so seltsam«, sagt Yvonne. »An was denkst du?«

»Ich habe gerade an meinen Pass gedacht«, murmelt Othmar und erhebt sich vom Bett.

Sie schaut ihm fassungslos nach. »Du denkst jetzt an deinen Pass?«

Er geht zum Schreibpult, reißt die Schublade auf und kramt nervös in seinen Dokumenten. »Jetzt, wo diese komische Hakenkreuzpartei das Ruder in Deutschland übernommen hat, da sind gültige Dokumente wichtig! Ich sag's dir. Die können Leben retten. Oder vernichten.«

Yvonne schlüpft verunsichert in seinen Pyjama und folgt ihm. Othmar lässt nicht ab von seiner hektischen Suche. Tatsächlich scheint er die Erinnerungen an seine Jugendzeit abgeschüttelt zu haben. Nicht zu seinem und Yvonnes Vorteil, denn der Gedanke an Wuppertal und die neue deutsche Regierung lässt ihn unruhig durch seine Gemächer irren.

»Ich spiel dir was Schönes. Das beruhigt dich.«

Sie setzt sich an sein Klavier und klimpert ungelenk eine Kindermelodie. Othmar jedoch hat kein Gehör dafür.

Das war immer schon so gewesen. Von Schwyz brachte ihn sein Vater in die Zürcher Privatschule Minerva. Ein paar Monate nach dessen Tod absolvierte er dort unter etwas weniger rigiden Umständen seine Matura. Danach machte er sich auf die Suche nach einem geeigneten Studienplatz. Seine ererbten Mittel erlaubten ihm, dazu in der Welt herumzureisen. Seine Auswahlkriterien waren sehr sonderbar, denn zuerst suchte er mit seinem lieben Freund Martin aus St. Gallen am Münchner Oktoberfest nach einem geeigneten Studienort. Zwei Herren aus Frankreich, ein gewisser Herr Maurice Ravel und ein Herr Claude Debussy feierten dort gerade große Erfolge. Martin und Othmar hatten aber wenig Kunstsinn für deren Schaffen. Nach ein paar Bier lauschten sie etwas gelangweilt einem Organisten, der allerdings allgemein wenig Beachtung fand. Nach dieser Enttäuschung widmete sich dieser Herr einer anderen, weit erfolgreicheren Beschäftigung. Es war Dr. Albert Schweitzer. Man schrieb das Jahr 1911.

»Glaubst du, dass es in München schön ist zum Studieren?«, fragte Othmar.

»Studieren?«, blubberte Martin und verschwand hinter einem Krügerl. »Ich glaube, wenn ich studieren würde, dann ginge ich nach Leipzig.«

»Leipzig?«, fragte Othmar, der nicht einmal im Traum an diese Stadt gedacht hatte.

»Goethe, Leibniz, Lessing, Nietzsche, Novalis, Schumann, Telemann, Grieg und Richard Wagner, sie alle haben dort studiert. Und alle wurden sie reich und berühmt!«

»Auf nach Leipzig!«, brüllte Othmar, denn das war exakt sein Ziel, sein Lebenstraum, ja eigentlich der einzige Wert, der ihm etwas bedeutete. Genau diese Sinngebung verband ihn vorzüglich mit Martin, der in dieser Hinsicht die gleichen Vorstellungen vom Dasein hatte. Auf der Fahrt zum Oktoberfest lieh ihm Martin ein Büchlein, das er für 80 Rappen beim Buchhändler Orell Füssli in Zürich gekauft hatte: »Wie wird man Millionär?« Auf den damals noch reinweißen Seiten wurde ganz genau ausgeführt, dass man eine gute Bildung brauche, einen soliden Hintergrund und dann eine schlagende Idee, eine Granate sozusagen, die alles verändert.

Als die Granaten einschlugen, hatte Othmar bereits seine Idee. Er war immatrikuliert an der Universität Leipzig, die seit dem späten Mittelalter zu den führenden Universitäten zählte. Leipzig selbst war ein bemerkenswertes Konglomerat von weltstädtischem Größenwahn und dörflicher Idylle, ein Flickenteppich von Dörfern, durch die ein eigenwilliger Charme der Gemütlichkeit wehte. Othmar fühlte sich dort nicht wirklich zuhause. Aber das tat er eigentlich nirgendwo. Wichtig war ihm, dass sein Studienplatz nur weit genug von St. Gallen weg war, und dass er unbehelligt seinem Studentenleben frönen konnte, vielleicht auch ein wenig an seinem Dr. jur. arbeiten, während im Hinterzimmer der Apotheke ein paar Frauen an der Gesundung der zerfetzten Leiber Deutschlands werkelten.

Als der Krieg zu Ende war, hatte er mit seinen Bruchbändern bereits ein Vermögen von 60.000 Mark erwirtschaftet. Er fuhr ein eigenes Auto, besaß eine schöne Wohnung und genoss die Gesellschaft zahlreicher Damen, denen das alles furchtbar imponierte.

»Sag mal, was ist denn das?«, fragt Yvonne, die auf eine Fotografie über dem Klavier starrt.

Othmar unterbricht tatsächlich sein Gerenne und schaut auf das gerahmte Bild.

»Das ist die Petersstrasse. Die schickste Meile in Leipzig. Ich wohnte gleich ums Eck«, schwärmt er und plötzlich schimmert wieder so etwas wie Nostalgie in seinen Augen. Seine Züge verklären sich und Yvonne bewundert seine Gabe, die soeben noch eindringlich ausgelebte Furcht vor der Zukunft mit ein paar Gedanken an die Vergangenheit wegzuwischen. Seine Erinnerungen verlieren sich im Gewühl von Menschen, die in den zahlreichen Cafés und Gasthäusern ein- und ausgingen, an eindrucksvollen großbürgerlichen Messe- und Handelshäusern entlangflanierten. Er trifft auf Marktschreier und gediegene Damen, sieht Kriegsveteranen und Arbeitslose, zieht in Gedanken durch die Wirtshäuser seiner Jugend, vorbei an den Adressen von Mädchen, von denen er nicht mehr weiß wie sie hießen und was aus ihnen geworden ist.

Leipzig befand sich nach dem Ersten Weltkrieg im Ausnahmezustand. Das Deutsche Reich war nicht auf einen längeren Kampf vorbereitet gewesen. Der Kriegsschatz reichte bei Beginn der Auseinandersetzungen lediglich zur Finanzierung der Kriegskosten von zwei Tagen. Nach dem Vorbild des Krieges von 1870 sollten die Kosten dem Gegner bei Friedensschluss präsentiert werden. Doch die Rechnung ging nicht auf. Fünf Millionen Männer wurden eingezogen und rissen tiefe Löcher in die heimische Wirtschaft. Ungelernte Frauen und Jugendliche mussten die zum Teil schwer angeschlagenen Betriebe übernehmen. Sogar Bauern und Landarbeiter wurden aktiviert und hinterließen der Lebensmittelerzeugung brache Felder. Schon 1914 nagte der Zahn der Inflation. Bis zum Herbst 1918 hatte die Mark nur mehr die Hälfte ihres Wertes. Im sogenannten Kohlrübenwinter 1916/1917 brach die Lebensmittelversorgung komplett zusammen. 750.000 Menschen starben in Deutschland an den Folgen der Unterernährung. Die Kindersterblichkeit betrug 50 Prozent.

Doch während vor allem in den städtischen Arbeiterhaushalten akuter Hunger herrschte, unterliefen finanziell Bessergestellte das staatlich kontrollierte Verteilungssystem und deckten ihren Bedarf an Nahrungsmitteln, Alltagsgegenständen und sogar Luxusgütern über den Schleichhandel, der gegen Ende des Krieges fast ein Drittel der gesamten Versorgung ausmachte. Auch Othmar profitierte von seiner Stellung und konnte ein Leben führen, das man ungeniert als *Saus und Braus* bezeichnen könnte.

Während das Kriegsernährungsamt und seine nachgeordneten Behörden die Parole ausgaben, die Hungerleidenden sollten durch 2.500 Kauakte für 30 Bissen in 30 Minuten selbst für eine bessere Nahrungsverwertung sorgen, reichte Othmar seinen Gästen in seiner Wohnung Frankfurter Würste mit Kartoffelsalat. Dazu gab es Gose, das Nationalgetränk Leipzigs. Dessen konnte er sich ganz sicher sein: Er gewann damit Freunde fürs Leben, denn manch einen überredete er so, die Universität nicht zu verlassen und den Mut zur nationalen Geschlossenheit den anderen zu überlassen. Auch wenn er vom Krieg nichts verstand, soviel wusste er: Statt strahlender Held zu sein, der sein Vaterland ruhmvoll verteidigt, sah sich manch einer sehr schnell mit der Realität eines ausweglosen Stellungskriegs konfrontiert. Abertausende siechten in den Gräben vor sich hin, über ihnen ein endloses Stahlgewitter, hinter ihnen die Ohnmacht und vor ihnen der Tod.

Die meisten von Othmars Kameraden kamen nicht mehr nach Hause. Er selbst hielt sich aus alledem heraus. Diese Welt verstand er nicht, und er wollte sie auch nicht verstehen. Das Glück und eine gute Idee zur richtigen Zeit machten ihn unabhängig von den Verstrickungen seiner Umgebung. So scharte er stets einen großen Kreis von jungen Männern seines Alters um sich, die es geschafft hatten, sich dem Krieg zu entziehen. Unter ihnen soll zum Beispiel Willy Korn gewesen sein, der damals an der Technischen Universität weilte und der später maßgeblich an der deutschen Chiffriermaschine Enigma beteiligt war. Curt Riess war dabei, der rasende Reporter Deutschlands. Hugo

Stinnes Junior ebenfalls, der Sohn der Industriellenfamilie Stinnes, deren Konzern zu jener Zeit einer der größten Arbeitgeber der Welt war, bevor ihn die Weltwirtschaftskrise fast ruinierte. Zahlreiche Namenlose waren darunter, zu denen Othmar noch lange guten Kontakt hielt. Viele bewunderten ihn damals für sein joviales Auftreten und sein Gespür für die Sonnenseiten des Lebens. Viele beneideten ihn auch darum und empfanden ihn als einen lebendigen und vorlauten Beweis der Ungerechtigkeit der Welt.

»Was für eine vornehme Gesellschaft. Feiert ihr was?«, fragt Yvonne und zeigt auf eine Fotografie, die neben dem Bild der Petersstrasse aufgehängt ist.

»Das sind meine Freunde und ich vor den Viktoria-Lichtspielen. Aufgenommen mit meiner ersten eigenen Kamera. Das war damals...«

»Die ist aber hübsch!«, ignoriert Yvonne seine Ausführungen und zeigt auf eine elegant gekleidete Dame, die in einer damals gerade modern gewordenen knabenhaften Silhouette posierte. Sie trug ein enges Teekleid aus hellem Veloursjacquard und hochhackige Spangenschuhe. »Wer ist denn das?«

»Ach Gott, Kind, ich kenne doch nicht mehr jede Studentin, die damals zugegen war.«

»Aber sie liegt doch in deinem Arm! Du scheinst sehr glücklich zu sein«, insistiert Yvonne.

»Das ist wieder das einzige, was dir auffällt, wie? Dass dieses Bild eine technische Innovation ist, ein ganz seltener Zeitzeuge jener Ära, das interessiert dich gar nicht!«

»Und was für einen schönen Hals sie hat.«

Beide Seiten sind natürlich wichtig, die schöne und die technische. Nur, die Schöne ist keine einmalige Erscheinung, der technische Apparat sehr wohl. Die Kamerawerkstätten in Dresden gehörten zu den ersten Herstellern von Fotoapparaten, nachdem die französische Regierung das Daguerresche Prinzip freigegeben hatte. In dieser Zeit ein solches Gerät zu besitzen, war spektakulär, ignorant und phänomenal zugleich. Das Geld dafür hätte für über 300 Laibe Brot gereicht. Davon hätten sich zehn Familien für ein halbes Jahr ernähren können.

Othmar aber kaufte sich diesen Fotoapparat am Freitag, dem 4. Oktober 1918, kurz nachdem er die letzte Vorlesung besucht und sich außerdem im Hinterzimmer seiner Apotheke überzeugt hatte, dass alles so vonstatten ging, wie er es sich wünschte. Die Schneiderin gab ihm darüber peinlich genauen Bericht, die Obstverkäuferin unkte etwas von Überstunden, die Philosophiestudentinnen hatten dazu nichts zu sagen. Tags darauf kam es in Leipzig zu massiven Streikaktionen, die durch die wirtschaftliche Lage und durch die Oktoberrevolution in Russland einen unseligen Höhepunkt erfuhren. Es kam zu Revolutionsversuchen, Arbeitsniederlegungen und Straßendemonstrationen. Am gleichen Tag jedoch wurden an der Wasserturmgasse die Viktoria-Lichtspiele mit dem neuen Film »Die Augen der Mumie Ma« eröffnet. Othmar ließ es sich natürlich nicht nehmen, seine Freunde und ein paar hübsche Mädels dazu einzuladen. Den Fotoapparat nahm er mit.

»Und da! Schon wieder eine! Das ist ja unerhört. Wer ist denn das?«, ruft Yvonne jetzt aus.

Doch Martin hört sie nicht. Zu laut schrie Pola Negri als ägyptische Tempeltänzerin Ma, als sie von Emil Jannings niedergestochen wurde. Zu sehr ist er im Bann der faszinierenden Bilder, die Ernst Lubitsch an jenem Abend einem Sternenregen gleich über die Zuschauer streute. Ihm ist, als wenn es gestern gewesen wäre, diese Sensation der modernen Technik, wenn das Licht ausging und die Leinwand freigelegt wurde und sich plötzlich, wie aus dem Nichts, eine komplett neue Welt auftat, eine schöne Welt, mit heroischen Männern und göttlichen Frauen, mit wilden Gegenden und prächtigen Königreichen. Heute können wir uns kaum mehr vorstellen, welches Gefühl es damals gewesen sein muss, wenn ein düsterer, harter, unüberwindbarer Alltag in just jenen Sekunden zerrissen wurde und sich anstelle dessen eine Zauberwelt auftat, in die manch gepeinigte Seele einfach hineinsinken konnte, weg von der Gegenwart, weg vom Elend jener Tage. Und dann die Dunkelheit. In keiner Situation konnte sich ein junger Mensch damals vorstellen, allein neben seiner Geliebten zu sitzen, abgeschirmt von einem System puristischer Entmündigung, geschützt in seiner Privatsphäre. Othmar griff nach dem Arm seiner Begleiterin und sie erwiderte seinen sanften Druck. Beide starrten sie nach vorne und galoppierten in Gedanken durch einen heilen Traum. Doch ihre Fingerspitzen waren ganz und gar in der Welt, ganz im Fleisch. Sein Herz pochte wie wild und für einen Moment schien er die Spannung dieser Berührung kaum auszuhalten.

»He da! Und wer ist die? Sag schon!«

Die Gegenwart hat ihn wieder. Und diese Gegenwart glotzt ihn fragend an. Kurz denkt er wohl daran, dass er doch nicht den Bären von Konstanz hätte reaktivieren sollen, sondern den bösen Wolf von Grabschhausen. In Momenten wie diesem reut es ihn, dass er nicht mehr in einer großen Stadt lebt. Er vermisst die Gegenwart ausgefallener Menschen, die in der Anonymität der Masse ihren Leichtsinn zelebrieren. Hier in St. Gallen zelebrieren die Menschen höchstens ihre Mittelmäßigkeit. Die richtige Balance zwischen Unauffälligkeit und Überanpassung, das ist hier die erstrebenswerte Maxime der biederen Masse.

Othmar schaut Yvonne etwas verächtlich an, als trüge sie die Schuld an diesem provinziellen Dahinvegetieren. An ihren Ohren glitzern silberne Creolen. Oder sind es die Befestigungsringe für die Bananen in der Markthalle?

Yvonne bemerkt seinen Groll nicht. Ihr Blick ist fixiert auf die Wand hinter dem Klavier. Ihr wachsames Auge sucht unruhig Bild für Bild nach weiteren Zeitzeugen ab, Zeitzeuginnen, wie sie vor sich hin murmelt. Sie findet ein weiteres Exemplar, ein sehr stattliches, eines das in vieler Hinsicht nicht unerwähnt bleiben sollte.

»Das ist die Heike«, flüstert Othmar resigniert.

»Die Heike!«, entrüstet sich Yvonne künstlich gekränkt. »Und warum steht die nur in einem Hemdhöschen da, die Heike?«

»Sie hat ja auch noch einen Hut auf«, versucht sich Othmar zu rechtfertigen.

»Du machst wohl Witze?«

»Über Frauen und Geld scherzt man nicht«, sagt er und setzt sich neben sie ans Klavier. In der gleichen Bewegung umarmt er sie engelhaft. Als sie zurückweicht, erinnert er sich wieder, dass er bei ihr vorsichtiger vorgehen muss, wenn sich der Abend für ihn noch lohnen solle.

»Ich erklär dir das«, sagt er deshalb in väterlichem Ton. »Du bist noch jung, du kannst das nicht wissen.« Yvonne lauscht aufmerksam.

»Das war eine ganz eigenartige Zeit. Wirtschaftlich lag alles im Argen. Deutschland war nach dem Krieg vollkommen am Boden. Trotzdem oder gerade deshalb blühte das Leben auf. Die Leute wollten Spaß und Zerstreuung. Sie tanzten und hörten Musik. Es war für uns das erste Mal, dass wir aus der Enge unseres Lebens ausbrechen konnten. Das gab es vorher nicht. Es war verboten oder gehörte sich nicht.«

»Und damals gehörte es sich, in Höschen und Hut herumzugehen?«

Othmar stöhnt.

»Ja«, antwortet er endlich. »Ja, es schickte sich damals, sich von den Altlasten einer überholten Zeit zu befreien! Wir waren jung. Ich war damals knapp über 30 und hatte die letzten Jahre neben einem Schlachtfeld zugebracht. Wir wollten doch wieder leben! Wir wollten ausbrechen!« Er hielt kurz inne. »Das sollten wir jetzt übrigens auch tun. Wer weiß denn schon, was morgen ist?«

Er steht auf und nimmt sie bei der Hand. Yvonne schaut ihn entgeistert an, will aber offensichtlich seine Geschichte weiter hören.

»Und wann bist du wieder nach Hause zurückgekehrt?«, fragt sie, während er mit ihr zurück ins Schlafzimmer geht.

»Hm, ich hatte mein Studium beendet, dann folgte eine Reise. Wart mal, Mutter starb ein halbes Jahr vor meiner Rückkehr. Na ja, es ist auf jeden Fall länger als zehn Jahre her.«

Er sieht ihr an, dass sie nicht weiß, ob sie nun beeindruckt oder verschreckt sein soll.

»Zehn Jahre!«, seufzt er. »Und nun bin ich mit dir hier, Yvonne, dem Schrecken von Leipzig entronnen und jenen von Wuppertal vor mir. Und dazwischen nur du. Eine einzelne himmlische Schönheit zwischen zwei Höllen.«

Diese beiden Sätze sind unter der Bettdecke kaum mehr zu verstehen. Othmar und Yvonne sind verschwunden.

Wir wollen jedoch die Zeit ihres Entschwindens nutzen, um ein mindestens ebenso wichtiges, wenn vielleicht auch nicht derart delikat zu umreißendes Thema auszuführen. Denn was Othmar über die Zeiten erzählte, stimmt. Zum Rest habe ich aber einiges zu ergänzen: Die beginnenden 1920er-Jahre waren für Othmar eine befreiende Zeit, das mag stimmen. Sicherlich genoss er so wie jeder andere, der es sich halbwegs leisten konnte, das Ende der Lebensmittelrestriktionen, die Übergabe der Kriegsregierung an die Politik, den Beginn von etwas, das man halbwegs Alltag nennen konnte. Gleichzeitig jedoch bauten gerade seine Geschäfte enorm auf den Krieg, und der war seit einigen Jahren zu Ende. Der Bedarf an Bruchbändern sank, die medizinische Versorgung wurde schnell von staatlicher Seite aufgebaut. Die Nachkriegsinflation fegte wie ein Feuerteufel über den brachen Boden der Wirtschaft. Von 1922 bis zur Stabilisierung im November 1923 sank der Geldwert auf unvorstellbare 4.200.000.000 Reichsmark pro US-Dollar. Othmar verließ Leipzig nicht wegen seines beendeten Studiums. Er begriff sehr schnell, dass es nun höchste Eisenbahn war, das frisch erworbene Geld und sein Auto in einen sicheren Hafen zu schiffen.

Othmar tat sehr gut daran, in seine Heimat zurückzukehren. Er war ein gemachter Mann. Er hatte ein Haus geerbt und zahlte seinen Bruder Peter großzügig aus. Er brachte das Kapital in die

Schweiz, investierte in die aufstrebende Industrie und in ein eigenes Orthopädiegeschäft in St.Gallen. Die lukrative Produktion der Bruchbänder übertrug er seinem lieben Freund Martin und unterstützte ihn auch bei dessen eigenen Firmenplänen. Als er damals mit dem Zug nach Hause kam, freute er sich an der lieblichen Gegend der Ostschweiz, mit ihren sanften Hügeln und einem Horizont, in dem der Bodensee ruht. Die Häuser wurden bald dichter, die Straßen enger. Ein Rauchschleier, der fein nach Holz und Harz roch, schwebte über den Dächern St.Gallens. Still war es, aber die Sterne waren nicht zu sehen. Ein grüner Hügel thronte majestätisch über den Dächern, der Rosenberg, und in eine der versteckten Villen zog er ein. Er beließ alles genau so, wie es die Mutter hinterlassen hatte.

Die beiden kriechen unter der Decke hervor und Yvonne bemüht sich redlich, nicht derangiert auszusehen. Sie spürte jedoch, dass dem nicht so ist und es ist ihr peinlich. Othmar reicht ihr mit einem befriedigten Lächeln eine Creole. Sie will wütend sein und schmollen, merkt, dass es ihr nicht gelingt, denkt nochmals verschämt an die vergangenen zehn Minuten und nimmt das Schmuckstück dankerfüllt aus seiner Hand. Othmar ist geistig bereits wieder bei seinen Reisevorbereitungen nach Wuppertal.

»Ich werde Peter fragen, ob er das Haus hüten kann, während ich weg bin.«

»Du verlässt uns doch nicht für lange?«

»Nein, natürlich nicht. Wer will denn in solchen Zeiten schon das Land für länger als unbedingt nötig verlassen! Deshalb wäre ich froh, wenn Peter hier wäre.«

»Wird es gefährlich?«

»Das kann durchaus sein!«, seufzt Othmar.

Yvonne macht nun plötzlich Anstalten, sich schnell anzuziehen. Sie ist eben doch ein feines Mädchen. Nun ist er wieder froh, dass er den Bären von Konstanz auf sie losgelassen hat. Er ist sich nicht sicher, ob sie ihm wohlgesonnen wäre, wenn er den Wolf von Grabschhausen gespielt hätte.

Indessen begleitet er sie nach unten zur Tür. Sie sieht sich kurz um, kehrt nochmals zu ihm zurück, gibt ihm einen unverschämt ehrlichen Kuss, hält einen Moment inne und huscht dann die Stiege hinunter in die Dunkelheit.

»Ein feines Mädchen. Und so tapfer!«, sagt er leise und winkt ihr flüchtig nach. Heinrich schließt die Tür und schaut ihn dann fragend an.

»Ich glaube, ich sollte mich noch von meinen restlichen Freundinnen verabschieden«, murmelt Othmar, zurrt seinen Morgenmantel fest zu und schickt sich an, nach oben zu gehen.

»Sie tun ja so, als kämen Sie nie wieder«, brummelt Heinrich.

»Das auch, ja, das auch. Man weiß nie, was passiert, Heinrich. Aber vor allem ist es doch eine gute Gelegenheit, so ein Abschied, da sind die Frauen immer ganz...«

»Aufmerksam, wollten Sie wohl belieben zu sagen.«

»Genau. Siehst du?«

»Ich würde mich eher von meinen Freunden verabschieden. Ihre Aufmerksamkeit haben Sie vielleicht in Zukunft nötiger.«

Othmar schaut ihn nachdenklich an. Dann geht er stumm nach oben.

2. *Kapitel,
das von einem Mystiker handelt, der nicht so glücklich lebt wie sein Bruder, der Lebemann, aber dennoch ähnlich aus seinen Träumen gerissen wird.*

Peter ist soeben abgetaucht. Weg von dieser Welt. Verschwunden im Schacht seiner eigenen Seele, um dort zu treffen, was ihm das Leben so oft nicht bieten kann: menschliche Tiefe, gründliche Einsicht und vielleicht ein bisschen Eskapade aus dieser Welt.

»Weg ist er! Ach du lieber Herr Jesus, das geht ja immer schneller«, meint Mario.

»In letzter Zeit ist das immer schon so gewesen«, raunt Markus. »Mir ist aufgefallen, dass er unglaubliche Fortschritte gemacht hat. Ich kenne niemanden, der so schnell entrücken kann wie er.«

»Wir hätten es besser am gewohnten Ort gemacht, statt in dieser Villa. Mir gefällt das nicht, dieses noble Haus«, fügt Christoph an und schaut sich dabei finster im gediegenen Salon um, in dem sich Othmar gestern noch von Yvonne verabschiedet hat.

»Stimmt schon«, antwortet ihm Markus. »Aber er meinte, es gäbe hier auch gute Schwingungen.«

Mario nähert sich Peter mit vorsichtigem Schritt. Er beobachtet ihn eine Weile, dann schaut er seine Kameraden an, die ebenfalls nicht so ganz sicher sind, was sie hier noch sollen.

»Ich weiß nicht, Freunde. Aber ich mag ohne Peter nicht meditieren. Hat er nicht gesagt, wir sollen uns etwas zerstreuen, falls er zu schnell entrücke?«

Seine beiden Kameraden sitzen stumm auf dem Sofa. Plötzlich nestelt Markus in den Kissen herum und zieht eine silberne Creole heraus.

»Was ist denn das?«

»Die hat man auf dem Gemüsemarkt«, raunzt Christoph. »Um Früchte aufzuhängen und so.«

Markus legt die Aufhängevorrichtung etwas verdutzt auf den Tisch und reibt sich sein Gesäß. Er ist sich nicht sicher, ob das wirklich stimmt. Aber er ist ein Mensch, der wenig hinterfragt und in der Welt kaum Dinge erkennt, die nicht hineinpassen. Was er von seinem Schreinerbetrieb weiß und von Zuhause und vielleicht von der Umgebung um Tablat, das genügt ihm, um sich geborgen zu fühlen. Den Rest kann er getrost seinem Glauben anvertrauen. Das ist ein Grund, weshalb er sich dieser Meditationsgruppe angeschlossen hat, wie sie sich nennen, die Peter schon seit Jahren als Meditationsmeister leitet.

Sie treffen sich nicht sehr oft, aber wenn, dann sind das für ihn wichtige Abende. Christoph, der die Creole nochmals ganz genau untersucht und seine Einschätzung nur bestätigen kann, hat einen ähnlich schlichten Zugang zu dieser Art Gottvertrauen. Seit er in Peters Meditationsrunde mitmacht, scheinen die Dinge einfach besser zu laufen. Sogar einen Posten auf der St.Galler Stadtgemeinde hat er erhalten, einen mit einem eigenen Pult und einem Vorzimmer, so wie es die feinen Herren sonst haben. Seine Frau hat ihm für das Pult eine lederne Unterlage geschenkt und er ist seither noch stolzer darauf, Beamter der Stadt St.Gallen zu sein. Mario schließlich ist das geistige Schwergewicht der Gruppe, in der Verwaltung der Stiftsbibliothek des Klosters St.Gallen tätig, mit ausgezeichneten Kontakten zur Kirche, was der Gruppe die nötige Verbindung nach oben verschafft, wie Peter sich immer ausdrückt. Er ist es, der immer ein wenig neue Themen der Meditation aufspürt, und auch heute zieht er ein kleines Büchlein aus seiner Ledertasche.

»Soll ich euch aus einer interessanten Schrift vorlesen? Ich habe ein neues Werk unserer Sammlung bei mir, das euch gefallen könnte. Es sind die Gedichte des Mystikers Omar Chajjam.«

»Das ist eine ausgezeichnete Idee. Bitte mach das doch. Wir können es uns ja auch etwas gemütlich machen, finde ich.«

Das tun denn die Glaubensbrüder auch. Sie setzen sich zu Peter an den Kamin und richten sich behaglich in der Polstergruppe ein. Mario schickt sich an, im Licht des Feuers jene Geschichten vorzulesen, die vor über 800 Jahren im fernen Persien geschrieben wurden.

»Die Seele – wisse – muss sich einst vom Körper trennen,
dann wirst du hinter seinem Schleier Gott erkennen.
Trink Wein, denn du weißt nicht, woher du bist gekommen
und auch das Ziel, wohin du gehst, kannst du nicht nennen.«

Sie betrachten sich überrascht. Dann blicken sie auf den schlafenden Peter, der auf dem Sofa zusammengekauert den Eindruck macht, als würde er im Geiste hinter einen Schleier schauen, einen Schleier, der ihm die Welt offenbart und vielleicht auch ein Stück des Himmels dazu. Dann liest Mario weiter:

»Ich schlief, ans Ohr der Weisheit Stimme schlug:
Des Glückes Rose niemals Blüten trug
dem Schläfer. Meide du des Todes Bruder!
Trink Wein! Du schläfst dereinst noch lang genug.«

Markus kann sich nicht mehr zurückhalten: »Was für eine Weisheit! Was für Worte, Freunde!«

»Fürwahr!«, stimmt nun auch Christoph ein. »Und ich finde, der Mann hat völlig recht. Was haltet ihr von einem Schlückchen in Ehren, während wir uns solche Weisheit einflößen?«

Bedeutungsvolles Nicken von allen Seiten. Nur Peter regt sich nicht. Lange Zeit hat er noch zerstreut das Feuer im Kamin beobachtet. Besonders haben ihn die Flammen gefesselt, die aus den hinteren Hölzern den Kamin hoch gekrochen sind. Dann ist es dunkel geworden in seinem Kopf. Dicke Rauchschwaden haben den Raum vor ihm verdunkelt, bis endlich auch das Knistern des Feuers verstummte. In einer solchen Ruhe befindet er sich sonst nur, wenn er in einer schlaflosen Nacht das Fenster aufreißt und in den Innenhof blickt, in dem sich zu solcher Stunde kein Bewohner, kein Windhauch, kein Zeichen von Leben rührt. In diesen Momenten findet er in der Stille eine Heimat, ein Gefühl des Aufgehobenseins, als wäre er selbst nur ein Hauch inmitten eines Stroms von Lüften. Dieses Gefühl macht ihn so leise wie die Welt vor ihm und manchmal auch kraftlos und müde, so dass er schnell den Schlaf wiederfindet, der ihn vorhin aus dem Bett getrieben hat.

Man kann natürlich nicht wissen, was in seinem Kopf vor sich gegangen war, aber so könnte es ungefähr gewesen sein: Die Rauchschwaden zergingen. Der Schleier in seinen Sinnen lichtete sich. Er sah plötzlich Häuser und Straßen in Landstrichen, in denen Menschen wandelten. Es war eine liebliche Gegend mit sanften Hügeln. Still war es immer noch, aber die Sterne waren nicht zu sehen. Am Fuße eines grünen Hügels standen ein paar kleinere Häuser und aus einem stieg ein beschauliches Gewölk, das fein nach Holz und Harz roch. Er war Zuhause.

Er trat aus der Tür und zog sich eine Kappe über. Dick eingepackt in groben Stoffen, stolperte er durch einen kleinen Vorgarten und schwang einen kleinen, blechernen Kessel.

»Nimm das Geld mit. Ich möchte nicht alles aufschreiben lassen«, näselte eine Stimme aus dem Haus.

Er drehte sich nochmals um und ging auf die Eingangstür zu. Die Gestalt, die ihm entgegentrat und ihm das Geld in die Hand drückte, war seine Mutter. Sie zog ihm die Kappe ins Gesicht und schaute ihm lange nach, nachdem er sich von ihr gelöst hatte und davongesprungen war.

Der Weg zu Bauer Fritz Ruckstuhl war nicht weit. Peter kannte ihn. Es war sein täglicher Gang, um Milch zu holen. Er mochte den Bauer, obwohl er im Dorf als verschroben galt. Den Dengel-Priester schimpften sie ihn, weil er stundenlang mit seiner Sense in der Wiese arbeitete. Der Ruckstuhl liebte die Menschen nicht. Sie störten ihn bei seiner Arbeit, sie störten ihn bei seinen Gesprächen mit dem Feld und mit dem Boden. Er war ein ruhiger, erdiger Mann, der hart zu seinen Mitmenschen, aber gut zu seinen Viechern war. Wer nicht gut zu den Tieren ist, ist kein guter Mensch, sagte Peters Mutter. Und das stimmt, denn bei manch wichtigem Dorfbewohner legten dem Ruckstuhl seine Pferde die Ohren an. Aber wenn sie die Schritte ihres eigenen Herrn hörten, dann horchten sie auf und kamen ihm wiehernd entgegen. Er streichelte sie dann, murmelte ihnen etwas Unverständliches zu und zog ins Feld.

Nun stand er wieder in der Wiese, der Ruckstuhl. Er nahm die Sense in die Arme wie die Mutter das Kind und schlug mit seinem Hammer sanft auf die Schneide des Sensenblattes. Er prüfte den Wellenschliff und es schien, dass sein Werk von den Händen direkt in den Himmel zeigte, dort, wo seine Beschützer still dem beruhigenden Klang lauschten, die ihre Kreatur auf dem Feld erzeugte. Ruckstuhl sah Peter, der ihn schon eine Weile beobachtet hatte, und nickte ihm mit einer kargen Kopfbewegung zu. »Die Milch steht im Stall!«, rief er ihm zu. Dann schnitt er weiter das Gras.

Peter wuchs mit seiner Familie in einem kleinen St.Galler Vorort auf, der Tablat hieß. Damals war sein Vater noch Einkäufer in einer großen Stickerei. Er stand am Anfang seiner Karriere und machte sich erst später selbstständig. Dann verdiente er auch gutes Geld mit seinem eigenen Kontor in der Stadt. Zu dieser Zeit lebte die Familie im Haus der Großeltern, in einem kleinen Weiler am Fuße eines grünen Hügels. Sein Bruder Othmar war ein paar Jahre jünger als Peter und bekam deshalb von diesem Leben wenig mit. Peter jedoch erinnert sich noch an einige Begebenheiten aus jener Zeit. Tablat umfasste die Quartiere nördlich, östlich und südlich der heutigen Stadt St.Gallen. Es bestand aus verstreuten Einzelhofsiedlungen, darunter der für die Gemeinde namengebende Hof Tablat. Ein richtiges Dorf existierte nie. Zentrumsfunktionen kamen höchstens dem Weiler St. Fiden zu, der heute ebenfalls ein Teil der Stadt ist.

Gegen Ende des 19. Jahrhunderts überwogen in der Ostschweiz immer noch die Graswirtschaft und der Ackerbau. Die St.Gallische Textilindustrie beschäftigte die bäuerliche Bevölkerung mit Heimarbeit. Auch St. Fiden war ein solches gewerbliches Zentrum. Aus diesem Grund entstanden in der Mitte des 19. Jahrhunderts entlang der Steinach die ersten Industriebetriebe. Spinnereien und Webereien vor allem, dann aber auch die Maschinenfabrik Weniger, die zu dieser Zeit die drittgrößte der Schweiz war, oder die Schokoladenfabrik Maestrani, die bis heute die unvergleichliche Krachnuss-Schokolade herstellt. Erst die Entwicklung der ersten Handstickmaschinen machte das Gebiet dann endgültig zum Zentrum für mechanische Stickerei. Um 1910 war die Stickereiproduktion mit 18 Prozent der größte Exportzweig der Schweizer Wirtschaft. Jeder Fünfte in der Ostschweiz lebte davon.

Durch den Ersten Weltkrieg und die damit verbundene Abkehr der Mode von der Stickerei geriet dieser Industriezweig in eine Krise. Die Lösung nannte sich ähnlich wie heute: Gesundschrumpfung. Handsticker, die ihre Maschine verschrotteten, bekamen dafür bis zu 400 Franken. Doch bis zu diesem Zeitpunkt hatte man mit dem Tuchgewerbe viel Geld verdienen können. Peters Vater tat das, und bevor die schlechten Zeiten angebrochen waren, starb er überraschend in seinem Kontor.

Peter huschte in Bauer Ruckstuhls Stall und füllte dort vom großen Kessel die Milch in sein blechernes Becken. Er vertrug den Stallgeruch zwar nicht sonderlich, aber er mochte die Maschinen darin und ganz besonders den Pferdewagen, der wie ein mächtiger Thron über den Fresszellen des Viehs im Stall aufragte. Einmal nahm ihn der Ruckstuhl auf diesem Wagen mit in die Schule. Das war ein schönes Gefühl. Wie ein König saß Peter auf dem Bock und unter den Rädern des Gespanns wurde das Leben königlich bedeutungslos. Seine Mitschülerinnen und Mitschüler sahen ihn an und er blickte in Augen voller Argwohn und Neid. Und das alles nur, weil seine Augen einen Meter höher über dem Boden waren als ihre. Menschen sind komisch, dachte er damals, und er verstand, warum der Ruckstuhl sie nicht liebte.

Er schnappte seine Milchkanne. Ruckstuhl war auf dem Feld verschwunden. Seine Pferde weideten gemütlich in der Wiese. Peter schaute ihnen eine Weile zu, dann zupfte er sich eine Dotterblume und steckte sie sich in die Brusttasche. Danach lief er wieder hinunter zu den Häusern. Er hoffte, den Würzeler Hannes nicht zu treffen. Das war ein übler Bursche vom Bauernhof hinter dem von Ruckstuhl. Seine harte Feldarbeit verlieh ihm gewaltige Kräfte, und das galt unter Kindern alles. Seine Spezialität war das Muskelreiten und manch zarte Kinderseele hatte unter seinen Knien das Fürchten kennengelernt. Auch Peter gehörte dazu, obwohl er eigentlich zu den robusteren seiner Klasse zählte.

Den Würzeler traf er nicht. Ein paar Kadetten lärmten jedoch hinter ihm vorbei, wie üblich in strenger Formation und mit wilden Gebärden, als gelte es, Tablat zu einer Kolonie zu machen. Pfarrer Scherrer grüßte ihn über die Straße und Peter bewunderte wie immer seine Kutte und die wenigen, aber höchst wirkungsvollen Insignien, die ihn zu einem wichtigen Mann im Dorf machten. Dann erreichte er sein Zuhause und verschwand hinter der Tür.

»Da verschlägt's einem doch die Sprache!«, ruft der Markus.

»Aber doch nicht etwa vom Wein?«, sorgt sich Mario, nicht ohne es zu verpassen, die Lesepause für einen weiteren genussreichen Schluck zu nutzen. Dem schlafenden Peter zu Ehren haben sie sich aus der Bar für einen Chateau Pétrus, Jahrgang 1913 entschieden. Das ist keine schlechte Wahl. Auch die zweite Bouteille nicht. Und die dritte auch nicht.

»Die Gedichte meine ich, mein Lieber, die Gedichte! Was für ein Dichter, dieser Chajjam!«

»Ich hör' von links und rechts stets das Geschwätz,
dass ich beim Wein die Religion verletz',
ich lernte doch, dass Wein des Glaubens Feind:
Ich schlürf' sein Blut, so will's doch das Gesetz!«

»Dem Mann gehört ein Platz unter den Heiligen! Und zwar unter den christlichen!«

»Genau. Solche Weisheiten müssen allen Religionen zukommen.«

»Und unserer am allermeisten!«

»Brüder. Mich dürstet nicht nach Blut. Mich dürstet nach Geist. Was haltet ihr davon?«

Die drei können das Glück ihrer heutigen Meditation kaum fassen, als die heitere Runde plötzlich ein gellender Schrei durchfährt. Alle Blicke sind im Nu auf Peter gerichtet, der sich auf dem Sofa unruhig hin- und herbewegt. »Die Kabine hält das nicht aus! Wir stürzen!«

»Oh, nein! Er muss wieder an diesem furchtbaren Ort sein!«, entsetzt sich Markus und beugt sich schnell über Peter, der sich immer aufgeregter gebärdet.

»Schon während der letzten Meditationen ist er immer in seine Kindheit gelangt. Und jedes Mal hat er Visionen von dieser einen Szene. Warum ist er denn wieder dort?«

Markus versucht ihn zu halten und fasst ihn dabei behend an den Schultern. Peter hält sich jedoch krampfhaft an der Sofalehne fest und rudert heftig mit den Beinen. Mario will ihn festhalten, als sich plötzlich Peters Jackett öffnet und ein kleines, braunes Glasfläschchen aus der Innentasche purzelt.

»Was ist denn das?«, fragt Mario und hebt das Fläschchen auf. »Der kennt wohl die Gedichte des Omar Chajjam und dessen Inhalte bereits!«

»Ich glaube nicht, dass das Wein ist«, murmelt Christoph und sieht sich das Fläschchen an. Die Szene wird eindrucksvoll akustisch untermalt vom Gong der schweren Standuhr draußen im Treppenhaus.

»Doch wohl nicht ein Flaschengeist!«, entsetzt sich Markus.

»Ich denke nicht, dass sie in Othmars Orthopädiegeschäft Flaschengeister verkaufen.«

Die Glaubensbrüder ahnen es, oder wenigstens einen Teil davon. Peters Verzückung ist nur teilweise eine religiöse. Wesentlich mehr daran beteiligt dürfte der Inhalt dieses Fläschchens sein, an dem Christoph nun riecht und Mario froh ist, dass sich nur ein bitterer Geruch im Raum verteilt und nicht etwa ein polternder Geist entweicht.

Als praktizierender Teilzeitmystiker ist Peter seit einigen Jahren ein unermüdlicher Erforscher der menschlichen Meditation. Dabei handelt es sich stets um die gleiche Technik, unabhängig ihres geistigen Zieles oder ihrer religiösen Herkunft. Es wird versucht, das Weltliche auszuschalten, um in die eigene Psyche abzutauchen. Der Weg ist das eigentliche Ziel, und das ist für zielorientierte Menschen gerade die große Herausforderung der Meditation, so dass sie sich niemals mit ihrem eigentlichen

Sinn auseinandersetzen, sondern mit all den hausgemachten Problemen, die sich vor ihn schieben. Das ist auch eine Form der Zerstreuung, aber sicherlich kein Abtauchen in die eigene Psyche. Das ist wohl der Grund, weshalb sich Peter einiger, sagen wir, Katalysatoren bedient, die wenigstens das Erkennen des Scheiterns der eigenen Meditation etwas besänftigen.

Die Beschleunigung des frommen Erlebens steht durchaus in einer gewissen religiösen Tradition, schließlich verwendeten dazu die Buddhisten ihr Räucherwerk, die Perser ihren Wein und die christlichen Mönche ihre Bierbrauerei. Ein sehr wirksames Halluzinogen kannten die Azteken: Sie benutzten das Fleisch des Peyotekaktus als Droge, um einen direkten Kontakt mit ihren Göttern und Naturgeistern herzustellen. Nach der Entdeckung Amerikas gelangte Peyote auch in christliche Hände. Die Droge verbreitete sich schnell, auch wenn sie wie alle rauschhaften Drogen von der Kirche offiziell verboten wurde. Ende des 19. Jahrhunderts wurde aus dem Peyotekaktus zum ersten Mal das Halluzinogen Meskalin isoliert, was die Droge auch in Europa bekannt machte. Zu Beginn des 20. Jahrhunderts etablierte sich der Peyotekonsum in Künstlerkreisen als Modedroge und wurde meist in Form von damals frei erhältlichen Tinkturen konsumiert. Sogar das Orthopädiegeschäft seines Bruders bot den Trunk frei erhältlich an.

Doch in seiner Meditation befindet sich Peter nicht im Orthopädiegeschäft seines Bruders, sondern in seiner Jugend, mitten im Steinachtobel, zusammen mit Othmar und Martin. Sie hatten die gemeinsame Holzsammelaktion des Dorfes schamlos ausgenützt, um sich in aller Stille abzusetzen und zu schauen, ob die Transportseilbahn wirklich existierte, von der alle Erwachsenen mit Ehrfurcht sprachen und die sie nie sehen durften. Das Steinachtobel war der Hauswald des Dorfes und erstreckte sich über einige Hügelzüge um Tablat herum bis weit hinein ins Umland der Stadt St.Gallen. Der Wald war von einem auf beiden Seiten steil abfallenden Tal durchzogen, das es für die Waldarbeiter unmöglich machte, das Langholz zu transportieren. Pontoniere der Schweizer Armee hatten deshalb eine Transportseilbahn gebaut, die nun quer über das Tal führte und an der höchsten Stelle sicherlich zehn Meter über die Baumwipfel ragte. Seit einigen Jahren war es einfacher geworden, das Holz mit einem Zugwagen zu transportieren, weshalb die Seilbahn allmählich ausrangiert wurde. Gelegentlich benutzte sie noch Urs Rüdisühli, der Förster des Waldes, mit seinen Waldarbeitern oder aber dumme Jungs, die darin eine ideale Mutprobe sahen.

Drei von diesen standen im Jahre 1898 vor jenem mächtigen Abgrund. Der Älteste kratzte sich am Hals, der Mittlere strahlte über das ganze Gesicht, der Jüngste schaute, was der Mittlere tat. Zwei gegen einen. Sie stiegen in die Transportseilbahn ein.

Der Anfang war ganz lustig. In luftiger Fahrt schossen sie über den Abgrund und wurden wie auf Adlerflügeln über den Baldachin des Waldes gehoben. Die Mischung zwischen Gruseln und totaler Freiheit war etwas Unbeschreibliches. Peter hielt sich abwechselnd an der Gondel und an seiner eigenen Jacke. Othmar breitete die Arme aus wie ein Engel und ließ sich den Wind durchs Haar streifen. Martin beobachtete Othmar, wollte auch die Arme ausbreiten, traute sich aber doch nicht und tat drum, wie Peter tat. Plötzlich verlor die Gondel an Fahrt und blieb ziemlich genau über der höchsten Stelle stehen. Drei Herzen ebenfalls.

Was die Burschen natürlich nicht gewusst hatten, war, dass das Spannseil derart gelöst werden musste, dass das Gegenseil ab der Wegmitte die Gondel in die andere Station ziehen konnte. Nun war keine Spannung vorhanden und die freie Fahrt dauerte nur bis zur Mitte des Wegstücks. Und die lag, wie bereits erwähnt, hoch über dem Abgrund.

In der Gondel wurde es plötzlich still. Es mochten sicherlich zwei, drei Minuten vergangen sein, ehe sich der erste rührte. Othmar schaute über die Planken der Gondel, die nicht sonderlich hoch waren, da die Seilbahn ja dazu gebaut war, Holz zu transportieren. Ihn schauderte. Die Tiefe unter ihm schien ihn nach unten zu ziehen und er war sich nun auch gar nicht mehr sicher, ob die Seilbahn selbst wirklich funktionstüchtig war. Eine wilde Panik erfasste ihn. Als die andern das bemerkten, packte auch sie ein gnadenloses Grausen. Sie schrien aus Leibeskräften um Hilfe und zwar so lange, bis sie ein ohrenzerreißendes Krachen über ihnen jäh unterbrach. Durch die lange Spannung im Tragseil hatten die Rollen innerhalb des Trägers natürlich gearbeitet und gaben dann und wann ein knackendes, metallisches Knarren von sich. Die drei wurden totenbleich und waren ganz sicher, dass sie jetzt sterben mussten.

Doch das war noch nicht alles. Mit dem Untergehen der Sonne kam, wie üblich in dieser Gegend, ein Wind auf, ein starker Zug, der ungehindert über das Tal wehen konnte. Nun wurde die Gondel zusätzlich übel hin- und hergeschaukelt, der Träger ächzte noch mehr, die drei Buben waren völlig aufgelöst, hielten sich gegenseitig unter Tränen fest und sprachen kein Wort mehr. Sie wollten einfach wenigstens miteinander sterben.

»Lieber Gott. Lass den Wind vergehen!«, sagte Martin plötzlich leise. Die Worte kamen direkt aus seinem Herzen.

Peter starrte seinen Freund nach einer Weile erwartungsvoll an. Dann löste er sich sanft aus seiner Umklammerung. »Freunde, lasst uns doch beten.«

Die drei schauten sich ungläubig an. Sie alle waren christlich genug erzogen worden, dass sie, jeder für sich, zu ihrem Gott beteten. Und das sogar seit einer bangen Weile. Aber zusammen beten, das hatten sie noch nie vorher getan.

»Sagte nicht Jesus, dass er unter ihnen ist, wenn mindestens drei in seinem Namen zusammenkommen?«, fragte Peter mit sanfter Stimme.

Othmar kannte diesen Spruch natürlich nicht. Doch er war gerne und unter kräftigem Nicken bereit, ihn besonders jetzt zu glauben. Martin war sich nicht sicher, ob sie denn vier sein müssten, wenn es mindestens drei brauche, doch er schwieg.

Peter floss nun das erste Mal seit ihrem tollen Start mit der Gondel wieder Blut durch die Adern. Er war plötzlich überzeugt, dass er sich und seine Freunde retten konnte. Er richtete sich auf, faltete die Hände, schaute in den Himmel, kam am ächzenden Träger nicht vorbei, erschrak und senkte seinen Blick darum wieder auf seine Hände. »Lieber Herr! Es war dumm, was wir taten. Bestrafe uns nicht dafür. Sondern erlöse uns von dem Wind, dann wollen wir auch artig sein.«

Die Gondel schaukelte sanft in der Brise.

»Und wenn du das mit dem Wind in Ordnung gebracht hast, dann lass uns wieder auf den festen Boden zurückkehren.«

Ein Vogel flog an der Gondel vorbei.

»Ich meine, ganz unversehrt. Dafür würde ich dann auch recht dankbar sein. Und aus der Bibel lesen. Und auch einen Rosenkranz beten!« Dabei fixierte er seine kleine Gemeinde scharf. »Ich auch!«, schrie der Jüngste. »Ich auch«, sagte Othmar etwas leiser als Martin.

Die Gondel wurde von einem Ruck erfasst und wiegte sich sanft wie eine schwere Glocke im Turm. Peter presste die Hände zusammen. »Die Kabine hält das nicht aus! Wir stürzen!«, schrie er. Dann quetschte er seine Finger noch fester zusammen. Und zum ersten Mal in seinem Leben passierte etwas, was ihn seit diesem Tag nicht mehr loslassen würde: Er glaubte. Er glaubte an seine Rettung. Dieses sture gedankliche Festhalten, gepaart mit einem stechenden Schmerz in den Fingern, versetzte ihn mit einem Schlag in eine unglaubliche Ruhe, als hätte ihn das Schicksal bewusstlos geschlagen.

Ein weiterer Ruck erfasste die Gondel. Dann setzte sie sich in Bewegung und pendelte beschaulich zurück in die Station, von der sie gekommen war. Ein paar Meter vor dem Führerstand bremste sie ab und klickte sanft und fast lautlos in die Kupplung ein. Die drei warteten kaum den Stopp ab, rissen sich aus der Gondel und rannten davon, so schnell sie ihre Beine trugen. Martin stolperte in seiner Hektik über die Treppe und zerriss sich die Hose. Als er das Malheur betrachtete, da war ihm, als sähe er unten beim Führerstand eine Gestalt. Ob es ein Dämon war oder der Geist des Heiligen Gallus, der hier als Eremit gelebt und das Kloster St. Gallen begründet hatte, das wusste er nicht, aber er nahm seine Beine unter die Arme und wieselte so schnell er konnte seinen beiden Freunden nach.

Nach etlichen Minuten atemlosem Spurt sammelten sich die drei Freunde auf einer kleinen Lichtung. Es verging eine Weile, bis die Seelen wieder ihren Körper gefunden hatten. Dann schaute Peter seine beiden Jünger an und diese himmelten huldvoll zurück. Das Herz pochte in ihnen und es pochte vor Angst und für Peter. Wer war der Kerl vor ihnen, der dem Wind gebieten konnte und dann auch noch einer Seilbahn? Sie wussten die Antwort darauf nicht, doch eines war ganz sicher: Es verband sie ab jenem Moment eine tiefe, heilige Freundschaft.

Diese Erinnerung entspannt Peter sichtlich. Er löst sich wieder aus seiner Verkrampfung und haucht mit sonorer Stimme: »Gott ist groß!«

Auch seine Freunde haben sich wieder etwas beruhigt. »Hosianna! Er hat es ausgehalten!«, freut sich Christoph.

»Gott ist groß! Er hat seine Dämonen mit Meditation besiegt!«, stimmt Markus in den Kanon ein. Die drei munteren Freunde haben inzwischen schon allerlei schmackhafte Destillate verkostet und lustigerweise zu jedem das passende Gedicht gefunden. Sie belassen deshalb Peter in seinem Delirium und widmen sich dem ihren.

»Der Wein ist unerlaubt, doch kommt's drauf an,
wer trinkt, mit wem, und dann wie viel und wann.
Wenn diese vier sich recht zusammenfinden,
da trinkt doch wohl ein jeder weise Mann.«

So steht es da, und was so lange sich bewährt hat, das kann so falsch nicht sein, mögen sie sich gedacht haben. Schließlich sind sie ja mit Peter deren vier, die sich hier zusammengefunden haben. Während sich also Markus in seiner Weisheit vor allem an den französischen Erzeugnissen erlabt hat, hat Christoph seine Vernunft mit einem deutschen Klaren begossen. Der Scharfsinn Marios allerdings ist durch die Entscheidung zwischen einem Waadtländer Aprikosenschnaps und einem Thurgauer Obstbranntwein auf eine harte Probe gestellt worden, weshalb er nun seine Unentschlossenheit mit einem Appenzeller Kräuterbitter bezahlen muss.

Er will bereits seinen weiteren Unmut darüber äußern, als Peter ihn einmal mehr wie ein Schlafwandler unterbricht. »Das ist ein guter Ort«, haucht Peter sanft, fast besinnlich. »Ein guter Ort.«

Die drei antworten gemeinsam mit schwerer Zunge: »Ah, Einsiedeln!«

Als Peter zwölf wurde, trennte sich sein Weg von jenem Othmars und Martins. Peter wurde ins geistige Zentrum der katholischen Schweiz geschickt. Eine gute Ausbildung und eine ordentliche Erziehung, das versprach sich der Vater vom Gymnasium im Kloster Einsiedeln, und bei Peter stieß das ja in diesem Sinne auf fruchtbaren Boden. Die Mutter litt maßlos unter der Trennung von ihrem Buben. Als sich Peter verabschiedete, ging nicht einfach ihr Sohn aus dem Haus. Es erlosch ein Leuchtturm. Für sie war Peter so etwas wie der alltägliche Beweis, dass ihr Leben doch nicht ganz sinnlos war. Sie schöpfte kaum Kraft aus ihrer Hausarbeit, aus ihrer Ehe oder aus ihren zahlreichen Tätigkeiten in der Dorfgemeinschaft. Sie tat alles, weil es ihre Rolle war. Sie ertrug es, weil sie nicht gelernt hatte zu fragen, wie sie sich fühlte. Sie war eine Existenz ganz im Muster der damaligen Landbevölkerung. Als Peter ihr Haus verließ, war ihr Leben eigentlich abgeschlossen.

»Gott sei mit dir, mein Sohn. Ich wünsche dir alles Gute«, sagte sie, als Peter seinen kleinen Koffer in die Hand nahm und etwas bange in Richtung Kloster blickte.

»Und mach mir keine Schande!«, knurrte der Vater hinterher.

»Ich werde euch schreiben«, rief Peter bereits im Weggehen.

Die Mutter winkte gedankenverloren in die Leere, bis alles dafür sprach, dass Peter nicht mehr umkehren würde. Dann senkte sie verschämt ihren Arm.

Wie Othmar im Kollegium Schwyz, wurde auch Peter von einem Betreuer der Eleven begrüßt. In Einsiedeln war es Bruder Klaus. Er war ein wackerer Mann, ein Handwerker im Hause des Herrn, und führte ein strenges Regiment von Regeln und

Sitten. Seine Prinzipien baute er wie eine Sandkastenlandschaft haargenau um jene Murmeln auf, die ihm das Leben zugespielt hatte: Die Welt ist rund, Gott wohnt oben, die Menschen unten. ER ist der Chef, sie sind sein Werk. Weil ER sein Werk aber werken lässt, ist die Welt schlecht. Gott aber nicht. Schlecht sind vor allem die Frauen. Die Männer auch, aber nicht so sehr. Gut unter den Schlechten sind die Tüchtigen. Schlecht sind alle anderen. Tüchtig ist, wer mit Händen etwas schafft. Wer nur denkt, ist nicht tüchtig und damit fern von Gott. Frauen denken zwar nicht, aber es reicht dennoch, um schlecht zu sein. Der Rest besorgt ihr Aussehen. Frauen sind nämlich leibhaftige Fallen vor Gott. Schön und zudem meistens noch tüchtig. Aber schlecht in ihrem Wesen. Das war immer schon so.

Manchmal versuchte er, seinem Weltbild einen philosophischen Anstrich zu geben. Das war dann so, als baute man im Sandkasten den Eiffelturm nach: Die Welt ist rund, Gott wohnt oben, die Menschen unten. Oben herrscht Glück, unten Verdruss. Weil ER sein Werk nämlich werken lässt. Das oberste der Gefühle unten ist Zufriedenheit. Zufrieden können aber nur jene sein, die ihr Unglück auf andere übertragen können. Und das können nur Frauen und Begüterte. Eine begüterte Frau hat also ganz schlechte Chancen, Gott zu gefallen. Eine ganze Kamelherde im Nadelöhr sozusagen. Und Bruder Klaus gefallen sie deshalb auch nicht, die Frauen, nicht die Kamele. Das war immer schon so.

Ihm genügten diese Philosophien zum Leben, nebst dem Wein, dem Bier, dem Schnaps, dem Schweinsbraten und der Kartoffelrösti. Und wenn er von letzteren in genügendem Maße vorfand, so brauchte er nicht einmal mehr die Philosophien. Doch dann geschah etwas, was sie ihm wieder einmal ganz besonders anschaulich vor Augen führte:

Peter war noch kein Jahr in Einsiedeln und hatte gerade die Theologiestunde von Pater Dominik hinter sich gebracht. Man kann viel gegen die Kirche einwenden, aber gebildet hat sie das Volk immer am besten. Auch in Einsiedeln gab und gibt es noch Lehrer, die einen direkten Draht zu Gott zu haben scheinen, auf alle Fälle vereinen sie Geist und Seele, wie das in der Pädagogik damals schon höchst selten war und heute fast gänzlich unmöglich ist. Pater Dominik war ein weiser alter Mann. So weise, dass sich schon manche Gerüchte um seine Person rankten. Wie kein anderer wusste er von der Tiefe der menschlichen Seele und wohl auch von Bereichen, die weit darüber hinausgehen. An diesem Tag sprach er in einer flammenden Rede zu seinen Schülern.

Peter war beeindruckt. Er war berauscht von den Worten. Sie krochen ihm unter die Kutte wie warme Hände nach einem Schneesturm. Er packte seine Bibel und eilte sofort in die Kirche zur Marienkapelle, die schon die Gebetsstätte des Klostergründers Meinrad war, als er sich vor genau 1063 Jahren hier in den finsteren Wald zurückgezogen hatte. Er kniete nieder, erfüllt von einem unbändigen Drang zu wissen, wie eben jenes Wissen zu zerstören sei, damit er glaube. Peter war ganz in sich und ganz vertieft in seinem Gebet, so dass er nicht hörte und nicht sah, wie einige Brüder hinter ihm den Raum betreten hatten und ihn beobachteten. Seine Bibel lag offen vor ihm und offen war auch sein Herz für einen Wink des Herrn.

Ein winterlicher Schneesturm, der in dieser Gegend starke Böen entwickeln kann, ließ die Kutten der Klosterbrüder flattern. Einige Schneeflocken wehten in die Kirche und schmolzen auf dem gemusterten Mosaikboden zu Tropfen. Nur Peter hatte kein Auge dafür und auch kein Ohr. Der Luftzug ließ auch einige Seiten in seiner Bibel tanzen und Seite für Seite verließ die geisterhafte Hand das Alte Testament, bis sie im Johannesevangelium zur Ruhe kam.

»Der Wind weht, wo er will und du hörst seine Stimme, aber du weißt nicht, woher er kommt und wohin er fährt«. So lautet Vers 3,8 beim Evangelisten Johannes. Und Peter richtete sein Auge auf diesen Vers. Er verstand den Wink und las die Zeilen ganz genau durch. Wort für Wort drang direkt in seine Seele. Er spürte es wieder, das Wogen und Wanken unter ihm. Er spürte sie noch, die Gondel, wie sie über dem Abgrund schwebte, unter ihm der dunkle Wald und über ihm nur der Herrgott und der ächzende Träger. Damals hatte er seine Freunde gerettet. Ja, er hatte zu Gott gebetet und Gott war es, der ihm geholfen und der Seilbahn ihren Weg gewiesen hatte. Der Wind hatte damals fast die Gondel aus dem Träger geweht und er hörte die Stimme des Todes noch ganz genau. Er wusste, woher dieser Wind kam und wohin er ihn führte. Er führte ihn hierher, genau an diese geweihte Stelle. Und ER öffnete ihm auch jenen Vers im Buch der Bücher, der für ihn bestimmt war. Er las weiter: »So ist jeder, der aus dem Geist geboren ist.«

Peter erstarrte. Er hatte genug Griechisch gelernt, um zu wissen, dass Geist und Wind in dieser Sprache ein und dasselbe Wort ist. Sein Gesicht verklärte sich. Seine Sinne schwanden. Der aus dem Wind Geborene kippte nach hinten auf den gemusterten Mosaikboden. Die Brüder eilten herbei. Sie hörten ihn leise sprechen. Einer beugte sich hinunter. Er war nicht sicher, ob er diese Sprache kannte. Seine Mitbrüder beugten ebenfalls ihre Knie. Der Schneesturm hatte erneut die Türe zur Kirche aufgerissen und die Gruppe wurde alsbald umtanzt von unsichtbaren Kräften. Noch nie hatten sie so etwas erlebt. Noch nie hatte sich dieser Ort für sie in derartiger Weise offenbart. Der erste unter ihnen brachte sein Ohr ganz nah an Peters Mund. Ob es Griechisch war oder Hebräisch oder eine Sprache, die nicht mehr von dieser Zeit, ja vielleicht nicht mehr von dieser Welt war, das vermochte er nicht zu sagen, aber in einem war er sich ganz sicher: Er hielt ein Wunder in seinen Armen.

Einer der Brüder holte Pater Dominik. Der war trotz seines Alters und der eisigen Verhältnisse schnell da. Er sah sich den fiebernden Jungen an, betrachtete die Gruppe um ihn herum und warf einen Blick auf die Bibel. »Und diesen Vers hat der Wind aufgeschlagen, sagt ihr?«

»Genau so war es«, versicherte ihm die Gruppe.

Pater Dominik nahm die Bibel und las den Vers. Dann schaute er die Brüder scharf an. »Seid ihr auch ganz sicher?«

»Wir können es alle bezeugen, Pater. Und danach hat er in einer fremden Sprache gesprochen. Vielleicht war es Sumerisch, die Sprache Gilgameschs!«

Pater Dominik schloss das Buch, so dass der Knall an den Kirchenwänden hallte.

»Johannes 3,8. Das ist das Glaubensaxiom der Rosenkreuzer. Sehr interessant«, murmelte er, »äußerst interessant!«

Er drehte sich um, eilte nach draußen, steckte seine Hände in den Schnee, kehrte zum hingestreckten Wunderknaben zurück und umfasste damit sein Gesicht. Die Kälte breitete sich in Peters Kopf aus, als läge er selbst im Schneesturm. Er fiel aus seinem Traum, fiel durch dichte Rauchschwaden seines Bewusstseins und landete auf dem Sofa vor dem Kamin, im großen Salon.

Er sieht das Feuer im Kamin lodern. Im Raum ist es sehr warm und ein starker Alkoholgeruch liegt schwer in der Luft. Neben dem Kamin kauert sein treuer Freund Mario, der in einem unverständlichen Dialekt aus einem Buch liest:

»De Frohsinn solln Leid nich verzerrn,

de Stein de Weisn kann Ge, Genuss nich lehrn.

Ich fin, find kein, de di Zukunf kennt.

Drum will ich trinken, liebn und begehn, bege-gehren. Jawoll!«

Ihm gegenüber liegen die zwei anderen Kameraden. Markus' Kopf ruht reglos auf der Tischplatte und seine Arme hängen wie leere Schläuche von den Schultern, während Christoph in der Horizontalen ausgebreitet auf dem zweiten Sofa liegt. Peter findet das alles sehr sonderbar. Er will Mario befragen, was denn geschehen sei. Da vernimmt er neben dem Knistern des Feuers nur noch ein ruhiges, tiefes, sinnliches Schnarchen.

Für uns ist er wieder etwas zu schnell auf die Erde zurückgekehrt, weshalb ich wenigstens anführen muss, was damit verborgen blieb: Peter erwachte damals inmitten einiger Brüder, niedergestreckt vor Meinrads Gebetsstätte und Pater Dominiks eiskalte Hände im Gesicht. Was daraufhin geschah, wird immer sein Geheimnis bleiben. Keiner hat mir dazu jemals Auskunft geben können. Offiziell wurde der Orden der Rosenkreuzer von der katholischen Kirche nie anerkannt, weshalb es nicht gesichert ist, dass überhaupt jemand unter den Klosterbrüdern mit ihm in Verbindung stand. Pater Dominik hätte sicherlich die Mittel und Kontakte gehabt, seinen Schützling, so er ihm glaubte, an wissende Instanzen weiterzuvermitteln.

Die Rosenkreuzer gehen in ihren Lehren von einer Alchemie der geistigen Natur aus, was bedeutet, dass sie die spirituellen Geheimnisse der Welt geistig erfassen wollen. Ihre geistige Basis ist die Gnosis, eine christliche Erkenntnistheorie, die postuliert, dass alles, was entsteht, wieder vergehen muss, weil es vom Göttlichen getrennt ist. Dadurch entstehen Leid und Schmerz, die der Mensch letztendlich nur überwinden kann, wenn er sich von allem Irdischen abwendet. Mit dieser Abkehr und durch ein spirituell geprägtes Leben aktiviert der Mensch den letzten Rest des Paradieses in seinem Herzen, den Gottesfunken, der ihn wieder in den Kreislauf Geburt, Leben, Tod und Wiedergeborenwerden bringen kann. Nur so ist ein Wiedereintritt in die göttliche Sphäre möglich.

Nachdem nie nachgewiesen werden konnte, ob der Orden überhaupt jemals existierte, bildete sich ein ungeheurer Mythos darum. Ebenso wurde eifrig diskutiert, wer möglicherweise Mitglied gewesen sein könnte: Francis Bacon, Jakob Böhme, Giordano Bruno, René Descartes, Robert Fludd, Johannes Kepler oder Baruch Spinoza.

Ob Peter ein Mitglied war, wissen wir nicht. Er hat zeitlebens zwar nie mit Anspielungen und sogar handfesten Praktiken des Mystizismus gegeizt, aber wenn das Thema auf die Rosenkreuzer kam, wurde er so stumm wie das Pendel in seiner Hand.

Peter befand sich in diesen beiden Jahren auffällig oft im Ausland. Niemals hat er den Grund seines Aufbruchs angegeben. Da er weder internationale Geschäfte betrieb, noch ein reisefreudiger Entdecker war, blieben zumindest einige Fragezeichen hinter seinen Reisen. Ganz besonders augenfällig wurde es am 15. Mai 1910, als Peter und Othmar von ihrer Mutter dringend nach St. Gallen eingeladen wurden, um nach dem Tod des Vaters die Erbangelegenheiten zu regeln. Sie war völlig überfordert mit dem plötzlichen Reichtum, den sie nun verwalten sollte, weshalb sie das Geld noch zu Lebzeiten ihren Söhnen vermachte. Peter schien dieser Zeitpunkt sehr ungelegen zu kommen, auf alle Fälle sträubte er sich anfangs sehr, in die Schweiz zurückzukommen. Weshalb, das verriet er, wie bereits erwähnt, keinem Menschen.

Othmar kam diese Wende in seinem Leben sehr entgegen. Er stand vor seinem definitiven Sprung an die Universität Leipzig und war an jenem Tag voller Tatendrang. Er hatte einen Freund aus der Stadt eingeladen, mit dem er ein Luftfahrtunternehmen gründen wollte. Wie Othmar auf eine solche Idee kam, war Peter schleierhaft. Auch die Mutter schüttelte nur den Kopf und hoffte, dass ihrem Sohn eines Tages solche Flausen vergehen würden. Das taten sie auch schnell. Othmar vergaß die Fluggeschichte bald. Sein Freund allerdings nicht. Er gründete 1919 eine Fluglinie, überflog 1929 als erster den Kilimandscharo und wurde 1931 Direktor der neuen Fluggesellschaft Swissair. Es war Walter Mittelholzer, der berühmte Flugpionier. Dass er an diesem frühen Erfolg seines Freundes nicht teilhaben konnte, fuchste Othmar dann so sehr, dass er unbedingt in eine andere Fluglinie investieren wollte. Er fand schnell ein geeignetes Investitionsobjekt und in der Tat ist der Name jenes Firmengründers heute noch eine berühmte Marke. Der aus La Chaux-de-Fonds ausgewanderte Abenteurer Louis-Joseph Chevrolet entwickelte mit großem Erfolg die Automarke Chevy, verkaufte 1918 an General Motors und brachte seither nie wieder etwas Gewinnbringendes zustande. Seine eigene Motorenfabrik in Indianapolis brach zusammen. Ebenso die Chevrolet Aircraft Corporation in Baltimore, in die Othmar viel Geld und noch mehr Ärger investiert hatte. Doch das alles führt uns von unserer eigentlichen Geschichte weg.

Peter und Othmar besprachen also an jenem Tag im Hause der Mutter, wie sie das Erbe anlegen und möglichst wirkungsvoll vermehren konnten. Othmar hatte bereits einige Ideen, die weder mit der Luftfahrt noch mit der Mobilität auf Straßen zu tun hatten. Peter hörte seinem jüngeren Bruder nicht ohne

Stolz zu, ging aber früh zu Bett, weil er soeben aus den Niederlanden angereist und deshalb müde war. Er überließ Othmar die Verwaltung des Erbes und zumindest in diesem Punkt hatte sich sein Gefühl nicht getäuscht, denn ein paar Jahre später war Othmar ein reicher Mann und damit auch Peter selbst. Während Othmar studierte und das Geld gut investierte, konnte sich Peter ein von allen Existenzängsten befreites Dasein leisten. Was er von seiner Mitarbeit im St.Galler Orthopädiegeschäft und von den Zinsen des elterlichen Vermögens erhielt, das genügte ihm für sein geistig bestimmtes Dasein.

Nun sitzt er aber im großen Salon seines Bruders. Und seine geistigen Brüder sind ganz offensichtlich sturzbetrunken, so viel hat er bis jetzt mitgekriegt. Mario knattert wie ein Traktor am Fuße des Kamins und Markus blubbert ab und zu etwas mit dem Mund auf die Tischplatte. Die ganze Szene hat etwas ungemein Beruhigendes. Er selbst fühlt sich nach seiner Entrückung angenehm belämmert und es gibt fast nichts, was ihn jetzt in seiner Ruhe stören könnte. Doch in diesem Moment poltert Othmars Diener Heinrich in einem Anflug seltener Unbeherrschtheit an der Tür.
»Heinrich, Grundgütiger, nicht jetzt! Nicht jetzt!«
»Es ist wichtig. Ich bin untröstlich.«
Peter schreckt auf. Dieses Poltern, das muss etwas ganz Schreckliches bedeuten, etwas ganz Schreckliches! Er schnellt aus dem Sofa und will wenigstens die zahlreichen Flaschen vom Tisch verschwinden lassen. Aber Heinrich steht schon da.
»Herr, ich habe Nachricht aus Wuppertal.«
»Woher?«
»Aus Wuppertal. Sie wissen schon. Ihr Freund und Ihr Bruder sind dort.«
Peter packt eine nervöse Ungeduld. »Ach so, ja. Erzähl schon! Was ist geschehen?«
Heinrich liest vor: »Brauchen wegweisenden Rat. Schnelle Ankunft mit entsprechenden Instrumenten dringend erforderlich.«

Er ringt nach Luft. Peter presst seine Hände vor dem Mund zusammen. »Sie brauchen mich! Othmar und Martin brauchen mich. Ich muss schnell handeln!«

Er stürzt in den Salon, sieht die matte Runde seiner Freunde, rennt wieder hinaus, heftet sich an Heinrichs Fersen. »Die Stunde der Wahrheit, Heinrich. Jetzt geht's los.«

Dann rennt er wieder in den Salon.

3. Kapitel
über einen Unternehmer, der die beiden Vorigen zu Hilfe ruft, weil er wirklich gute Gründe dafür hat.

Martin geht ganz nervös in seiner Fabrikhalle auf und ab. Er hat seine Hände auf dem Rücken verschränkt und murmelt unverständliches Zeug vor sich hin. Die lähmende Beklemmung der letzten Wochen und Monate hat ihn mürbe gemacht. Er fürchtet zwar weiß Gott nicht viel auf der Welt, aber was sich in der letzten Zeit in Deutschland zusammenrottet, das scheint nicht von dieser Welt zu sein. Er beobachtet Othmar, der an seinem Schreibpult steht und krampfhaft überlegt, wie er die Situation beruhigen könnte. Dafür liebt er ihn, für diese Gabe der schnellen Orientierung. Bis jetzt hat sie aber nicht wirklich geholfen. Aus diesem Grund hat Jochen, der Chauffeur und enge Vertraute Martins, die Telegramme aufgegeben und eine Versammlung unter höchster Geheimhaltung einberufen, denn mit Martins Tatkraft, Othmars Unbeschwertheit und Peters Besonnenheit muss einfach eine Lösung vom Himmel fallen.

»Denkst du, er kann uns wieder helfen?«, fragt Martin schließlich mit einem Ausdruck in den Augen, welcher der Panik schon sehr nah ist.

Othmar schnappt sich einen Ordner vom Tisch, um sich irgendwo festzuklammern. Zurückblicken hilft immer, mag er sich denken. Die Vergangenheit verkauft sich immer gut, und meistens ist sie es sogar, welche die Gegenwart erträglich macht.

»Martin, beruhige dich. Er hat uns noch immer helfen können. Erinnere dich an alle Situationen, in denen du wie heute dachtest, es gäbe keine Lösung.«

»Ja, ich weiß. Aber heute ist es etwas anderes. Wir haben mächtige Gegner!«

»Wie oft hast du das schon gesagt. Mächtige Gegner! Da fällt mir ein ganz besonderes Beispiel ein: Elenas Eltern! Erinnerst du dich? Mein Gott, wie bist du bei uns angekommen! Wir glaubten, dass der Teufel hinter dir her sei. Es war im April 1924. Ich war seit einem Jahr wieder in St.Gallen. Weißt du noch, worum es damals ging?«

Es war einer der ersten warmen Frühlingstage. Überall lag der Duft von Blüten und Knospen in der Luft. Martin liebte dieses Erwachen der Natur. Es schien die Kraft auf ihn zu übertragen, und in diesen Zeiten war er deshalb schon immer am produktivsten. Nur Peter hatte sichtlich wenig Freude daran. Er war schwerer Allergiker. Gemeinsam richteten die beiden Brüder damals das Gartenhaus des soeben geerbten Elternhauses ein. Das ganze Anwesen und auch der Garten waren voll von Altlasten der Mutter. In den letzten Jahren hatte sie nicht mehr viel ordnen können. Sie war nicht krank oder hilflos, sie hatte einfach nur keine Kraft mehr für die stetig anfallenden Arbeiten, die das große Haus am Rosenhügel verursachte. Zu dieser Zeit kam Heinrich als Kammerdiener in Othmars Dienste. Othmar hatte das Geld und die Möglichkeiten für einen Bediensteten, und schließlich wollte er den Leuten in seiner Heimatstadt auch zeigen, dass er nicht einfach ein großes Haus geerbt, sondern es durchaus aus eigenem Antrieb zu Vermögen gebracht hatte.

Heinrich wühlte mit einer Gerte in der Erde und schien dabei einen Keller ausheben zu wollen. Peter werkelte am andern Ende des Gartens. Othmar war ebenfalls etwas außer Atem und außerdem durstig, er holte sich deshalb ein Bier und betrachtete Heinrich bei seiner Arbeit. Es war eigentlich eine traurige Geschichte, die seinen Diener nach St.Gallen geführt hatte: Heinrichs Eltern besaßen in Luzern eine kleine, feine Privatklinik und waren begüterte, angesehene Leute. Sein Vater war einer der ersten, die sich mit psychisch degenerierten Langzeitpatienten beschäftigten. An einem Silvesterabend jedoch geriet das Feuerwerk in der Stadt außer Kontrolle und brannte sein Haus bis auf die Grundmauern nieder. Weil niemals festgestellt wurde, wer die Schuld an dem Unglück trug, zahlte die Versicherung nichts. Heinrichs Eltern mussten ganz von vorne beginnen und richteten in Weggis eine kleine Praxis ein. Heinrich, der eigentlich in die Fußstapfen seines Vaters treten wollte und bereits ein Medizinstudium begonnen hatte, ertrug diesen Schlag nicht, riss aus und begann in Zürich im Hotel Baur au Lac eine Servicelehre. Doch er haderte mit seinem Schicksal, wurde bald liderlich und unzuverlässig und musste das Haus noch vor seinem Abschluss verlassen.

Er zog als Kellner durch das Land, schließlich auch durch Deutschland, und heuerte auf einem Schiff als Oberkellner an. Viele Jahre verbrachte er auf See, ehe er realisierte, dass er auf sein bisheriges Leben kaum stolz sein konnte. Er kehrte zurück in seine Heimat, um seine Eltern zu unterstützen. Doch die Mutter war ein paar Wochen vor seiner Rückkehr gestorben und der Vater wollte ihn in seinem Gram nicht mehr sehen. Er hätte den Sohn so gerne als seinen Nachfolger gesehen, doch das Schicksal hatte ihm alles zerstört. Heinrich riss abermals aus, wollte nie wieder in seinem gelernten Beruf arbeiten und gelangte in die Dienste eines Strickereibarons in St. Gallen. Nach ein paar Monaten erkannte er, dass dieses Leben noch jämmerlicher war als jenes auf See, weshalb er sich entschloss, in kurzer Zeit möglichst viel Geld zu verdienen, um rasch auszuwandern. So kam er zu Othmar, denn der zahlte ihm einen sehr anständigen Lohn für seine Dienste. Dass er 36 Jahre bleiben und zu einem seiner engsten Vertrauten werden würde, darüber hätte er zu jener Zeit nur lachen können. Gelacht hätte er und mit roher Gewalt in der Erde gewühlt, um den Garten wieder in Schwung zu bringen, so wie er es an jenem Apriltag tat, als Martin auftauchte, wie ein Geist aus dem Nichts, und plötzlich bei ihnen im Garten stand.

»Freunde, da seid ihr ja. Ich bin ganz außer mir!«, rief Martin schon von Weitem und kämpfte sich durch einen Hain von Büschen.

»Wir sehen es, alter Kamerad!«, rief Othmar zurück und prostete ihm mit einem goldgelb leuchtenden Glashumpen zu. »Aber ich fürchte, du wirst uns bei der Gartenarbeit nicht unterstützen wollen.«

»Ich kämpfe momentan an ganz anderer Front. Ich brauche einen Rat. Vielmehr eine Einschätzung. Womöglich sogar ein Urteil.«

»Klingt ernst«, sagte Othmar und bot ihm ein Bier an.

Es war ernst. Martin war dabei, sich zu verheiraten. Die beiden Brüder, die sich mittlerweile mit ihrem Gast in den unteren Salon des Hauses zurückgezogen hatten, ließen sich plötzlich von seiner Hektik anstecken.

»Das ist ja unfassbar! Du hast gar nichts durchblicken lassen!«, sagte der erste.

»Ich bin überwältigt! Ich meine, ich freue mich natürlich für dich«, ergänzte der zweite.

»Es ging alles so verdammt schnell«, erklärte Martin. »Ich dachte immer, so etwas brauche Monate und Jahre. Dabei genügen ein tiefer Blick und ein Kuss zur richtigen Zeit.«

»Für eine Hochzeit?«, wollte Peter eine ernsthafte Diskussion anregen, aber für seinen Bruder war das Thema Hochzeit zu sehr mit der Komponente Frau und Sexualität verbunden, als dass er ernsthaft hätte darüber räsonieren können.

»Oh ja«, schmunzelte er, »kenne ich! Ich heirate in diesem Sinn fast jede Woche.«

Peter empörte sich. »Ach, du! Er meint es offenbar ernst.«

»Ich meine es ernst. Die ist es!«

Othmar verstummte. Peter nicht. »Und jetzt? Was empfindest du jetzt für sie?«

Martin stürzte auf die beiden zu und setzte sich vor ihnen auf den Tisch. Othmar fürchtete, er habe sich auf seine Zigarette gesetzt. »Ich finde sie einzigartig, großartig!« Er rang nach Worten. »Phänomenal! Unglaublich! Einzigartig! Formidabel!«

Othmar schien etwas enttäuscht. »Das sind alles Attribute, die gegen eine Hochzeit sprechen!«

Peter wehrte ungestüm ab: »Ach lass ihn doch!«

»Siehst?«, sagte Martin. »Ich muss mir einfach sicher sein. Sonst denke ich so wie der da.«

»Und was soll dir diese Sicherheit geben?«

»Kannst du nicht aus deinen Karten lesen, wie sie ist?«

Peter schneuzte in ein großes, von seinem Heuschnupfen deutlich gezeichnetes Taschentuch und seufzte nun ebenfalls: »Ich kann gewisse Qualitäten herauslesen, ja. Ich sehe auch die eine oder andere Veranlagung, aber um eure Persönlichkeiten gemeinsam zu erfassen, da brauche ich zumindest etwas von ihr. Etwas, das ihre Schwingungen trägt.«

Martin hob wieder seinen Kopf und lächelte etwas gequält.

»Und? Um was ging es?«, lacht Othmar und schmeißt den Ordner auf das Pult, so dass der Knall in der Fabrikhalle hallt.

Martin schmunzelt nun ebenfalls und lässt sich ergeben in seinen Chefsessel fallen. Othmars Erzählungen wirken tatsächlich. Er entspannt sich. Seine düsteren Gedanken verschwinden allmählich, wenn er an jene Szene damals in St.Gallen denkt.

»Es ging um ihren Slip!«, nickt Othmar und schüttelt den erhobenen Zeigefinger. »Du gabst ihm tatsächlich Elenas Höschen und Peter, der Gute, pendelte daraus eine feinsinnige, vertrauensvolle, wenn auch nicht leicht zu steuernde Konstellation für euch aus. So war's! Und zwei Monate später wart ihr Mann und Frau.« Er zündet sich eine Zigarette an.

»Ja, das ging dann plötzlich schnell«, nickt Martin und schaukelt mit seinem Sessel hin und her.

»Na siehst du? Alles ist gut geworden. Und so lief es nicht nur ein Mal. Ich brauch dich ja wohl nicht an Herrn Sundback zu erinnern, oder?«

»Nein, das brauchst du nicht.«

»Genau. Weil du es selbst ganz gut weißt. War's da nicht genauso wie damals mit Elena? Mir ist, als wäre es erst gestern gewesen, als dieser komische Zampano auftauchte.«

Othmar nimmt den Ordner wieder in die Rechte, weil er sonst nichts auf dem Pult findet, und eine Zigarette bereits in seiner Linken brennt. Geschichten hat er genug auf Lager, denkt Martin und dankt es ihm heimlich. Denn die tun ihnen beiden wohl.

»Das war vielleicht eine tolldreiste Geschichte!«, holt Othmar überschwänglich aus und bläst Rauch in den Raum. Für einen Moment verschwindet Martin ganz hinter dem weißblauen Dunst.

Es war eine tolldreiste Geschichte, und eine für diese Erzählung eminent wichtige dazu. Sie begann am frühen Morgen des 2. Oktober 1891 zu Meadville im amerikanischen Staat Pennsylvania: Der fünfundzwanzigjährige Bankbeamte Whitcomb Judson wurde in seinem ehelichen Schlafgemach gerade Zeuge, wie die Korsettbänder seiner Gattin Elisabeth rissen und ihr Busen mit einem Ruck in eine Form zerfiel, die dem ästhetischen Selbstverständnis ihrer Ehe wenig zuträglich war und ihn deshalb zu einer technischen Höchstleistung anspornte. Denn nur drei Monate später präsentierte er ihr eine listige Kombination von Ösen, Haken und Schnallen, die, an zwei Stoffteilen angebracht, mit einem leichten Griff zu schließen und auch wieder zu öffnen war.

Seine Frau war überglücklich. Ein Griff genügte und das Korsett war zu. Erstaunlich! Aber noch erstaunlicher: Ein Griff genügte und das Ding war wieder offen! Sie schloss es abermals und öffnete es wieder und dieser schnelle Wechsel von umhüllten und entblößten Ansichten seiner Frau dürfte zu einem Wechselbad von Gefühlen geführt haben, auf jeden Fall entstand an jenem Abend seine Tochter Margret. Er nannte die Tochter *honey bunny* und seine Erfindung *love fastener*, und mit beiden präsentierte er sich nicht ohne Stolz in der Öffentlichkeit. Doch während *honey bunny* sich großer Beliebtheit erfreute, blieb der *love fastener* unbeachtet auf der Strecke. Es lag wohl am Namen. Whitcomb nannte deshalb seine Tochter wieder Margret und seine Erfindung *fastener* und präsentierte letztere 1893 voller Hoffnung auf der Columbia-Ausstellung.

Lewis Walker, ein ebenfalls aus Meadville stammender junger Anwalt, sah dort die Konstruktion, glaubte an den Erfolg dieser Innovation und gründete gemeinsam mit Judson die Universal Fastener Company. Beide waren sich einig: Geld macht man mit diesem Schließsystem nur, wenn man es in geeigneter Menge verkaufen kann. Judson begann daher Maschinen für eine Massenproduktion zu konstruieren. Doch der ehemalige Bankangestellte musste hier die Grenzen seines technischen Könnens erfahren und scheiterte. Lewis Walker verpflichtete daraufhin Guideon Sundback, einen jungen schwedischen Techniker aus den Westinghouse-Werken, der bei Walker schnell einstieg, aber dann doch Jahre brauchte, bis die maschinelle Produktion endlich stand. Dann brach der Erste Weltkrieg aus. Zwar gab es immer wieder Nischenmärkte, die sich für den schnellen Verschluss interessierten, doch ein richtiges Geschäft wurde daraus nicht.

Mehr Glück als im Beruf hatte Guideon Sundback offensichtlich in der Liebe. Er heiratete Judsons Tochter *honey bunny* Margret und erbte damit das Patent ihres Vaters. Eine Weile experimentierte er noch mit den Verschlüssen, gab unter anderem eine Serie für die amerikanische Admiralität heraus, reiste dann aber 1923 entnervt nach Europa, um dort sein verbessertes Patent anzubringen.

Im alten Kontinent jedoch war ihm nicht mehr Erfolg beschieden. In Frankreich empfand man das Accessoire als plump, in England als zu schnell, in Deutschland als lustig, aber völlig sinnlos. Schließlich gelangte Sundback in die Schweiz. Auf dem Berner Patentamt sagten sie ihm, dass seine Erfindung völlig uninteressant sei. Das war übrigens das gleiche Patentamt, in dem ein Experte dritter Klasse ein paar Jahre zuvor die Relativitätstheorie entwickelt hatte. Die nützte Sundback nun aber wenig. Er hatte noch eine Adresse und die führte ihn in das Zentrum der Schweizerischen Textilproduktion, das, wie wir wissen, in St.Gallen gelegen war. Aber auch die dort regierenden Strickereibarone lachten ihn nur aus und wiesen ihm die Tür. Einer davon aber rief ihm noch unter der Tür nach, er solle doch zu dem verrückten Bruchbandproduzenten gehen, der an der Leonhardstraße seit Neuestem sein Unwesen treibe. Sundback stand da, in seinem viel zu kurzen Mantel, einen steifen Hut und einen Koffer in der Hand mit einer genialen Idee darin, aber kein Mensch interessierte sich dafür.

Martin eilte damals sehr umtriebig durch seine Produktionsstätte an der Leonhardstrasse, denn gerade kam ein weiterer Auftrag seines Freundes Othmar herein, und den wollte er so schnell wie möglich abwickeln. Er gab einer Schneiderin an der

Maschine seine Anweisung, wunderte sich, dass sie ihm dabei nicht in die Augen schaute, fragte nach und wurde von ihr darauf hingewiesen, dass hinter ihm seit längerer Zeit ein Mann mit einem steifen Hut in der Hand stand. Das war am 12. Juni 1923, 15:07 Uhr.

»Was wünschen Sie?«, fragte Martin verwundert.

Sundback stellte seinen Koffer auf den Boden und sagte: »Ich habe eine sehr interessante Patentschrift in meinem Koffer, die ich ihnen gerne zeigen möchte. Es handelt sich um ein Verfahren zur Herstellung lösbarer Verbindungen mittels winziger Kugelgelenke und Klemmbacken.«

»Klemmbacken!«, wiederholte Martin.

Sundback kannte diesen Blick. Er hob seinen Koffer wieder auf und wollte verschwinden. Martin kamen in diesem Augenblick tausend Gründe in den Sinn, sich diesen Schwachsinn ganz sicher nicht anzuhören. Ein einziger Grund sprach dafür. Und der stand in seinem gelben Büchlein, das er damals für 80 Rappen bei Orell Füssli in Zürich gekauft hatte: Man braucht eine gute Bildung, einen soliden Hintergrund und dann eine schlagende Idee, eine Granate sozusagen, die alles verändert.

»Dann zeigen Sie mir doch mal diese Klemmbacken.«

Sundback strahlte. Er legte eine technische Zeichnung vor, die in der Tat etwas Geniales hatte, denn sie löste das Problem der einseitigen Belastung von Textilteilen, ein Problem, das er von seiner Bruchbandproduktion kannte. Schon die Wurstverkäuferin in Leipzig wusste darüber ein Lied zu singen.

»Originell«, sprach Martin. So viel Kaufmann war er bereits. »Haben Sie sonst noch etwas?«

»Ich bitte Sie! Schauen Sie sich das Potenzial dieser Technik an. Das ist die Zukunft der Textilbranche. Das ist die Lösung aller Verschlussprobleme. Taschen, Mäntel, Jacken, Hosen, Hemden, ja selbst Korsetts können damit revolutioniert werden.«

Martins Herz pochte fast stärker als jenes von Sundback. Er hatte die größte Mühe, sich ein unterdrücktes Gähnen abzuringen.

»Ja. Schön. Und ist sie fabrikationsreif, Ihre Revolution?«

Sundback hielt inne. Es gab Gründe, weshalb er hier stand, mitten in einem kleinen Provinznest im Osten der Schweiz. Er hatte sich tausend Ausreden überlegt, tausend Argumente, fast so viele wie Meilen zwischen diesem Provinznest und jenem, das er seine Heimat nannte. Er hatte sie auswendig gelernt, sie immer wiederholt, sie sorgfältig zu durchdachten und sinnigen Lügen geformt, so lange, bis er nicht mehr daran denken musste, dass er eigentlich mit seiner Erfindung bitterlich gescheitert war. Doch nach so vielen Meilen und noch mehr Lügen wusste er, dass er es nicht schaffte, wenn er jetzt so weiter machte.

»Nein«, sagte er kleinlaut und rollte seine Pläne zusammen. »Das ist sie nicht. Meine ganzen Ersparnisse gingen für das Patent drauf. Ich kann mir keine Produktion mehr leisten. Ich habe Hunger. Ich bin müde. Ich will nach Hause.«

»Kommen Sie morgen wieder. Ich muss mir das Ganze einmal ansehen.«

Sundback nickte, nahm seinen Hut und zog mit unsicherem Schritt davon. Martin konnte es kaum abwarten, bis die Tür in den Rahmen fiel. Dann packte er die Pläne zusammen, riss sich sein Jackett vom Leib und spurtete wie ein Irrer in Richtung Rosenhügel. Peter pendelte die Pläne aus. Die Energie, die er daraus spürte, raubte ihm fast den Atem.

»Ja, das war nicht schlecht«, bestätigt Martin.

»Nicht schlecht?«, lacht Othmar laut und lässt dabei fast den Ordner fallen. »Nicht schlecht, sagt er! Am nächsten Tag hast du diesem Typen das Patent abgekauft. Für 20 Riesen. Der Rest ist doch Geschichte!«

Martin lächelt süffisant. Das war der Start seiner Erfolgsgeschichte. Sie scheint ihm heute wie ein süßer Traum, der weit entfernt liegt, lange vorbei und vielleicht sogar in einem anderen Leben. »Sundback bedankte sich höflich. Ich mich ebenfalls. Dann sahen wir uns nie wieder.«

»Und wieder waren wir für dich da, mein Guter. Und genauso wird es auch dieses Mal ablaufen.«

»Stimmt, ihr wart da. Du gabst mir sogar noch 10.000 Franken für dieses Geschäft. Aber dieses Mal ist es etwas anderes, Othmar, ich spüre es. Immer könnt ihr mich nicht rausreißen.«

»Wieso denn nicht?«

»Peter hat zum Beispiel den Zwist mit meiner Familie nicht vorausgesehen, als ich diese Fabrik baute. Hanna war stinksauer«, antwortet Martin. »Ich glaube, sie ist es heute noch«, fügt er leise an.

»Martin, sei doch mal ehrlich. Wenn du im Familienrat über eine Investition entscheiden müsstest, würdest du dann für eine Geschäftsidee Geld ausgeben, die bei einem feuchtfröhlichen Gesellschaftsspiel nach zwei Harassen Champagner entstanden ist? Deine Schwester sorgte sich einfach um dich.«

»Aber es war verdammt noch mal mein Geld und übrigens auch deines und nicht ihres!«, ärgert sich Martin wieder über die alte Geschichte. Othmar nickt nur stumm.

Es war wirklich eine heikle Situation, vermutlich die heikelste in Martins bisherigem Leben. Er hatte damals genug Bargeld, um Sundbacks Patent zu kaufen, aber es reichte nicht für die notwendige Produktion. Othmar und Peter unterstützten ihn finanziell und ermöglichten damit seine erste Firmengründung. Martin aber musste seinen gesamten Besitz zu Geld machen und verlangte von seiner Familie auch einen Erbvorbezug, den ihm seine fünf Geschwister nur unter größtem Protest einräumten. Vor allem seine älteste Schwester Hanna sah die risikoreichen Spekulationen mit Besorgnis und exponierte sich entsprechend. Der einzige, der unter den Geschwistern sehr zurückhaltend agierte, war Beat, der in der Bündner Gemeinde Disentis als Pater im Jesuitenkloster lebte und arbeitete.

Aber das nützte Martin wenig. Das erste Mal in seinem Leben stellte sich bei ihm das Gefühl einer gewissen Verantwortung für seine Zukunft ein. Er litt maßlos darunter. Es bedeutete das Ende seiner Jugend, obwohl er damals bereits 34 Jahre alt war. Er hatte ein Patent, das wirklich und wahrhaft Reichtum versprach, aber keine einzige Idee, keinen Wink des Schicksals, der ihm zeigte, wie er damit umzugehen hatte. Er wäre wohl an diesem Punkt gescheitert, wäre da nicht auch bei ihm der vermessene Glaube an die Planbarkeit des Lebens gewesen, mit der Hoffnung gekoppelt, dass wir Menschen damit wenigstens plausible Ausreden für den Zufall erarbeiten können. Dass wir es oft trotzdem nicht schaffen, das ist eine Erkenntnis des Alters. Doch davon war Martin noch Jahrzehnte entfernt.

Martin hatte nur einen Ansporn, eine Maxime, der er sein gesamtes Handeln, ja sein bisheriges Leben unterwerfen wollte: Reichtum! Geld zu haben, schien ihm die kleinen Probleme zu lösen, denen er in seinem Leben begegnete, aber auch die großen, denen er wohl noch begegnen würde. So stand es auch in seinem gelben Büchlein, seiner ganz persönlichen Bibel. Besitztum versprach alles: Zuvorderst beseitigt es einmal den Hunger. In reichlichen Mengen verhilft es darüber hinaus auch zu Schlemmerfreuden. Wohlstand zieht Menschen an. Ein wenig Geld wirbt gute Freunde, viel Geld gute Untergebene. Manchmal sogar beides in einem. So schafft es endlich auch klare gesellschaftliche Verhältnisse. Wer hat, der kann, und damit ist er. Geld zu haben, ein Kind aus gutem Hause zu sein, eine gute Partie zu sein, all das ist gleichbedeutend damit, ein gemachter Mann zu sein.Und das wollte Martin.

Der Fluch am Geld ist, dass es in der Tat der beste aller denkbaren Werteträger ist. Wurden früher Rinder, Salz und Edelsteine herumgereicht, genügt heute ein schnöder Griff in die Westentasche. Sieht gut aus und ist schnell erledigt. Leider bewertet Geld nicht nur Güter und Dienstleistungen, sondern auch und vor allem Glaube, Liebe, Hoffnung. Geld lässt sich tauschen gegen Respekt, Moral und Macht. Kein Szepter, kein Wams und kein gebildetes Wort vermag derart gut die Leere aufzufüllen, die in einer Welt entsteht, der täglich mehr Werte abhandenkommen.

Das Szepter gehört einem König, das Wams einem Würdenträger, das Wort dem Gebildeten. Alle Insignien verheißen, dafür geboren oder wenigstens entsprechend erzogen worden zu sein. Geld jedoch lässt sich scheinbar jederzeit durch jedermann grenzenlos erwerben. Daran glauben am konsequentesten die Ungeliebten und die Hoffnungslosen. Wer regieren, verwalten oder beeinflussen will, braucht Geld, und wenn er es hat, braucht er nicht mehr König, nicht mehr Würdenträger, nicht mehr gebildet zu sein. Geld ersetzt das Land, das Amt und den Geist. Selbst wer ohne diese drei ist, kann als Besitzer von Geld darauf vertrauen, dass er einen Anspruch darauf hat und diesen Anspruch gegen Bezahlung auch geltend machen kann.

Wer regiert, verwaltet oder beeinflusst, kann leicht den Kopf verlieren. Wer sein Geld verliert, hat hingegen immer noch sein Leben.

Martin war plötzlich zu allem entschlossen. Nach dem Kauf des Patents hatte er wochenlang mit dieser Motivation über den Plänen Sundbacks gebrütet und mit kleinen, selbst gebastelten Modellen ausprobiert, wie er die Kugelgelenke und Klemmbacken maschinell herstellen könnte, damit sich eine Produktion auch lohne. Nächtelang saß er an seinem Arbeitstisch und zeichnete. Seine nervösen Hände entwarfen Skizzen, zerknüllten sie, fertigten neue Schemata an, verwarfen sie, überarbeiteten Pläne und Risse, zerstörten sie. Othmar und Peter machten sich große Sorgen und trommelten aus diesem Grund ein paar Freunde zusammen, um den leidgeprüften Martin wieder etwas aus seiner Manie zu zerren. Unter diesen Freunden befanden sich unter anderem Walter Mittelholzer sowie einer seiner Bekannten, der St.Galler Textilfabrikant Arthur Scherrer. Natürlich kamen auch Markus, Mario und Christoph mit ihren Gattinnen. Und dann war da noch ein ehemaliger Förster aus dem Steinachtobel mit einem Sitz im St.Galler Stadtrat. Othmar hatte sich sehr für die Wahl von Urs Rüdisühli eingesetzt. Dieser dachte, Othmar bedanke sich damit für die damalige, nicht nur dem Lieben Gott zuzuschreibende Rettung aus der Seilbahn.

Das Fest war im vollen Gange. Nach ein paar Gläsern Wein, gefolgt von ein paar weiteren Runden Champagner, was überhaupt das Dümmste ist, was man sich beim maßlosen Trinken zumuten kann, war das Niveau der kleinen Gesellschaft schon derart gesunken, dass man sich sogar an Gesellschaftsspielen erheiterte. Gerade hoch in Mode war die Orangenpost, bei der es galt, eine Orange zwischen Kopf und Hals zu klemmen und diese so seinem Nachbarn weiterzureichen. Alle fanden es nach der geeigneten Menge Alkohol furchtbar lustig, die Orangen aus den unmöglichsten Körperstellen zu holen. Einen Höhepunkt erreichte das Gekreische, als schließlich eine Frucht einem allzu starken Kinndruck nachgab und ihren Saft über das Dekolleté von Marios Frau ergoss. Sie ruderte mit den Händen, Mario zückte ein altes grausliches Schnupftuch und verschmierte dessen Inhalt auf dem Busen seiner Frau. Das Publikum jauchzte und klatschte dazu, als hätte man soeben auf der Ostschweizerischen Landmaschinenmesse die beste Kuh verkauft.

Doch es kam noch schlimmer. Den nächsten Höhepunkt bildete das so genannte Händeabklatschen. Dabei setzten sich alle um einen Tisch. Der Hausherr legte seine Hände darauf, dann folgte ein weiteres Händepaar, bis ein ganzer Turm in Bewegung entstand, weil der Unterste seine Hand herauszog und sie oben aufklatschte, und zwar so schnell, bis einer seine Hand zu früh herauszog und damit zum Verlierer dieses lustigen Reigens wurde. Die Gruppe klatschte also grölend die Hände aufeinander, und dass die Mitspieler dabei aussahen wie Pinguine, die Korbball spielen, störte sie nun überhaupt nicht. Promille zersetzen jede Eitelkeit.

Plötzlich stand Martin auf, sein Stuhl kippte um, er starrte gebannt auf das klatschende Händegewirr, dann riss er sich los und stürzte davon, als hätte ihn eine Tarantel gestochen. Diejenigen, die es noch realisierten, verwunderten sich ein paar Sekunden lang, dann fuhren sie mit dem Spielen fort. Martin aber hatte an jenem Abend die Lösung seines technischen Problems gefunden und damit den ersten Schritt für eine der faszinierendsten Karrieren der europäischen Zwischenkriegszeit gesetzt. Nicht Kugelgelenke und Klemmbacken sollten die Stoffe miteinander verbinden, sondern kantige kleine Rippen, die mit starkem Druck und ohne Spielraum genau in eine Spur von Rillen passen. Ein Schieber presst die Rippen von oben in die Rillen und der Zug der beiden Stoffteile selbst verzahnt die Kette der kleinen Metallverschlüsse. Genau so, wie man die einzelnen Finger zweier Hände ineinander verhaken kann. Der Reißverschluss war erfunden! Der Rest war, wie Othmar richtig bemerkte, Geschichte. Die ersten Prototypen aus der Fabrikationsstätte in St.Gallen funktionierten prächtig. Anders als ihre Vorgänger hielten sie auch bei starkem Anreißen der Stoffteile. Die Verzahnung vollzog sich sogar so schnell, dass ein Stoffteil über einen halben Meter Länge in zwei Sekunden offen war. So etwas gab es bisher noch nie. Und diese Innovation hatte einen Namen: *Riri*, die Kurzform für Rippen und Rillen.

Zwei Menschen begriffen sofort: Der Reißverschluss war der Bote einer neuen Zeit. Die 1920er-Jahre waren, wie wir bereits wissen, der Beginn eines agilen, schnellen, flüchtigen Lebensgefühls. Alles erhielt neuen Schub. Der Jazz brachte Schwung. Die Technik Tempo. Die Gesellschaft Elan. *Riri* war die Magie einer neuen Epoche. Ein Handgriff entkleidet einen Körper. Ein Zug, offen ist die Jacke. Ratsch, offen ist die Bluse. Ruckzuck, die Frau auch. Schnipp schnapp, die Hose ist runter. Zupf zupf, das Korsett ebenfalls.

Martin war einer der Menschen, die das begriffen. So reiste er im Februar 1924 mit einem Prototyp seiner Erfindung zur Leipziger Messe. Nach drei Tagen Messe stand er da, mit einem neuen Mantel, ohne Hut, mit einem Koffer in der Hand und einer genialen Idee darin. Doch nur ein einziger Mensch interessierte sich dafür: Herr Hahn aus Paris, Grossist in Sachen Textilien. Er schaute sich das Verschlusssystem genau an. Dann wartete er zwei Tage. Danach orderte er 100.000 Meter und stellte dafür einen Scheck über 50.000 Mark aus. Der Gesamtauftrag war 300.000 Mark wert.

Von Herrn Hahn wissen wir nur sehr wenig. Martin hat nie über ihn gesprochen, was deshalb verwunderlich ist, weil er sonst jedes Detail dieser Geschichte bis zum Exzess ausführte. Herr Hahn, der jüdische Geschäftsmann, bleibt ein Unbekannter in dieser Erzählung. Sehr wohl bekannt ist aber das Folgende: Martin suchte sofort nach einem guten und günstigen

Produktionsort und Othmar vermittelte ihm eine stillgelegte Spinnerei in Wuppertal, die für wenig Geld zu haben war. Für wenig Geld fanden sich dort auch willige Arbeiter. Ein paar Wochen später stand die erste Fabrik.

Um die Produktion für 100.000 Meter Reißverschluss aufzubauen, brauchte Martin unbedingt mehr als die 50.000 Mark. Seine eigenen Mittel waren erschöpft. Othmar und Peter stiegen als stille Teilhaber in sein Geschäft ein und zudem erhielt er weitere Schützenhilfe von einer jungen Dame, die sich Elena nannte, und von der bisher niemand Notiz genommen hatte. Bald wurde sie Martins Frau, wie wir ja bereits erfahren haben, und mit ihr gemeinsam baute er seine erste Produktionsstätte auf. Ein Kredit über nochmals 50.000 Mark sicherte endlich den Start der Serienproduktion. Anfang 1925 stellten 100 Mitarbeiterinnen und Mitarbeiter am Fließband 500 Meter Reißverschluss pro Tag her. Mitte des Jahres waren bereits 500 Menschen beschäftigt. Ende des Jahres über 1.000, die 10.000 Meter pro Tag produzierten. Es entstanden weitere Patente zur maschinellen Fertigung. Maschinen und Werkzeuge, welche die Reißverschlusszähne automatisch aufreihen konnten, beschleunigten die Produktion enorm. Martin reichte 25 Patente ein. Der Erfolg schien nicht mehr zu stoppen. In seiner Fabrik in Wuppertal herrschte Hochbetrieb. In St. Gallen, in der Nähe der ehemaligen Bruchbandproduktion, testete er seine Erzeugnisse. Er pendelte ununterbrochen zwischen beiden Orten und machte den Reißverschluss zu seinem Leben.

Plötzlich fährt ein Wagen vor die Hallen. Othmar lässt vor Schreck den Ordner fallen und Martin springt mit einem Satz aus seinem Chefsessel. Ein gleißender Lichtkegel beleuchtet im Hintergrund die Maschinen und Fließbänder, die nun aussehen wie erstarrte Monster in einem dunklen Friedhof. Beide eilen ans Fenster und blicken auf eine Laderampe hinunter, vor der ein Wagen stehen bleibt. Ein zackiger junger Mann steigt aus, rückt seine Kappe zurecht und schaut zu ihnen hinauf.

»Gott sei Dank, es ist Jochen!«, schreit Martin.

»Und Peter wird im Wagen sein!«, lacht Othmar und eilt die Treppen hinunter, um ihn zu begrüßen. Auch Martins Gesicht entspannt sich merklich. Jochen handelt stets sehr zuverlässig. Während sich die beiden Brüder begrüßen, holt er aus der Bar eine passende Flasche Wein. Tausend Gedanken rasen ihm durch den Kopf. Gleichzeitig denkt er an die Fabrik und an seine geliebten Erfindungen. Dann wieder erinnert er sich an die dunklen Bedrohungen, die ihn umgeben. Wieder fallen ihm Othmars Geschichten und all die Abenteuer ein, die sie zusammen bestanden haben. In Gedanken betrachtet er Elena, wie sie sorgenvoll ihr Haar kämmt. Er denkt an Herrn Hahn und seine Forderung nach hunderten von Metern Reißverschluss. Wieder sieht er den alten Freund, der etwas abgespannt und müde, aber mit einem seligen Lächeln unter der Tür steht.

»Martin, alter Kapitalist!«, ruft Peter ihm freudig zu, als er das Arbeitszimmer betritt. »An was für einen gottverlassenen Ort bist du denn ausgewandert! Die haben mich am Zoll total auseinandergenommen.«

Martin umarmt Peter. »Tja, die Arbeitskräfte, mein Guter. Es ist hier alles einfacher als in der Schweiz. Außer beim Zoll.« Dann schaut er kurz zu Othmar hinüber, der die Weingläser bereits entdeckt hat und fügt leise an: »Zumindest war alles einfacher.«

»Sag mal, warum treffen wir uns denn in deiner Fabrik? Wo ist deine Frau? Wo dein Haus?«

Peter fühlt sich sichtlich noch etwas unbehaglich und er sieht in diesen Hallen die Ängste bestätigt, die ihn seit seiner Abreise aus St.Gallen nicht loslassen.

»Peter, wir müssen dir etwas sagen«, schaltet sich Othmar ein, und das betonte *wir* mag Peter gar nichts Gutes verheißen. »Was wir hier besprechen, ist sehr geheim. Niemand darf etwas erfahren ...«

»Ich möchte Elena damit nicht belasten! Noch nicht«, ergänzt Martin schnell. »Ich möchte erst mit euch die Sache besprechen und in aller Sachlichkeit erörtern. Das ist der Grund, weshalb ich euch beide so dringend gerufen habe.«

»Ich hab's gespürt!«, nickt Peter. »Ich habe es wahrhaftig gespürt. Aber spannt mich nicht auf die Folter, Freunde. Worum geht es dieses Mal?«

»Setz dich erst mal hin«, deutet Martin und drückt ihm ein Weinglas in die Hand. »Wir sitzen wieder in einer Gondel, fürchte ich. Und dieses Mal ist der Wind kein kalter, sondern ein brauner.«

Peter stürzt das Glas in einem Zug hinunter und Othmar zündet eine weitere Zigarette an. Jochen hat den Wagen eingeparkt und deutet Martin durch die Glasfront zur Betriebshalle, dass er unten wartet. Martin winkt mit dem Glas in der Hand zurück. Dann wird es ganz still in der Fabrik. Stiller noch als damals im Steinachtobel.

»Ich weiß nicht, was du alles von Othmar erfahren hast. Aber wir beide hatten in letzter Zeit wenig Gelegenheit, uns auszutauschen. Darum erzähle ich dir kurz, wie es um die *Riri* steht. Meine beiden letzten Patente sind der Schlüssel für eine schnelle Massenproduktion. Ich habe einen Prägestempel für das Stanzen der Rippen entwickelt und eine neue Förderanlage für die Bandführung, um das Wulstband mit den Rillen zu bedrucken. Diese beiden Apparate ermöglichen die Produktion in ungeahntem Ausmaß. Und die Nachfrage scheint an die Ausstoßmenge gekoppelt zu sein. Je mehr wir herstellen, desto mehr setzen wir ab. Zuerst waren es nur Nischen, wie du vielleicht weißt, Säcke, Taschen und grobe Arbeitskleidung. Aber immer mehr können wir das Schließsystem auch für feinere Textilien einsetzen. Bald sind wir so weit, dass es Einzug in die Alltagskleidung hält, das sage ich dir! Und dann werden wir richtig schön reich!«

Peter staunt. Und Othmar nickt beflissen, als erzählte Martin von seinen Werken. Martin bemerkt von alledem nichts. Er wühlt in seinem Lieblingsthema, in seinem Element, in seinem Leben – eine Erfolgsgeschichte ohnegleichen.

»Die Wahl dieses Standorts war eine ausgezeichnete Idee. Die Gegend ist zwar nicht sehr heimelig, aber aus den umliegenden Industriegebieten haben wir einen Überschuss an billigen Arbeitskräften. Gute, willige Leute, nicht wie in der Schweiz, wo die Arbeiter bald reicher als die Unternehmer werden wollen. Wir haben guten Anschluss an die Rheinschifffahrt. Die Verteilzentren in Düsseldorf, Duisburg und Dortmund sind in idealer Reichweite. Hier kann man wirklich etwas bewegen. Ich habe alle steuerlichen Vorteile, von denen ich in der Schweiz nur träume. Mich kümmern die Politiker nicht, die hier die großen Lösungen versprechen. Ich baue auf jene, die gut zahlen und gut arbeiten. Die Qualität der Leute, der Lieferungen und des Transports, alles einwandfrei. Wenn du in diesem Land Arbeit besorgst, dann bist du ein König. Doch das hat sich nun gründlich geändert! Ich dachte lange, die lassen jene in Ruhe, welche die Wirtschaft ankurbeln und Arbeitsplätze schaffen. Aber ich irrte mich. Die wollen meine Fabrik unter staatliche Vormundschaft stellen! Die sagen, ich hätte Devisen geschmuggelt und Steuern hinterzogen! Sie marschierten hier rein wie die Panzer und stellten alles auf den Kopf!«

Martin wirkt plötzlich sichtlich erschüttert. Er hat augenscheinlich Mühe, seine Fassung zu behalten. Die beiden Brüder schauen ihn hilflos an. Sie sind in den letzten Jahren das Gefühl nicht losgeworden, dass sich ihr Freund etwas verändert hat, dass er härter geworden ist, unerbittlicher dem Leben gegenüber, vielleicht auch etwas eitel, was seine Karriere und seinen plötzlichen Reichtum betrifft. Aber nun dringt eine alte Unsicherheit durch, eine Lebensangst, die Martin schon als Kind eigen war.

Endlich ringt sich Peter durch: »Martin, wir sind ja jetzt da. Wir schaffen das gemeinsam.«

Die Verzweiflung holt Martin immer mehr ein: »Freunde, unterschätzt diese Leute nicht! Die spaßen nicht. Das ist eine ganz abgebrühte, elende, verreckte Brut!«

Othmar will ebenfalls etwas Beruhigendes beitragen, findet nun aber keine Möglichkeit mehr, Martin wie zuvor mit ein paar alten Anekdoten einzufangen. »Diese komische Hakenkreuzpartei?«, fällt ihm deshalb nur als Ausweg ein.

Martin springt von seinem Sessel. »Weißt du, was diese komische Hakenkreuzpartei den ganzen Tag so tut? Sie verbrennt

Bücher! Sie verhaftet Leute! Sie terrorisiert das Volk! Zusammengerottet hat sie sich, diese Partei, wie ein Rudel Wölfe, und wirft alles, was Deutschland zu Deutschland gemacht hat, in die Flammen. Was verbrennen sie als nächstes? Wen verhaften sie morgen? Vielleicht mich?«

»Beruhige dich! Um Himmels willen!«, schreitet Peter mit mehr Feingefühl als Othmar ein, während Martin wie ein Berserker in seinem Büro herumspringt.

Er ist vollkommen außer sich. Die Angst treibt ihn in seinen eigenen vier Wänden umher wie ein Schaf in der Wolfshöhle. Seine Freunde können ihn in diesem Moment nicht verstehen. Noch nicht. Sie sind, wie damals die ganze Welt, zu weit weg von den Geschehnissen. Sie schaffen es gründlich, die Augen zu verschließen vor dem, was in ihrer Mitte geschieht.

Die inneren Spannungen der Zeit nach dem verlorenen Ersten Weltkrieg wurden durch den konjunkturellen und sozialen Aufschwung in den 1920er-Jahren teilweise aufgefangen. Doch am 25. Oktober 1929, am so genannten Schwarzen Freitag, platzte an der New Yorker Börse die Blase wirtschaftlicher Prosperität. Die Industrieproduktion Deutschlands sank von 1919 bis 1932 um 40 Prozent und fiel auf den Stand von 1904 zurück. Mit dem Kollaps der Finanzinstitute verschärfte sich die Rezession. Massenarbeitslosigkeit und eine sprunghafte Zunahme der Armut waren die Folgen.

In diesem schauderhaften Chaos hatte ein Mann die wahrhaft geniale Idee, den Deklassierten und Arbeitslosen eine neue Identität zu verschaffen, eine Identität, die auf einem uniformierten Selbstbewusstsein beruhte, auf Normen und Ritualen, die all jenen Halt boten, welche die Orientierung gänzlich verloren hatten. Hitler beschwor alteingesessene Feindschaften, denn nur jene rücken zusammen, die von Widersachern umgeben sind.

Nun ging alles sehr schnell. Bis Ende April 1933 waren bereits 25.000 Regimegegner in Haft. Lauter deutsche Bürger, Sozialdemokraten, Kommunisten, Intellektuelle, Künstler. Die ersten Konzentrationslager entstanden zeitgleich in Dachau und Oranienburg. Im gleichen Monat hielt mit dem Arierparagraphen ein verordneter Antisemitismus Eingang in die Gesetzgebung. Nach dem Tod Hindenburgs und der Auflösung des Reichspräsidentenamts am 2. August 1934 bot die Armeeführung Hitler an, den Schwur auf ihn persönlich als Führer des Dritten Reiches zu leisten. Nach diesem Ereignis floss das zunächst politische Führungsprinzip ungehemmt in den Alltag über und erfasste, flankiert von einer immensen Propagandabewegung, jede Faser des Lebens. Jeder Haushalt, jedes Amt, jede politische, religiöse oder soziale Funktion wurde vom Strudel des Nationalsozialismus erfasst. Organisationen wie »Kraft durch Freude«, das Winterhilfswerk, die Volkswohlfahrt, die Frauenschaft und die ab 1936 obligatorische Hitler-Jugend bildeten ein Sozialisierungsgeflecht, aus dem es selbst für kritische Geister kaum ein Entrinnen gab. Was blieb, war Opportunismus oder Flucht.

»Lest ihr keine Zeitung? Seht und hört ihr denn nicht, was hier vor sich geht?«, schreit Martin und lässt sich entkräftet neben den beiden Freunden auf einen Sessel nieder.

»Na ja, ich lese und höre eigentlich zurzeit nur von den Olympischen Spielen. Und die scheinen sie außerordentlich gut zu organisieren, die Deutschen.«

Peter nickt mit besorgtem Gesicht. »Mir geht es ähnlich. Das geht alles so an uns vorbei, das glaubst du fast nicht. Aber erzähl uns nochmals, was diese Leute von dir wollen.«

Martin ringt die Hände. »Vorgestern erhielt ich Besuch von einer Delegation des Reichsfinanzministeriums. Unangemeldet trampelten die hier rein, als gehöre ihnen die Fabrik. Ein Inspektor, ein Buchhalter und zwei grauenvolle Schergen, von denen ich jetzt noch träume. Sie stürmten mein Büro und nötigten die zwei Lieferanten, mit denen ich eine Besprechung hatte, zum Gehen. Der Inspektor knallte mir einen Bündel Akten hin.« Er schaut auf Othmar, der immer noch mit dem Ordner auf dem Tisch sitzt. »Sie befinden sich übrigens in dem Ordner, den du gerade in Händen hältst.«

Othmar blickt angewidert auf den Ordner und legt ihn weit von sich weg, als ob er giftige Stoffe enthielte.

»Der Inspektor erklärte mir, das Reichsfinanzministerium habe festgestellt, dass ich die Devisenvorschriften mit meinen Einkünften aus dem Ausland umgehe, und dass sie mir deshalb eine Kontrollinstanz an die Seite stellen. Der Buchhalter, ein widerlicher Schleimer, stellte sich daraufhin als diese Instanz vor und verlautbarte vor versammelter Gesellschaft, dass er und seine Mitarbeiter Tag und Nacht in meinem Büro sitzen, alles mithören, in jedes Buch schauen, jedes Telefonat kontrollieren und jeden leitenden Mitarbeiter verhören werden. Ganz offiziell!«

»Deshalb dieses geheime Treffen hier«, fügt Othmar an. »Die wollen die Firma übernehmen, Peter. Die nehmen uns die gesamte Fabrik weg und wenn wir nicht aufpassen, dann nehmen sie uns Martin auch noch weg!«

Martin schaut ihn entsetzt an. Noch nie hat er ausgesprochen, was er im Grunde fürchtet und was seit dem Besuch des Reichsfinanzministeriums wie ein Damokles-Schwert über ihm schwebt.

Martin war ein ausgebuffter Geschäftsmann. Dass sich Ungereimtheiten mit seinen Devisengeschäften ergeben hatten, scheint nur allzu wahrscheinlich. Wir wissen es nicht. Aber ebenso wahrscheinlich ist, dass er einen Kompromiss gefunden hätte. Martin war klug genug, um zu wissen, dass der Erfolg zwar oft nur einen Prinzen krönt, aber damit auch einen ganzen Vasallenstaat adelt. Seit 1926 hatte er Großartiges geschaffen: Er baute die Massenproduktion auf und lernte seine gesamte Mitarbeiterschaft in einem Gebiet an, von dem er vor drei Jahren selbst noch keinen Schimmer hatte. Er akquirierte neue Aufträge, besuchte einen Tuchhändler nach dem andern, feilschte mit Stofffabrikanten, Lederwarenherstellern und Textilgroßhändlern, er verhandelte über Lizenzen und weitere Produktionsstandorte, er lud laufend Techniker und Werkstoffspezialisten ein, um neue Möglichkeiten der Produktion zu diskutieren und er schaffte es, den Reißverschluss als Konkurrenzprodukt zum Knopf und zur Niete zu etablieren. Mehr noch: Er machte *Riri* damit zu einer Marke und sich selbst zu ihrem Götterboten. Das erste Mal tauchte in diesen Tagen ein Spitzname auf, den er sein Leben lang nicht mehr verlieren sollte: Martin Winterhalter, der Reißverschlusskönig.

Nun sitzt der König gebeugt mit seinen Königsmachern im Thronsaal. Sie sitzen im Dunkeln und der Rauch von Othmars Zigaretten schwebt wie Pulverdampf über den Akten und Ordnern, über Stapeln von Skizzen und Plänen, über Modellen von Rippen und Rillen und schließlich auch über einem kleinen, schön gerahmtem Bild von Elena. Eigentlich befindet sich in diesem Raum alles, was sein Leben ausmacht. Und das alles wollen sie ihm nun nehmen.

»Also Freunde. Das ist die Geschichte«, sagt er schließlich ermattet. Und dann noch leise und ganz langsam: »Was sollen wir tun?«

Einige endlose Sekunden verstreichen. Fast scheint es, als besännen sich die drei Freunde der Stille, die sie schon vor vielen, vielen Jahren bewältigt haben und die sie nun hoffnungsfroh macht, dass sie auch diese drohende Gefahr meistern können.

Endlich bricht Peter das Eis. »Wir müssen zwei Dinge abklären. Einerseits das Hier und Jetzt. Wir müssen genau wissen, in welcher Situation wir uns befinden, bevor wir einen Weg einschlagen können.«

»Ich kann dir sagen, worin wir uns befinden«, sagt Martin. »Wir befinden uns in Feindesland. Wir sind hier nicht mehr sicher! Diese Menschen trachten nach unserem Gut und sogar nach Leib und Leben. Wir müssen weg, verschwinden! Wir müssen fliehen! Sogar mein Bruder Viktor ist abgereist, und der hätte Deutschland nie und nimmer verlassen!«

»Du hast recht. Ich spüre dieses Unbehagen auch seit ich hier bin. Ich dachte erst, es sei der Ort. Oder der verdammte Zoll«, sagt Peter.

»Es ist nicht die Gegend. Es sind die Menschen. Sie sind infiziert. Täglich werden es mehr. Die verhaften hier schon jeden Tag Leute. Im Januar haben sie die Stadtbücherei geschlossen, um die Buchbestände nach ideologischen Kriterien zu bereinigen. Seit März haben wir Wehrmachtsangehörige in der Polizeikaserne. Die wetzen doch schon die Messer! Ich sage euch, Hitler macht dieses Land zu einem Hexenkessel. Was Geist und Seele hat, wird verschwinden!«

Martin hätte noch lange weitergesprochen, aber ihn schaudert zu sehr. Er hat eine eiskalte Stirn und die Farbe ist ihm aus dem Gesicht entwichen. Seine Stimme zittert.

»Du kannst einem ja richtig Angst machen«, sagt Othmar und wendet sich mit Entsetzen ab.

»Sobald sein Spross hervorgekommen und seine Zweige getrieben sind, wird eintreten das Ende der Welt. So steht es in der Petrus-Apokalypse«, flüstert Peter gedankenverloren, und langsam aber sicher scheint auch er sich der Lage bewusst zu werden, in der sie sich befinden. Er ist nicht begeistert gewesen von dieser Reise und hat bald realisiert, dass Martins Hilferuf kein gewöhnlicher war. Aber in seinem Kopf ist noch alles so diffus gewesen, ein Geruch von Gefahr vielleicht, aber nicht mehr Gefahr, als das Leben allgemein mit sich bringt. Er beschäftigt sich sehr peripher mit dem Weltgeschehen und wenn, dann schon gar nicht mit seiner deutschen Seite. Doch was hier soeben geschieht, das sieht er nun ein, ist kritisch, eine Situation mit kosmischer Kraft, die nicht einfach durch ein kopfloses Ausbrechen zu bewältigen ist, sondern einen wirklichen Wink aus der Geisteswelt benötigt.

»Kannst du denn nicht pendeln oder irgendetwas tun, um eine Lösung zu finden?«, reißt ihn sein Bruder plötzlich aus seinen erregten Gedanken.

»Ich würd' ja gerne pendeln, aber diese Vollidioten am Zoll haben mir meine Ausrüstung konfisziert. Okkulte Instrumente nannten sie mein Pendel und meine Gebetsketten. Es ist alles weg!«

»Machen wir uns ein neues Pendel«, wirft Martin ein, pragmatisch wie immer.

»Wo denkst du hin!«, entrüstet sich Peter. »Das ist nicht einfach ein bisschen Hokuspokus an einem Fischgarn. Das ist ein hochsensibles Gerät. Es dient als Orientierungshilfe im Chaos der kämpfenden Kräfte und kann nicht einfach ersetzt werden.«

Die beiden schweigen. Das auch noch! Jetzt haben sie nicht mal mehr den Zauberkasten dabei. Martin will sich lautstark darüber beschweren, aber er hält sich zurück. Einmal mehr macht sich im Büro eben jene Verzweiflung breit, die mitunter ein großer Teil eines Volkes empfunden hat.

Peter hat sich in den Nebenraum zurückgezogen. Er sitzt im Dunkeln, allein und regungslos in einer kleinen Kammer. Seine Gedanken kreisen unablässig und mit immer neuer Energie um eine einzige Frage, in die er einzudringen trachtet, als wäre sie ein Hornissennest, in das man eindringen muss, um es zerstören zu können. Othmar trinkt und raucht, ersteres in Maßen, letzteres exzessiv, und schaut dabei im Ordner des Reichsfinanzministeriums die Belege des angeblichen Betruges durch. In einem solchen Moment werden selbst harmlose Dokumente und langweilige Belege zu grausamen Anklageschriften einer undurchschaubaren Inquisition, die mit teuflischen Formulierungen und undurchsichtigen Beweisführungen das Opfer in die Irre zu leiten trachtet.

Plötzlich springt die Tür auf und Peter tritt in Martins Büro ein. »Ich glaube, ich habe eine Idee.« Die beiden Freunde sind sichtlich erleichtert, denn ihre Überlegungen waren ebenfalls intensiv, aber sie kamen nie über die Einsicht hinaus, dass sie einfach bodenlos verzweifelt sind.

»Wir stellen hier und jetzt die gesamte Situation dar, in der wir uns befinden. Ich habe mir das genau überlegt.« Peter ist auf einmal ganz aufgeregt. »Ich habe mich nämlich gefragt, weshalb ich plötzlich eben jene Angst empfinde, die vorhin nur Martin hatte. Und auch Othmar hat das so gespürt. Er sagte nämlich, dass ihm Martin eben jene Furcht einflößt, welche die Nazis Martin einflößen.«

Martin und Othmar schauen sich kurz an und hoffen inbrünstig, dass dieses wirre Geschwätz zu einem glücklichen Ende führt, einem Ende nämlich, das ihnen allen den Weg in eine bessere Zukunft weist. Martin hielt nicht viel von Dingen, die nicht berührbar waren, daraus machte er nie ein Geheimnis. Allerdings war er zu pragmatisch, um nicht immer dann von diesem Prinzip eine Ausnahme zu machen, wenn ihm das diente. Und bei Peter war das regelmäßig der Fall. Dabei machte Martin gar keine Versuche zu erklären, warum die geistige Welt für Peter existieren musste und für ihn nicht. So war es einfach. Wie alle, die behaupten, dass sie nicht an Hokuspokus glauben, wurde er in Momenten der Wahrheit ein überzeugterer Gläubiger als all jene, für die das zum Leben gehört. Freilich vergaß er seine Euphorie danach wieder und ging zum Tagesgeschäft über.

»Seht ihr es auch?«, fragt Peter mit fast euphorischer Lautstärke.

»Sehen wir was?«, will Othmar wissen.

»Na, die Lösung! Herrgott! Martin war eben ein Teil der Naziwelt. Er hat uns eben jene Energie vermittelt, die sie ihm vermittelt haben, und wir haben genau wie er reagiert. Wir hatten Angst.«

»Schön, Peter. Ich finde deine Analyse lobenswert, aber was hilft sie uns, außer dass ich jetzt noch einen Schuldigen dafür gefunden habe, weshalb mir speiübel ist?«

Peter ignoriert seinen Bruder. »Wir werden hier in diesem Raum Martins Leben nachstellen. Du spielst die Nazis. Stell dich da neben den Kasten. Ich bin Martin. Ich setz mich auf diesen Stuhl hier. Und Martin ist die Fabrik. Am besten setzt du dich auf dein Pult. So! Wir reden so lange über unser Befinden, unsere Ängste und unser Gewissen, bis wir ganz klar sehen, welche Energien und universellen Konstellationen uns umgeben. Wir erzeugen unter uns ein wissendes Feld. Darüber kann ich meine Karten legen und ich bin sicher, dass wir dann einen Ausweg finden.«

Die zwei Angesprochenen verstehen nicht. Sie können noch so lange freudig angestrahlt werden von ihrem ausgeflippten Guru, sie haben in Momenten wie diesen einfach keinen Zugang zu seiner überspannten Geisteswelt. Aber das ist ihnen ganz und gar egal. Sie verstanden damals auch Peters Gebet in der Gondel nicht und das Ding fuhr trotzdem wieder zurück zur Station.

Also tun sie, was Peter glaubt, tun zu müssen. In Tat und Wahrheit hatten alle drei keine Ahnung von der Tragweite ihrer Aktion. Hätten sie diese gehabt, so hätten sie diese Art der Therapie patentieren lassen und später, im Zeitalter der Psychotherapien, unter dem Namen *Aufstellung* zu barem Geld gemacht. Niemand hat das damals verstanden. Nicht einmal Jochen, der Chauffeur, der von der Betriebsstätte her durch die Glasfront dem komischen Treiben zuschaute und beobachtete, wie sein Chef bald Tisch und Stühle verrückte, bald mit diesen, bald mit jenen redete, wild gestikulierte und sogar richtig kämpfte. Viel später, als er nicht mehr im Dienste seines Herrn stand und nach Südafrika ausgewandert war, erzählte er dem Leiter der katholischen Missionsschule davon. Der Priester verließ bald seinen Orden, kehrte 1971 nach Deutschland zurück, bildete sich zum Psychotherapeuten aus und erinnerte sich bei seiner Arbeit an die Erzählung seines Chauffeurs in Südafrika. Der Priester war Bert Hellinger, der Erfinder der Familienaufstellung.

Martin, Othmar und Peter werden also zur Fabrik, zur Nazibrut und zu Martin. Was als etwas peinlich berührendes Debütantentheater zwischen Ordnern und Schreibmaschinen beginnt, wächst sich bald zu einer handfesten Auseinandersetzung zwischen den drei Parteien aus. Martin wirft natürlich zuerst die Frage der Autonomie auf, die Fabrik nickt mit dem Kopf und der Nazi sucht erst noch nach einer plausiblen Antwort, bis ihm einfällt, dass er das gar nicht nötig hat, weil nämlich niemand mehr die Fragen zu stellen hat, außer ihm selbst. Also fuchtelt er nochmals mit dem Ordner um sich, kennt natürlich schon die eine oder andere Aussage darin, bringt damit den Martin im Allgemeinen und die Fabrik im Besonderen zur Erregung und schafft es sodann, die Erregung zur Rage zu entwickeln, indem er sich überhaupt fragt, ob Martin hier nicht einfach Geld in die eigene Tasche wirtschaftet. Die Fabrik schaut hilflos zu Martin, möchte wissen, ob das regelkonform ist, merkt, dass im neuen

Deutschland gar keine solchen Regeln existieren, und giftet deshalb recht unsachlich zurück, dass das niemanden einen feuchten Deut angehe. Martin ist pikiert. Othmar hingegen fühlt sich in seiner Rolle angenehm enthoben vom salonfähigen Anstand, poltert gegen die Verantwortlichen des wirtschaftlichen Elends, dann gegen dessen Profiteure und traktiert schließlich die Fabrik mit handfesten Tiraden der Gewinnsucht und der Ausbeutung. Die Fabrik lässt sich das nicht gefallen, nennt den Othmar einen Saukerl und schickt sich an, auch tätlich ihre Position zu vertreten. Peter weiß nun gar nicht mehr, ob er als Martin oder als Peter dazwischentritt, auf alle Fälle spürt er als letzterer eine Hand am Kragen und muss sich mit ganzer Kraft seiner Contenance entledigen, um zurückzubellen, wie es Martin als Martin besser nicht hätte tun können. Der erste schreit, das Geld sei seins. Der zweite schreit zurück, dass das alles erlogen sei. Der dritte keift, warum es denn hier nur um die Kohle gehe. Der erste kreischt, das sei seine Bestimmung, er wolle nämlich reich werden. Der zweite kreischt zurück, das sei ebenfalls seine Bestimmung, denn er wolle Krieg führen. Der dritte will etwas zurücklärmen – doch die Worte bleiben ihm im Hals stecken.

Mit einem Schlag sind alle drei topfnüchtern und mäuschenstill. Eine Ahnung vom Ende ihrer Tage schwebt in ihrer Mitte und es ist nicht der Zigarettenrauch, der Martin blitzschnell veranlasst, die Fenster zu öffnen und frische Luft zu schnappen.

»Sie wollen Krieg!«, flüstert Martin und setzt sich erschöpft unter dem Fenster auf den Boden. »Sie wollen wieder eine Weltmacht sein. Und dafür brauchen sie mein Geld.«

Peter und Othmar sehen sich an, als hätten sie in einer Kristallkugel ihren eigenen Tod gesehen. Sie alle sagen kein Wort mehr und niemand rührt sich, außer Jochen draußen in der Betriebshalle, dem das alles höchst sonderbar vorkommt.

»Jetzt wissen wir, was wir zu tun haben, Brüder. Ich für meinen Teil klinke mich kurz aus. Ich verspreche euch, ich komme mit einer Antwort wieder.«

Peter hält Wort. Es vergehen keine zehn Minuten, bis er mit einer sichtlich erleichterten Miene wieder den Raum betritt. Martin und Othmar haben eine weitere Flasche Wein geöffnet und besprechen einzelne Dokumente aus dem ominösen Ordner des Reichsfinanzministeriums.

»Unsere Lösung heißt Mendrisio!«, verkündet Peter salbungsvoll und lässt die einzelnen Karten seines Tarotdecks durch die Hände gleiten.

»Wer ist das und was kostet sein teurer Rat?«, unkt Martin.

»Das ist kein Mensch«, sagt Peter. »Es ist ein Ort. Im Süden der Schweiz. Im Tessin. Ein wunderschönes Fleckchen Erde, wie ich gehört habe. Es hat die besten Schwingungen für unser Unterfangen. Ein Eldorado der Friedenssucher. Ideal für eine neue Produktion. Gefördert von den Mächten des Kosmos. Behütet vor den bösen Mächten Teutoniens.«

»Mendrisio«, bleibt Othmar nur noch zu wiederholen. »Und wie ...« möchte er noch ansetzen, doch er wird jäh unterbrochen.

Martin packt den Ordner unter den Arm, verstaut Gläser und Wein im Kübel, winkt Jochen zu und greift zu seinem Hut und seinem Mantel.

»Freunde, los geht's! Nehmt alles mit. Vergesst nichts. In drei Tagen sind wir in Mendrisio!«

Der Aufbau

4. Kapitel,
in dem ausführlich vom tolldreisten Plan der drei erzählt wird, und zwar aus Sicht der nicht wenig in Mitleidenschaft gezogenen Frau des Unternehmers.

Elena hat alles versucht. Sie hat ein Glas warme Milch getrunken und dabei von ihrem neuen Balkon hoch über dem Luganersee in die Nacht geschaut. Sie hat vergeblich nach einer Sternschnuppe am Himmel gesucht, der sie ihre Sorgen anvertrauen kann. Sie hat ruhige Musik aufgelegt und versucht, alle Denkzettel in ihrem Kopf unter einem Stapel schöner Phantasien zu verbergen. Sie hat Schäfchen gezählt und Wölfe erschossen. Die Schäfchen ziehen nun in Wolkenherden langsam über den See. Und den Wölfen ist sie Gott sei Dank entronnen. Die letzten Monate sind so turbulent gewesen, dass es sie kaum wundert, keinen Schlaf zu finden. Trotzdem ärgert sie sich maßlos darüber. Diesen Gram nun zu bezwingen und standhaft im Bett daran zu denken, wie einfach sie ihn mit einer Mütze Schlaf ignorieren könnte, das wäre nun die nächste Phase ihres Einschlafens geworden, hätte sie nicht das schrille Klingeln des Telefons davon abgehalten.

Ein Anruf um diese Zeit kann nichts Gutes bedeuten. Gar nichts Gutes!

»Spreche ich mit der Frau von Martin Winterhalter?«, meldet sich eine tiefe Stimme am anderen Ende der Leitung.

Elena will zuerst auflegen. Martin hat sie eindringlich ermahnt, keine Telefonate entgegenzunehmen, seit sie sich im Visier des Reichsfinanzministeriums und anderer Institutionen des Deutschen Reiches befinden. Aber sie erkennt einen Schweizer Dialekt. »Ja, ich bin es«, antwortet sie deshalb.

»Entschuldigen Sie die späte Störung. Mein Name ist Dr. Kernen. Ich bin Stationsarzt im Kantonsspital Nidwalden in Stans. Ihr Mann hatte einen Skiunfall in Engelberg und ist mit Kopfverletzungen eingeliefert worden. Es geht ihm jetzt gut, Sie müssen keine Angst haben.«

»Wie ist denn das passiert?«

»Wir wissen es nicht genau und Ihr Mann kann sich nur noch in Bruchstücken an den Unfall erinnern. Er ist eine Weile im Schnee gelegen, bevor ihn seine Freunde gefunden haben. Deshalb auch die späte Stunde meines Anrufs.«

»Seine Freunde?«

»Ja, seine Begleiter. Sie müssen ihn offenbar aus den Augen verloren haben und da ist es passiert. Ich kann ihnen aber versichern, dass nichts Ernstes vorgefallen ist. Er hat Blessuren am Kopf und auch eine Gehirnerschütterung.«

»Mein Gott, hört denn das nie auf?«

Nein, Elena. Eigentlich fängt die Geschichte an dieser Stelle gerade an. Sie beginnt mit eurer Flucht aus Deutschland und ist jetzt an einem Punkt, an dem sich viele Dinge entscheiden werden.

Elena legt das Telefon auf und geht unsicher zum Balkon. Immer noch schieben sich dunkelblaue Wolken über den See und lassen ab und zu den Mondschein auf das Wasser fallen. »Und was folgt noch?«, fragt sie leise.

Ich werde es dir erzählen, Elena, ich werde hier überhaupt alles erzählen, was ich weiß, aber lass mich erst den Lesern erklären, wer du bist und welche Rolle du in dieser Geschichte hast. Es ist wichtig für den weiteren Fortgang.

»Wäre er doch hier geblieben!«, schüttelt sie den Kopf und verschwindet wieder in Richtung Schlafzimmer, »ich hätte es ahnen sollen, so schlecht wie er aussah. Kein Wunder, nach all dem Aufruhr in den letzten Monaten!«

Sie schließt die Tür leise und legt sich ins Bett. Aber auch diese Nacht findet sie keinen Schlaf mehr, wie so oft in letzter Zeit. Zu oft, wie sie in langen, qualvollen Überlegungen auch heute feststellt. Dabei ist sie kein ängstlicher Mensch, ist es nie gewesen. Sie hätte wohl keine Stunde gemeinsam mit Martin ausgestanden, wenn sie es wäre. Im Gegenteil, sie hat ihn nun bereits über zwanzig Jahre lang ausgehalten, davon dreizehn als seine Ehefrau.

Ich habe mich lange gefragt, wie ich Elena beschreiben will, ob ich sie nach und nach ins Geschehen einbringen oder gleich zum Beginn eine Personenbeschreibung voranstellen soll. Diese Frage hat sich nach einem Brief ihrer Schwester Elfriede Thompson beantwortet. Sie war eine der wichtigsten Bezugspersonen von Elena, selbst als sie anfangs der 1920er-Jahre in die Vereinigten Staaten ausgewandert ist. Sie schrieb mir folgendes:

»Sehr geehrter Herr Dr. Fierz!

Ich habe lange mit mir gerungen, ob ich auf Ihren Brief antworten soll. Ich war mir nicht sicher, welche Absichten Sie haben und was für eine Art Buch Sie schreiben. Doch dann überlegte ich mir, dass Sie Ihre Geschichte wohl aus eigener Einbildungskraft ergänzen müssen, wenn Sie nicht wissen, wie etwas wirklich gewesen ist. Elena ist mir ein zu wichtiger Mensch, um sie einfach der Phantasie eines fremden Menschen zu überlassen. Und da meine Tochter Inge ja dann noch Teil der ganzen Geschichte wird, möchte ich Ihre Frage beantworten, was für ein Mensch Elena ist:

Elena ist, wie Sie sicherlich wissen, zehn Jahre älter als ich. Weil sie relativ früh aus dem Haus ging, um in Leipzig zu studieren, teilten wir eigentlich kaum eine gemeinsame Jugend miteinander. Ich sah sie selten und wenn, dann war das eher als besuche mich eine Tante denn meine eigene Schwester. Ich empfand sie immer als unglaublich erwachsen und weise. Der große Altersunterschied verhinderte es außerdem, dass zwischen uns eine Rivalität oder eine Eifersucht entstand. Sie war für mich klar eine Generation vor mir.

Erst gegen Ende meiner Gymnasialzeit erlaubten mir meine Eltern gelegentlich, sie in Leipzig zu besuchen. Der erste Weltkrieg tobte, und es war eine unbehagliche, furchterregende Zeit. Für mich waren diese Besuche ein ungeheures Erlebnis, ein Schritt in eine völlig neue, überdimensionale Welt. Elena empfing mich zuerst mit einigem Unbehagen, fand aber schnell heraus, dass ich ihr nicht auf die Nerven gehen wollte und mich gerne anpasste. Obwohl um uns herum Not und Entsagung herrschten, konnten es sich unsere Eltern leisten, ihr und später auch mir eine solide Ausbildung und ein gutes Leben zu finanzieren. Elena führte mich zum Essen aus und mit ihr erlebte ich meine ersten Konzerte. Meine Bewunderung für sie war grenzenlos.

Mit ihrem Umfeld lernte ich auch sie etwas besser kennen. Ich konnte Vergleiche anstellen, redete ab und zu mit anderen über sie und fing damit an, sie nicht als Schwester, sondern als Freundin zu verstehen. Sie galt als eine Musterschülerin, die sich mit sehr viel Willen und noch mehr Begabung ihrem Studium widmete. Alle hatten großen Respekt vor ihr.

Dieser Respekt wuchs sich rasch in eine Art Zurückhaltung aus, denn ihre Bildung und ihr Denkvermögen ermöglichten ihr bald, der Umwelt das Bild einer starken Frau zu vermitteln. Doch das war nur die halbe Wahrheit. Wer sie besser kannte, wusste, dass Elena es etwas verpasst hatte, nebst ihrem Kopf auch ihr Herz zu bilden.

Sie hatte lange keine Beziehung und wenn, dann nur intellektuelle Herausforderer, die das Weite suchten, sobald sie merkten, dass sich hinter dem reifen Baum der Erkenntnis ein Ozean wogender Gefühle auftat. Zeitlebens hatte sie Mühe, ihre Gefühle zu akzeptieren und sie in Einklang mit einem viel zu dominanten Geist zu bringen. Das verlieh ihr schon in jungen Jahren harte Züge und eine kompromisslose, zähe Art, das Leben zu meistern. Streng wachte sie über die Herrschaft ihres Lebens, und wenige konnten ihr wirklich nahe treten.

Das war traurig für sie und angenehm für mich. In diesem letzten Studienabschnitt anfangs der 1920er-Jahre wurden unsere Treffen in Leipzig immer länger und intensiver. Wir redeten über unsere Träume und Ängste, und an manch kalten Abenden haben wir zusammen in die Sterne geschaut und gehofft, eine Sternschnuppe möge unsere Wünsche erfüllen. Einer ihrer Wünsche war, endlich nicht mehr als denkendes Wesen neben dem, sondern als Frau der Tat im Leben zu stehen. Wirklich sah sie darin die Lösung ihres ewigen Konflikts zwischen einem leidlich starken Geist und einer allzu verletzlichen Seele. Sie hatte nie viel vom Beruf einer Rechtsgelehrten gehalten, aber sie empfand wohl damals das Studium als ideales Instrument, ihren Geist zu bilden. Erst in dieser Zeit erwuchs in ihr der Wunsch, endlich etwas erleben zu wollen, anstatt es nur zu reflektieren.

Eine Sternschnuppe erfüllte ihren Wunsch. Sie erschien in Gestalt des Martin Winterhalter zur Leipziger Messe. Er war wohl der richtige Mann zur richtigen Zeit. Er redete nicht viel, aber er bot ihr viele Abenteuer. Und sie griff mit beiden Händen zu. Das war der Moment, an dem wir uns wieder aus den Augen verloren. Erst viel später sollte uns das Schicksal wieder zusammenführen.«

An dieser Stelle muss ich den Brief schließen. Erstens greift er der Geschichte etwas vor und zweitens spart er einige wichtige Informationen aus, die ich vielleicht aus anderer Quelle ergänzen muss: Es war wohl nicht Elenas Schuld, viel aus Büchern und wenig von der Welt gelernt zu haben. Ihre Eltern unterlagen dem Wahn, dass eine gebildete, selbstständig denkende Frau anfangs des 20. Jahrhunderts eine Chance bei ebenfalls gebildeten Männern hätte. Sie dachten, es müsse wunderbar sein, wenn sich in einer späteren Ehe die Meinungen von Mann und Frau zu Geschichte und Politik, ja zu den Naturwissenschaften und den alten Sprachen treffen, sich vermengen und sich zu einem intellektuellen Pakt zwischen den Geschlechtern verdichten würden. Doch sie irrten sich.

Was Elenas Schwester Elfriede beschrieben hatte, musste sich haargenau so zugetragen haben: Als Martin in Leipzig angekommen war, war das wohl für Elena, als sei eine Sternschnuppe, die sie über Jahre einsam im Himmel beobachtet hatte, plötzlich in ihren Vorgarten gefallen. Sie verliebte sich sofort in den schweizerischen Sonderling, den sie erst lange mit eindeutigen Blicken fixieren, dann keck ansprechen und schließlich mit handfesten Argumenten überzeugen musste, damit er merkte, dass sie sich wahrlich nicht für seinen Reißverschluss interessierte. Für sie musste das eine ungeheure Überwindung sein. Doch sie lohnte sich. Denn in dem Moment, als er sein komisches Textilband verdattert in den Koffer zurücklegte, sprang ihm wohl die Gewissheit ins Gesicht, was für eine Lebenschance in Form dieser Frau vor ihm stand. Es muss ganz schön schnell gegangen sein. Schneller jedenfalls, als beide zu fühlen gewohnt waren. Ihr war es damals, als schmelze von seinem Körper ein Gemisch von Umtriebigkeit und Naivität, von Unsicherheit und Selbstverliebtheit ab, bis schließlich nur ein Herz übrig blieb, das er schnell und ohne Zögern in ihre Hand legte. Sie dankte es ihm und verwirrte ihn nicht lange mit dämlichen Balzritualen. Sie kam schnell zur Sache. Sie küsste ihn, noch auf dem Messestand, vor allen Leuten, was damals nicht nur ein gesellschaftliches Bekenntnis, sondern eine sittliche Unverschämtheit war.

Dann ging es ruckzuck, wie bei einem Reißverschluss: Er war kein großer Versprecher in Herzensangelegenheiten. Wenn er versprach, dann gegen Geld. Und so führte er Geschäfte, aber keine Ehe. Er war kein gebildeter Mann. Er glaubte an die Kraft seiner Inspiration und den Rest ließ er sich von Klügeren einreden. Auch wenn es sich dabei um seine Frau handelte. Er war auch kein Triebmensch. Wenn sie sich schick anzog, staunte er. Wenn sie sich auszog, staunte er auch. Er brauchte keine Göttin und sie brauchte keine zu sein. Seinem Ziel, reich zu werden, unterstellte er sein gesamtes Handeln, sein Denken, seine Sehnsucht. Keines dieser Dinge projizierte er auf sie, und das tut einer Liebe gut. Sie dankte es ihm und belastete ihn nicht mit Alltagskram und Kinderwindeln, sie brauchte keine teuren Schuhe und auch nicht mehr Aufmerksamkeit, als es der Anstand eines gesitteten Zusammenseins unbedingt verlangte. Die beiden führten nie eine besonders leidenschaftliche Partnerschaft, nicht als junges Liebespaar, nicht als Eheleute und auch an jenem Abend nicht, als Martin atemlos in die Wohnung stürzte:

»Elena! Liebes! Wir müssen weg! Wir müssen vor den Nazis fliehen! Morgen ist es soweit!«

»Verdammt noch mal, wo warst du die letzten zwei Tage? Ich bin vor lauter Sorgen fast vergangen? Du bist nicht in der Fabrik, nicht im Lager, deine Leute wissen nicht, wo du bist und wo du dich herumtreibst!«

»Es sind böse Zeiten, verdammt. Ich mache mir Sorgen um unsere Zukunft!«

»Red nicht so gescheit daher! Du machst dir Sorgen um unser Geld. Es ist dir scheißegal, wie ich mich dabei fühle! Ich war hier und wartete zwei Tage und zwei Nächte auf dich. Ich hab gedacht, dass dich die Polizei geholt hat, verstehst du das? Und jetzt will ich wissen, wo du warst!«

Elena ist außer sich. Sie ist bei Gott nicht der ängstliche Typ. Sie ist in den letzten Jahren während des Aufbaus der Firma mehr allein gewesen, als ihr recht sein konnte, und dennoch zauderte sie nicht, argwöhnte nie über Martins lange Geschäftsreisen, hinterfragte seine Entscheidungen in solchen Dingen kaum und versuchte, eine gute Partnerin zu sein, wenigstens wenn er nach Tagen von Verhandlungen und Geschäftsterminen nach Hause kam. In den letzten Jahren hatte sein berufliches Engagement stark zugenommen. Nach dem ersten Auftrag von Herrn Hahn folgte die Produktion in Wuppertal, dann stellte Martin die ersten Maschinen zur Serienfertigung her. Darauf erfolgte der Durchbruch mit dem bisher unbekannten Spritzgussverfahren. Bis anhin glaubten vor allem drei Menschen an dieses Produkt: Herr Hahn aus Paris, Martin und sie selbst, Elena. Dass ihm zwei Freunde aus St. Gallen das nötige Kapital gaben, das verstand sie eher als geschäftliches Kalkül denn als wahre Vision. Aber sie kannte die beiden sowieso nicht, sie hörte nur immer von ihnen. Aber plötzlich, es war Mitte der 1930er-Jahre, interessierte sich eine vierte Person für den Reißverschluss:

Es war eine junge Römerin, die sich in Paris niedergelassen hatte. Sie ging als Elsa Schiaparelli in die Geschichtsbücher ein und war einer der ersten hell leuchtenden Sterne am Himmel der Modewelt. Dann brachte sie den Reißverschluss in die Haute Couture ein. Ab diesem Moment war die Welt der Kleider eine andere. Und Martin mittendrin.

Das gefiel nicht nur Martin. Auch Elena war diesem plötzlichen Erfolg durchaus nicht abgeneigt. Schließlich hatte auch sie ziemlich viel dafür entbehrt. Sie genoss ihre neue Rolle als Gattin des Direktors. Plötzlich wurden sie eingeladen und hofiert. Ihre Einkäufe und gelegentlichen Investitionen in mehr als vergängliche Luxusgüter waren plötzlich kein Thema mehr. Ihre finanziellen Sorgen war sie los, und damit ertrug sie auch die existentiellen im neuen Deutschland um einiges besser. Dennoch war es für sie von geradezu überlebensnotwendiger Wichtigkeit, ständig zu wissen, was in ihrem Leben vor sich ging, wo sich Martin befand und mit welchen Leuten er sich traf. Täglich hörte man von Übergriffen der neuen Staatspolizei, von grausamen Verhören, die nicht selten im spurlosen Verschwinden unbescholtener Bürger endeten. Die Politik war jedoch nur ihre öffentliche Rechtfertigung. Tief im Innern ging es ihr nicht um das Weltgeschehen. Sie brauchte keinen Mann, der sie durchs Leben führte. Sie brauchte einen Begleiter, einen verlässlichen Freund, mit dem sie das Leben ertragen konnte. Und genau in diesem Punkt versagte Martin in der letzten Zeit immer öfter.

Natürlich merkt sie, dass ihm erst jetzt dämmert, was er ihr angetan hat.

»Ich habe unsere Flucht geplant, Elena. Ich musste unter größter Geheimhaltung arbeiten und wollte dich nicht belasten, glaube mir. Othmar und Peter haben mir dabei geholfen, und wir haben es tatsächlich geschafft!«

Fast ist sie soweit, dass seine naive Verzweiflung sie dazu bringt, die letzten Stunden und Tage zu vergessen, in denen sie rastlos gewartet hat, in Sorge, in Wut und in Ohnmacht. Wie viele solche Stunden wird sie noch durchleben müssen? Wird das ihr zukünftiges Leben sein? Es bleibt ihr genug Zeit, um diese Frage immer und immer wieder kreisen zu lassen, so lange, bis sie schließlich zwischen ihr und Martin aufquillt, wie ein giftiger Dampf, der beiden die Luft zum Atmen nimmt.

»Ich möchte nicht daneben stehen, wenn es um unser Leben geht. Verstehst du das? Ich bin ein Teil davon, genau so wie du, und habe das gleiche Recht, darüber zu entscheiden, was daraus wird.«

»Ich dachte, wir sind uns einig, dass wir dieses Land verlassen müssen?«, antwortet Martin, der natürlich damit gerechnet hat, dass Elena böse auf ihn ist, der aber gleichzeitig merkt, dass es ihr um mehr geht, als einfach nur nicht gefragt worden zu sein.

»Wir waren uns einig, ja. Aber ich möchte wissen, wo ich lebe und wie ich lebe. Weißt du eigentlich, was hier vor sich geht?«

Martin schweigt. Er weiß es nicht.

»Für dich ist das wohl wieder ein gewitzter Firmencoup. Ein Schachzug gegen die bösen Deutschen. Ich bin Deutsche. Ich bin hier zuhause. Natürlich sehe ich ein, dass wir hier nicht länger leben können. Aber ich will nicht, dass du hinter meinem Rücken entscheidest, was aus uns beiden wird. Mach das mit deiner Firma! Aber nicht mit mir!«

Sie dreht sich auf der Stelle um und knallt die Tür hinter sich zu.

Am nächsten Tag, am 26. August 1936 um 23.35 Uhr sitzen die beiden im vordersten Lastwagen eines langen Konvois in Richtung Schweizer Grenze. Ziel: Mendrisio. Die Flucht der Winterhalters in 23 Kraftwagen mit dem Privathaushalt des Hauses in Barmen, mit allen Habseligkeiten, Möbeln, Bildern, Pflanzen und Büchern, ja selbst mit der kompletten Firma Riri samt Maschinenpark, Unterlagen, Produktionswerkzeugen, Lagerteilen, Skizzen, Prototypen, inklusive der wichtigsten Arbeiter und Fachspezialisten gehört zu den Husarenstücken der deutschen Vorkriegsgeschichte. Keine Zeitung, die seinerzeit etwas von sich hielt, ließ diese Schlagzeile aus: »Unternehmer samt Firma über Nacht verschwunden!«

Nachdem Elena die Tür hinter sich zugeschlagen hat, zieht sie sich ins Schlafzimmer zurück. Als hätte sie ihren gerechten Groll draußen gelassen, packt sie augenblicklich ein schlechtes Gewissen. Sie weiß natürlich, dass die Flucht aus Deutschland eine Notwendigkeit ist, die sich nicht verschieben und auch nicht aufhalten lässt. So sehr sie dieses gewaltsame Entwurzeltwerden schmerzt, so sehr fühlt und weiß sie, dass es die einzige Lösung ist. Martin ist der produktive Teil von ihnen beiden, und sie akzeptiert es mit ganzem Herzen, dass er dort anpackt, wo sie noch länger zaudern würde. Aber dass er einfach zwei Tage untertaucht und mit irgendwelchen Leuten die gesamte Verschiebung ihres Lebensmittelpunktes organisiert, das hat nichts mit Produktivität, sondern mit Respektlosigkeit zu tun.

Martin folgt ihr nach einer Weile ins Schlafzimmer. »Es tut mir leid. Ich wusste nicht, wie sehr ich dich damit getroffen habe.« Er hält einige Sekunden inne und Elena lässt ihn wissen, dass sie weint. Dann setzt er sich hinter sie aufs Bett. »Lass mich nicht im Stich.«

Sie schaut ihn nicht an, vergräbt ihr Gesicht in einem Taschentuch. »Wir machen das gemeinsam. Ich meinen Teil und du deinen. Aber lass mich nie wieder allein.«

»Versprochen«, sagt Martin. Er will sie in die Arme nehmen, aber er schämt sich zu sehr. Also fährt er mit dem weiter, was er am besten kann, nämlich mit Organisieren. »Wir müssen heute noch beginnen zu packen. Morgen kommen die Lastwagen.«

Sie lassen sich noch einige Minuten Zeit, regungslos nebeneinander im Schlafzimmer zu sitzen. Draußen hört man einen Hund bellen, ansonsten herrscht tiefe Stille. Dann steht Elena auf. »Gut. Was ist zu tun?«

Martin erklärt ihr den gesamten Ablauf. Eine Stunde später stehen fünfzehn Männer in diesem Schlafzimmer und beginnen, Stück für Stück in einen Lastwagen zu verladen. Der gesamte Haushalt wird innerhalb von 24 Stunden ausgeräumt. Martin eilt in dieser Zeit zu einem befreundeten Notar, um sämtliche Nachfolgeregelungen zu treffen. Währenddessen schauen Othmar und Peter, dass in der Fabrik der gesamte Produktionsbetrieb abgebaut und in den Lastwagen verräumt wird.

Damit niemand von der Aktion erfährt, wurden alle Mitarbeiterinnen und Mitarbeiter auf dem Areal festgehalten. Wer mitmachte, durfte zu überzeugenden Konditionen mit in die Schweiz. Wer sich weigerte, wurde so lange festgehalten, bis der Konvoi über der Grenze war. Natürlich machten fast alle mit. Peter zeichnete dafür verantwortlich, in Mendrisio eine alte Teigwarenfabrik gefunden zu haben, in die sie sofort einziehen konnten. Er kannte den Vorsteher der altehrwürdigen Kirche des Heiligen Johann Baptist in Mendrisio, dem er versprach, dafür die wunderschönen Stuckarbeiten aus dem 17. Jahrhundert von Francesco Catenazzi und Giovanni Battista Brenni restaurieren zu lassen. In zwei Tagen war die alte Fabrikhalle bezugsbereit. Othmar verhandelte währenddessen mit seinem alten Weggefährten aus der Leipziger Zeit, Hugo Stinnes, ohne dessen Logistik dieses Glanzstück einer Eskapade wohl niemals nur ansatzweise möglich gewesen wäre. Wie sie allerdings 23 voll gepackte Lastwagen an sämtlichen Wachposten vorbeigebracht haben – und es gab in jener Zeit deren viele –, wie sie überhaupt nur in die Nähe der Grenze gekommen sind und dann noch hinein in die Schweiz, das ist ein Geheimnis, das keiner der Beteiligten jemals gelüftet hat.

Viele Gerüchte sind deshalb darüber entstanden. Die harmlosen wissen zu berichten, dass Martin die gesamten Einnahmen der letzten vier Jahre für Schmiergelder zusammengekratzt und jeden Beamten von Wuppertal bis Weil am Rhein bestochen habe, der ihnen nur ansatzweise in die Quere kommen konnte. Andere meinen, dass sie gezielt einige regimefeindliche Personen geopfert hätten, um sich unter zugedrückten Augen des Staates aus dem Staub zu machen, so unter anderem auch den Juden Hahn, von dem man nie wieder etwas gehört hat. Dann gibt es Stimmen, die verlautbaren, dass Hugo Stinnes einigen wichtigen Nazi-Funktionären näher stand, als er später zugegeben hat, unter deren schützender Hand es überhaupt nur möglich gewesen ist, dass ein Transport unbehelligt vom Deutschen Ruhrgebiet bis ins Schweizer Tessin tuckern konnte.

Wir kennen die Wahrheit nicht. Was wir hingegen genau wissen, ist, was dem Inspektor des Reichsfinanzministeriums und seinem schleimigen Buchhalter widerfahren ist, als sie am Morgen des 27. August 1936 vor dem Tor der Riri-Werke eintrafen: Sie standen in einer riesigen, besenrein geputzten und völlig leeren Halle, in deren hinteren linken Ecke noch ein Besen stand und vor ihm ein Eimer mit einer halb ausgetrunkenen Flasche Bier und einer in Tiefdruck beschrifteten Visitenkarte: »Mit freundlicher Empfehlung. Martin Winterhalter. Fabrikant«

Ziemlich genau eine Stunde darauf trifft der Konvoi in Mendrisio ein. Nach 52 Stunden vernehmen einige Gemeindebewohner des Dorfes hämmernde Geräusche aus der Südhalle der ehemaligen Teigwarenfabrik. Drei Stunden später sehen sie, wie an der breiten Front selbiger Halle vier riesengroße rote Lettern angebracht werden, deren Sinn sie nicht verstehen. Sechs Stunden darauf beobachten sie, wie 23 Lastwagen das Dorf verlassen. Noch wissen sie nicht, dass sie soeben Zeuge davon geworden sind, wie eines der wunderlichsten Unternehmen der europäischen Wirtschaft in ihrer Mitte Einzug gehalten hat, das ihnen noch viele, viele Jahre Arbeit und Wohlstand bringen sollte.

Während die Männer und Frauen der Riri-Fabrik bis zur Erschöpfung im Werk arbeiten, unter ihnen auch ihr eigener Mann, richtet Elena die provisorische Wohnung im alten Dorfteil Salorino ein. Es werden noch einige Monate vergehen, bis Martin ein neues Anwesen kaufen kann, einen Traum von einem Zuhause, das sie manch kummervolle Stunde vergessen lassen wird.

Noch ist es nicht soweit. Elena hat ihren gesamten Haushalt mit Unterstützung einiger Arbeiterinnen aus dem Werk verstaut und blickt auf ihr Leben, das, soeben den Kartonschachteln entnommen, artig ausgebreitet vor ihr liegt. Es sind die gleichen Sachen wie in Deutschland, aber ihre Ordnung ist eine gänzlich andere. Es scheint ihr, als sei mit dem Staub darauf auch die Seele weggewischt worden, eine Art Geschichtlichkeit. Eine plötzliche Trauer überfällt sie, eine Trauer, die schnurstracks in eine Erinnerung mündet, die sie längst vergessen hat. So fühlte sich Heimweh an, wie sie es das letzte Mal als Kind verspürte, wenn sie für den Urlaub zur Großmutter aufs Land fuhr. Genau so fühlte sich damals das fremde Laken unter ihrem Körper im Bett an, so fremd klangen die Glocken im Dorf, so unbehaglich erschienen ihr die Menschen und ihre Behausungen, ihre argwöhnischen Blicke und ihr geheimnisvolles Murmeln, wenn sie an ihnen vorbeihuschte. Sie dachte, die Ohnmacht des Fremdseins würde sich mit dem Älterwerden auswachsen. Sie irrte sich. Heute steht das gleiche Mädchen gedankenverloren in der Altstadt Mendrisios, mit ihren engen Gassen und den verschlungenen Häusern und fürchtet sich vor dem Alltag in diesem Ort, vor der Ungewissheit der Zukunft und all den schrecklichen Möglichkeiten, die sie sich als ihre Zukunft hier einbildet. Sie hat keinen Sinn für die Schönheit des uralten Kopfsteinpflasters, über das gemächlich drei runzlige Greise stöckeln, die in einem verschrobenen Dialekt über ein paar alte Frauen tuscheln. Sie fühlt ihn nicht, den Schutz dieses gesegneten Ortes, weit weg vom Alltag Deutschlands, im südlichsten Zipfel der Schweiz, umgeben vom herben lombardischen Charme der umliegenden Täler. Sie riecht ihn nicht, den herrlichen Duft der sprießenden Kastanien, den der Wind von Bellavista am Monte Generoso zu ihr herunter trägt. Gesenkten Hauptes geht sie in Richtung des Riri-Werkes, um dort Martin zu treffen.

»Mein Gott, wie siehst du denn aus?«, ruft sie, als sie ihn, mit halb offenem Hemd und aufgekrempelten Hemdsärmeln unter einer Maschine liegend, antrifft.

Martin schiebt sich unter der massiven Konstruktion durch und steht schweißgebadet vor ihr. »Das muss heute noch laufen«, sagt er und wischt sich mit einem Lappen die Hände.

»Wie geht es dir?«, fragt Elena und richtet ihm den Kragen, wohl wissend, dass es in seinem Zustand völlig unerheblich ist, wie sein Kragen aussieht. Sie hätte gerne gehört, dass er sich nach ihr erkundigt, aber sie sieht ihm an, dass er es nicht tun wird. Er hält kurz inne und versucht sich daran zu erinnern, wann er das letzte Mal gegessen hat. Er findet es nach einiger Zeit heraus. Aber es gelingt ihm nicht mehr zu sagen, was es war und ob es ihm geschmeckt hat. Deshalb sagt er: »Gut geht es mir. Solange etwas läuft, geht es mir doch immer gut.«

»Ja«, bestätigt ihn Elena, »dann geht's dir immer gut.« Einmal mehr überrascht es sie, wie sehr er seine Defizite auf der Beziehungsebene mit brachialem Arbeitseinsatz zu kompensieren imstande ist. Bald verlässt sie die Fabrik wieder. Martin arbeitet weiter. Was sonst?

So geht es noch bis tief in den Spätsommer hinein. Martin hat alle Hände voll zu tun, um der gesteigerten Nachfrage nach Reißverschlüssen nachzukommen und zu diesem Zweck in Mendrisio einen neuen Stab von Arbeitern und Zulieferern, Fachkräften und Direktoren, Juristen und Buchhaltern aufzubauen. Für Othmar und Peter ist das eine freudige Abwechslung ihres doch eher beschaulichen Lebens in der Ostschweiz. Sie können nicht wirklich viel beitragen in diesem hektischen Klima der Produktion und des Absatzes, des Kalkulierens und Verhandelns, aber sie sehen mal mit eigenen Augen, wie ihr Geld arbeitet oder zumindest wie Martin mit ihrem Geld arbeitet. Während Peter wieder vermehrt in sein bisheriges Leben zurückkehrt und dem Team vor allem in beratender Funktion zur Seite steht, engagiert sich Othmar noch voll und ganz im Aufbau des sozialen Netzes, was ja, wie wir wissen, zu seinen absoluten Stärken zählt. In kurzer Zeit kennt er Gott und die Welt, zerrt Leute herbei, rare Spezialisten und tumbe Hochstapler, gewitzte Geister aus der Hochfinanz und Ganoven aus den Gossen Mailands, kreuz und quer durch das Panoptikum dieser eigentümlichen Region zwischen den Schweizer Alpen und der Poebene, und manch einer davon hat bei Riri eine beachtliche Karriere starten können, während andere eher dem soziokulturellen Gewinn dienen. Martin ist beides recht. Ihm ist mit seinen beiden Freunden gelungen, was ihn noch vor Monaten fast um den Verstand gebracht hat, und dafür ist er ihnen, einmal mehr, sehr dankbar.

Als endlich der Kauf seines Anwesens vollzogen und die schrullige deutsche Vorbesitzerin ausgezogen ist, scheint ihm auch das letzte Hindernis seines persönlichen Glücks aus dem Weg geräumt zu sein. Denn ab und zu hat er das Gefühl gehabt, dass Elena sich nicht wohl fühlt in ihrem neuen Zuhause. Sie hat nicht viel darüber gesprochen und er hat es ebenfalls tunlichst vermieden, aber ihre Einstellung zum neuen Wohnort, zur Firma und dem neuen Leben ist eine andere als früher. So viel hat er erkannt. Doch nun soll alles anders werden. Nun haben sie ihr neues Haus und Elena wird wieder einen eigenen

Lebensbereich finden, in dem sie sich verwirklichen und wofür sie sich mit ganzem Herzen einsetzen kann.

Mit diesem Gedanken liegt Martin nicht ganz falsch. Als Elena das neue Grundstück das erste Mal sieht, trifft sie schier der Schlag: Zehn Kilometer südlich von Lugano liegt das malerische ehemalige Fischerdorf Morcote. Es schmiegt sich an den Fuß eines Hügelzuges, der zwischen den beiden höchsten Punkten des Carona und des Monte Arbostora wie ein Keil in den Luganersee ragt, wundervoll eingebettet in sanfte Terrassen voller Kastanienwälder, Weinberge und Palmenhaine. Bevor die Abhänge des Arbostoras im See eintauchen, breitet sich entlang des Hügelzuges eine Uferzone aus, zuerst ein schmaler Streifen aus Schilf, der sich wie ein Balkon über dem Wasser auswölbt und schließlich vor dem Dorf wieder als schmaler Grat in das abfallende Waldstück mündet. Gerade mal ein erdiger Straßenweg hat Platz, um diesen natürlich abgegrenzten Garten mit dem Umland zu verbinden. Aus diesem Garten, zwischen Zypressen, Zedern und Azaleen, ragt eine märchenhafte Residenz, die aus drei aufeinander getürmten Galerien von Rundbogenfenstern besteht, wobei die unterste die höchste ist und die folgenden immer schmaler werden. Das Haus hat so viele Fenster, dass es von Außen scheint, als könne es im Innern niemals dunkel werden. Weißgetüncht hebt es sich wie eine Orgel aus dem üppigen Grün, und unterhalb dieses Grüns ist ein Steg sichtbar mit einem Anlegeplatz, so dass man per Schiff direkt zum Haus gelangen kann. Niemals hat Elena ein schöneres Haus gesehen, und dass es ihres werden soll, erfüllt sie mit Stolz und Begeisterung.

Sofort macht sie sich daran, dem gesamten Anwesen ihre persönliche Note zu geben. Aus dem Fensterschloss wird die Villa Ri-Rita, welche bald zum Mittelpunkt des gesellschaftlichen Lebens der Region und weit darüber hinaus werden soll. Doch dazu später. Erst muss sie Hand anlegen an diesen rohen Prunkbau mit 25 Zimmern und 6 Bädern, umgeben von einem parkähnlichen Garten. Damit die Überraschung perfekt wird, überredet sie Martin, in der Wohnung in Mendrisio zu bleiben, so lange der Umbau dauert. Er ist einverstanden. Mehr Zeit für die Firma, denkt er sich wohl. Währenddessen macht sich Elena ans Werk. Sie wählt für die Teppiche, Vorhänge und Decken fast ausschließlich helle Stoffe, die, wenn man von den Zimmern durch die zahlreichen Fenstergalerien hinaus auf den See schaut, nahtlos mit dem Himmel über dem Wasser zu verschmelzen scheinen. Sie ersetzt die schweren Eichenkästen und wuchtigen Drechslerarbeiten aus dem mitteldeutschen Raum durch zierliche italienische Möbel, filigrane Anrichten und Vitrinen mit viel Glas und hellem Holz. Die Wände lässt sie hingegen mit kräftigen Farben ausmalen, so dass sich die Bewohner und Gäste unweigerlich durch eine starke Kraft beschützt fühlen. Sie vermeidet jegliches direktes Licht und bringt stattdessen eine Unmenge kleiner Lichtquellen an allen möglichen Orten unter. Als eines der ersten Häuser in der Schweiz ist es komplett beschallbar. Musik strömt durch alle Räume wie ein Sommerwind durch die offenen Fenster. Mit diesen Arbeiten ist sie ganz in ihrem Element. Sie bemerkt dabei kaum, dass sich der Alltag ihres Ehemannes recht lautlos in eine ganz andere Richtung entwickelt.

Die Firma ist vollständig etabliert. Die Produktion läuft perfekt und hat nach drei Monaten bereits den Ausfall des Umzugs wettmachen können. Martin hat die Gelegenheit genutzt, um sie gleich nach den neuesten Erkenntnissen des Taylorismus zu reorganisieren, nämlich mit einzelnen Produktionsstraßen, in denen jeweils spezialisierte Handwerker genau ein Teilstück produzieren, das am Schluss, gemeinsam mit einer übergreifenden Qualitätskontrolle, assembliert wird. Auch die Verwaltung hat sich eingerichtet: Kaufverträge, Anmeldungen beim Fiskus und bei der Gemeinde sind vollzogen und zu beidseitiger Zufriedenheit in einem Konsens beschlossen worden. Die zahlreichen deutschen Mitarbeiterinnen und Mitarbeiter sind ordnungsgemäß bei der Fremdenpolizei gemeldet. Außer der Auflage, in Zukunft auch schweizerische Arbeitnehmer zu beschäftigen, ist alles reibungslos gelaufen. Dieses Wohlwollen der Schweizer Behörden ist sehr wichtig, weil bereits die ersten Investigationen des Deutschen Reichsfinanzministeriums eingegangen sind, wo denn der Winterhalter mit seiner Firma sei. Schließlich wurde die Gelegenheit beim Schopf gepackt, neue Technologien der Büroorganisation einzuführen: Ein Fernschreiber, Telefone für jede führende Dienststelle, zentrale Schreibstuben mit Matrizenkopierern und ein mechanisch betriebenes Archiv, das auf Knopfdruck die alphabetisch geordneten Dossiers in Ordnerablagen bereitstellt.

Martin ist hocherfreut. Seine Fabrik steht. Der Rubel rollt. Seine Frau ist wieder zufrieden und seine Arbeit erfüllt ihn voll und ganz. Niemals schien das Leben schöner, unbeschwerter, leichter zu sein, als unter der gütigen Sonne Luganos. Die Piazzas in Lugano, Locarno oder auch Morcote füllen sich mit Freunden und Bekannten und vereinen sie zu einer großen Gemeinschaft. Lachen und Gesänge hier, ein fröhlicher Disput über das Leben dort. Klingende Gläser in schönen braunen Händen. Der Duft einer frischen Pizza, gerösteten Kaffees, einer eleganten Zigarre. An einem solchen Tag, es muss anfangs Oktober gewesen sein, packt Martin die südländische Lebensfreude voll und ganz und reißt ihn förmlich aus seinem Arbeitssessel.

Er eilt durch das Fabrikgelände bis zu den Lagerhallen, wo er auf Peter trifft. Dieser ist wie gewohnt ganz Teil jener Welt, die er geistig zu berühren trachtet. Er schreitet andächtig durch die Halle, und tatsächlich scheint es, als lenke er seinen Schritt nicht aus eigenem Antrieb heraus, sondern werde von Geisterhand geführt, mal nach links, mal nach rechts, einen Schritt zurück, dann einem unsichtbaren Punkt ausweichend, stets das Pendel vor den Augen, wie der Stock eines Blinden, der ihm die Welt deutet und ihm gleichzeitig Instrument und Führer ist.

Martin schaut dem Mystiker lange zu. Peter ist eigentlich ein idealer Freund. Als sein Lebensbegleiter seit früher Kindheit muss er ihm nichts mehr erklären, aufgrund seiner konsequenten Lebensverdrängung jedoch alles. Peter stolpert mit einer Naivität durchs Leben, die weh tut und gleichzeitig eifersüchtig darauf macht, dass solche Drift unbeschädigt bleibt. Gerade die

Ferne zum Leben, die mangelnde Bodenhaftung, haben etwas ungemein Behagliches. Mit Peter streitet er nie über Politik. Sie kommen sich in Wirtschaftsfragen nie in die Quere. Nur deshalb hat Peter für ihn in etwa den Status eines Leuchtturms. Er bietet ihm in entscheidenden Momenten Orientierung, kommt aber seinem Schiff nicht in die Quere. Man kann sagen, dass Peter das Faktotum in Martins Leben ist, ein Inventar mit Seele, eine Lebensversicherung in Schattengestalt.

Das ist wohl auch der Grund, weshalb er das folgende Vorhaben mit ihm teilen will. »Peter, lass uns dieser muffigen Bude entfliehen. Es ist so ein schöner Tag. Ich möchte einmal auf den Monte San Grato steigen und von dort das Tal überblicken.«

Peter hält inne. »Jetzt gleich?«

»Genau jetzt. Kommst du mit?«

Natürlich protestiert Peter. Auf einen Berg wandern, körperlich tätig sein, das ist überhaupt nicht sein Ding. Es verdankt sich allein seiner Verpflichtung als Martins Faktotum, wenn er ihn nicht alleine ziehen lässt. Während Martins Füße kaum den Boden berühren, stolpert Peter über jeden einzelnen Stein zwischen Morcote und San Grato. Beim Aussichtspunkt Alpe Vicania liegt Martins Blick ruhig auf dem See unter ihnen, auf den sanften Hügeln und den lieblichen Dörfern. Dieser Ausblick scheint ihn über das Gelände zu ziehen, immer höher, immer weiter, berauscht von einer Atmosphäre, die Gott nur seinen Liebsten gönnt. Peter beschwert sich über den schlechten Weg. Ihn drücken die Schuhe. Die Sonne brennt auf sein Haupt. Wie immer spielt er gegen das Leben. Alles ist immer gegen ihn, und er würde dieses Spiel dauernd verlieren, verbündete er sich nicht erfolgreich mit den Mächten zwischen Himmel und Erde, die ihm helfen und ihm Mut spenden. Peter erwartet, dass das Leben und die Menschen fair sind, weil er es selbst doch auch ist. Aber er täuscht sich: im Leben und in den Menschen. Deshalb sieht er die kleinen Dörfer nicht, er riecht nicht das Harz an den Bäumen und er hört nicht, wie der Wind durch den Farnhain streicht. Er keucht, ächzt, schleppt sich lamentierend über Stock und Stein bis zum Monte San Grato.

Als sie oben angekommen sind und sich das Panorama über dem See von Lugano bis nach Brissago öffnet, von Mendrisio bis hinauf nach Bellinzona, da hört Martin das Gezeter seines alten Freundes nicht mehr. Er steht und schaut. Das Leben hat ihn an dieser Stelle, auf dieser einsamen Plattform des San Grato, wie ein Blitz getroffen. Vergessen ist mit einem Schlag seine Produktion, vergessen sind die neuen Lizenzen im Ausland, das Reichsfinanzministerium. Er ist völlig allein mit sich, und er fürchtet sich nicht zu Tode, nein, er empfindet so etwas wie einen himmlischen Genuss, eine Entrückung von der Wirklichkeit. Nun haben wir den gewieften Unternehmer doch etwas kennen gelernt. Wir wissen, was sein Leben und was sein Herz bewegt. Wir kennen sein Streben und seine Ziele. Wir wissen von seinen Lebensinhalten und all den Dingen, die darin keinen Platz finden. Doch hätten wir geglaubt, dass Martin einer solchen Ergriffenheit erliegen kann? Oder ist dieser Ort vielleicht der einzige der Welt, der sein Herz zu öffnen vermag?

Wenn wir eine Ahnung vom Gefühl erhaschen wollen, das ihn in diesem Moment gepackt haben mag, so stellen wir uns am besten Folgendes vor: Ganz hinten am Horizont, wo der Dunst der großen Poebene die letzten Hügelzüge der Alpen gefangen hält, liegt der Duft weiter Felder und saftiger Wiesen unter dem Firmament. Eine Ahnung menschlicher Betriebsamkeit von Mailand her durchwirbelt diesen Dunst und treibt ihn beständig nach Norden. Doch dort wird er jäh aufgehalten. Denn unter ihm erhebt sich plötzlich die Erde, faltet sich in erste Buckel, dann in Hügel, schließlich bäumt sie sich zu dunklen Bergen auf und der Duft von Feldern und Wiesen und Menschenarbeit weicht dem Atem von Zypressennadeln, Arvenholz, Thymian und Wacholder. Je höher die Falten sich werfen, desto intensiver riecht die Erde nach ihren unbändigen Bewohnern, nach knorrigen Oleandern, nach Kampferbäumen, Lorbeer, Zedern. Sie mischen sich zu einem intensiven Extrakt, zu einem Sturm unsichtbarer Eindrücke, dem wir nur ausgesetzt sind, wenn wir uns tief in der Natur verlaufen.

Schon haben wir das Dach der dunklen Berge erreicht, und die Erde wölbt sich wieder nach unten und fällt in das Tal, durch das sich wie verzaubert das tiefblaue Wasser des Luganersees schlängelt. Der Flug hinunter treibt die Ausdünstung der weiten Rebgärten in die Nase, eine süß-säuerliche Mischung von Wein und Holz, von taubedeckten Blättern und lockerer Erde. Nun nähern wir uns wieder den Menschen. Steingemauerte Häuser und terracottafarbene Villen drängen sich zwischen Wasser und Steilhängen zu kompakten Dorfknäueln zusammen, die sich im Wasser wie ein einziger Stein spiegeln. Dazwischen leuchtet viel üppiges Baum- und Rebengrün. Hier, inmitten der engen Häuser, der lauschigen Terrassengärten vor den Villen, explodiert ein Bukett von blühendem Rhododendron, von Hibiskus und Azaleen, von karstigem Kreidestein, auf den seit Jahrhunderten eine milde Sonne fällt und von der fasrigen Rinde der Palmen, deren Wedel dieses Gemisch von Lebensgefühl und Naturparadies unter die Menschen fächelt. Doch die Aromen kommen nicht allein von der Landschaft. Zum Zwiegespräch von Erde, Pflanzen und Steinen mengt sich immer wieder das Parfum einer schönen Frau, nach der sich die Blicke drehen wie die Knospen nach der Sonne. Das Aroma von frisch geröstetem Kaffee strömt aus den offenen Fenstern und fängt sich in den verwinkelten Gassen. Manchmal mischt es sich mit der Luft aus der Backstube eines emsigen Bäckers oder mit dem blauen Rauch einer Zigarette in den Fingern eines müßigen Gigolos.

All diese Düfte vermischen sich, breiten sich über den Pflastersteinen der Piazza aus und machen sie zu einem Garten, in dem kein Herz unglücklich pochen kann. Die Menschen sitzen in farbigen Stühlen, sie reden über gemeinsame Freunde, über die Liebe, über eine wundervolle Welt. Die Sommersonne öffnet den Himmel und die Seelen.

Eine warme Strömung säuselt durch diesen Garten, verweht die Erinnerungen an die schöne Frau, an den Bäcker, an den Gigolo und verdunstet endlich über den stillen Wellen des Sees. Wer hier das kalte Blut der Berge nicht riecht, die geschmolzene

Ewigkeit der Gletscher, aus denen der Cassarate entspringt, die wilden Strudel des Sovaglia, die klaren Wasser des Viganale, die Millionen Tropfen aus den Wolken über der Laveggio, der hat keine Seele.

Und schon gelangt man zur anderen Uferseite, wird empfangen vom säuerlichen Dunst der Algen und vom Moder der weiten Schilfhaine, bevor sich die Erde wieder steil zu einem weiteren Hügel türmt, zu einem spitzen, grünen Wellenbuckel, schließlich hundert Horizonte bildet, sich immer höher wölbt, immer wilder gebärdet, bis sie endlich ganz ins Bergmassiv der Alpen übergeht.

Auf einem dieser Buckel, in einem Reich von Kastanien, Pilzen und Walnüssen, steht nun Martin und atmet dieses ganze Leben ein, treibt im Geist von Hügel zu Hügel, durch die Gärten der Villen und über die Piazzas, sieht die schöne Frau und den Gigolo, riecht den Kaffee in der Nase und schmeckt den Panettone aus der Backstube des emsigen Bäckers.

»Ist denn das die Möglichkeit?«, schreit plötzlich hinter ihm Peter. Sein Pendel schlägt aus wie verrückt. »Martin, schau dir das an! Schau dir diese Bewegung an! Komm schnell!«

Martin muss sich erst etwas sammeln. Dann eilt er zu seinem Freund, in dessen Gesicht er eine Verklärung feststellt, die er auf dieser Wanderung nicht mehr erwartet hätte. »Was ist denn los? Was bedeutet das?«

»Was das bedeutet?«, ruft Peter in einem Anflug von Euphorie aus und springt über den Waldboden, als tanzten tausend Ameisen in seinen Schuhen. »Martin, du bist Zeuge einer geradezu kosmischen Entdeckung. Wir stehen hier quasi auf geweihtem Boden!«

Martin hält inne. Er erinnert sich seiner gerade erlebten Eindrücke, bei denen er sich schon wunderte, weshalb sie ihn mit einer solchen Wucht getroffen haben. »Wie meinst du das?«

»Ich kann es noch nicht erklären. Aber es muss ein Wundergestein hier sein. Mein Pendel schlägt aus, als gäbe es hier mehr Energiequellen als Bäume!«

»Deshalb also –«

»Dieses Gestein hier könnte Wunderkraft besitzen, Martin. Es kann vielleicht Menschen helfen. Es hat magische Kräfte, so viel ist ganz gewiss!«

Das bedeutet das Ende von Martins Ergriffenheit. Die beiden umarmen sich, der eine mit Tränen in den Augen, der andere mit Dollarzeichen. Sie packen ihre Siebensachen und spurten den Berg hinunter, als sei ein Waldschrat hinter ihnen her. Martin schaut nicht mehr auf den See und er riecht auch keine Walddüfte mehr. Er fliegt. Peter stolpert mit seinem Pendel in der Hand von Baum zu Baum, kommt abwechselnd ins Schwärmen und ins Rutschen, und versucht unter schwerem Keuchen immer noch, seiner Erregung Ausdruck zu verleihen. Zwei Stunden später sind die beiden im Grundbuchamt der Gemeinde Carona angelangt. Eine Woche später wird der gesamte Berg an Martin überschrieben, der Monte San Grato, 40.000 Quadratmeter.

Im Büro angekommen, stößt Martin im Kreise seiner Nächsten auf seinen Erfolg an. Ernst Wolff, der bereits sein treuer Bürochef in Wuppertal war, hat ein paar Flaschen Champagner organisiert und Martins neue Sekretärin Lucia Medici kredenzt die Gläser mit einer wohlgeformten, aber etwas zittrigen Hand. Martin bemerkt den Freundschaftsring an ihrer Hand. Othmar fallen ihre schlanken Finger auf. Peter fragt sich, weshalb sie so zittert. Doch auch er fiebert noch in einem ähnlichen Grad der Erregung nach seiner neuen Entdeckung. Ebenfalls Teil der kleinen feiernden Gruppe ist der prominente Anwalt Dr. Ferruccio Bolla, der durch die unerschöpfliche Netzwerktätigkeit Othmars in die Familie aufgenommen wurde und der nicht unerheblichen Einfluss darauf hatte, dass Martin das besagte Grundstück überhaupt kaufen konnte. Ferruccio ist ein einflussreicher Mann und seine Kontakte umfassen fast alles, was im südlichen Teil der binneneuropäischen Wirtschaftsszene zu jener Zeit Rang und Namen hat. So führte er auch die beiden neuen Mitglieder der Geschäftsführung ein, die beide aus der Mailändischen Großindustrie kommen und eine Menge Erfahrung mit den, sagen wir, lokalen Geschäftspraktiken mitbringen:

Ernesto Rieser ist der technische und Armande Pedrazini der kaufmännische Direktor. Zu guter Letzt gesellt sich auch der Leiter der Produktion dazu, Artur Fontana, der maßgeblich für den Aufbau des Werkes in Wuppertal verantwortlich und einer der Hauptorganisatoren der spektakulären Flucht vor einigen Monaten war.

In der kleinen Runde herrscht eine gute Stimmung. Sie ist erfüllt von Euphorie und Tatkraft, Dinge eben, die den Erfolgreichen zuströmen wie ein Grippevirus den Glücklosen. Es wird emsig zugeprostet, jovial auf Schultern geklopft, übertrieben gelacht. Männer im Siegestaumel, mit einer Frau, die fleißig nachschenkt. Martin hat gerade seine kleine Rede beendet, als das Telefon läutet. Lucia eilt zum Apparat, lauscht wortlos und wendet sich dann an ihren Chef.

»Herr Generaldirektor, es ist Ihre Frau. Sie muss Sie dringend sprechen.«

»Warum haben Sie dann das Telefon aufgelegt?«, möchte Martin wissen.

»Sie erwartet Sie zuhause, sagte mir Frau Generaldirektorin«, wispert Lucia, noch nicht sicher, wie ihr neuer Chef auf solche Konstellationen reagiert.

»Ich verstehe«, sagt er dann kurz und wendet sich an seine Gäste. »Liebe Freunde, verehrte Herren Direktoren, ich muss Sie leider verlassen. Eine dringende Angelegenheit in meinem neuen Haus ist zu klären. Bitte lassen Sie sich aber nicht aufhalten.«

Kurze Verabschiedung, dann bringt ihn Jochen zur Villa Ri-Rita. Martin scheint zu ahnen, dass er sich nun besser beeilen sollte, wenn er seine Erfolgswelle nicht nur auf den geschäftlichen Bereich seines Lebens beschränkt sehen will. Elena hat die ganze vergangene Woche allein in der neuen Villa zugebracht. Das war ja auch ihre Vereinbarung, dass er von ihr und ihrem gemeinsamen neuen Heim überrascht wird. Sie hat gestaunt, dass er so großzügig war, ihr dabei freie Hand und Mittel zu gewähren. Sie hat so lange gestaunt, bis ihr dämmerte, dass das wieder einmal nichts als sein Preis war, um seine wahre Leidenschaft zu leben: Seine Firma, seine Produkte, seine Macht als erfolgreicher Unternehmer.

Nun hört sie unten die Tür. Martin ist gekommen. Jochen muss gerast sein, denkt sie wohl, und verhält sich vorerst still. Warum, das weiß sie nicht, aber sie will erst einmal seine Reaktion spüren.

»Ach, du meine Güte«, hört sie ihn ausrufen. Er steht noch im Eingangssaal, von dem aus auf alle Seiten große Flügeltüren in die Empfangsräume führen: In den kleinen Salon mit dem Billardtisch, in das Esszimmer und in den Großen Salon, der praktisch die gesamte Längsfront des Hauses einnimmt, die gegen den See gerichtet ist.

»Elena! Elena!«, hört sie ihn rufen, dann murmelt er wieder etwas für sich. Er ist nun durch das Esszimmer gestreift, hat die große Granittafel bewundert und das viele Glas, das so edel und kostbar an den Lampen und in den Vitrinen glitzert. »Elena, das ist ja wunderbar!«

Sie schleicht lautlos über die lang geschwungene Marmortreppe in den Eingangssaal und sieht ihn gerade in den großen Salon eintreten. Sprachlos sieht er sich in dem pompös wirkenden Prunkraum um, dann fällt sein Blick auf sie, dann auf die neue Sofagarnitur, dann wieder auf sie.

»Elena, da bist du ja. Sag mal, das ist ja wunderbar, was du hier geschaffen hast! Ich bin ganz begeistert! Ich, ich weiß gar nicht, was ich sagen soll.«

»Schön, dass du da bist«, antwortet sie mit einem säuerlichen Unterton.

Martin nimmt an, dass er wohl noch nicht genug gelobt hat, um den Frost zwischen ihnen aufzutauen und möchte zu einem neuerlichen Schwall des Entzückens ausholen.

Doch er wird unterbrochen. »Es freut mich, dass es dir gefällt. Es wäre ja zu schade, wenn ich wieder von vorne beginnen müßte, nur weil du nie Zeit hattest, es dir vorher anzuschauen.«

Seine Ahnung hat sich bestätigt. Elena ist definitiv böse. »Ich weiß, ich hätte mich mal rühren können. Es tut mir leid.«

Er setzt sich auf den vordersten Sessel der Sofagarnitur, während Elena demonstrativ gegenüber auf der Sitzgruppe Platz nimmt. »Ich dachte, wir hätten das so ausgemacht. Du warst doch ganz erpicht darauf, das alles umzubauen. Und so hab ich gedacht, dass ich dir deinen Frieden lasse.«

»Das dachte ich zuerst auch, dass du das so meinst. Eine ganze Woche gönnst du mir nun diesen Frieden. Du rufst nicht an, du lässt nichts von dir hören. Jedes Mal, wenn ich in der Firma anrufe, hebt dieses neue Mädchen ab und weiß nicht, wo du bist.«

»Das ist meine neue Sekretärin. Du glaubst doch nicht –»

»Ich glaube gar nichts. Ich bin einfach eifersüchtig auf sie, weil sie dich in einem Tag mehr sieht als ich in einem Monat!«

»Was wirfst du mir vor? Ich bin Geschäftsmann! Ich habe Termine. Ich musste sämtliche führenden Posten neu besetzen und den technischen und den kaufmännischen Direktor einweisen. Ich muss neue Kontakte herstellen und wieder ein Netzwerk aufbauen, das uns schützt. Das Reichsfinanzministerium hat sich auch schon nach uns erkundigt. Ich habe ein Grundstück gekauft für uns beide, für unsere Zukunft. Ich werde dir dort eine Pferdekoppel bauen. Das wolltest du doch immer!«

Elena merkt, dass sie so nicht weiterkommt. Eigentlich kennt sie diese Argumentation nur zu gut. Martin meint es nicht böse, aber er redet von einem Leben, das sie beide nicht und im Grunde nicht einmal ihn allein betrifft. Er redet von Gütern, von Besitz, von Kapital. »Martin, du bist auch Ehemann, nicht nur Geschäftsmann. Du kannst nicht einfach mit mir in die Schweiz ziehen und mich hier herumsitzen lassen. Ich brauche dich ebenso sehr wie deine Firma. Es geht doch nicht darum, dass ich ein schönes Haus habe und eine Pferdekoppel. Es geht um uns beide. Ich brauche auch dich, als Mensch.«

»Es dauert nicht mehr lange. Dann ist alles wieder in Ordnung«, sagt er leise. »Dann laufen die Dinge wieder wie von selbst und ich habe auch Zeit für dich.«

»Das sagst du nun schon so lange. Und immer kommt doch wieder etwas dazwischen. Immer geht etwas schief.«

Martin senkt den Kopf und schaut hilflos durch die Fenster auf den See hinaus. »Aber du hast doch bis jetzt auch damit leben können. Ich war schon immer so. Warum wirfst du es mir nun vor?«

Elena schweigt lange. Die Frage ist nicht unbegründet. Warum beginnt sie jetzt an der Form ihrer Partnerschaft zu zweifeln, die sie eigentlich nie anders gepflegt haben? Menschliche Nähe, Zweisamkeit, Einswerdung in einer Partnerschaft, das alles ist nicht nur fern seines Lebens, sondern auch immer schon fern seiner Wünsche gewesen, das weiß Elena, das hat sie seit dem ersten gemeinsamen Tag mit Martin akzeptiert. Aber sie dachte, dass sie diese Sentimentalitäten auf ihre Art so leben kann, dass es für ihn zu einer Art Alltag wird. Nun erschreckt es sie, mit welcher Konsequenz er sich verweigert, diese Fürsorge anzunehmen. Sie ist in ihrem Kopf und er in seinem Herzen gefangen.

Was sollte sie jetzt sagen? Sollte sie ihn anschreien und dafür verantwortlich machen, dass er ein Gefangener ist? Soll sie auf ihn zugehen und diese ihre Fürsorge einmal mehr vorleben, jetzt zu dieser Stunde, da er wohl erwartet, dass sie ihn mit Kälte bestraft? Bei diesem Gedanken muss sie lächeln. Eine Seele vor sich ausgebreitet zu sehen, das wäre für viele Menschen in einer solchen Situation ein Geschenk. Nicht so für Martin. Für ihn ist es eine Hypothek. Es ist eine monströse, schier nicht zu bewältigende Verantwortung, mitzuerleben, was diese fremde Seele von ihm will, was sie sich wünscht und sich ersehnt. Sein Herz hat kaum Macht über ihn selbst. Wie soll es Kontakt aufbauen können zu einer anderen Seele?

»Ich werfe es dir nicht vor, Martin. Ich bin nur wieder mal sehr traurig darüber, das ist alles.«

»Es tut mir leid.« Mehr zu sagen ist er nicht imstande. Immer noch schaut er auf den See.

»Ich weiß«, sagt sie leise, »ich weiß. Es war vielleicht auch nicht der geeignete Zeitpunkt, das gleich heute zu bringen. Ich wollte ja eigentlich nur, dass du dein Zuhause siehst.«

Martin schaut sie unsicher an. Warum lenkte sie nun plötzlich ein? Er hat sie vorher nicht verstanden, aber nun noch viel weniger. Deshalb ist er ihr unendlich dankbar für diese dargebotene Hand und ist bereit, ihr in allem zuzustimmen. Nicht etwa, weil er sie bestätigen will. Auch nicht, weil er etwas gutmachen muss. Nein, er will und kann einfach nicht über etwas reden, was er nicht versteht, was ihm im Tiefsten fremd und damit unwichtig ist. Entscheidend ist nun, Elena zu beruhigen, Ruhe herzustellen, um endlich aus diesem Tief herauszukommen.

»Ich finde es wunderschön. Ich bin sehr glücklich, wie du es gemacht hast«, sagt er und setzt sich zu ihr hinüber auf die Sitzgruppe.

»Versprich mir eines«, beginnt Elena nochmals mit einer klaren, besonnenen Stimme, »ich möchte, dass du diese Angelegenheiten schnell löst, von denen du sprichst. So wie du es dir vorstellst. In dieser Zeit werde ich das Haus fertig machen. Dann nehmen wir uns eine Auszeit. Und dann, dann ziehen wir in unser Haus ein. Was hältst du davon?«

Martin strahlt. Das ist seine Welt. Standhafte Positionen, harte Fronten, klare Termine – damit kann er umgehen. Aber ein weinendes Auge, daran scheitert seine Geduld mit Menschen. Er ist ja schon froh, wenn er von seinen eigenen Gefühlsregungen befreit wird, wie wir seit seinem Ausflug auf den Monte San Grato wissen. »Einverstanden. Ich bin sehr froh, dass du das sagst. Aber bei mir kann es sich noch um ein, zwei Monate handeln. Die Deutschen rasseln bereits mit den Säbeln und ich möchte unbedingt ein paar Lizenzverträge unter Dach und Fach bringen, bevor der Ansturm auf den Reißverschluss losgeht.«

»Gut. Ich brauche ebenfalls noch ein wenig Zeit. Aber spätestens zu Weihnachten haben wir unsere Angelegenheiten geregelt. Ich sowieso, und du ebenfalls.«

Das ist das letzte längere, wirklich intensive Gespräch, das sie mit Martin geführt hat, denkt Elena, als sie nach dem Telefonanruf von Dr. Kernen wieder am Fenster steht und in die Nacht hinausstarrt. Sie hatten damals noch das ganze Haus angeschaut, ein paar Skizzen und Vorschläge der Innenarchitekten diskutiert, sehr beherrscht, sehr gefasst, dann ging jeder seinen Verpflichtungen nach, wie sie es vereinbart hatten. Drei Monate fast fuhr Martin kreuz und quer durch Europa und besuchte potentielle und bestehende Lizenznehmer. Sie selbst hatte erst Mühe, so zu tun, als sei das eine sinnvolle, rationale Lösung zwischen zwei gleichberechtigten Lebenspartnern. Immer wieder musste sie auch an die neue Sekretärin denken, an Fräulein Lucia Medici. Es war das erste Mal in ihrer Ehe, dass sie nicht einfach wütend war auf Martin, sondern ihm handfest misstraute. Sie ging sogar einmal in die Fabrik, um zu sehen, um wen es sich bei der Dame handelte. Sie war haarscharf dran, sich in eine leidig irrationale Sache zu verrennen. Erst nachdem sie hörte, dass Fräulein Medici fest liiert war, griff ihre Vernunft wieder. Sie stürzte sich wieder in den Umbau der Villa Ri-Rita und beendete diesen termingerecht Mitte Dezember. Danach besuchte sie ihre Schwester in den USA, während Martin diese Woche noch nutzte, um ein paar wichtige Verträge abzuschließen.

Als sie wieder zurückkehrte, war er gerade am Packen, denn er ging ein paar Tage Skifahren. Eine seiner zahlreichen Liebhabereien, denen sie sich nie anschließen konnte. Sie war erschrocken darüber, wie schlecht, wie ausgezehrt er ausschaute. Martin kümmerte sich nicht groß darum. Er war stolz darauf, sein Versprechen gehalten und seine Geschäfte in der vereinbarten Zeit abgeschlossen zu haben. Das war die Abmachung. Sie sprachen über das Haus, über die letzten Fortschritte und den Architekten. Elena wollte noch das Weihnachtsfest ansprechen, das vor der Tür stand und ihnen endlich jene Ruhe bringen sollte, von der manche Lieder ihrer Kindheit so selig berichten. Doch das ließ sie dann bleiben. Er hätte noch ein paar Anekdoten seiner Geschäftsreisen zum Besten gegeben, wenn er nicht zu müde gewesen wäre. Am nächsten Tag in der Früh fuhr er los. Sie schlief noch weiter. Und nun dieser Anruf von Dr. Kernen.

Elena legt das Telefon auf und geht unsicher zum Balkon. Immer noch schieben sich dunkelblaue Wolken über den See und lassen ab und zu den Mond auf das Wasser scheinen. »Und was folgt noch?«, fragt sie leise.

Es wird noch vieles folgen, so viel lässt sich an dieser Stelle schon sagen. Aber zunächst sollte noch der Brief zu Ende gelesen werden, den Elenas Schwester, damals geschrieben hat. Er ist wichtig für den weiteren Fortgang:

»Das war der Moment, an dem wir uns wieder aus den Augen verloren haben. Erst viel später sollte uns das Schicksal wieder zusammenführen. Es war kurz vor Weihnachten 1936. Elena war damals mit Martin in die Schweiz gezogen, in ein schönes neues Haus am Luganersee, wie sie mir berichtete. Meine Tochter war ja später oft dort. Ich gelangte hingegen nie dahin. Nachdem Elena mit Martin nach Wuppertal gezogen war, reiste ich in die USA und lernte meinen Mann kennen. Ein Jahr später kam unsere Tochter Inge zur Welt. Wir blieben in den Vereinigten Staaten und Elena besuchte uns etwa alle vier bis fünf Jahre. Jene Weihnachten 1936 werde ich aber nie vergessen:

Als wir sie am Flughafen abholten, erkannten wir sie zuerst gar nicht. Sie war eine elegante Frau geworden, mit schönen Kleidern, Roben fast, und vornehmem Gepäck. Als wir uns das letzte Mal gesehen hatten, lebte sie noch in einfachen Verhältnissen in Wuppertal. Martin begann eben erst, aus seiner Firma ein Imperium zu machen, und Elena regelte hinter ihm und vor ihm das gesamte Leben, alles Amtliche, den Haushalt, die Familienangelegenheiten. Sie hatte immer schon einen ganz besonderen Stil, einen schlichten Schick, aber nun war sie eine wirkliche Dame geworden. Ich schämte mich fast, sie in unsere bescheidene Behausung zu bringen, denn mein Mann begann eben auch erst, seine Firma aufzubauen. Doch diesbezüglich war sie immer schon unkompliziert. Sie richtete sich im Gästezimmer ein, während ich etwas kochte. Als sie geraume Zeit nicht aus dem Zimmer kam, schaute ich nach, wo sie blieb. Die elegante Frau saß auf meiner schmalen Pritsche und weinte ganz bitterlich. Sie musste nach Los Angeles kommen, um wieder einmal richtig ungehemmt zu weinen. Nicht, dass sie bei sich Zuhause nicht genug Gelegenheit dazu gehabt hätte. Doch hier erwarteten sie ein liebevoller Arm und eine Schulter zum Anlehnen. Ich brauchte nichts zu sagen, nichts zu fragen, eigentlich war alles klar.«

5. Kapitel
über die glückselige Wendung im Leben unserer vier Helden, mit zum Teil ganz vorzüglichen Anekdoten über Dinge, die später manchmal lustig, oft aber schauerlich enden. Erzählt von einem, der es wissen muss.

Curt muss sofort handeln, wenn er nicht will, dass ihm seine liebe Freundin abspenstig gemacht wird. Natürlich hat er noch keine Geständnisse, und auch keine Beweise. Aber die wird er schnell finden, denn solche Dinge herauszufinden, das ist Curts Beruf und seine Leidenschaft und eigentlich auch seine ganz persönliche Neurose. Curt ist Deutschlands rasender Reporter. Ein Sucher der Sensationen. Ein Sprachrohr öffentlicher Geheimnisse. Eine Maschine der informativen Unterhaltung. Eine echte Schreib-Maschine. Curt ist einer aus Othmars Spießgesellenrunde in der Leipziger Zeit, wie wir uns erinnern, und hat mit seinem einstigen Jugendfreund immer mehr oder weniger gute Kontakte unterhalten. Nun droht dieser Kontakt herben Schaden zu nehmen, denn Curt hat soeben erfahren, dass sich einer aus der Partygesellschaft an seiner lieben Freundin verlustiert hat.

Es ist so ein tolles Fest gewesen. Eine Orgie vielmehr. So etwas hat Curt seit Jahren nicht mehr erlebt, was ihm hier in der Villa Ri-Rita geboten wird. Dass man in der biederen Schweiz derart zu feiern weiß, das kommt einer kulturellen Revolution gleich. Dass man sich dabei sogar die Frauen ausleiht, erachtet er hingegen als einen handfesten völkerrechtlichen Verstoß.

»Dieser Saukerl, dieser verdammte, bockstößige, dem werde ich zeigen, an wessen Frau er sich rangemacht hat!«, wettert er und geht hin und her wie das Pendel einer Standuhr.

So und noch ganz anders klingt ein Mann, der wirklich und wahrhaft gekränkt ist, und ich muss an dieser Stelle bereits zugeben, dass er nicht ganz Unrecht hat. Doch um zu dieser Überzeugung zu gelangen, muss ich vorher ausführen, wie es dazu gekommen ist und welche Einflüsse auf das Geschehen eingewirkt haben. Dazu nehme ich ab und zu die Mithilfe des

Geschädigten selbst in Anspruch, insofern nämlich, als er als Augenzeuge direkt von den Geschehnissen vor Ort berichtet und ich mich etwas auf meine Rolle als Entwirrer der geschichtlichen Zusammenhänge zurückziehe.

Also. Beginnen wir bei dem schrecklichen Verdacht, den Martin am Tag der Zusammenkunft mit Othmar und Peter in Wuppertal geäußert hatte, dass nämlich Deutschland wieder eine Weltmacht sein wolle und deshalb den Krieg brauche. Dieser Verdacht wurde drei Tage später zur unausweichlichen Gewissheit. Jedenfalls für Martin und seine Freunde. Man las es am 26. August 1936 in den Zeitungen und hörte es im Rundfunk. Hitler befahl in seiner Denkschrift zum Vierjahresplan, dass die Armee in vier Jahren einsatzfähig und die Wirtschaft kriegsfähig sein müsse. Viele konnten so etwas nicht glauben. Noch mehr aber wollten sie es einfach nicht wahrhaben und ignorierten es mit allen Mitteln der Kunst.

Davon berichtet Curt Riess: »Just in dieser elenden Zeit, in einer Epoche des absoluten Wahnsinns, da entschloss man sich in der Villa Ri-Rita eine erquickende Tradition aus der Taufe zu heben, eine Tradition, die vielen Bewohnern des wunderschönen Tessins und auch zahlreichen Größen aus dem In- und Ausland noch viel Freude bereiten sollte. In der Villa Ri-Rita stieg das erste Fest im Kreise zahlreicher Vertrauter, Freunde, Geschäftsleute, Verwandter und Nachbarn. Die Gastgeber waren großzügig, selbst für die dortigen Verhältnisse. Sogar mit fremden Frauen gingen sie sehr frei um. Aber dazu später.

Das Fest wurde ein solcher Erfolg, dass es fortan alle sechs Monate wiederholt wurde. Eine Tradition eben. Ein Fixpunkt der Haute Volée und des Geldadels, der europäischen Bohème und all jener, die genau so gut wie jene vorlügen konnten, dass sie es hätten sein können. Othmar hatte mich bereits zu diesem ersten Anlass 1938 eingeladen und mich gebeten, dass ich ungeniert über diesen und auch die folgenden Anlässe berichten solle. Das war natürlich sehr großzügig. Und durchaus nicht uneigennützig. Denn seit 1933 lebte ich in den USA und verfolgte das gesellschaftliche Leben Europas von dort als Journalist und Autor. Das war Othmar egal. Ich wurde gemeinsam mit meiner damaligen Lebensgefährtin Dawn auch ein Jahr später wieder eingeladen, eingeflogen vielmehr wie ein Staatsgast, um quasi live den deutschsprachigen Medien zu berichten. Sogar am Flughafen hat man uns zu diesem Zweck abgeholt. Mit einem schwarzen Talbot Darracq T120. Sehr nobel.

Es war ein mulmiges Gefühl, wieder nach Europa zu fliegen, unheimlich, das Schlachthaus ein paar Kilometer von mir entfernt zu wissen, als wir in Zürich-Kloten landeten. Doch der Würgegriff der Angst ließ augenblicklich los, als wir, über den St. Gotthard kommend, der engen Leventinaschlucht entrannen und sich der Blick nach Bellinzona über die Magadinoebene ergoss. Mit Fug und Recht konnte man behaupten, dass hier das Paradies begann. Und dass es so nah am Inferno blühte, das war eine weitere Unbegreiflichkeit, in dieser an Unbegreiflichkeiten nicht armen Zeit. Als wir dann Othmar in Mendrisio trafen, gut gebräunt, mit einer Nelke im Knopfloch und einer Sorglosigkeit im Herzen, dass es unappetitlich wirkte, da wusste ich, dass ich definitiv ausgetreten war aus der Welt und nun wandelte in einem hellreinen Tal. Er erzählte mir von den Fabriken hier im Ort und vom Reißverschluss, von Reißverschlusskönigen und von einem Reißverschlusskönigreich, er zerrte uns durch eine Villa Ri-Rita, in der uns die Augen übergingen und quasselte von einem Traum, den er hegte, einem Traum von einem Leben voller Freunde und Gäste. Er redete und deutete, gestikulierte und erläuterte, und er gab ganz klar zu verstehen: Seine Partys sind erst dann ein Erfolg, wenn sich am nächsten Tag keiner der Gäste mehr an sie erinnert. Elena, die ich natürlich noch aus meiner Leipziger Zeit kannte, sah ich nur von weitem an mir vorbeiwieseln, sie winkte eilig und verschwand elfenhaft in der Menge. Schließlich entließ uns Othmar in einem weißen Zelt, inmitten eines elysischen Gartens und engelhaft schöner Menschen, denen es augenscheinlich vollkommen normal vorkam, dass hier Vögel zwitscherten und beschwingte Musik verzauberte, dass die Sonne im See mehr glitzerte als die SS-Abzeichen auf den Uniformen ihrer nahen Nachbarn und dass sich das

Buffet in Etagen türmte, als sei die Lebensmittelrationierung eine Erfindung der Amerikaner im letzten Jahrhundert.«

Doch nun wieder zurück zu Curts Schilderung unserer Geschichte:

Fassungslos stehe ich also an diesem 8. Juli 1939 unter Engeln in diesem weißen Zelt, mit starrem Blick auf die Gästeschar. Meine Dawn ist irgendwo in der Menge verschwunden. Ich erinnere mich noch gut an das letzte Fest vor einem Jahr, das mir als ein wohl erbauliches, aber durchaus nicht mondänes Zusammenkommen von Firmenkontakten, Familienmitgliedern und Freunden vorkam. Vielleicht ein paar Leute von der örtlichen Politik, ein paar wichtige Herrschaften aus dem nahen Mailand, gelegentlich ein National- oder Ständerat. Hugo Stinnes traf ich damals wieder, den alten Bekannten aus unserer gemeinsamen Leipziger Zeit, der sich anschickte, die Tradition seiner Väter konsequenter als jene weiterzuführen und seinen Familienkonzern zu einer staatstragenden Wirtschaftssäule aufzumunitionieren. Dass er dabei nicht davor zurückschreckte, mit dem nationalsozialistischen Pack zu kooperieren, das erfuhr ich erst später und das war vermutlich besser für ihn an diesem Tag. Auch Arthur Scherrer erkannte ich unter den Gästen, den reichen Textilienhändler aus St. Gallen, der in München eines der elegantesten Herrenmodehäuser der Stadt besaß und 1930 in Morcote den halben Berg gekauft hatte, um an seinen Hängen einen der schönsten Privatgärten der Welt zu errichten. Der feinsinnige Scherrer hatte auf seinen Geschäftsreisen eine Unzahl exotischer und orientalischer Pflanzen gesammelt, die im südlichen Klima des Tessins gediehen, als wären sie nie woanders zuhause gewesen. Er war ein bescheidener, ruhiger Charakter und ich erinnere mich noch gut, wie er damals mit seiner Frau im Garten der Villa Ri-Rita stand und sich ganz genau die Blumen und Pflanzen darin angeschaut hat. Ein weiterer Gast damals war Max Maag, der zusammen mit der Luftschiffbau Zeppelin die Zahnradfabrik Friedrichshafen gründete und kurz vorher die Maag Zahnradfabrik in Zürich. Er interessierte sich weniger für Pflanzen, vielmehr mochte wohl das Verhaken von

Eisenteilen eine Liebhaberei gewesen sein, welche die Unternehmer gerne unter sich teilten.

Das heutige Fest jedoch ist ein anderes. Das spüre ich sofort. Othmar hat offensichtlich seinen Traum eines Lebens voller Freunde und Gäste radikal wie immer umgesetzt. Er erzählt mir später auch, wie es dazu gekommen ist: Als vor zwei Monaten in Zürich die Landi eröffnet wurde, spielten dort im Palais des Attractions der berühmte Bandleader und Swing-König Teddy Stauffer mit dem Cabaret Cornichon, das während des Naziregimes zu einem Juwel des geistigen Widerstandes wurde. Gefeierte Namen der Bühnen- und Unterhaltungsszene fanden sich ein wie etwa Max Werner Lenz, Elsie Attenhofer, Margrit Rainer, Heinrich Gretler, Zarli Carigiet und Alfred Rasser. Zahlreiche von ihnen entflohen den deutschen Gastspielhäusern und fanden in Zürich ein sicheres Exil. So auch Teddy Stauffer selbst, denn 1939 vertonte er eine verjazzte Version des Horst-Wessel-Liedes, die Hymne der Nazis und ein SA-Kampflied der übelsten Sorte. Wer aus einem solchen Schund eine swingende Melodie machen konnte, den hätte eine feinsinnige Gesellschaft zum Höchsten seiner Art gekürt. Bei den Barbaren bedeutete es Entartung. Und damit Rausschmiss. Teddy ging also zurück nach Zürich, traf dort Othmar und freute sich fortan über einen unkomplizierten Förderer seiner Kunst. Othmar gefiel dieser abenteuerlustige Haudegen aus Bern, und so dauerte es nicht lange, bis sich die beiden Freunde nannten und Teddy mit seiner Band und einigen Gefährten bei nächster Gelegenheit bei Othmar aufspielte.

Zeitgleich nutzte auch Hugo Stinnes etwa das erbauliche Klima des Tessins und ging ein wenig den Kontakten seiner Familie nach. Darunter befand sich Baron Eduard von der Heydt, dessen 1920 in Amsterdam gegründete Privatbank nicht nur das abgedankte deutsche Kaiserhaus zu ihren Kunden zählte, sondern auch das nicht gerade schmale Vermögen der Stinnes-Dynastie. So traf man sich wieder. Und die Kontakte erfreuten Hugo Stinnes. So kamen er und von der Heydt schnell zusammen, ein Wort gab das nächste, Stinnes bewunderte die Sammlung asiatischer und afrikanischer Kunstobjekte des Barons, dieser die Kunstbeflissenheit seines Bewunderers, und als Eduard wissen wollte, wann Hugo das nächste Mal wieder komme, sagte ihm dieser, dass dies wohl zur Party sei, am 8. Juli 1939 in der Villa Ri-Rita. So. Nun aber wirklich zu unserer Geschichte:

Ich stehe also fassungslos im weißen Zelt im Garten dieser Villa, mit starrem Blick auf eine Gästeschar, in der sich Baron Eduard von der Heydt befindet und mit ihm die gesamte Gesellschaft von Exilanten, die der liebe Gott oder das große Kapital ins Paradies gelassen hat. Sie alle kennen sich von Martins rauschenden Empfängen und weilen im Umkreis von vielleicht vierzig Kilometern von hier. Die Buntheit dieser Gesellschaft stellt jeden persischen Teppich weit in den Schatten.

Es ist ein herrlicher Anblick. Die Damen tragen mit leichten Stoffen die Unbeschwertheit der langen Sommertage aufs Parkett. Die Männer ergeben sich dem Wein und werden sich der schaffenden Kraft der Sonne gleich doppelt bewusst. Die Sorglosigkeit scheint in solchen Momenten ein Geschenk der Götter an die Erde zu sein. Im Hintergrund verzaubert die beschwingte Musik Teddy Stauffers, der auch gleich ein paar seiner Freunde mitgebracht hat.

Um ganz sicher zu gehen, dass ich hier wache und nicht träume, flöße ich mir eine große Menge Bier ein. Mir wird etwas schummrig vor Augen und ich muss übel aufstoßen. Also muss ich wach sein. Als sich das Glitzern des Sees in meinem Bierglas fängt und einen goldgelben Schatten über das Tischtuch wirft, frage ich mich in einem kurzen Moment, ob ich mich wohl ein Leben lang an diesen Schatten erinnern werde, an dieses untrügliche Symbol eines unbeschwerten Lebens. Dann greife ich das Glas, nehme einen tiefen Schluck daraus, schwebe für einen kurzen Moment über der raunenden Schar, und falle erst wieder auf den Boden der Tatsachen, als ich Zeuge der folgenden Szene werde: Unterhalb des Zeltes erstreckt sich ein weitläufiger Rasen in kleinen Terrassierungen bis hinunter zum Steg, über dem eine weiß getünchte niedrige Mauer den See daran hindert, direkt in den Garten zu fließen. Gerade eben hat ein Boot an diesem Steg angelegt, ein Sportboot aus glänzendem Mahagoni, das eine Schar ausnehmend schöner und äußerst spärlich bekleideter junger Damen freigibt, die sich lachend und turtelnd auf dem Rasen verteilen, als seien aus den Wolken ganz plötzlich weiße Rosen gefallen. Dahinter steigt, um bei der Botanik zu bleiben, eine versengte Distel aus dem Boot, lässig und gut gelaunt, bereits einen Drink in der Hand, der, weiß Gott warum, nicht über seine gebügelte Leinenhose verschüttet ist, und es gibt nur einen Menschen in der Schweiz, der sich einen solchen Auftritt leisten kann: Max James Emden, der Hamburger Lebemann, der sich 1927 die gesamten Brissagoinseln zusammengekauft hat, um dort einerseits den Stress des väterlichen Kaufhauskonzerns ab- und andererseits eine Sammlung von Mädchen aufzubauen, welche die Deutschen sicher als entartet, wir jedoch als wenig artig bezeichnen möchten.

Unnötig zu erwähnen, dass es mich nach meiner Umsicht im schattigen Zedernhain im oberen Teil der Gartenanlage wieder schnurstracks in Richtung des weißen Zeltes zieht, wo mir der goldgelbe Schatten meines Bieres ebenso sehr wie die Gesellschaft der dort bereits tanzenden Damen unvergessen bleiben wird. Ein Schritt hinein in diese Menge, das ist ein Schritt über die Klippen helvetischer Befangenheit. Die sonst in diesem Land so rechtschaffen kultivierten Blicke nach links und rechts weichen einem sorglosen Geschnatter in alle Richtungen. Bescheidenheit und Entsagung, das alles ist hier so unangebracht wie Teddys Jazz in einer Almhütte. Die ganze verdammte eidgenössische Scham vor dem Leben wird in diesen Tagen einfach zu Boden getanzt. Dass ich Dawn nirgends mehr sehe, fällt mir zu dieser Stunde nicht mehr auf. Die Ausgefallenheit und Erheiterung entrücken mich stattdessen in eine Szene, die ich nur auf der Leinwand zu finden gewohnt war. Doch nun spricht mich plötzlich ein Darsteller aus diesem Film an, ein junger, gut aussehender Gigolo, drückt mir einen herrlich gemixten Julep in die Hand und nimmt mich damit ins Leben auf der Leinwand auf.

Ein Moment vertrauten Schwärmens bringt mir Dawn wieder vor das geistige Auge. Ich verlasse also die Bar, um sie in Richtung Steg zu suchen. Dort treffe ich sie nicht. Dawn scheint nicht im unteren Gartenbereich zu sein. Also begebe ich mich auf die obere Ebene, äuge nochmals kurz hinter den Zedernhain und nehme Kurs auf die Villa.

Ich betrete den großen Salon, dessen schmale Seite gänzlich zum Garten geöffnet ist, und rufe nach Dawn. Nichts tut sich. Allerdings höre ich aus der oberen Etage Stimmen. Ich rufe abermals, warte, erhalte keine Antwort. In der Küche höre ich etwas scheppern, was mich veranlasst, meinen Kopf durch die Tür zu stecken. Vier Köche und zwei Servierdamen schauen mich entgeistert an. Wen hätte ich denn sonst erwarten sollen in der Küche? Dawn vielleicht, mit einer Schürze um die Hüfte und eine Kelle schwingend?

Also mache ich mich wieder auf den Weg nach draußen, schließlich bin ich ja kein Detektiv. Ich nehme den Umweg über den Empfangssaal, vor dort aus hört man nämlich die Stimmen recht gut, die aus den oberen Gemächern dringen. Ich muss wissen, was da oben gezetert wird, schließlich bin ich Journalist.

Bereits auf den ersten Stufen erkenne ich, dass es nicht Dawn ist. Es ist Elenas Stimme. Und sie ist böse. Ihre Stimme wirkt hysterisch, aber nicht aus Wut, sondern aus Enttäuschung. Dann höre ich, wie die Türe knallt und sich eilige Schritte auf mich zu bewegen. Im letzten Augenblick gelingt es mir, hinter einer Anrichte durch eine angelehnte Tür zu schlüpfen, die zur Garderobe führt. Leider hat diese Fluchtaktion dazu geführt, dass ich nicht sehen konnte, zu wem die eiligen Schritte gehörten. Das ist ärgerlich. Ich warte einige Sekunden, dann schleiche ich wieder in den Empfangssaal, der nun plötzlich von einer unheimlichen Ruhe erfüllt ist. Nur entfernt hört man die Jazzband spielen, ein langsames Lied hat sie angestimmt, das jetzt beinahe traurig klingt. Ich möchte gehen. Das ist selbst für meine Begriffe zu intim. Bereits an der Türe zum großen Salon angekommen, halte ich inne. Bin ich immer Journalist? Muss meine Teilhabe an Schicksalen und Ereignissen immer professionell sein? Oder bin ich auch noch Mensch?

Ich drehe um, marschiere die Treppen hinauf, klopfe schüchtern an die Tür. Elena reagiert nicht. Ich stoße sie leicht auf und verharre auf der Schwelle. Sie dreht sich um, jämmerlich gebeugt auf der Bettkante kauernd.

»Es tut mir leid, Elena. Ich war zufällig unten und hab dich gehört. Soll ich dich alleine lassen?«

Sie schnäuzt in ein großes Tuch und sagt einen Moment lang gar nichts. Stille, das ist es, was Menschen in solchen Augenblicken fürchten, und für Journalisten ist es die leibhaftige Hölle. Doch ich wage nicht mehr, mich zu bewegen. Ich ertrage also Höllenqualen.

»Gefällt dir das Haus? Und das Fest?«, sagt sie schließlich und mir fällt ein Stein vom Herzen. Denn jetzt darf ich plaudern und schwatzen und dabei so tun, als würde sie das wirklich interessieren.

»Mein Gott, dieses Haus, Elena, es ist ein Traum. Ich glaube, ich habe niemals ein schöneres gesehen. Dieser Garten, der Steg, all die Blumen und Bäume. Es ist ergreifend. Und auch das Fest, es ist ein wahrer Genuss. Für mich ist es natürlich wie, na ja, wie ein Jahrmarkt zu Weihnachten, verstehst du?« Mir gehen langsam die Superlative aus. Und ich glaube, sie sind auch nicht mehr passend. »Es ist paradiesisch hier. Für einen Gast, meine ich«, füge ich noch gedämpft an.

»Ja, als Gast, da hast du recht«, sagt Elena ebenfalls leise.

»Soll ich dich alleine lassen?«, frage ich noch einmal und bin im Begriff, die Tür hinter mir zu schließen.

»Schon gut. Du siehst ja, was läuft. Ich habe alles und bin unglücklich, wirst du jetzt denken.«

»Nein, ich –«

»Ich denke das jeden Tag. Jeden einzelnen. Ich schaue auf den See hinaus und sehe blaues Wasser. Ich wandle durch den Garten und spüre ein sanftes Grün unter meinen Sohlen. Ich gehe alleine durch all meine Zimmer hier und denke, dass eine Hütte zu zweit schöner wäre.«

Ich schiebe mich wieder durch die Türe durch und lasse mich neben dem Schminktisch auf einen Schemel nieder. »Du bist sehr einsam hier, nicht wahr?«

Elena schaut mir das erste Mal tief in die Augen, so dass es weh tut. Ihre roten Augen stechen wie Messer in mein Herz. Ich bin augenblicklich nüchtern. »Ja, Curt, ich bin einsam. Sehr einsam. Und ich mache das alles nicht mehr länger mit. So geht es einfach nicht.«

Sie steht auf und richtet sich das Kleid. »Darf ich da hin?«, fragt sie und setzt sich auf den Schemel vor dem Schminktisch. »So! Höchste Zeit, um die Masken wieder aufzusetzen. Du wirst staunen, wie ich in zehn Minuten aussehe. Man wird nichts mehr sehen. Alles überdeckt. Ich werde eine strahlende Gastgeberin sein, und die neidischen Blicke werden an meinem Makeup genau so abprallen wie jene, die sich einen Moment lang fragen, wie glücklich die Frau des Reißverschlusskönigs sein muss in ihrem Reich.«

Ich stehe schnell auf, um sie vorbei zu lassen und setze mich hinter ihr aufs Bett.

Curt sitzt noch lang da und sieht ihr zu, wie sie sich schminkt. Mit jeder Schicht Puder verschwindet das Rot aus ihren Augenhöhlen, glänzen ihre blutleeren Backen wieder, erstrahlt eine Frau, die er so lange bewundert und deren Schönheit ihn immer fasziniert hat. Ja, Curt ist seit seiner Zeit in Leipzig ein früher Verehrer gewesen und er hat es immer bereut, dass sie in die Schweiz gegangen ist, noch dazu mit einem anderen Mann.

Doch das ist nun lange vorbei. Sein Leben spielt sich in den Vereinigten Staaten ab, seine Freunde kommen von dort, und seine Dawn, die eigentlich der Grund seines Auftauchens im Haus gewesen ist, hat er dort kennen gelernt. Dawn ist seit einiger Zeit schon seine Lebensgefährtin, auch wenn die Beziehung nicht so gut ist, wie er es sich gerne einredet. Doch das ist nun alles vergessen. Curt ist bestürzt über das, was ihm Elena erzählt, denn auch er ist einer derjenigen gewesen, die sich immer gefragt haben, wie glücklich denn die Frau des Reißverschluss-königs sein muss in ihrem Reich. Letztes Jahr, bei ihrer ersten Party, da war er sich noch ziemlich sicher, dass es zwar nicht die unbeschwerteste aller Ehen ist, aber immerhin eine aufgeräumte Kooperation zwischen zwei sehr eigenen Menschen. Heute sieht das etwas anders aus.

Bereits Weihnachten 1936 verlief nicht ganz so, wie es sich Elena gewünscht hatte. Martins Skiunfall am Engelberg war weit ernster, als ihr Dr. Kernen damals am Telefon vorgemacht hatte. Als Martin ein paar Tage später nach Hause zurückkehrte, erholte er sich recht schnell und sie beide feierten Weihnachten gemeinsam in der neu eingerichteten Villa. Martin schien nicht sonderlich unter seinem Unfall zu leiden. Die Zeit seiner Rekonvaleszenz nutzte sie, um noch einmal ein paar Dinge aufzurollen, die sie endlich geklärt wissen wollte. Die Beziehung zu dieser Lucia Medici zum Beispiel, aber auch allgemein sein Verhältnis zu seinen Freunden und Kontakten, wie er sie dauernd nannte, die seine ganze Zeit und Aufmerksamkeit beanspruchten. Martin reagierte schon damals recht barsch, versprach aber im Sinne einer einvernehmlichen Lösung, sich zu bessern und zukünftig weniger Zeit im Büro und bei seinen Leuten zu verbringen.

Doch dann geschah etwas für alle Seiten Unerwartetes. Im März 1937 beschlagnahmte der deutsche Fiskus das Bargeldguthaben der ehemaligen Riri-Werke in Wuppertal und drohte damit, dieses Geld einzuziehen, wenn sich Martin nicht den Behörden stelle. Dieser Schritt war nicht unvorhersehbar, aber Martin hätte nicht gedacht, dass er so schnell und so konsequent erfolgen würde. Im Gegensatz zu anderen Geschäftstransaktionen erzählte er Elena die ganze Geschichte bis ins kleinste Detail und erhielt damit schnell ihre Unterstützung, dass er sich mit aller Kraft und mit allen Mitteln, vor allem aber auch mit jeder verfügbaren Zeit dagegen wehren müsse. Auch in diesem Jahr sah sie deshalb wenig von ihrem Mann.

Martins Freunde konnten in dieser Situation wenig für ihn tun, selbst wenn es indirekt auch ihr Geld war. Othmar unterstützte zwar Martin mit all seinen Mitteln, und die waren nicht unerheblich, denn er hatte sich bereits ein feinmaschiges Netzwerk geschaffen, das nicht nur die Partygesellschaft um den Luganersee umfasste, sondern auch hohe Beamte und Lobbyisten aus der Industrie. Aber für Othmar bedeuteten diese Kontakte auch, seinen eigenen Geschäften und Ideen nachzugehen. Eine dieser Ideen entstand aus Peters Entdeckung am Monte San Grato. Othmar war überzeugt davon, dass sich weniger das Gestein des Berges, als vielmehr das Wasser, das aus ihm hervorging, gewinnbringend vermarkten ließ. Sobald der Frühling den Boden wieder weicher gemacht hatte, begann er mit Bohrungen am ganzen Berg, sondierte jede tektonische Ecke aus und gelangte schnell zum Urteil, dass ein Bad mit Heilwasser die Gemeinde Carona zu einem Wallfahrtsort der Lebensreformbewegung machen könnte. Körperliche und geistige Erfrischung, das war der Trend der Zeit, der Jungbrunnen der Reichen und Schönen, und er, er wollte ihnen quasi einen Tempel dafür bauen. Fortan stellte er sich ganz in den Dienst dieser hehren Sache, arbeitete an Plänen und eigenen Skizzen, und es gab Zeiten, da er seine beiden Freunde kaum mehr sah.

Peter betrachtete das Treiben seines Freundes und seines Bruders gleichermaßen mit Skepsis. Martins Kampf gegen das Dritte Reich war kräfteraubend und gefährlich. Othmars Umtriebigkeit das Bad am Monte San Grato betreffend war unsinnig und gierig. Es diente einzig und allein dem monetären und kaum dem seelischen Profit. Er sah die beiden in ihrem Durst nach Leben schon wieder in eine Situation rennen, durch die sie sich irgendwann den Schädel einrammen und nach Hilfe schreien würden. In Gedanken sah er, wie Othmar und Martin im Steinachtobel vor dem mächtigen Abgrund standen. Denn eine Wurzel aller bösen Dinge ist die Geldgier, sagt schon Timotheus. Also zog er sich ein wenig zurück. Mendrisios Kirchen boten ihm zahlreiche Gelegenheiten zur Meditation und inneren Einkehr. Er unterstützte das Organisationskomitee für die Freitagsprozession ebenso sehr wie zahlreiche Orden und Sekten, mit denen er ununterbrochenen Kontakt pflegte. Auch sah man ihn immer wieder beim Pendeln und er lud dazu auch fremde Leute ein, eigenartige Gestalten mit seltsamen Kleidern und fremden Dialekten.

Er hielt sich aus den geschäftlichen und gesellschaftlichen Aktivitäten weitgehend heraus. Nur einmal mischte er sich ein, als nämlich Martin nach einer anstrengenden Verhandlung in Bern in Sachen Devisenrechtsstreit zurück in die Firma eilte, um dort gemeinsam mit Othmar und ein paar Freunden über das Badprojekt in Carona zu sprechen. Peter fragte ihn, ob er nicht lieber nach Hause gehen wolle, um auszuspannen und Martin geiferte zurück, dass er zum Ausspannen wohl besser hier bleibe.

Das war genau der Punkt, an dem sich Elena die ganze Zeit rieb und der auch heute Anlass für eine unschöne Auseinandersetzung mit Martin geworden ist. Just heute, am Tag der offenen Tür, wo Heerscharen von Gästen fröhlich in ihrem Garten wandeln, wo Teddy Stauffer aufspielt und sich die ganze Crème du Tessin zum beschwingten Stelldichein versammelt hat, da platzt Elena der Kragen. Sie holt ihren Mann von der Tafel, wo er schon seit einiger Zeit mit Lucia Medici sowie ein paar Damen aus Emdens Kabinett zusammensitzt und scherzt, und geht mit ihm ins Schlafzimmer. Es ist ziemlich deprimierend, ihn vorbei an allen Gästen zu lotsen und dabei so zu tun, als wolle sie ihn gerade aufs Tanzparkett führen. Martin seinerseits sieht natürlich ihre Aktion überhaupt nicht ein und gebärdet sich entsprechend bockig. Doch sie schafft es mit ihm bis hinauf ins Zimmer.

»Merkst du eigentlich, was du mir antust?«, beginnt sie, einmal mehr mit viel Selbstdisziplin und einer ungeheuren Zurückhaltung, um ihm nicht gleich die Augen auszukratzen.

»Was ist denn nun schon wieder los?«, stellt er sich unkundig.

»Weißt Du, ich habe mich schon fast daran gewöhnt, dass ich dich nicht mehr sehe. Ich weiß, dass du ein beschäftigter Mann bist. Ich weiß, dass dich die Devisensache sehr belastet und sie viel Zeit braucht, die uns beiden abgeht. Aber du hast mir versprochen, dass du deine anderen Angelegenheiten schnell löst und wieder mal runterkommst, wieder mal Luft holst und wieder mal Zuhause bist. Und was ist geschehen?«

Martin verwirft seine Hände. Er wandelt vor dem Schlafzimmerfenster auf und ab. Ist das nicht Ferruccio Bolla da unten mit einem von Emdens Mädchen? »Welche Angelegenheiten meinst du? Ich renne für die Firma herum, weiter nichts. Das weißt du doch und du hast selbst gesagt, dass ich mich um diesen Rechtsstreit kümmern muss.«

»Davon rede ich nicht. Ich rede von allen anderen Angelegenheiten. Von deinen umtriebigen Aktionen am Monte San Grato. Von deinen komischen Freunden, mit denen du weiß Gott was drehst. Seit deinem Unfall bist du hochgradig nervös! Du kannst nicht mehr ruhen! Du kannst nicht mehr stillsitzen. Du bist immer weg. Du bist nie an meiner Seite. Du bist ein Gespenst geworden, Martin, ein Schatten deiner selbst! Ich konnte mich daran gewöhnen, dass du viel und ununterbrochen arbeitest. Für dieses Leben haben wir uns zu zweit entschieden. Aber dass nur noch meine Gedanken mit dir verheiratet sind, damit finde ich mich unter keinen Umständen ab!«

»Aber Elena, warum kommst du gerade heute mit diesem Thema.«

»Lass mich ausreden! Wann soll ich denn mit dir reden. Wann bist du denn da? Wann bist du da? Wann hast du Zeit für eine Unterredung? Sag jetzt bloß nicht, dass du doch jeden Sonntag hier bist, wenn du, eingemauert zwischen Zeitungen und Dokumenten, weiter weg bist als wenn du in China sitzen würdest!«

Elena muss nach Luft ringen. Entweder sie schreit jetzt oder sie sagt nichts mehr. Nie wieder. Es sind wohl Jahre vergangen, bis sie diese Tatsachen als Wahrheit zugelassen hat. Und es sind noch mehr Jahre vergangen, bis sie realisiert hat, dass sie diese Wahrheit in ihre eigene Realität einschließen muss. Schon lange hat sich der Alltag bereits durch die romantische Haut ihrer Beziehung gefressen. Das Nebeneinander zweier Menschen ist nicht so schlimm, wenn der Blick in die gleiche Richtung zielt. Aber wenn einer davon nach vorne und der andere nach hinten schaut, dann stimmt keine der beiden Perspektiven mehr. Martin am Fenster, mit den Gedanken irgendwo zwischen Steg und Bar. Sie wie eine Furie zwischen Bett und Schminktisch rotierend.

»Und das willst du genau jetzt ausdiskutieren!«, grunzt Martin, dem augenscheinlich wieder einmal die Zeit davonrennt.

»Stiehl bitte fünf Minuten deiner kostbaren Zeit, die deinen Freunden und Kontakten und Mädels gehört, um zu erfahren, weshalb ich so aufgebracht bin!«

»Bitte.«

»Danke. Wir leben in zwei getrennten Welten, Martin. Du in deiner und ich in meiner. Wir haben die Bezüge zueinander verloren. Das ist eigentlich schrecklich. Aber ich glaube, wir wären beide Menschen, die damit umgehen könnten. Du bräuchtest dazu nur eine Frau, die darüber für sich alleine meckert und dazu nicht auch noch deine Zeit stiehlt. Und ich bräuchte einen Mann, der wenigstens ab und zu den Anschein erweckt, als interessiere er sich noch für mich. So weit ist es mit uns. Und nicht mal das können wir mehr.«

Martin schweigt.

»Wir haben uns beide an den Punkt der geringsten möglichen Berührung gebracht, wir haben jahrelang daran gearbeitet, dass uns das nichts ausmacht, und nun sind wir nicht mal mehr zu diesem letzten Millimeter bereit. Ich habe angefangen, für mich ganz alleine zu meckern. Ich schreie meine Frustration über den See oder in den Wind. Du aber bist nicht einmal mehr an einem Fest wie heute an meiner Seite. Du sitzt ein bisschen neben diesen halbnackten Schönheiten, ein wenig neben deiner Sekretärin, hier ein bisschen mit jenem faden Gesicht, dort ein wenig mit einem anderen völlig unwichtigen Trottel. Sogar jetzt hängst du am Fenster, als würde dort unten eine deiner Millionen verbrennen. Ich bin dir völlig egal, Martin. Und schlimmer noch: Wir sind dir völlig egal!«

Martin schweigt immer noch.

Irgendwann endet jede Inszenierung hinter einem blickdichten Vorhang. Ihre Worte scheinen einen Grat zu bilden, auf dem sie unsicher und wacklig dem gähnenden Schlund der Wahrheit entkommen wollten. Vergebens. Was seinen Mund als Worte der Beschwichtigung verlässt, kommt bei ihr als Überdruss an. Wie sie darauf reagiert, muss er als Vertrauensbruch interpretieren. Wie er es drehen will, entzieht ihr den sicheren Stand ihres Einvernehmens. Sie wird haltlos. Er ungeduldig. Sie verliert die Fassung. Er seine Beherrschung. Ihre Gefühle kochen in heißem Öl. Und er, er ertrinkt darin. Er schaut sie lange an, will etwas sagen, kann nicht, merkt, dass er den Kontakt auch mit Blicken nicht aufrechterhalten kann und geht.

Genau in diesem Moment kreuzt Curt unten in der Eingangshalle auf und hört, wie Martin die Tür zuknallt und nach draußen eilt.

Curt: »Exakt diese letzten Szenen habe ich miterlebt und mich dabei lange gefragt, ob ich überhaupt zu Elena hinaufgehen soll. Ich meine, ich bin immerhin nur Gast, auch wenn wir uns schon lange kennen. Aber in einem solchen Moment hineinplatzen, das ist nicht wirklich leicht. Selbst für einen Journalisten. Sie setzt sich also hinter ihren Spiegel, greift zu ihren Dosen und Kästchen und beginnt, langsam aber sicher, ihr Elend zu übermalen.

Du wirst staunen, wie ich in zehn Minuten wieder aussehe, sagt sie und schaut erst lange auf sich, dann auf mich, wie ich mich hinter ihr aufs Bett setze. Bist du schockiert?, fragt sie dann mit einer klaren, fast hämischen Stimme.

Mich schockiert nicht so schnell etwas, Elena, das weißt du. Aber ich muss zugeben, dass ich überrascht bin, dass es unter deinem Dach so zugeht.

Tja, ein nobles Haus macht noch keine Leute. Das ist nicht dasselbe wie bei Kleidern, lächelt sie, während ihr Gesicht langsam unter dem Puder verschwindet. Warum bist du überhaupt herauf gekommen?

Nun, ich habe Dawn gesucht, eigentlich.

Elena trägt nun das Rouge auf. Die Ahnung eines heißblütigen Lebens huscht dabei über ihre Wangen. Das gehört nun eben auch dazu, wie es hier zugeht. Es tut mir sehr leid.

Ich beobachte sie verwirrt. Wie meinst du das?

Sie legt ihren Pinsel zurück ins Kästchen und greift nun zum Kajal. Mir kommt es vor, als wähle sie die Waffen, mit denen sie die Figuren erlegen will, die in ihrem Garten wandeln. Ein eigenartiger Gedanke, scheint mir. Erst jetzt bemerke ich, dass sie seitlich auf dem Stuhl sitzt und dass der hoch geschlitzte Rock vollständig ihre wohlgeformten Beine freigibt. Mein Blick wandert entlang der Naht ihrer Strümpfe, bis hinunter zu den Füßen, wo sich die Naht zu einer kunstvollen Verzierung der Fußsohle ausweitet, und für einen Moment habe ich das Gefühl, dass sie meinen Blick wandern lässt wie den Finger eines Geliebten auf ihrer Haut.

Curt, dir muss ich doch solche Dinge nicht erklären. Wo denkst du, dass deine Dawn ist? Am Blumen pflücken hinterm Haus? Warum glaubst du denn, habe ich mich gerade mit meinem Mann gestritten?

Mit einem Mal ist mir das Mitleid entwichen. Meine Augen sind wieder direkt auf ihre gerichtet, die mich nicht mehr aus einer roten Höhle, sondern wie aus einem schwarzen Lauf anstarren. Nicht, dass ich Elena einen Vorwurf gemacht hätte, aber mit diesem einen Satz hat sie mich wieder ins Zentrum meiner Welt gestellt.

Was sagst du da?, ist das einzige, was ich herausbringe. Wo – wo ist sie?

Ich kann nicht sagen, wo sie ist oder wo sie gewesen ist oder mit wem sie gewesen ist. Nur eines kann ich sagen: Willkommen in der Villa Ri-Rita!

In mir schießt das Blut hoch. Dieser Saukerl, dieser verdammte, bockstößige, dem werde ich zeigen, an wessen Frau er sich rangemacht hat. Ich kann mich nicht mehr halten. In mir steigt eine derartige Wut auf, dass ich wirklich all meine guten Manieren vergesse und dabei wie wild in ihrem Schlafzimmer auf und ab gehe.

Beruhige dich!, sagt Elena, die augenscheinlich fertig geworden ist. Es sind alles nur Gerüchte. Worte einer verletzten Frau. Hirngespinste vielleicht.

Vielleicht, ja. Vielleicht auch nicht. Glaubst du, ich lasse mich hier auf Experimente ein? Ich werde jetzt da hinausgehen und jeden dieser Schmalspurcasanovas ausquetschen, bis ich weiß, was hier geschehen ist. Was erlauben die sich? Glauben die, dass wir hier in einem türkischen Harem sind? Dass man sich ein wenig von der Bowle und von den belegten Brötchen und von den herumstehenden Frauen bedienen kann? Ich geh da raus!

Dann kannst du mich ja begleiten! Ich bin soweit! Sie schaut mich an, dass mir gleichzeitig heiß und kalt wird und zieht ihre Schuhe an, mit denen sie mich um einige Zentimeter überragt. Dann gibt sie mir einen Kuss auf die Stirn, packt mich am Arm und geht mit mir zurück in die Runde der Partygesellschaft.«

6. Kapitel,
das sich einer ganz speziellen Anekdote verdankt, an die unsere Freunde noch länger denken werden, als ihnen lieb ist. Dargelegt und lustvoll kommentiert von einem ganz speziellen Freund.

Ferruccio hat wieder einmal sein gesamtes Können angewendet, sein unheimliches Geschick, zwischen Diplomatie und eiskalten Forderungen zu changieren, und wird dafür nicht einmal adäquat entlohnt. Dieser Umstand hätte ihm sonst seine Fassung geraubt. Denn ohne adäquate Bezahlung steuert Ferruccio ebenso zielsicher von der Diplomatie schnurstracks in eiskalte Forderungen, wie er sie sonst verhindert.

Das heute aber, das war ein Freundschaftsdienst. Ein Liebesbeweis sozusagen. Denn Ferruccio hat soeben einen handfesten Streit zwischen Martin und seiner Schwester Hanna geschlichtet.

Nach dieser guten Tat torkelt er entkräftet in Richtung Steg, nimmt sich unterwegs ein Glas und lehnt sich, abgewendet von der Festgesellschaft, auf die Balustrade in Richtung See. Er schaut an den Booten vorbei ins Wasser, denn es sind noch mehr geworden als noch vor ein paar Jahren. Für einen Moment genießt er die Ruhe.

»Sag mal, was war denn da los?«, hört er eine Stimme hinter sich, die ihn schnell aus seinen Träumereien herausreißt. Es ist Curt.

»Ah, der Herr Hofberichterstatter! Schön, dass du wieder hier bist.«

»Ein Diener ist immer gern um seinen König herum. Selbst wenn der grad die Fassung verloren hat.«

Ferruccio dreht sich mit seinem bereits ausgetrunkenen Glas um. »Ja, das passte irgendwie nicht so recht zur Party.«

Curt lässt nicht locker. »Erzähl schon!«

»Gut, ich sage dir, was geschehen ist, wenn du mir verrätst, wie deine Liebesgeschichte letztes Jahr ausgegangen ist. Wie hieß sie gleich, deine Freundin?«

Der rasende Reporter wittert eine Story. »Sie hieß Dawn und ich habe seit dem letzten Fest nichts mehr von ihr gehört. Nicht mal mehr auf dem Rückflug. Weg war sie, abgetaucht, wie die Sonne im Meer.«

»Ich bin untröstlich. Du schaust aber immer noch gut gebräunt aus.«

»Ich habe nun einen neuen Sonnenschein; die Grace!«

Ferruccio lächelt süffisant. »Ich verstehe. Götterdämmerung im Liebesnest. Dabei erinnere ich mich noch ganz genau, wie du letztes Jahr nach deinem unseligen Verlust plötzlich mit Elena auf dem Tanzparkett aufgekreuzt bist und dich dort die ganze Nacht ziemlich gut amüsiert hast.«

»Elena hatte sich gerade fürchterlich gestritten und ich war in ihr Zimmer reingeplatzt wie eine weiße Socke in die Schmutzwäsche. Sie sagte mir nur: Willkommen in der Villa Ri-Rita. Dann packte sie mich am Arm und zerrte mich in die Runde ihrer Gäste. Dawn saß unterm weißen Zelt, als hätte sie eine laue Brise von Mailand heraufgeweht. Othmar war bei ihr und noch ein paar andere Typen, ich weiß nicht mehr, wer das war.

Ich schaute sie an und sagte mir: Wenn sie jetzt wegschaut, hat sie dich betrogen! Während ich das dachte, schaute sie zurück, lange und unbeirrt. Ich sagte also: Wenn sie jetzt sitzen bleibt, dann war sie's. Noch bevor ich in Gedanken daran bin, ihr zuzuschauen, wie sie dort verharrt, trotzig und mit bösem Aug, da steht sie auf und wackelt zu mir. Ich denke also: Ruhig bleiben, gefasst sein, schließlich hab ich einen Doktortitel, der verleiht Würde. Aber ich weiß, was ich sie fragen werde, wenn sie bei mir ist.

Wo warst du?, fragte sie, völlig ignorierend, dass ich genau dasselbe fragen wollte.

Und ich: Ich war im Haus. Ich hab dich überall gesucht! Wo warst du?

Sie: Ich war draußen. Bei den Gästen. Keiner hat dich gesehen. Außer eben. Da kamst du mit Elena Arm in Arm heraus.

Ich: Ja, ich traf sie drinnen.

Sie: Ist schon gut. Ist ja gut. Sagte es, drehte sich auf dem Absatz, so dass mir eine feine Brise ihres Parfums ins Gesicht wehte, und setzte sich wieder unters Zelt zum Reißverschlusskönig und seinen Spießgesellen. Sie nahm ihren Cocktail oder weiß der Teufel, was sie soff, warf das Schirmchen aus der Zitrone und verging sich am Strohhalm. Hast du gewusst, was eine Frau einem alles sagen kann mit der Art, wie sie sich einem Strohhalm nähert?«

Ferruccio schaut Curt etwas überrascht an. »Nein, das habe ich nicht.«

»Da siehst du es. Weißt du, sie kann sich den Strohhalm mit der Zunge herholen wie ein Chamäleon die Fliege und damit ihrem Opfer sagen: Die Fliege, das bist du. Oder sie verbeißt sich in ihn, wild und ungestüm und sagt damit: Bursche, dein Genick. Oder sie lässt ihn ganz verschwinden im Mund, macht ihn gleichsam mit ihren Lippen zum Untertan und meint: So dunkel wird's in deinem Leben ohne mich, so dunkel. Oder sie liebkost ihn und beugt ihn, wie eine Ähre im Wind und meint: Sei, wie ich dich haben will und ich sorge dafür, dass du niemals ein anderer sein willst.«

Ferruccios Überraschung ist nicht gewichen. »Curt, du bist krank. Du brauchst Hilfe.«

»Durchaus nicht, mein Bester. Ich wollte dir nur klarmachen, welche Varianten ihr offen standen.«

»Und welche Variante wählte sie?«

»Sie? Alle.«

Ferruccio will ihm darlegen, dass das nicht geht, dass er sich das bestimmt nur eingebildet hat, dass es einfach logisch nicht machbar ist, aber er ist ein kluger Mann, der Ferruccio, und verzichtet auf derlei Auseinandersetzungen. Schließlich hat er heute schon eine deftige gehabt.

Er sagt also sehr gelassen: »Ich verstehe. Das war also deine Liebesgeschichte.«

Curt hält kurz inne. Er weiß nicht, ob er den Schluss noch anführen oder ob er die Gunst der Verwirrung nutzen soll, um zu seinem Teil zu kommen. Doch er hat es dem alten Freund versprochen. »Nein, das ist noch nicht alles. Als wäre es nicht genug, glotzte mich diese ganze Mischpoke dort unter dem Zelt mit einem Zynismus in den Augen oder vielmehr einer Art Dünkel an, weißt du, nicht direkt verächtlich, aber trotzdem so verdammt bourgeoise verwerflich. Einer von denen war es. Einer hatte sich mit Dawn aus dem Staub gemacht, irgendwann zwischen Emil Ludwigs Gelaber und Max James Emdens groteskem Auftritt mit seinen Weibern. Aber ich sage dir, ganz im Vertrauen, und das ist auch das Ende meiner Liebesgeschichte – vorläufig – irgendwann werde ich dafür einkassieren!«

»Ja, das kenne ich«, sagt Ferruccio und schickt sich an, an der Bar sein Glas aufzufüllen. »Meine Geschichte ist diesbezüglich recht ähnlich.«

»Und wer wird bei deiner Geschichte zahlen?«

Ferruccio wird plötzlich ruhig. »Alle, die meine Geschäfte gefährden.«

Curt wird noch rausfinden, wer ihn damals um seine Dawn gebracht hat. Er wird die verschleppte Liebesgeschichte noch aufdecken. Und er wird darauf reagieren. So viel vorab. Auch das Folgende kann ich bereits verraten: Es war nicht der Reißverschlusskönig, der sich mit Dawn aus dem Staub gemacht hatte. Martin redete die ganze Zeit mit den Helden des Schweizerischen Unternehmertums. Er wich Ernst Schmidheiny und Emil Richterich nicht von der Seite, nicht für eine Frau. Nicht für seine eigene und auch nicht für eine andere. Peter war an jenem 8. Juli 1939 auch nicht unter der Gästeschar anzutreffen. Er war irgendwo auf einer Wallfahrt zwischen Mendrisio und Einsiedeln.

Am heutigen Fest sind hingegen alle drei da. Wir schreiben den 4. Mai 1940. Es ist nicht ein so schöner Sommertag wie vor einem Jahr, vielmehr ein Frühlingsreigen, aber wenigstens scheint die Sonne gutmütig in den Garten der Villa Ri-Rita. Die Gästeschar wirkt routiniert, Teddy Stauffers Band auch, zum Tanzen wurde sogar eigens eine Bühne aufgebaut, Max James Emden ist mit drei von seinen insgesamt dreizehn Booten angerauscht, und dementsprechend umtriebig geht es auf dem Festgelände zu. Erstmalig ist auch Dr. Ludwig Bucher unter den Gästen, Martins neuer Rechtsanwalt und Vertrauter, der seine persönlichen Rechtsgeschäfte regelt. Die beiden sind einmal mehr in geschäftliche Diskussionen verwickelt, die für Martin die Qualität eines Festes ausmachen. Heute wirkt zwar auch er etwas müder als noch vor einem Jahr, doch er gibt sich alle Mühe, einmal mehr den hochenergischen Unternehmer zu mimen. Elena hat natürlich recht: Martin war rastloser geworden seit seinem Unfall. Eine ungestüme Kraft scheint ihn vorwärts zu peitschen, selbst dann, wenn er sich schon lange hinzulegen wünscht, einfach Entspannung braucht und sie nicht greifen kann, wie ein kleines Kind, das sein Träumchen nicht findet. Das Leben entgleitet ihm und je mehr es das tut, desto intensiver, desto verzweifelter versucht er sich darin zu halten. Um sich herum schart er nur noch seine Geschäftskontakte, seine Vertrauten. Stets bei ihm ist sein Chauffeur Jochen. In der Villa Ri-Rita dient ihm Heinrich, Othmars Kammerdiener aus St.Gallen, der dort nun nicht mehr gebraucht wird und dafür im Tessin wertvolle Dienste leistet. Für das leibliche Wohl schließlich sorgt Rosita, die Köchin, der Martin mehr zu vertrauen scheint als seiner eigenen Frau. Martin fällt nicht auf, dass er sich schneller und radikaler verändert als die Welt um ihn herum. Als Elena vor einem Jahr nach jenem gigantischen Fest erst einmal wieder für ein paar Wochen zu ihrer Schwester Elfriede verreiste, da fiel ihm nichts anderes auf, als dass er plötzlich unendlich viel Zeit hatte, sich seiner unseligen Devisengeschichte zu widmen. Das war selbst ihm unheimlich. Er fragte sogar einmal Peter, ob denn das ein Zeichen sei, dass es vorher nicht gut war, weil er jetzt so gar nichts spüre, wenn seine Frau weg sei. Peter schaute ihn nur lange an. Er war kein Mann der Tat. Aber er hätte ihm gerne eine runtergehauen.

Als Elena zu Elfriede flog, war Martin gerade in Bern. Sie hinterließ keinen Brief, keine Mitteilung. Sie war einfach weg. Martin fiel erst nach zwei Tagen auf, dass er eigentlich nichts mehr von ihr gehört hatte. Er war gerade beim deutschen Gesandten Otto Köcher, der inzwischen ein guter Freund von Hugo Stinnes geworden war, der seinerseits mit Othmar gut konnte und der ihn wiederum dorthin geschickt hatte. Gemeinsam mit Köcher arbeitete Martin an einer Argumentationsliste betreffend des beschlagnahmten Bargeldguthabens in Wuppertal. Er dachte lange über seine Verdienste dort nach, über seine geschäftlichen Erfolge und über die Arbeitsplätze, die er dem deutschen Volk geschaffen hatte. Dann erinnerte er sich an die erste Produktionsstraße und an die ersten hundert Meter Reißverschluss, die er Herrn Hahn nach Paris gesandt hatte. Nun fiel ihm ein, wie hart und kompromisslos er dafür gearbeitet und wie ihm Elena damals Schützenhilfe geboten hatte. Elena, die Frau an seiner Seite. Mit ihr sparte er sich die ersten 50.000 Mark Kredit vom Munde ab. Er hielt kurz inne, sinnierte ein wenig über jene Zeit, sicherlich mehr als fünf Minuten, versuchte sich darüber zu freuen, spürte wohl, dass es ihm nicht gelang und schrieb weiter.

Denn er hatte eine brillante Idee gehabt. Sie kam ihm, als ihm damals Hugo Stinnes seine beiden engen Freunde Otto Köcher und Ernst Weber vorgestellt hatte. Der erste war ein Freund der deutschen Regierung, der zweite als Generaldirektor der Schweizer Nationalbank der einflussreichste Bankier im Land. Sie alle drei, Köcher, Weber und ihn selbst, verband eine wohltuend konsensfähige Lebenseinstellung: ihr Machtstreben. Unbedingte, uneingeschränkte Gier nach Erfolg, Autorität und Geltung. Köcher hatte Macht über die deutsche, Weber über die Schweizer Regierung und er, Martin, er hatte Macht über seine damals geschätzten 100 Millionen Franken Eigenvermögen. Als er die beiden das erste Mal sah, erinnerte er sich an die Maxime, die ihm damals für den Start seiner unternehmerischen Laufbahn so sehr geholfen hatte und die ihn seither nie mehr verließ: Das Szepter gehört einem König, der Wams einem Würdenträger, das Wort dem Gebildeten. Wer regiert, verwaltet oder beeinflusst, kann leicht den Kopf verlieren. Wer sein Geld verliert, hat hingegen immer noch sein Leben. Wer aber so viel

Geld hat, der kann sich das Szepter, das Wams und das Wort kaufen. So ist das Leben.

Und so war das Leben: Als im März 1937 der deutsche Fiskus das Bargeldguthaben beschlagnahmte und sich Martin entgegen deren Forderungen nicht den Behörden stellte, deponierte die Commerzbank, Filiale Wuppertal-Barmen, 446.000 Reichsmark auf ein Sonderdepot des von ihnen eingesetzten Rechtsanwalts Dr. Seelbach und blockierte die gesamte Summe. Martin reiste sofort nach Bern, um die Schweizer Regierung dazu zu bewegen, das Geld auszulösen. Das war aussichtslos.

Darüber dachte Martin aber ganz sicher nicht nach, als er bei Otto Köcher und Ernst Weber saß. Nein, eigentlich wollte er den beiden honorigen Herren einfach nur seinen genialen Plan vorstellen: Er, Martin, sei bereit, ihnen eine Spende im Rahmen eines zuvor ausgemachten Prozentbetrages zu überweisen, wenn es ihnen gelänge, die Schweizer Regierung dazu zu bewegen, Gelder deutscher Herkunft in gleicher Höhe auf Schweizer Konten zu blockieren, um sie dann, im Falle einer Einigung, still und lautlos gegeneinander zu verrechnen.

Er faltete also seine Argumentationsliste zusammen, überreichte sie gefasst Ernst Weber, nickte Otto Köcher ergeben zu, empfahl sich und verschwand unter den Arkaden der herrlichen mittelalterlichen Innenstadt Berns. Vier Monate später hatte Martin sein Geld. Und Otto und Ernst ebenfalls. Perfekte Lösungen in einem perfekten Leben.

Das wäre wohl der Moment gewesen, den Hut aufzusetzen, sich ins Auto zu setzen, in Zürich kurz anzuhalten, ein sagenhaft schönes Päckchen aus einem Juweliergeschäft zu tragen, über den Gotthard zu donnern, schnell in Mendrisio vorbeizuschauen und dabei zu beobachten, wie täglich Dutzende von Kilometern Reißverschluss die Produktionshallen verlassen, um endlich nach Morcote zu steuern, in die Villa Ri-Rita, nach Hause, seiner Frau dort das Päckchen zu übergeben, sich herzlichst zu entschuldigen und sie in die Arme zu nehmen, so lange, bis die Palmen lange Schatten über den Rasen würfen und die Frösche begännen, der Herrschaft der Nacht zu huldigen. Martin setzte sich ins Auto. Er hielt in Zürich, um beim Gübelin ein sagenhaft schönes Päckchen aus dem Laden zu tragen. Er fuhr über den Gotthard. Er fuhr auch in die Riri-Werke. Nur kam er dort nicht mehr raus. Er war beseelt von einem Wahn, dass ihm alles gelänge, dass alles zu Gold würde, was er anfasste. Martin Winterhalter wurde vermessen.

Er merkte nicht, dass Schmuck nur am Körper eines geliebten Menschen strahlt, niemals in einer Schatulle. Er kaufte sich als alternative Anlageobjekte Schmuckstücke aus aller Welt zusammen, die ihm nichts anderes bedeuteten, als eine Anhäufung von Geld auf kleinstmöglichem Raum. Sein Schatzkästchen wurde anstelle Elenas sein steter Begleiter. Er merkte auch nicht, dass ihm seit einiger Zeit Chancen im Leben entgingen, die er früher mit der Weisheit des Cleveren ergriffen hätte. Gute, gewitzte Geschäfte, die sein gelbes Büchlein »Wie wird man Millionär?« als schlagende Idee bezeichnet hätte, als eine Granate, die alles verändert:

Martin war ja viel im Zug unterwegs. Er reiste durch ganz Europa, um Lizenzverträge und Verkaufsvereinbarungen abzuschließen. Stets hatte er auf diesen Reisen zahlreiche Menschen kennen gelernt, manchmal windige Lebenskünstler, manchmal wichtige Geschäftsleute. Einmal, auf der Fahrt nach Genf, lernte er zum Beispiel den ukrainischen Medizinstudenten Jacques Bogopolsky kennen, der ihm erzählte, dass er gerade autodidaktisch einen neuen Kinematographen gebaut hatte, den er jetzt maschinell produzieren wolle. Martin lachte ihn aus, dass dies niemals ein Geschäft sei, das die Menge kauft. Neben ihm saß ein ruhiger, gediegener Herr aus Yverdon. Es war einer der Paillard-Brüder, der mit seiner portablen, kleinen Schreibmaschine »Baby Hermes« gerade einen Bombenerfolg hinter sich hatte. Er lauschte dem Medizinstudenten, lud ihn nachher auf einen Pastis ein und kaufte ihm das Produkt ab. Gegen Ende der 1930er-Jahre brachte er die legendäre Bolex-Filmkamera auf den Markt und machte das 16 Millimeter-Normalformat zum Welterfolg. Marlene Dietrich hatte eine Bolex, Mahatma Gandhi, Berger

Rudd, Aga Khan, Antoine de Saint-Exupéry und Fulgencio Batista auch. Paillard wurde das größte Industrieunternehmen der französischen Schweiz. Martin lachte nicht mehr.

Die nächste Chance, die er verpasste, kam ebenfalls durch einen Herrn aus Yverdon. Er erzählte von seinem Schneidergeschäft, welches er vor ein paar Jahren am Rond Point in Paris eröffnet hatte, das er nun mit einer Kapitalerhöhung zu einem führenden Haus in der Modeszene ausbauen wolle. Martin lachte nicht mehr so ungehalten, so viel hatte er jetzt gelernt, doch seine Missachtung für jenen etwas zu gut gekleideten jungen Mann war offensichtlich genug. Schade, denn Robert Piguet entwickelte sich Ende der 1930er-, anfangs der 1940er-Jahre neben Elsa Schiaparelli, Marcel Rochas, Nina Ricci, oder Cristobal Balenciaga zum gefragtesten Haut-Couture-Haus der Welt. Seine raffinierten, schlichten Kreationen gehörten zum Schönsten, was eine Frau jener Zeit tragen konnte. Pierre Balmain, Marc Bohan, Hubert de Givenchy und Christian Dior lernten bei ihm. Als er mit dem zusätzlichen Kapital, das er nun von anderen Geldgebern lukrierte, die Parfümlinien Bandit, Fracas und Futur herausbrachte, war sein Erfolg perfekt. Martin entschloss sich darauf, Paris zu meiden.

Martin wurde argwöhnisch gegenüber jedem Erfolg, der nicht seinem Kopf entsprang. Sein Geld machte ihn bockbeinig. Denn er merkte bald, dass er sich damit nicht nur Szepter, Wams und Wort erkaufen konnte, sondern sich darüber hinaus so verhalten konnte, wie wenn ihm das alles von Standes wegen gebühren würde. Er agierte in seiner Firma bald wie einer, der mit einem Szepter regiert. Er verwaltete seine Schätze, sein Haus, seine Firma, sein Schatzkästchen, seine Ländereien am Monte San Grato, seine Autos, sein Boot, ja bald auch seine Adlaten und Gehilfen wie einer, der einen Wams trägt. Er wusste, dass sein Wort Gewicht hatte, und er hielt sich nicht zurück, es zu gebrauchen. Bei den Kantonswahlen im Tessin zum Beispiel ließ er seine Umgebung ungeniert wissen, wen er bevorzugte. Und er doppelte gleich nach, dass er jeden außerordentlich schätzte, der seine Ansicht diesbezüglich teilte. Die Wahlen verliefen eindeutig. Einmal kam ihm zu Ohren, dass die Näherinnen Reißverschlüsse klauten, um sie in den Kleidern ihrer Familien einzunähen. Er ließ daraufhin jeden Abend die Handtaschen der Fabrikarbeiterinnen kontrollieren. Nicht etwa, weil ihn die Stoffreste reuten. Es ging ums Prinzip, sagte er. Darum ging es seinen Angestellten auch, weshalb sie gewerkschaftlichen und polizeilichen Schutz anforderten. Die Situation hätte schnell eskalieren können, hätten die Mitarbeiter nicht nachgegeben. Martin fühlte sich bestätigt.

Lange war Peter einer der wenigen gewesen, die solchen und anderen Grobheiten Einhalt gebieten und ihn auch zur Vernunft ermahnen konnten. Doch auch er wurde auf seine Art unbeweglicher. Auch ihm lief es, ähnlich wie Martin, einfach ein bisschen zu reibungslos. Er spürte keine Widerstände mehr. Das Leben war kein Kampf, sondern ein Spiel. Das machte ihn übermütig und stumpfsinnig. Übermütig, was seine Spekulationen über das Leben und stumpfsinnig, was deren Erkenntnisse für sich selbst betraf.

Zuerst bemerkte er das kaum. Im Gegenteil. Als er am 14. April 1939 an der Karfreitags-Prozession teilnahm und diese sogar großzügig mit Geld und guten Taten unterstützte, da war das für ihn ein Höhepunkt seines geistigen Lebens. Gemeinsam mit den Konfraternitäten und den religiösen Vereinen der Umgebung restaurierte er die berühmten kleinen Laternen und die vergoldeten Kreuze, die zur Prozession von Jungen und Mädchen am Karfreitag durch die Straßen Mendrisios getragen wurden. An der Spitze des liturgischen Aufmarsches wurden das Bildnis des toten Christus und die Statue der Jungfrau der sieben Leiden in einem triumphalen Auftritt getragen. Die Statue der Jungfrau war von Lichtern umgeben und schwebte scheinbar hoch und leidvoll über der Menge im herrlichen Szenario der Gässchen. Ihr folgten die schwarze Gemeindefahne und ein imposanter Zug aus über 600 Teilnehmern, welcher einem leuchtenden Fluss ähnelte, der alle Strassen und Plätze umspülte. Die Osterprozession wurde eine fixe Attraktion Mendrisios, zu der bis heute Hundertschaften von Schaulustigen und Gläubigen wallfahren.

Doch dann widmete er sich wieder seiner Lieblingsbaustelle, im sprichwörtlichen Sinn. Das Auspendeln des Monte San Grato wurde von einer interessanten Vorliebe zu einer Passion, fast zu einer Sucht. Er lud sogar Oswald Wirth auf den Berg ein, den berühmten Spiritisten, Okkultisten, Astrologen und Freimaurer, der zusammen mit Stanislas de Guaita das erste esoterische Kartendeck Europas entwickelt hatte. Peter verwendete dieses Tarotdeck für seine Meditationen und Zukunftsdeutungen und es war ihm neben dem Pendel wohl das allerliebste Gut auf Erden. Als der bereits hoch betagte Wirth tatsächlich mit ihm auf den Monte San Grato stieg, da war es für Peter, als wandle er durch den Garten Eden, mit Mutter Maria als Kartenleserin und dem Heiligen Benedikt als Fackelträger. Er sprudelte förmlich vor Aufregung und deutete Wirths Ergriffenheit vor dem Tessiner Panorama als Kontemplation und sein Schweigen betreffend das Wundergestein als andächtiges Wohlwollen. Seine bereits sprichwörtliche Ruhe blieb daraufhin ebenso auf der Strecke wie seine Skepsis gegenüber Othmars Plänen für ein Bad. Er machte das Bauvorhaben zu seinem persönlichen Anliegen, exponierte sich sogar dafür in der Öffentlichkeit und bemerkte dabei, dass sich brave Jünger nicht nur finden lassen, wenn man ihnen Lebensinhalte verspricht, sondern auch einfach Geld. Umso mehr traf es ihn Wochen später, als das gesamte Projekt platzte. Zwei geologische Gutachten des Polytechnikums in Zürich und Lausanne ergaben übereinstimmend, dass der Kalkgehalt des Wassers einen Badbau erschwert und überdies keine heilenden Stoffe darin festgestellt werden konnten. Peter war zerstört.

Nun tat er das, was er in solchen Momenten in seinem Leben immer getan hatte, was ihn in seinen Augen zu einem Mystiker und in den Augen der Gesellschaft zu einem Spinner machte: Er wandte sich ab von der Welt und setzte sich auf eine vorbeifliegende Wolke, legte sich in ihre flauschige Behaglichkeit und dankte Gott, dass er ihm diese beste aller möglichen Welten zu seinem persönlichen Schicksal gemacht hatte. In diesem Fall glaubte er seinen Dank ganz konkret untermauern zu müssen. Er ließ auf den bereits betonierten Fundamenten des Bades eine Kapelle errichten und weihte diese mit einer eigenen Prozession feierlich ein. Dazu lud er neben den Freunden des meditativen Zirkels in St.Gallen, Markus, Christoph und Mario, auch einige Mitbrüder aus einer Loge ein, von denen ich glaube, dass sie zur Internationalen Schule des Goldenen Rosenkreuzes gehörten. Sie trugen dunkelrote Kutten in der Art der Freimaurer und fielen durch eine geheimnisvolle Stummheit auf, so dass sich nicht erkennen ließ, ob es Ausländer waren oder einfach Mitglieder aus einer der zahlreichen Sekten aus den Tessiner Bergtälern. Peter schwieg sich darüber aus und die meisten seiner Gäste kümmerten sich nicht groß darum. Nur ein altes Mütterchen war dabei; eine, die er nicht einmal eingeladen hatte, wie er später erstaunt feststellen musste, der diese Prozession offenbar mehr als merkwürdig vorkam. Sie versuchte krampfhaft, die Gesichter unter den Kutten zu erkennen und ließ es sich nicht nehmen, sich während des Einzugs keck vor den Brüdern aufzubauen und sie nicht aus ihren trüben Augen zu lassen. Ihr Pech war, dass sie kaum 1.50 Meter groß war, was für holländische Verhältnisse – so es überhaupt Holländer waren – kaum zum Brustansatz reichte. Also versuchte sie es von der anderen Seite. Als die Brüder im vorderen Teil der Kapelle angekommen waren, setzte sie sich in die erste Reihe und hob die Kutte des letzten Vermummten im Glied und zwar derart, dass der sich zu einem hastigen Ausfallschritt genötigt sah und ausgerechnet bei der brennenden Fackel neben dem Altar zum Stehen kam. Es ging nicht lange, da fing der Stoff Feuer und dem armen Bruder loderten die Flammen schon bis zur Taille, als er sich, mit einem zweiten kühnen Sprung, in die Blumenarrangements warf und sich dort so lange in der Dekoration wälzte, bis das Feuer gelöscht war. Sein Gesicht wahrte er, auch wenn er mit dem abgefackelten Überwurf ausschaute wie Rübezahl nach einem Bombenangriff, und auch das Mütterchen fand seinen Frieden, denn so es sein Gesicht nicht erkannte, standen wenigstens zwei mächtige nackte Männerbeine unkeusch entblößt vor ihm.

Peter war außer sich. Dieses Mal genügten die guten Worte seiner Mitbrüder nicht. Es flogen auch keine Wolken vorbei. Er war ganz allein. Nur sein Groll und er. Nicht einmal ein paar herzhafte Züge aus dem braunen Glasfläschchen aus Othmars Orthopädiegeschäft in St.Gallen konnten ihn beruhigen. Er zog sich nach St.Gallen zurück und wurde noch eigensinniger, als er es bisher bereits war. Einen Vorteil hatte diese Phase vielleicht: Vom Meskalinkonsum kam er in der Folge wieder etwas weg. Zu intensiv, zu lange waren seine meditativen Aussetzer und die Kopfschmerzen danach schrieen gleich wieder nach einer Meditation. Ein Nachteil erwuchs ihm jedoch: Die Leute in seiner Umgebung berichteten, dass er immer mehr autistische Züge annahm und manchmal sogar sehr eigenartig mit sich selbst sprach. Er unterstützte zahlreiche Kirchen, Sekten und okkultistische Gruppen, angefangen bei der Landeskirche bis hin zur Vereinigung der heilsamen Energieempfänger im appenzellischen Gonten. Er gründete eine Stiftung zur Finanzierung einer weiteren Kapelle im luxemburgischen Krayl sowie ein Komitee zum Ausbau des Jakobsweges von Konstanz nach Santiago de Compostela, mit der doch eher auffälligen Idee, den gesamten Weg über 2.134 Kilometer Länge mit Laternen in Muschelform zu säumen, als Symbol der früheren Wallfahrer, die sich mit Muscheln als Jakobspilger ausgewiesen hatten. Als er nicht mehr darüber hinwegtäuschen konnte, dass er mehr graue denn braune Haare auf dem Kopf hatte, verfiel er in eine regelrechte Jungbrunnenhysterie, die erst harmlos mit gehäuften Bestellungen von Yoghurt aus dem südbulgarischen Rhodopengebirge begann, weil er nämlich vernahm, dass dort trotz Eiseskälte und bitterer Armut ungeheuer viele Menschen über 100 werden, und die sich langsam bedrohlich ausweitete in Richtung Jungbrunnenforschung, die in den USA gerade zum Thema einer stets genusssüchtiger werdenden Gesellschaft wurde.

Dabei wäre Genusssucht ganz Othmars Thema. In dieser Beziehung hatte er sich kaum verändert in den letzten Jahren.

Er hatte jetzt einfach nur mehr Mittel und Gelegenheiten, sie exzessiver auszuleben. Sein Leben glich einem Stepptanz auf der Bühne. Der Rhythmus beschleunigte sich, die Schritte wurden schneller. Nur der Tänzer schien scheinbar schwerelos über den Balken zu schweben. Man hörte seine Schritte, die sich zu einer ekstatischen Musik fügten und die man vor lauter Tempo nicht mehr sah. Der ganze Bewegungsapparat war eine Schau, ein Kunststück ohne Anfang und Ende. Othmar beherrschte Schritt und Bühne immer besser, er wurde bald ein Animateur, bald ein Akrobat. Er hatte die Gabe, Leute anzuziehen, die gerne seinen Erfolg teilen wollten. Dabei wurden sie zu jenen, die ihm den Erfolg schenkten. Es war sehr schwer, sich in seiner Gegenwart nicht wohl zu fühlen. Aber noch schwerer war es, danach zu sagen, was einen eigentlich angezogen hatte. Denn Othmar schien mit sich selbst auch die Erinnerungen an ihn mitzunehmen. Aus den Augen, aus dem Sinn. Er war einer dieser Menschen, bei denen man sich fragte, wie wohl der Abend gelaufen wäre, wenn er nicht da gewesen wäre. Und wenn er einmal fehlte, dann fiel es einem gar nicht auf.

Aber Othmar fehlte nicht. Niemals. Er war ein fester Bestandteil einer einzigen rauschenden Party, die gegen Ende der 1930er-Jahre um den Luganersee ausgebrochen war und sich bis lange in den Krieg und sogar noch darüber hinaus selbst unterhielt. Er war zu einem Symbol der Zerstreuung geworden, farblos, aber schillernd in seiner Wirkung. Er war ein großer Witzeerzähler, was in Zeiten ohne dauernde Unterhaltungsberieselung noch ein echtes Plus war. Seine Anekdoten waren belebend, stets einfach, aber nie ohne Charme, immer ein bisschen anstößig, immer ein bisschen so, dass sich manch einer aus der Runde danach ärgerte, dass er sich nicht getraut hatte, dem gleichen schalen Gedanken Worte zu verleihen. Er war ein angesehener Mann. Seine eigenen Unternehmungen finanzierten ihn prächtig. Er hatte sein goldenes Händchen nicht verloren, von einigen Ausnahmen mal abgesehen wie damals mit Louis-Joseph Chevrolet. Zudem konnte er sich nun an den Früchten seiner besten Investition erfreuen, die 10.000 Franken für Sundbacks Patent, die er Martin vorgestreckt und die Anteile, die er nachher in seinem ersten Werk angelegt hatte. Ein paar Kröten, aus denen nicht nur ein Reißverschlusskönig, sondern noch ein ganzes Firmenimperium erwuchs. Ja, Othmar hatte auch zu jener Zeit immer noch ein gutes Leben und er war damit doch recht zufrieden.

Ganz besonderen Reiz hatte dieses Leben gewonnen, als Elena ein paar Wochen vor der großen Party im Mai 1940 mit ihrer Nichte aus den Vereinigten Staaten angerauscht war. Inge Thompson war, was man im verklärenden Sinne einen süßen Fratz nennen konnte. Im realistischen Sinne war sie ein herbes Flittchen. In ihrer Gegenwart wurden die meisten Männer zu Schweinen. Sie kam 1925 in New York auf die Welt, war Deutsch-Amerikanerin, unverschämt gut gebaut und dazu so blond, dass der Neid des einen Teils der Gesellschaft mit der Begierde des anderen Teils wuchs. Sie wollte unbedingt mal sehen, wovon ihre Tante die ganze Zeit so abfällig sprach, aber dennoch immer wieder dorthin zurückkehrte. Deshalb besuchte sie die Villa Ri-Rita. Othmar verliebte sich augenblicklich in sie. Als er ihr das erste Mal begegnete, sah er nicht, dass sie erst 15 war. Vor ihm explodierte ein blondes Feuerwerk und alles, woran er sich festhalten konnte, um nicht haltlos durch einen lichtdurchfluteten Nachthimmel zu driften, waren zwei Augen. Zwei große, blaue, wirklich große, tiefblaue Augen. Othmar hatte es sich im Laufe seines Erwachsenwerdens abgewöhnt, sprachlos zu werden. Aber heute begann er wieder bei Null. Also sagte er nichts und schaute sie nur an. Ihr Lächeln sprang ihm an den Kragen und zerfetzte seinen Leinenanzug. Durch die Fetzen kroch eine süße Illusion, die sich anfühlte, als ströme ihm in der Sauna eisgekühlter Champagner über die Haut. Lange Zeit hatte er nicht mehr gespürt, wie erregend ersonnene Lust sein kann. Dann wurde ihm schlecht.

Die folgenden Monate verbrachte Othmar damit, Inges Aufmerksamkeit zu erhaschen. Er spielte den netten Onkel, den kosmopolitischen Charmeur, den südländischen Romantiker, den verständigen Erwachsenen, den Geist, der stets das Gute will und stets das Beste schafft. Inge spielte maßvoll mit. Mit ihren 15 Jahren hatte sie bereits gelernt, dass man im Leben als Frau alles erreichen kann, wenn man es versteht, artig zu sein, ohne dass die Männer glauben müssen, dass man es tatsächlich ist. Das heizte Othmar nur noch mehr an. Man kennt diese Geschichten aus der Literatur. Der alte Mann und die Nymphe. Er treibt aus. Sie blüht auf. Er welkt. Sie verduftet. Ungefähr in diesen Phasen verlief auch diese amour fou: Othmar bot natürlich sämtliche Möglichkeiten auf, die Erfolg versprachen. Er bezirzte das Mädchen nach allen Regeln der Kunst. Er legte ihr das Tessin zu Füßen und sich selbst dazu. Sie ließ es sich gefallen, denn daraus erwuchsen für sie zwei sehr schöne Sommermonate, so dass sie bald zur Überzeugung kam, dass der Sinn des Lebens keine amerikanische Erfindung sein könne. Phase eins. Sie ging mit ihm aus, fuhr in seinem Boot, in seinem Wagen, lernte die Nacht kennen und die Pracht einer gehobenen Gesellschaft. Sie verbrachte genug Zeit mit ihm, um zu bemerken, dass sie all diese Abenteuer eigentlich am Arm eines alten Mannes erlebte. Es genügte ein zweifelnder Blick und Othmar wusste, dass sie darauf gekommen war. Phase zwei.

Nun folgte Phase drei, und das ist das Schlimmste, was einem erwachsenen Menschen passieren kann. Othmar versuchte ihr zu beweisen, dass trotz seiner alten Hülle ein jugendliches Herz in ihm schlug. Im besten Fall ist so etwas peinlich. Im schlechtesten erbärmlich. Othmar schaffte beides. Das Problem war nicht, dass er als Dilettant auf einer ihm unbekannten Bühne stand, sondern dass die Zuschauer das merkten und ihn dafür verachteten. Aus dem Stepptänzer wurde ein Pausenclown. Sein ganzes Wesen zerfiel auf den Planken, die die Welt bedeuten. Sein sonst so charismatischer Auftritt endete in einer Posse. Sein Repertoire an Ausdruck schrumpfte auf das eines zweitklassigen Komparsen, und das tat weh. Martin schämte sich selten für andere. Was andere verbrechen, das fiel ihm selten auf und wenn, dann lachte er höchstens verächtlich darüber. Aber für Othmar schämte er sich mit allen Kräften. Was half, war Phase vier. Inge reiste ab. Othmar war seines Lebenselixiers beraubt. Er alterte um Jahre und war für ein paar Tage seines Lebens wirklich, wirklich traurig.

Das Fest an diesem 4. Mai 1940 steht also unter keinem allzu guten Stern. Martin stolpert gerade in die Lebensphase als allmächtiger Wirtschaftsmagnat. Sie bekommt ihm nicht wirklich und seiner Umwelt noch weniger. Peter hat seine alte Form der Eigensinnigkeit wieder gefunden. Nur hat er heute mehr Mittel, sie zu seinen und seiner Umwelt Ungunsten auszuleben. Und Othmar ist ein geknickter Geck, ein vom Schicksal Gezeichneter, einer, der in seinem Alter erst erlebt, wie grausam es ist, wenn der Geliebte mit der Liebe spielt. Das war immer seine Rolle. Jetzt ist er das Opfer.

Auch in der Welt sieht es nicht gerade rosig aus um diese Zeit. Der Krieg war kein Thema des Rundfunks und der Zeitungen mehr. Er wurde zu einer Realität. Auch vor den Türen der Schweiz.

»Ja, das kenne ich«, sagt Ferruccio und schickt sich an, an der Bar sein Glas aufzufüllen. »Meine Geschichte ist diesbezüglich recht ähnlich.«

»Und wer wird bei deiner Geschichte zahlen?«

Ferruccio wird plötzlich ruhig. »Alle, die meine Geschäfte gefährden.«

Curt weiß nicht, ob er nun entsetzt schauen soll oder nicht, und Ferruccio gibt ihm keinen Anlass für das eine oder das andere. Also fährt er mit dem fort, was ihm am wichtigsten ist: »Nun zu deiner Geschichte. Was war eben los da drüben? Das klang nach einem handfesten Familienkrieg. Erzähl schon!«

Ferruccio füllt an der Bar sein Glas auf, schaut ein wenig nach links und rechts, wie das wichtige Leute tun, wenn sie dem Gegenüber mitteilen wollen, dass sie nun etwas eminent Bedeutungsvolles von sich geben. »Ja, du liegst gar nicht falsch. Auch der Reißverschlusskönig hat eine Familie. Und die wirft ihm vor, dass er das Geld verschwendet und nur zu seinem eigenen Vorteil wirtschaftet.«

»Ach herrje. Ich kenne diese Familienfehden, wenn's um die Kohle geht. Das war sicher diese komische Tante da, wie heißt sie? Die Hanna.«

»Eigentlich ist sie nur die Sprecherin. Aber es gibt viele Leute, die so denken.«

Curt schüttelt den Kopf. »Versteh' ich nicht. Es ist sein Verdienst, diese Firma. Es ist sein Geld. Was hat die Familie da reinzureden? Ich würde mir das auch nicht gefallen lassen!«

Ferruccio schaut sich erneut um, obwohl sie mittlerweile mutterseelenallein fast beim Schilf unten stehen. »Das ist eben der Punkt. Es ist nicht allein sein Geld. Um diese Firma aufzubauen, hat er von seiner Familie einen Erbvorbezug gefordert!«

Nun ist Curt erstaunt. »Das habe ich nicht gewusst.«

»Das hat niemand gewusst.«

Der Moment scheint wieder einmal gekommen zu sein, um mich als Arrangeur der verschiedenen Meinungen unserer Protagonisten einzubringen. Wir erinnern uns an jenen Familienzwist im Jahre 1923, von dem Othmar sprach, als er Martin vor ihrer Flucht aus Deutschland beruhigen wollte. 1923 kreuzte Guideon Sundback mit seinem Patent auf und Martin musste alles zu Geld machen, um den Kauf zu finanzieren. Damals verlangte er von seiner Familie einen Erbvorbezug, den ihm seine fünf Geschwister nur unter größtem Protest einräumten. Der einzige, der für Martin sprach, war Beat, der Pater aus Disentis. Doch Hanna war es, die in diesem Erbvorbezug ein großes Risiko für die Zukunft erkannte und sich deshalb entschieden dagegen positionierte. Seither hat es immer wieder Diskussionen um das Geld gegeben, weniger aus Angst vor mangelnden Einkünften, als eher aus Angst vor zu vielen Ausgaben.

Hanna steht gerade mit Martin bei der Bar, als das letzte der Boote von Max James Emdens Armada der Lust eintrifft. Mit seinem lauten Horn ist es nicht zu überhören, und man ist geneigt zu glauben, dass man es mindestens bis Padua hört.

»So ein fürchterlicher Parvenü«, schnaubt Hanna und drehte sich verächtlich zu Martin, »muss mit fünf Booten anreisen, damit er alle Weiber transportieren kann.«

Martin will zuerst auf den Transport der Weiber eingehen, denn immerhin wertet das sein eigenes Fest nach diesen unangenehmen Diskussionen über den Krieg doch erheblich auf. Doch er macht einen Fehler. Er geht auf die Boote ein. »Er ist nur mit drei Booten da.«

Die Schwester dreht sich nochmals brüsk um. »Da stehen aber fünfe.«

Jetzt hat er's gemerkt, dass er besser geschwiegen hätte. »Äh, geben Sie mir einen Julep, bitte.«

Und dann zu Hanna: »Nimm doch auch einen. Minze beruhigt ja so.«

»Alkohol aber nicht«, schnarrt sie zurück. »Warum stehen da fünfe?«

»Weil zwei davon verdammt noch mal meine sind. Weißt du's jetzt? Bist du zufrieden? Magst mal ausfahren damit?«

Hanna visiert ihren kleinen Bruder ganz genau. »Du bist einfach ein Verschwender! Es ist ja so offensichtlich: Dieser deutsche Protzer hat ein Boot. Dann braucht der Martin auch eins. Bald kauft er sich ein Luftschiff. Dann wirst du mindestens eine Rakete haben wollen. Du bist doch ein elender Angeber! Das warst du immer schon!«

Obwohl Martin seinen Julep in einem Zug austrinkt, kann ihn die Minze nicht restlos beruhigen. »Und du warst schon immer eine verdammte Giftspritze. Dir ist doch alles zuwider, was nicht in der gleichen langweiligen Mittelmäßigkeit lebt wie du und dein doofer Arzt.«

»Das ist doch die Höhe!«

»Ich sag dir jetzt mal was, Schwesterlein! Du kommst seit Jahren hierher und frisst von meinem Buffet und säufst aus meinem Keller. Jahrelang hab ich euren Sohn unterstützt und euch dazu, die ganze verdammte Familie. Hunderttausende Franken hab ich für euch ausgegeben, das Hundertfache dessen, was ich damals als Erbvorbezug erhalten habe. Und jedes Mal, wenn du was erblickst in meinem Leben, was du dir nicht leisten kannst, kommst du mit deinen faulen Vorwürfen und deiner erbärmlichen Tour, ich sei ein Verschwender!«

Hanna holt jetzt auch tief Luft. »Und ich sag dir was, Brüderlein! Du würdest in St.Gallen immer noch Bruchbänder nähen, wenn wir dich nicht damals unterstützt und dir das Geld für dieses Patent gegeben hätten. Du hast deinen Reichtum gekauft, mit unserem Geld begründet. Und heute stehst du da, wie der König des Tessins und tust so, als hättest du alles erfunden, als seiest du der große Unternehmer! Es war alles von anderen; dein Geld, deine Ideen, deine Patente.«

Mittlerweile haben die Umstehenden bemerkt, dass diese verbalen Kapriolen nicht zum kulturellen Rahmenprogramm gehören. Das hält sie jedoch nicht davon ab, sich wie bei einem Preisboxerkampf um die beiden Geschwister herumzustellen und sie anzufeuern:

»Ja, gib es ihr zurück, Martin. Die Frauen erobern sonst noch die Wirtschaft!«

»Los Hanna, sag es ihm mal. Der glaubt sonst noch selbst, was er immer schwafelt.«

»Nicht beißen! Das Buffet ist groß genug!«

»Zweihundert auf Hanna!«

Die Situation eskaliert. Die Ausschreitungen werden immer grotesker, die Zurufe immer dreister. Teddy Stauffer hofft, mit einem lautstarken Swing die Aufmerksamkeit von diesem peinlichen Intermezzo abzulenken. Das gelingt ihm nur teilweise. Stattdessen erkennt Emdens Mädchenrunde die Gelegenheit, zu dieser rassigen Musik mal richtig die Sau raus zu lassen und stürmt die Bühne mit einer Inbrunst an Körpereinsatz, so dass diese krachend zusammenbricht und ein heilloses Tohuwabohu von Armen und Beinen, von bunten Kleidchen und weißen Anzügen, von kreischenden Sirenen und grunzenden Helden verursacht. Ernesto Rieser hat unter den Planken seinen Fuß eingeklemmt, schreit jämmerlich und schüttet in seiner hilflosen Grobmotorik etwas taktlos sein Bier über die Dame nebenan. Baron von der Heydt versucht einem Mädchen auf die Beine zu helfen, tut das offensichtlich an der falschen Stelle und fängt derart eine, dass noch Minuten nach dem Zwischenfall die Finger der Schönen auf seinem roten Gesicht davon zeugen. Ludwig Bucher will einen Fotografen der italienischen Boulevardpresse abhalten, sich das Durcheinander zu Nutze zu machen und die Fotos seines Lebens zu schießen, was ihm aber nicht gelingt und dem Fotografen so lange eine Freude an seinen Bildern beschert, bis sie von Max James Emdens Leibwächtern konfisziert werden und zwar dergestalt, dass des Fotografen Auge nicht mehr durch den Sucher passt.

Nur Ferruccio bewahrt seine sprichwörtliche Geistesgegenwart, ruft sich seinen alten Freund und Wegbegleiter Armande Pedrazini herbei, um die Sache zu schlichten. Doch sie müssen vorsichtig vorgehen, denn Martin hält seinen Cocktailtumbler schon recht bedrohlich in der Hand und auch Hanna scheint zusammen mit ihrer prallvollen grau-beigen Handtasche zu einer radikalen Verteidigung ihrer Meinungsfreiheit bereit zu sein.

»Wenn mir jemand, der sich in der Wirtschaft oder in der Produktion oder zumindest im Verkauf auskennt, sagen würde, dass ich das alles nicht alleine zustande gebracht habe, dann wäre ich ernstlich beleidigt. Aber du Hanna, du hast ja nur gut geheiratet und von nichts eine Ahnung! Du weißt nicht, was es heißt, eine Firma aufzubauen, ein Produkt serienreif zu machen und Tausenden eine Existenz zu verschaffen. Alles, was du kannst, ist neidig sein! Da bist du großartig!«

»Ich kenne mich vielleicht in der Wirtschaft nicht aus, aber ich habe zumindest so viel Anstand gelernt, auf jene Rücksicht zu nehmen, die einem das alles ermöglicht haben. Niemand spricht dir deinen Erfolg ab. Ich spreche dir deine Fähigkeit ab, damit umgehen zu können. Du bist großkotzig geworden, Martin, ein neureicher Pimpf, der Millionen ausgibt für sein fehlendes Selbstwertgefühl. Du brüskierst deine Familie und deine Mitarbeiter.«

Mittlerweile ist auch der wimmernde Ernesto Rieser zu Ferruccio und Armande gestoßen, so dass sie sich gewappnet fühlen für eine Intervention. »Martin, beruhige dich!«, greift Ferruccio ein und stellt sich beherzt zwischen die beiden Kampfhähne. »Es ist eine alte Fehde. Sie reißt immer wieder neue Wunden. Ihr könnt sie nicht lösen, wenn ihr euch hier anschreit!«

Während er dem Eklat Einhalt gebietet, kümmert sich Ernesto um Hanna. Armande bahnt sich einen Korridor durch die Schaulustigen, damit Hanna und Martin aus der Arena gelangen können. Er bittet die Leute, sich nützlich zu machen und mitzuhelfen, die desolate Bühne aufzubauen. Man sieht den Gesichtern der Leute die Enttäuschung darüber an, dass das ergreifende Zwischenspiel zu Ende ist. Doch einige Männer erkennen bald, dass etliche gestürzte Mädchen ihre Hilfe brauchen, während sich die Frauen, wie immer in der Weltgeschichte, um den Fortgang des Alltagslebens kümmern. Sie räumen die Gläser auf, verarzten geschundene Männerknie und sammeln ausgeleerte Handtaschen in der Wiese ein. Eine findet sogar ein Gebiss. Doch es scheint witzigerweise niemandem zu gehören.

»Ich lass' mich doch nicht von meiner eigenen Schwester vor allen Leuten zur Sau machen! Die kann was erleben!«, faucht Martin weiter.

»Ja, das war ungeschickt, das vor allen Leuten zu machen«, beschwichtigt ihn Ferruccio. »Aber dass du auch immer gleich so unbeherrscht wirst. Du weißt doch, dass Hanna auf dich neidisch ist. Das war als Kind so und es ist heute so, das hast du selbst gesagt.«

»Ja, stimmt. Und deshalb muss ich mich hier fertigmachen lassen?«

»Sie macht dich nicht fertig. Sie sorgt sich um deinen Lebenswandel, und damit ist sie ja nicht die einzige. Sei ehrlich. Elena hat dir das gleiche gesagt und in unserer letzten Männerrunde war das auch schon ein Thema. Du weißt das. Das ist der Preis des Reichseins. Du solltest ihn würdiger zahlen.«

Martin holt erstmals wieder normal Luft. »Ich zahl so viel ihr wollt dafür, aber ich lass mir nicht vorwerfen, dass ich meinen Erfolg nicht selbst geschaffen habe und dass ich meiner Familie nicht dutzendfach zurückbezahlt habe, was sie mir damals gegeben hat.«

Ferruccio winkt Ernesto herbei, der es augenscheinlich auch geschafft hat, Hanna vom unsachgemäßen Gebrauch ihrer Handtasche abzuhalten. Er bringt sie an die etwas abgeschiedene Stelle, wo Martin wie ein erschöpfter Bulle nach dem Kampf vor sich hinbrütet. Armande hat die Gesellschaft wieder in ihr spaßiges Element überführt und stößt zu der kleinen Gruppe am Rande.

»Lasst mich hier kurz ein paar Worte reden«, beginnt Ferruccio sein Eröffnungsplädoyer und ab diesem Moment ist er weder der Freund Martins noch der Bekannte Hannas. Er ist Rechtsanwalt, mit allen Sinnen und allen Konsequenzen. »Es ist wieder mal ein Streit entbrannt über ein Thema, das schon lange zwischen euch steht. Ihr wisst, was passiert, wenn solche Konflikte lange glimmen. Die Deutschen machen es uns gerade vor.«

Hanna und Martin schauen beide aneinander vorbei. Er zum See. Sie zum Haus.

»Wollt ihr diesen Krieg wirklich? Wollt ihr ständig das gleiche Thema immer und immer wieder zum Anlass für Feindseligkeiten machen? Nehmt euch ein Bespiel an eurem Bruder Beat. Er ist sicher auch nicht immer eurer Meinung. Aber er hält sich da raus und verhält sich neutral.«

Martin möchte was sagen, überlegt es sich aber und schweigt.

»Darf ich ganz ehrlich sein und einmal aussprechen, worum es hier eigentlich geht?«

Die beiden schweigen immer noch. Hanna nickt immerhin.

»Hanna, du bist auf deinen kleinen Bruder neidisch, weil er es weiter gebracht hat als jeder in eurer Familie. Lassen wir das mal so stehen. Meine Frage nun an Martin: Wärst du das nicht auch, wenn du für deinen Bruder Geld von deinem Mund abgespart hättest und der damit von Erfolg zu Erfolg eilt? Ist das nicht menschlich? Aber anstatt darauf zu reagieren oder die Situation zu entschärfen, unterlässt du keine Gelegenheit, diesen Neid zu schüren. Du gibst das Geld beidhändig aus und lässt alle wissen, dass du der König bist. Meine Frage nun an Hanna: Würdest du nicht auch all jene Dinge tun und kaufen, von denen du ein Leben lang geträumt hast, wenn du das Geld dafür hättest? Ich glaube schon, denn auch das liegt doch einfach in unserer Natur. Wir sind Menschen, keine Sparschweine.«

Armande und Ernesto schauen sich an. Sie wissen schon, warum sie Ferruccio gefolgt sind, von Mailand bis hierher, und sie würden ihm noch weiter folgen, wenn es sein müsste bis nach Berlin oder gar nach Moskau. Ferruccio hatte ein unheimliches Geschick, zwischen Nachgeben und Fordern zu taktieren. Das machte ihn zu einem der erfolgreichsten Anwälte im oberitalienischen und mittlerweile auch schweizerischen Raum. Egal, ob es sich um einen Politiker von Rang, um einen kleinen Gauner des Wirtschaftslebens oder um ein Mädchen handelte, das sich von seinem etwas knuddelig bärenhaft wirkenden Äußeren abschrecken ließ, Ferruccio kochte sie alle ein. Das heute aber, das war ein Freundschaftsdienst. Ein Liebesbeweis sozusagen.

»Ihr seht also, ihr habt beide berechtigte Gründe, euch aufzuregen. Das ist so im Leben. Ihr seid eine Familie. Das muss so sein. Aber muss es denn auch in Bereiche ausarten, die nichts, aber auch gar nichts mit der Sache zu tun haben? Ich frage dich Hanna: Warum unterstellst du Martin, dass er nichts selbst erschaffen hat? Du weißt, dass es nicht stimmt. Du weißt, dass du ihn so verletzt. Aber ich frage auch dich, Martin: Warum gibst du deiner Schwester das Gefühl, ein schlechterer Mensch zu sein, nur weil sie weniger Geld verdient und Mutter ist? Du weißt, dass sie Gründe hat, deinen Lebenswandel zu kritisieren. Du machst das selbst auch in ehrlichen Momenten.«

Martin blickt etwas trotzig und unruhig um sich. Es kommt etwas zu schnell, dass er hier seinen Groll begraben soll, etwas zu ungestüm. Er hätte gerne noch etwas berserkert, noch ein wenig darauf herum geritten, wie absurd Hannas Einstellungen sind. Auch Hanna hat mehr Erfahrung im Umgang mit einer ausufernden Streitkultur mit Martin als mit einem raschen Schulterschluss. Sie hätte noch viel Grund und noch mehr Energie zum Kämpfen. Doch sie sieht Ferruccios Argumentation ein. Es hat keinen Sinn. Sie kommen hier und jetzt nicht weiter in der Sache. Sie nickt deshalb stumm und traut sich das erste Mal, ihrem Bruder wieder in die Augen zu schauen. Er möchte diesen Blick vermeiden, weiß aber, dass es ihm als Schwäche ausgelegt würde und hält deshalb stand.

»Dann habe ich jetzt folgenden Vorschlag: Lassen wir das nun bewenden und diskutieren es mal in aller Ruhe aus, wenn wir Zeit dazu haben. Dann können beide Seiten vorschlagen, wie sie den Ansprüchen der Familie gerecht werden wollen.« Eine kurze Weile herrscht gespenstische Ruhe in der Runde. Die Bühne scheint aufgebaut zu sein, jedenfalls tanzen die Leute wieder, und Teddy Stauffer hat angefangen, beruhigende Töne anzustimmen.

»Ich bin einverstanden«, sagt Hanna kleinlaut.

»Ich auch«, knurrt Martin, als hätte ihm der Richter bereits eine Geldstrafe über eine Million aufgebürdet. Dann wendet er sich ab und schleppt sich in Richtung Ludwig Bucher, der etwas abseits gestanden und die Szene kritisch beobachtet hat.

Hanna schaut Ferruccio lange an, dann geht sie ebenfalls. Sie packt ihre Sachen und wird nicht mehr in die Villa Ri-Rita zurückkehren. Sie weiß, dass der Streit nicht beendet ist, sondern dass er eben erst begonnen hat. Ernesto folgt Martin. Er möchte sicher gehen, dass sich Martin nicht noch irgendwo aufspielt. Zu gut kennt er seinen Chef und zu genau weiß er von Ferruccio, was auf dem Spiel steht. Als er Martin in Ludwig Buchers Obhut sieht, ist er erst einmal beruhigt. Armande hat Lucia aus der Ferne erblickt und erzählt ihr brühwarm die ganze Reiberei. Ferruccio seinerseits torkelt entkräftet in Richtung Steg, nimmt sich von unterwegs ein Glas in die Hand und lehnt sich, abgewendet von der Festgesellschaft, auf die Balustrade in Richtung See. Für einen Moment genießt er die Ruhe, denn auch er weiß, dass ihn die Sache noch mehr beschäftigen wird, als ihm lieb sein kann. Sie wird, und da ist er sich sicher, seine Nerven noch stark strapazieren. Dann taucht Curt hinter ihm auf. Ein nächster Kandidat, denkt er sich, und dreht sich zu ihm um.

»Sag mal, was war denn da los?«, fragt der Journalist mit einer Neugier in der Stimme, dass er fast platzt.

»Ah, der Herodot des Tessins. Schön, dass du wieder hier bist.«

Die wilden Jahre

7. Kapitel,
das ausführt, wie Martin Othmar Hilfe anbietet, selbst aber fast mehr davon braucht, weil so unsagbare Dinge geschehen sind, dass man meinen möchte, es handle sich um handfeste Lügengeschichten.

Othmar schleicht ängstlich aus seinem Hotelzimmer. Bevor er sein Telegramm aufgeben lässt, schaut er sich zwei, drei Mal um, als könnte jemand auf das Dokument schauen, das er gerade hastig aus seiner Innentasche zerrt. Währenddessen beugt sich Martin ein paar hundert Kilometer weiter entfernt über seine Buchhaltung. Seine Augen fixieren die Zahlenreihen unter dem Summenstrich, die fett gedruckten Zeugen von guten und schlechten Ergebnissen seiner Reißverschlusswerke. Nun wäre ein akribischer Übertrag in sein persönliches Rechenbüchlein gefolgt, hätte ihn nicht ein Klopfen an der Tür zurückgeschreckt. Es gab fast nichts, was ihn in diesem Stadium aufgehalten hätte. Der Gotthard könnte einstürzen und ein dritter Weltkrieg ausbrechen, was ihm bleibt, ist seine Bilanz, die er monatlich in seinem Rechenbüchlein nachträgt. Dieses Poltern jedoch verheißt nichts Gutes!

»Verdammt, Heinrich, nicht jetzt! Nicht jetzt!«

»Herr, es ist wichtig.«

Martin knallt seine Buchhaltung zu, bläst vorsichtig die Tinte im Rechenbüchlein trocken und steckt es dann behutsam in die Innentasche seines Sakkos.

»Herr, es ist eine Nachricht aus Tunis. Von Othmar!«, zischt es eindringlich durch die Tür.

»Von Othmar? Aus Tunis?«, fragt Martin und springt zur Tür.

Heinrich übergibt ihm stumm ein Telegramm. »Er sagte, ich soll es Ihnen heute Abend geben. Genau jetzt.«

Martin öffnet es und sieht kurz seinen Diener an. Dieser nickt vielsagend.

»Der Flug geht morgen in der Früh! Wir müssen uns beeilen!«, flüstert Heinrich.

»In Tunis! Der ist ja völlig wahnsinnig. Was macht der in Tunis?«, schreit Martin.

Acht Jahre sind seit dem letzten Kapitel vergangen. Martins Haar ist noch ein wenig stärker ergraut. Seine Brille legt er jetzt nicht mehr ab. Die acht Jahre haben auf seinem Gesicht Spuren hinterlassen. Seit dem Mai 1940 ist die Welt nämlich eine ganz andere geworden, und zwar in einer Art und Weise, dass sich nicht einmal jene traumtrunkene Partygesellschaft der Villa Ri-Rita davor verschließen konnte. Keine Musik kann so laut spielen, dass sie die Bomber rund um die Schweizer Grenzen übertönt. Und selbst Alkohol kann nicht so betäubend sein, dass die Trunkenen nicht merken, wie sich um ihren Hals nicht der Arm einer Geliebten, sondern das Seil eines Henkers schmiegt.

Nun dämmerte auch Othmar langsam, dass die Panik seiner Umgebung berechtigt sein könnte. Doch seine Welt brach erst ein paar Tage nach Hitlers Vorstoß ins Baltikum im Juni 1941 zusammen. Gerade wollte er seine Inge abholen, sich mit ihr ein wenig auf der Piazza Grande in Locarno ergehen, seine etwas gefühlsbefreite Fantasie mit dem pulsierenden Flair der Stadt und einer schönen Frau an seiner Seite aufmöbeln. Alles war perfekt. Sein Gefühl, seine Welt und seine Lügen darüber. Da sah er, wie sie, die kleine Inge, in den Wagen des ebenfalls kleinen Sohnes des großen Aga Khan einstieg und seinem Blick entbrauste.

Währenddessen arbeitete Martin unermüdlich, erbittert, rastlos. Er hatte kein anderes Instrument mehr, um die Welt zu bewältigen. Und für Peter war der Rückzug von der Welt immer nur ein Schritt in sich hinein. Er zog sich wieder einmal zurück, lebte eine Phase der Einkehr und des Entschleunigens, ging ganz in seiner Gedankenwelt auf, die ihm offensichtlich mehr Sicherheit bot als alles, was um ihn herum geschah. So trennten sich die Wege der drei Freunde, ähnlich wie damals in der Zeit, als Martin in Wuppertal war und Othmar und Peter in St. Gallen.

Elena ging ebenfalls. Eine Woche vor Othmars Niederlage auf der Piazza Grande besuchte sie ihre Schwester erneut, nahm viel Gepäck mit, sehr viel, und doch nicht so viel, dass Martin geglaubt hätte, dass er sie nie wieder sieht. Sie nahm nicht die neuen teuren Kleider mit, sondern jene, die sie noch aus ihrer Leipziger und frühen Wuppertaler Zeit auf dem Dachboden aufbewahrt hatte. Sie rührte kaum den Schmuck an, mit dem sie Martin in der letzten Zeit wie einen Ballon am Boden hatte halten wollen. Das Funkeln jener sündteuren Einzelstücke sah sie nur noch in Martins wahnsinnigen Augen, wenn er die Steine in Händen hielt, als seien sie seine eigene Frucht. Für sie waren sie nichts anderes als farbiger Kohlenstoff. Sie entfernte ein paar Fotos aus den Rahmen – Martin fiel das erst Wochen später auf – und packte ein paar Bücher ein. Das gelbe Büchlein von Orell Füssli war nicht darunter, obwohl sie noch gerne etwas mitgenommen hätte, was ihm wirklich teuer war. Ansonsten spürte sie keinen Groll mehr. Ihre Enttäuschung hatte sie in langen Nächten ausgeweint, ihre Hoffnung mit den Blumen im Garten begraben. Ihre Wut hatte sie zu den Rhododendren und zu den Palmen geschrieen, diese rauschten sanft zurück und ihr war, als setze sich gerade Martin mit einem ihrer zahlreichen Vorwürfe auseinander. Niemals können sich zwei Menschen ferner sein, als wenn sie sich einmal sehr geliebt haben. Als sie das merkte, musste sie weinen. Niemals zuvor und niemals danach hatte sie so lange und so bitterlich geweint. Ihr wurde erst kalt und dann warm. Doch selbst diese Tränen bewirkten keine Reue, kein Entsetzen vor dem, was sie schon lange gefühlt hatte. Als sie wieder aufstand, wusste sie, dass dies das letzte Wasser war, das sie ihren Blumen im Park der Villa Ri-Rita gegeben hatte. Dann packte sie.

Othmar tat das gleiche. Und er hatte auch schon einen Plan, was er tun wollte: Seit Teddy Stauffers Musik in Deutschland als entartet galt und dieser wieder in der Schweiz arbeitete, beklagte er sich ununterbrochen über das Leben in dieser Isolation. Er war ein Mann von Welt. Er war in den Berliner Etablissements ebenso zuhause wie auf den englischen Luxusdampfern oder in den Clubs der New Yorker Szene, in denen er sich den Ruf als bester europäischer Bandleader des Swing erarbeitet hatte. Er liebte die Schweiz, aber sie war ihm als Bühne zu klein für seine Inszenierungen. Er wollte wieder im »Delphi« spielen, im »Kakadu« oder im »Cotton Club« und seit längerem plante er, über den großen Teich zu gehen. Othmar ging also zu Teddy und bot ihm an, die Reise und die gesamte Übersiedelung zu finanzieren, wenn er ihm im Gegenzug drüben in den Staaten eine adäquate Gesellschaft böte.

Die zwei hatten sich schnell gefunden. Teddy verließ seine Band, die sein Freund Eddie Brunner übernahm, und zog mit Othmar los, einen Koffer in der einen und eine Neue Zürcher Zeitung in der anderen Hand. Othmar fand gerade noch genug Zeit, spätabends vor seiner Abreise bei Martin vorbeizuschauen und sich zu verabschieden. Das war vor acht Jahren.

Nun wandelt Martin im Flughafen von Tunis, hält Othmars Telegramm in feuchten Händen, schaut unruhig hin und her, verflucht, dass er hierher geflogen ist, versucht, etwa hundert Fragen an Othmar nach Wichtigkeit zu ordnen, möchte wieder umdrehen, überlegt sich, in welcher Gefahr sich sein Freund befinden könnte, bleibt wieder stehen. Dann überkommt ihn eine pulsierende Übelkeit. Er greift eilig nach dem Büschel Petersilie, das er wie einen hawaiianischen Blumenschmuck um den Hals trägt, und steckt seine Nase tief in das duftende Grün. Seit ihm seine Köchin Rosita gesagt hat, es gebe nichts Besseres gegen Übelkeit auf Reisen, hat man ihn nie wieder ohne diesen Halsschmuck auf einem Flughafen gesehen. Es scheint im Augenblick auch tatsächlich zu wirken. Auf jeden Fall schwankt er zu einem Taxi, das ihn in die Innenstadt, ins Tunisia Palace bringt, Zimmer 706. Die Fahrt dorthin stellt alles im Flugzeug erlebte in den Schatten und der Taxifahrer berichtet danach vergnügt dem Concierge im Hotel, dass sein Gast soeben ein ganzes Büschel Petersilie gefressen habe.

Als Martin vor der Tür 706 steht, ist er fast nicht von der feingrünen Tapete des Ganges zu unterscheiden. Das Zimmer scheint im letzten Winkel des Hotels untergebracht zu sein. Nicht sehr standesgemäß, denkt sich Martin. Mit letzter Kraft hebt er seinen Arm, um zu klopfen, als plötzlich die Tür aufspringt und Othmar mit gefärbten Haaren, in eine traditionelle Djellaba gekleidet, vor ihm steht. Er zieht seinen Freund in das Zimmer und umarmt ihn überschwänglich. Martin hält ihn erst von sich fern. »Was zum Teufel tust du hier? Was ist das für ein Anzug? Und was soll ich hier?«

Othmar hört ihm erst mal geduldig zu, erfährt von Martins Flug und von seiner Angst in einer arabischen Stadt und von den immer noch nicht beseitigten Spuren des Krieges und von der Taxifahrt und von einigen der mittlerweile über hundertdreißig Fragen.

»Beruhige dich erst einmal! Stell deine Sachen ab! Setz dich hier auf ein Kissen! Nimm einen Tee! Verbrenn dir nicht die Finger! Schütt keinen Zucker nach! Hör einfach zu!«

»Ich werde mich beruhigen. Aber ich weiß, dass du mir in Kürze die letzten acht Jahre deines Lebens bis ins kleinste Detail erzählen wirst. Deshalb kurz vorab: Was tun wir hier? Vor allem: Was mache ich hier? Und warum bist du in einer Stadt, in der sich vor kurzem noch Deutsche, Amis, Italiener und Engländer die Birne eingeschlagen haben? Und was soll diese verdammte Maskerade?«

Othmar schaut etwas ertappt. »Acht Jahre?« Dann rückt er ein Kissen zurecht, leert den Tee mit gekonntem Griff ums heiße Glas, schenkt nach und rückt näher an Martin heran. »Was wir hier tun? Wir retten Othmar. Was du hier machst? Du wirst alle Leute schmieren, denen wir von dem Kissen, auf dem du hockst, bis zu unserem Platz im Flugzeug nach Zürich-Kloten begegnen werden. Warum diese Stadt? Weil Salonia hier wohnt, meine Ex-Verlobte. Und was diese Maskerade hier soll? Die Ex-Verlobte hat einen Vater. Alles klar?«

Martin wird wieder schlecht, und weil er die ganze Petersilie gegessen hat, muss ihm Othmar viel Tee nachreichen, bevor er ihm reinen Wein einschenken kann.

»Bist du bereit?«

»Ich kann es kaum erwarten.«

»Gut. Dann fangen wir mal im Tessin an. Du erinnerst dich an meine Abreise mit Teddy Stauffer. Das war vielleicht ein

Flug, mein lieber Schwan. Ich hätte nicht gedacht, dass ich New York lebendig erreiche. Aber wir kamen unversehrt und ohne abgeschossenen Heckflügel an, und ich war heilfroh, dass ich Europa hinter mir gelassen hatte. Niemals hätte ich gedacht, dass einem ein solcher Moloch von Stadt ein behagliches Gefühl bescheren kann, aber ich schwöre dir, es war genau so. Wir trafen dort Teddies alten Freund Adrian Rollini und der zeigte uns die Stadt und deren Menschen.«

Mit der Stadt und den Menschen meinte Othmar wohl das pralle Leben des Big Apple. Die USA waren damals dem Krieg noch nicht beigetreten und der dortige Alltag musste einem Europäer vorkommen wie ein Urlaub vom Untertagbau. Adrian Rollini war ein berühmter Bandleader und Jazzinterpret und führte den Club »Tap Room«, wo sich allabendlich die New Yorker Musikerelite traf. Zu dieser Zeit an diesem Ort unter diesen Menschen zu sein, das war nicht nur ein Privileg, es war eine Eskapade. Und genau die brauchte Othmar. Nichts fürchtete er in Wahrheit so sehr wie das Profane im Leben, die Tretmühle seiner eigenen Flachheit. Othmar brauchte stets einen Kick von Außen, weil er nie gelernt hatte, mit sich selbst etwas anzufangen. In diesem Sinne war er ein sehr moderner Mensch, ein Saugrohr, das Zerstreuung und Amüsement inhalierte, als seien sie Atemluft. Je länger er sog, desto mehr wurde er Teil dieser Kultur. Er zog den Kreis seines Selbst so weit, dass alles das Seine war, was er in der Welt erlebte. In wildfremden Menschen erkannte er plötzlich sein eigenes Wesen und liebte sie maßlos. In fremden Orten glaubte er Stätten seines Wirkens wiederzuerkennen und agierte darin, als seien sie sein Gemüsegarten. Seine eigene Hand führte ihn durchs Leben, seine eigene Stimme murmelte über ihn seine Bestimmung und so endete sein Vermögen, wo es bei Menschen immer endet, nämlich an der Welt. Nur er, er glaubte sich ganz bei sich, ganz im Schosse seiner selbst. Selten wurde Verlorenheit so genussvoll ignoriert. Noch nie hatte die Halbwelt der Zerrissenheit ein so deutliches Gesicht erhalten wie in ihm. Othmar musste Amerika lieben.

Er fehlte auf keiner Party, die irgendwelche spleenigen Nachtschwärmer aus der Gruppe um Adrian Rollini veranstalteten. Und das waren viele, sowohl Nachtschwärmer als auch Partys. Dort traf er Künstler und Unternehmer und war natürlich mit seiner Art der seichten Anschlussfähigkeit sofort einer der ihren. Er suchte Oskar Tschirky im Waldorf Astoria wieder auf und zementierte gemeinsam mit ihm den Aberglauben der Amerikaner, dass Schweizer ein unheimlich exzentrisches Volk sein müssten, fast mehr noch als die Briten. Bei Dr. Goldzieher unterzog er sich Hormonspritzen, die ewige Jugend versprachen, nachdem wohl die von Peter literweise importierten Yoghurts aus dem südbulgarischen Rhodopengebirge nicht ihre gewünschte Wirkung getan hatten. Immerhin jagten ihm die Hormonspritzen so viel Adrenalin durch den Körper, dass er mit der Chuzpe eines russischen Kanoniers bei Inge Thompson aufkreuzte, sie einmal mehr von der Lebensqualität in seiner Gegenwart überzeugte und immerhin sechs Monate mit ihr verheiratet war, bevor sie beide merkten, dass dieses Tempo für eine Affäre ein Anfang, für eine Ehe aber das Ende ist.

»Mir ist es richtig gut gegangen, weißt du. Ich spürte, wie das Leben durch mich rann, ich fühlte mich wie neu geboren. Sogar Inge habe ich wieder getroffen, wir haben uns versöhnt, haben geheiratet und uns wieder getrennt. Aber dieses Mal ging sie nicht wegen eines Sportwagens.«

»Sondern?«

Othmar zündet sich eine Zigarette an. »Aus Erschöpfung.«

»Du bist doch ein alter Angeber!«, wehrt Martin ab und fächelt bei der Gelegenheit den Rauch an den Urheber zurück.

»Nein, wirklich. Wir hatten eine tolle Zeit und alles, aber wir merkten einfach schnell, dass wir beide nicht die Typen für eine Bindung sind. Sie verkroch sich zu ihrer Familie und ich wollte wieder nach Hause.«

»Ich verstehe.«

Martin versteht ihn natürlich nicht. Aber er kennt Othmar so gut, dass er weiß, dass er die Wahrheit unmöglich von ihm selbst erfahren wird. Ich selbst fragte Jahre später Inge Thompson per Telefon, wie es damals wirklich gelaufen war. Ich sagte also in etwa: »Othmar erzählte mir damals, du seiest wegen Erschöpfung gegangen.«

Sie: »Aus Erschöpfung? Glaub mir, mein Guter, kein Mann hat mir jemals gegeben, was ich nicht selbst hätte besser machen können.«

»Ich nehme an, es ging dabei vornehmlich um Sex.«

»Es ist nun mal eine wichtige Kommunikationsform neben der Sprache. Und Othmar sollte man wirklich nicht reden lassen. Er ist halt ein typischer Mann: Ohne Sinn für die Feinheiten des Lebens, aber großartig darin, ein Detail aufzublähen, als sei es das Ganze.«

Es war also keine Erschöpfung. Es war Langeweile. Hinter seinem Spiegel, gerichtet auf den Ozean des Lebens, fand sie wohl nicht viel mehr als eine Pfütze von Gefühlen. Das ist für jeden intelligenten Menschen zu wenig, um seine Freiheit aufzugeben, selbst wenn man dafür unsagbar guten Sex erhält. Inge kehrte also wieder nach Hause zurück. Othmar auch. Das Ende der Affäre war das Ende der Zeit in den Staaten. Auch Teddy Stauffer trieb es weiter. Er machte sich als Skilehrer, Benzinschmuggler, Schwarzhändler und Playboy einen Namen, bevor er mit seinem Freund Errol Flynn auf dessen Yacht in einem kleinen mexikanischen Fischerdorf namens Acapulco Station machte. Dort kehrte er wieder in sein altes Metier zurück, gründete eine Band, gründete Hotels, Discotheken und Restaurants und machte den Ort zum Treffpunkt des internationalen Jet-Sets. Die berühmten Klippenspringer von Acapulco waren einst Teddy Stauffers Attraktion.

Othmar hingegen machte kein neues Geld in den Staaten, er gab es nur beidhändig aus. Das mochte der eine Grund für seine Rückkehr gewesen sein. Der andere war, dass er realisierte, selbst in den USA die gleiche Seele mit sich zu schleppen wie in Europa, und dass diese Seele ihm einen bestimmten Radius im Leben absteckte, in dem er zu agieren hatte. Wenn schon so leben, dann zuhause, mochte er sich gedacht haben, und dazu kam ihm die Wende im Kriegsgeschehen ganz recht: Kurz nachdem er in die USA eingereist war, begannen sich die Alliierten erstmals zu organisieren.

»Am 27. Juli 1943 war es dann soweit«, fährt Othmar seine Erzählung fort, »ich hatte meine Sachen gepackt und war bereit, nach Europa zurückzufliegen. Doch genau an diesem Tag war eine militärische Aktion geplant, der Bombenangriff auf Hamburg, wie ich später erfuhr. Es galt als extrem unsicher, auf direktem Weg nach Europa zu fliegen und viele der Linienflüge wurden eingestellt. Doch ich fand einen Ausweg.«

»Du bist gerudert?«

»Es wäre wohl schneller gewesen, hätte ich das getan, das kannst du mir glauben.« Othmar zündet sich am Stummel der letzten Zigarette eine nächste an und diese Geste verheißt Martin, dass nun ein wirklich verwegenes Abenteuer folgen muss. Als Autor, der zumindest im Rahmen des Möglichen ein wenig um Objektivität bemüht ist, müsste hier eine Unterbrechung der direkten Rede folgen. Aber ich muss zugeben, dass sich Othmars Geschichte so haarsträubend und tolldreist anhört, dass man es mir als literarisches Vergehen anrechnen könnte, würde ich sie hier nicht in seinen Worten wiedergeben. Also möchte ich das tun und mich für einmal komplett zurückhalten:

»Ich flog stattdessen mit Pacific Airways nach Tokio, um dort einen weiteren Anschluss über Bangkok und Bagdad bis nach Istanbul zu nehmen und von dort nach Zürich«, sprach Othmar mit der Stimme eines persischen Heldendichters, »das wäre eine gute Idee gewesen, glaub mir, ein sicherer Kurs mit den geringsten Risiken, wie mir ein amerikanischer Ingenieur versicherte, der ebenfalls die gleiche Route vor sich hatte. In Istanbul waren wir vierzehn Passagiere, acht Engländer, drei Türken, zwei Amerikaner und ich sowie vier Mann Besatzung, die alle so schnell wie möglich weiterfliegen wollten. Es schüttete aus Kübeln, doch die Piloten waren sich sicher, dass wir starten können. Und das taten wir auch. Zuerst lief alles bestens, doch über dem Schwarzen Meer kamen wir nachmittags um 17 Uhr in eine Waschküche, die uns von der Route abtrieb und uns zwang, in einem unzugänglichen Sumpfgelände notzulanden. Das hat gescheppert, sag ich dir.

Die Landung gelang, obwohl das Flugzeug an Flügeln und Motoren starken Schaden erlitt. Eine der Tragflächen verteilte sich über die gesamte Strecke des Landeweges. Doch wir waren gerettet! Wir stiegen aus, dem Tod entronnen und das Nichts vor uns, keine Ahnung, wo wir waren und was um uns herum geschah. Ich sag dir, da lernst du das Leben fürchten! Grausig war das, mitten im Nirgendwo, nass von oben bis unten und mit nichts als der Überzeugung in der Brust, dass du das überleben möchtest. Endlich, nach langem Marsch durch unwegsames Gelände, trafen wir auf einen Bauern. Niemand verstand seine Sprache, aber so viel bekamen wir mit: Er bedeutete uns, dass wir uns auf sowjetrussischem Gebiet befanden.«

Martins Gesichtsausdruck verspannt sich zusehends. Denn auch wenn vielleicht nicht alles ganz der Wahrheit entspricht, so bringt es Othmar immer so, als würde das ganze soeben im Nebenzimmer geschehen. Martin vergisst darob sogar, dass er sich in einem Hotel in Tunis befindet, im Begriff, seinen Freund aus einer unmöglichen Verzwickung mit einer muslimischen Ex-Verlobten und ihrem Vater und mit möglicherweise vielen nicht erfundenen arabischen Gefolgsleuten zu zerren.

»Bei den Russen?«, unterbricht er also Othmar und hält sich die Hand vor den Mund, genau so wie es seine Großmutter immer getan hatte, wenn man in ihrer Gegenwart geflucht hatte.

»Bei den Russen, ja«, bekräftigt Othmar diesen einen Höhepunkt seiner Geschichte und macht keine Anstalten, etwas von der Spannung zu entschärfen. »Und weißt du, was dieser Bauer vorschlug? Er wollte die Nachricht von der Notlandung weitergeben, damit man uns quasi rette und uns wieder zu einem Flugzeug bringe.«

»Oh, mein Gott.«

»Der half ja bei den Russen wenig. Da musste ich schon selbst anpacken! Deshalb beschloss ich, mich von der Gruppe zu trennen, um mich selbst zu retten. Kein Wort Russisch, bewaffnet nur mit meinem Handgepäck, in dem sich nichts weiter als mein Necessaire, meine letzten Dollars und ein paar Kekse aus dem Flugzeug befanden, marschierte ich los, umging ein paar Gehöfte, die mir kein gutes Gefühl bescherten und gelangte endlich in die nächste Ortschaft, wo ich erfuhr, dass ich mich zweihundert Kilometer vom Schwarzen Meer befand.

Also charterte ich dort für eine Handvoll Geld ein Pferdefuhrwerk, das mich durch eine endlos scheinende Steppe aus schwarzer Erde in die nächste Stadt brachte, die eine Eisenbahnverbindung hatte. Unterwegs musste ich eingenickt sein, denn plötzlich spürte ich, wie sich etwas an meinem Gepäck zu schaffen machte. Ich dachte, dass dies mein Ende sei. Wenn die meine Dollars sehen, dann ist es vorbei. Ich riss also meine Augen auf und griff nach meinem Handgepäck, als ich bemerkte, dass das ausgespannte Pferd meines Fuhrwerks offensichtlich die Kekse gerochen hatte und an meiner Tasche schnupperte.

Wir waren also angekommen, der Kutscher lachte herzlich und ich entlohnte seine Zuverlässigkeit fürstlich. Die Pferde bekamen die Kekse. Dann fuhr ich weiter nach Odessa, von wo ich nach Bukarest oder wieder nach Istanbul zu gelangen hoffte. Doch weit gefehlt. Die Rote Armee hielt die Verkehrswege um das gesamte Gebiet Bessarabiens besetzt. Ein Durchkommen schien äußerst fraglich zu sein, wie mir ein einheimischer Schaffner im Bahnhof Odessa verriet, der erste Mensch übrigens, der Deutsch sprach. Er riet mir zur Weiterreise per Schiff, da viele freie Schifffahrer in Odessa anlegten und für gutes Geld manch gefährlichen Dienst zu unternehmen bereit waren.«

»Und das tatest du natürlich, du verrückter Hund.«

»Was sollte ich denn tun? Die Potemkinschen Treppen anschauen? Oder in die Oper gehen?«

»Was musstest du denn überhaupt diese Route wählen? Das ist ja furchtbar!«

Othmar drückt mit einer einsichtigen Geste seine Zigarette aus. »Im Nachhinein ist man immer schlauer, nicht wahr? Aber ich kann dich beruhigen: Die Überfahrt glückte. Ich bot einem ehrlich aussehenden Kapitän eines russischen Handelsschiffes meine Goldkette an und der verstaute mich zwischen seine Ladung Holz und Getreide bis zurück nach Istanbul. Ärgerlich war nur, dass das Schiff beim Anlegen den Pier rammte und dabei der gesamte Stoß Trockenholz auf mich herunterfiel. Doch ich kam mit einer Quetschung des Schulterblattes davon und konnte das Schiff sofort verlassen. Bei der türkischen Hafenpolizei zeigte ich das erste Mal meinen Pass. Die fragten telegrafisch in Bern nach, ob ich der sei, für den sie mich hielten und Bern bestätigte meine Daten.«

Martin ist schon ganz aufgeregt. »Dann ging es aber endlich nach Hause!«

»Um ehrlich zu sein, nein. Ein paar Tage vergnügte ich mich noch im Hotel ›Pera Palas‹ und aß wieder einmal aus Leibeskräften, und ich kann dir sagen, ich halte das Restaurant Pasha darin für einen der exquisitesten Orte des Orients.«

»Das ist ja schön. Aber dann ging's nach Hause?«

»Ja, danach trat ich meine Rückreise an und kam rechtzeitig zu Weihnachten in der Schweiz an. Aber sag, hast du nicht auch Hunger? Die Tajine hier sind wahrlich zu empfehlen.«

Martin wagt noch nicht ans Essen zu denken und vermisst das erste Mal seit längerem sein Petersiliensträußchen. Othmar hingegen läutet nach einem Bediensteten und bestellt eine reichhaltige Mahlzeit für vier Personen.

»Warum hast du dich nicht gemeldet? Ich hab kein Wort davon gehört, dass du wieder in der Schweiz gewesen bist«, sagt Martin in einem beleidigten Ton.

Othmar setzt sich wieder zu ihm. »Martin, du hättest doch kaum Zeit gehabt. Die Jahre haben sich eben geändert. Es ist wie damals in Wuppertal gewesen: Du hattest eine große Firma, die du durch den Krieg lotsen musstest und ich hatte mich wieder einmal meinen Geschäften zu widmen. Du weißt ja selbst, die Zeiten sind nicht rosig gewesen.«

Martin nickt stumm. Natürlich weiß er genau, was Othmar meint. Das Leben, wie sie es vor dem Krieg und auch noch in seinen ersten Phasen geführt hatten, war natürlich so nicht weiter gegangen. Die Unberührbarkeit der Schweiz war keinesfalls so selbstverständlich, wie das heute oft dargestellt wird. Die neutrale Insel inmitten der Achsenmächte tat gut daran, sich möglichst unauffällig zu verhalten und keinen Aufruhr zu provozieren.

Als Othmar wieder in die Schweiz zurückkehrte, sah er sich mit der Aufgabe konfrontiert, sich erst um seine Angelegenheiten, seine Geschäfte und sein Eigentum zu kümmern. Der Alltag im Krieg warf jeden Einzelnen zurück auf sich selbst. Eine Arbeitswoche war nicht einfach eine Abfolge von Tagen, sie war ein Existenzkampf. Der Sonntag gehörte wieder dem Herrgott. Abends waren die Straßen oft gespenstisch leer. Überall patrouillierten Soldaten oder Schutzwachen. In St. Gallen sah Othmar Szenen, die er seit seiner Kindheit nicht mehr gesehen hatte und die ihm oft eine eigenartige Mischung zwischen Unbehagen und Berührung ins Herz legten. Er sah zum Beispiel, wie eine Kuh in einen Hinterhof geführt wurde, mitten in der Stadt, und die Menschen aus allen Löchern und Winkeln mit Schüsseln und Schalen herbeieilten und nach einer Stunde keine einzige Seele mehr zu sehen war, keine Kuh und kein Tropfen Blut. Woher wussten die Leute wieder, wie man eine Kuh ausnimmt? Bei seinem Arzt sah er einen Soldaten, der in Schaffhausen seinen Aktivdienst absolvierte, und dem am Oberarm eine offene Fleischwunde klaffte. Der Arzt setzte ihm Fliegenlarven an, die das nekrotische Gewebe innert Tagen besser als jede andere Wundheilung wegfraßen. Woher wusste der Arzt, was die Medizin seit den napoleonischen Kriegen nicht mehr angewendet hatte? Der St. Galler Gemüsemarkt war nicht einfach eine zusätzliche nette Tradition der städtischen Geschäftsleute, sondern erhielt wieder den Rang eines Forums inmitten der Gesellschaft, eines Güterumschlagplatzes, der manche Familie in Not ernährte. Dort traf er auch Yvonne wieder mit ihren silbernen Creolen im Ohr, wo sie Gemüse verkaufte und ihre Waren feilbot. »Der Bär von Konstanz!«, begrüßte sie ihn und schenkte ihm eine Banane, eine seltene Delikatesse in Zeiten wie diesen. In den Restaurants kamen die Menschen in ganzen Horden zusammen, einfach nur, um Karten zu spielen oder um Radio Beromünster zu hören, die einzige unabhängige Berichterstattung Europas neben der BBC. Keiner der Wirte regte sich auf, wenn ein Gast den ganzen Tag und auch die ganze Nacht vor einem einzigen Bier saß. Ein kleiner Junge fragte ihn bei einer solchen Runde einmal, was denn das Radio erzählen wird, wenn der Krieg vorbei sei. Und Othmar hatte darauf keine Antwort.

»Weißt du, als der Krieg dann vorbei war, da merkte ich einfach, dass nichts mehr so war wie früher. Alles hatte sich verändert. Es war an der Zeit, wieder aufzubauen, wie wir es schon mal nach dem Ersten Krieg mussten. Und deshalb wollte ich zu dir ins Tessin kommen.«

»Auch das habe ich gar nicht mitgekriegt«, entsetzt sich Martin, »Irgendwie ist das wohl alles an mir vorbeigegangen?«

»Du warst ja wieder mal nicht da. Du bist irgendwo bei einem Rechtsanwalt gewesen, sagte man mir. Deshalb wartete ich in Ascona, wo mir dieses äußerst wichtige Geschäft dazwischen gekommen ist, das mich für längere Zeit nach Rom führte.«

»Nach Rom?«

»Ja. Ich war eine ganze Weile dort unten und ehrlich gesagt, die Zeit raste nur so dahin.«

Was Othmar mit der großen Veränderung und dem Wiederaufbau andeuten wollte, betraf vor allem seine eigene Situation: Die Kassen waren leer. Es war natürlich noch viel Substanz da, aber nichts Flüssiges. Seine Anlagen wurden durch den Krieg pulverisiert. Seine Investition in die Riri war grundsolide, aber seit dem Kriegsbeginn schüttete das Unternehmen keine Dividenden mehr aus. Sein Vermögen war blockiert. Zwar verkaufte er in St. Gallen das schöne Elternhaus, doch mehr als ein Jahr USA holte er damit nicht heraus. Das war der Grund, weshalb er zu Martin fahren wollte. Er brauchte Geld.

Ende August 1948 setzte sich also Othmar hoffnungsvoll in seinen alten Mercedes 170 V und steuerte ihn guten Mutes über den Gotthard. In Mendrisio war Martin tatsächlich nicht zu finden, denn der hatte wahrlich andere Sorgen, wie wir noch erfahren werden. Also fuhr Othmar nach Ascona, an die berühmte Piazza Giuseppe Motta, in deren Schoß er früher so leichte Tage erleben durfte. Er streifte entlang der Uferpromenade und allein hier war es ihm, als sei die Welt doch die gleiche wie in seinen Erinnerungen, als sei die Zeit stehen geblieben und als hätte nie ein Krieg dem Traum vom süßen Leben ein Ende gesetzt. Er ließ die Düfte der eleganten Frauen an sich vorbeiziehen und die Wortfetzen heftig diskutierender Menschengruppen. Er schwebte durch die Körper und Schatten, als wäre er ein Geist, um Jahrhunderte von der Welt getrennt. Ein paar Männer spielten Boule und freuten sich bei jedem Wurf auf die Diskussion, wie es sein könnte, wenn der Wurf anders gewesen wäre. Eine Mutter versuchte vergeblich, ihrem Kind den gesellschaftsfähigen Genuss von Eis beizubringen. Unter dem grünen Baldachin der Kastanienblätter wandelte ein junges Paar Arm in Arm und sie schienen genau so entrückt von der Welt zu sein wie er, nur eben zu zweit entrückt. Fast wäre die Stimmung gekippt. Fast wäre aus der feinen Melancholie so etwas wie dumpfer Groll geworden, Eifersucht auf die Schwerelosigkeit des Lebens. Doch dann sah Othmar ein kurzes rotes Kleid, das durch die Schatten huschte wie eine Feder im Wind. All die Farben um ihn schienen sich in eine Melange von Grau und Beige zu verwandeln und das Rot des Kleides fächelte vor ihm und leuchtete und strahlte eine Hitze aus, die sich glühend durch seinen Anzug bohrte. Für einen Moment fuhr ihm seine Einsamkeit so richtig giftig unter die Haut. Inge kam ihm in den Sinn. Der Sportwagen. Seine finanzielle Situation zehrte an ihm. Und vor ihm, greifbar nahe, flatterte das pralle Leben. Was in ihm festgefahren war, das lebte scheinbar schwerelos vor seinen Augen. Er sah das Kleid plötzlich nur noch mit dem Herzen, nicht mehr mit dem Auge. Es tanzte vor ihm, streifte durch den Garten seiner Erinnerungen, berührte sanft die Blumen am Wegrand, wehte im Wind auf dem Steg vor dem See, bis es schließlich, schneller noch, als es ihm zuerst aufgefallen war, im Dunkel seiner Sinne verschwand. Er stand immer noch neben den Männern mit den Boulekugeln in der Hand. Die Mutter wischte mit einem Tuch im Gesicht des Kindes. Das junge Paar war in der Menge verschwunden. Ein paar Sekunden verstrichen, und seine Seele fand wieder ihren Körper. Dann streifte er weiter, gedankenverloren, schaute unruhig um sich, hoffte, sein Auge möge treffen, was er sich ersehnte, traf es offensichtlich nicht, er begrub die Hoffnung und ging weiter.

Doch das Schicksal meinte es gut mit Othmar. Gleich im ersten Café ums Eck sah er das rote Kleid wieder. Er näherte sich ihm. Dann sah er den Körper darin. Othmar stand wie festgewurzelt da. Daneben saß ein reiferer Herr mit schwerem Goldschmuck und perfektem Anzug. Er schien nicht der Liebhaber zu sein. Eher der Vater. Oder ein Onkel. Er hoffte auf jeden Fall, dass es nicht ein Mann sei, wie er selbst einer war.

Selten hatte er ein so wunderschönes Mädchen gesehen, selten eine so perfekte Symbiose von Haut und Kleid. Er vergaß seine Situation, vergaß seinen Plan, der ihn in das Tessin geführt hatte. Sein Herz hätte bestimmt zu flattern begonnen, seine Gefühle hätten sich in seinem Bauch gelöst und wären wie Fledermäuse in seinem Innern hochgestiegen, wäre er nicht Othmar gewesen, Othmar der Eroberer, der Stepptänzer auf der Bühne der schnellen Gefühle, der Akrobat des Verliebtseins. Dieses Mädchen war seine Bestimmung! Sie war der goldene Schnitt aus der Sternenkarte, aus der er seine Zukunft las. Als er zurück zu seinem Wagen eilte, da hätte er schwören können, er sei dahin geschwebt. Doch die Passanten behaupteten, er sei zu Fuß gelaufen, gerannt vielmehr, wie ein Verrückter. Er setzte sich hinein, brauste über die Piazza, erschreckte Boulespieler, Kinder, Mütter und Verliebte in einem, fuhr sogar einen Müßiggänger fast über den Haufen, der ihm dann auch böse nachblickte, lachte vergnügt an ihm vorbei mit der Geste des Gewinners, bremste sich mit quietschenden Reifen vor dem Restaurant ein, schwang sich aus dem Chrom und segelte mit seinen 56 Lebensjahren wie ein Pelikan durch die Reihen verdutzter Gäste geradewegs auf das Objekt seiner Begierde zu. Er hielt seine Karte hin, stellte sich höflich vor, fragte nach einem Stuhl und setzte sich nach formeller Erlaubnis gegenüber des goldbehängten Herrn, der sich als tunesischer Industrieller Monghi Baccouche vorstellte. An seiner Seite, im roten Kleid, befand sich, wie Herr Baccouche erläuterte, seine achtzehnjährige Nichte Nadia. Othmar strahlte.

»Was sind denn das für Geschäfte gewesen in Rom?«, will Martin wissen, da Geschäftemachen eindeutig seine Domäne ist. Othmar merkt, dass er sich hier in ein Themengebiet manövriert hat, das nun nicht so schnell zu beenden ist. Elhamdulilah, wie man im arabischen Raum in solchen Momenten zu sagen beliebt, klopft es just in diesem Augenblick an der Tür und der Zimmerservice bringt die bestellten vier Portionen Tajine.

»Wundervoll!«, springt Othmar auf und nimmt die Köstlichkeit der Region entgegen. Er bittet Martin, dem Überbringer ein Bakschisch zu geben und stellt die Platte auf den Tisch.

»Eigenartig, ich habe diesen Burschen hier noch nie gesehen«, sagt er leise zu Martin, bevor er sich die Hände waschen geht.

»Wie lange bist du denn schon hier?«

»Lange genug, um jeden zu kennen, glaub mir.« Ganz in der traditionellen Manier des Landes setzt sich Othmar quer zur tönernen Schüssel und beginnt, mit den Händen das Mahl zu sich zu nehmen. Martin schaut ihm etwas unsicher zu.

»Wo waren wir?«, fragt Othmar zwischen zwei Happen.

»Bei den Geschäften«, antwortet ihm Martin und klaubt nun doch etwas unlustig in der Tajine herum.

»Ah ja, die Geschäfte. Wie gesagt, ich erhielt dieses Angebot für eine Investition im arabischen Raum. Sehr lukrativ. Zukunftstechnologie für den öffentlichen Bereich, weißt du. Ich traf also den Verantwortlichen dort, der übrigens mit dem Ministerpräsidenten von Tunesien verwandt ist, ein sehr stattlicher Mann aus gutem Hause, und wir beschlossen ein ganz tolles Geschäft, das –«

»Was denn für eines?«, insistiert Martin und findet mittlerweile Gefallen an der tunesischen Küche.

»Soll ich jetzt jedes Detail erzählen oder nicht?«

»Ich finde sie interessant.«

»Ja, aber es dient meiner Geschichte nicht. Dieses Geschäft kam, na ja, es kam nie zustande. Stattdessen verliebte ich mich in die Nichte dieses Mannes und hielt um ihre Hand an. Wir haben uns verlobt und ein großes Fest wurde vorbereitet. Es ging alles gut. Bis ein alter Freund von uns auftauchte und alles zerstörte.«

Martin horcht auf. »Ein alter Freund?«

»Ein guter Freund, wie ich dachte, ja!«

Bevor jedoch dieser gute Freund auftauchte und alles zerstörte, musste Othmar überhaupt einmal nach Tunis kommen – und das geschah so:

Nachdem sich die beiden Herren vorgestellt hatten und Monghi Baccouche sehr schnell klargestellt hatte, wen er zu seiner Seite in Rot begleitete, kam Othmar noch schneller zum Thema seines nächsten Abenteuers. Das Französisch als Verhandlungssprache mochte seine Leidenschaft dafür noch zusätzlich unterstützt haben.

»Verehrter Monsieur, ich muss zugeben, dass ich mich in einer äußerst prekären Lage befinde«, begann er seinen Sermon und unterstrich diesen mit dramatischen Gesten, die wirkten, als hätte man sie nicht einüben können. »Ich muss Ihnen etwas erzählen, doch ich fürchte, ich kann es nur unter vier Augen tun.«

Monghi Baccouche verstand. Er schaute seine Nichte an. Sie nickte und entfernte sich in eine Boutique einen Häuserblock weiter. Othmar legte seinen Autoschlüssel auf den Tisch. »Ich besitze eine große Fabrik hier im Tessin und habe mich bis heute im größten Glück geglaubt, dass meine Produktion wieder besser läuft als je zuvor. Ich wollte gerade jetzt zu einem Juwelier gehen, da sah ich, was mein Leben für immer verändern wird. Ich sah, dass ich kein reicher Mann bin, sondern ein armer, wenn ich nicht eine Frau habe, die so schön ist wie Ihre zauberhafte Nichte.«

Monghi Baccouche verstand. »Welche Art Geschäfte machen Sie?«, fragte er.

»Welche Art Geschäfte brauchen Sie denn?«, fragte Othmar zurück.

»Wir sind ein kriegszerstörtes Land, Monsieur. Wir brauchen Infrastruktur.«

Othmar verstand. »Dann sind wir Partner.«

»Eine kleine Sache wäre da noch«, fügte Monghi an. »Nadia, meine Nichte, ist leider bereits verheiratet. Aber Sie müssen nicht traurig sein. Nadia hat eine Schwester. Sie heißt Salonia. Und sie sieht genau so aus wie Nadia. Sie ist 16 und wohnt in Tunis.«

Das war's. Othmar packte seine Sachen und flog nach Rom, wo Monghi mit Nadia einen Geschäftstermin wahrzunehmen hatte. Das traf sich ungemein günstig. Seit ein paar Wochen arbeitete nämlich Peter an irgendeinem obskuren Projekt im Vatikan und Othmar brannte darauf, seine seherische Meinung zu seinen neuesten Absichten zu hören. Peter ließ sich nur widerwillig aus den Höhlen unterhalb des Petersdoms locken, legte dann aber seine Karten unter den gestrengen Augen der Apostel.

»Was willst du denn in der Wüste? Was gibt es denn dort?«, fragte er.

»Es ist perfekt, Bruderherz, perfekt. Eine wunderschöne Frau, das volle Leben und ein gutes Geschäft dazu. Was will man mehr?«

»Othmar, die Welt ist nicht mehr die gleiche. Es geht nicht mehr um Liebe und um Geld. Wir leben im Zeitalter der Atomkraft. Wir müssen uns auf ein Leben mit Radioaktivität einstellen. Unser neues Schicksal, das sind die Strahlen! Um das wird sich alles drehen. Alles! Der Schutz vor Strahlen, das sind die Kirchen der Zukunft, glaube mir!«

Seine Augen funkelten. Othmar machte sich maßvoll Sorgen. Eine eindringliche Spannung glaubte er zu spüren. »Kriechst du deshalb in diesen Höhlen rum? Hoffst du hier auf Sicherheit?«

»Das gehört zum großen Plan, ja«, wehrte Peter ab und begann, die Karten zu legen.

Othmar wusste nicht mehr, was er sagen sollte. Er hatte seinen Bruder nie wirklich verstanden, aber irgendwie schaffte es das Leben immer wieder, eine Verbindung zwischen dessen Abgründen zu des anderen Untiefen herzustellen. Vielleicht lag es an dieser gruseligen Atomsphäre hier um den Petersdom. Überall war die Erde aufgerissen und Schächte führten in das Innere der Erde. Ihm kam der Leviathan in den Sinn und das Kollegium Schwyz und seine Abneigung gegen solche mystische Orte. Peter war hier ganz zuhause. Er war an einem Projekt beteiligt, um die Katakomben unter dem Dom zu stützen. Weiß der Teufel, was er hier verloren hatte, dachte sich Othmar wohl und versuchte sich mit den gelegten Karten vor ihm abzulenken.

»Und? Was sagen sie dir? Sprich schon!«

»Beth«, sagte Peter schließlich nach einer Weile mit düsterer Miene. »Diese Karte bedeutet unbewusste Dualität, Trennung, Gegensatz, Kehrseite.«

Othmar strahlte. »Siehst du? Trennung von meinem bisherigen Leben. Neuanfang in einer gegensätzlichen Kultur. Peter, ich danke dir.«

Sprach's und umarmte seinen Bruder. Eilte ins Hotel, traf sich mit Monghi und Nadia und reiste mit ihnen nach Tunis. Monghi war diesbezüglich auch nicht untätig gewesen und hatte seinen Gast aus dem Abendland bereits telegrafisch angekündigt: »Salonia, kleine Prinzessin. Stopp. Traf in der Schweiz einen reichen Industriellen. Stopp. Er ist ein vollendeter Sportler. Stopp. 18 Jahre alt. Stopp. Mit der Erfahrung von 38 Jahren. Stopp. Er wirbt um Dich und kommt mit mir nach Tunis. Stopp. Grüße Mama, Papa und alle. Stopp.«

Gleich nach der Ankunft bezog Othmar ein herrliches Appartement im Tunisia Palace mitten in der Innenstadt. Der Direktor war Schweizer, stammte aus Disentis, und empfing Othmar mit allen Ehren. Das machte Monghi erneut mächtig Eindruck. Und Othmar war schlichtweg beflügelt. Der Krieg war vorbei. Das Leben ging weiter. Es spuckte ihm eine Chance aus. Er ergriff sie. Nun stand er hier, mitten im Hotel, alles drehte sich um ihn. Der Hoteldirektor wieselte. Die Gäste schwänzelten. Die Angestellten in ihren arabischen Livreen überboten sich mit Liebenswürdigkeiten. Er, der abendländische Krösus, wurde in den Empfangssaal gebracht, wo er standesgemäß auf die Gesandtschaft seiner Zukünftigen wartete.

Und sie kam. Eine Karawane von eindrücklich gewandeten Persönlichkeiten defilierte durch die Hallen, wehte wie ein heißer Wüstenwind durch die prunkvollen Säle des Hotels, vorbei am Direktor und an den Gästen und an den Angestellten, wallte flugs auf ihn zu, baute sich auf, turmhoch wie eine weiße Düne und kam vor ihm zu stehen. Da sah er sie, Salonia, zumindest einen Ausschnitt von ihr, und was er nicht sehen konnte, das erdachte er sich, und was er erdachte, das war entgrenzend, himmlisch, von ambrosischer Anmut. Othmar musste sich um Fassung bemühen. Die Delegation fixierte ihn. Er räusperte sich. Sie waren still. Der Raum füllte sich immer mehr mit Gästen und Angestellten, Presseleute waren anwesend und hohe Beamte, ja ganz Tunis schien sich einzufinden, geheftet an seine Lippen, an seine Person. Monghi deutete ihm, dass nun der Zeitpunkt wäre, sich vorzustellen und seine Absichten öffentlich kundzutun.

Othmar erhob sich. Er klaubte einen Zettel aus seiner Tasche, auf dem ihm Monghi eine Rede vorbereitet hatte. Auf dem Flug hatte er die Zeilen sorgfältig eingeübt. Der salbungsvolle Ausdruck sei die Kunst des Rezitierens, sagte ihm Monghi, das sei eine uralte Kultur aus den Koranschulen, und er gäbe diese Kunst gerne weiter, um seinem Freund zu helfen, das Vertrauen seines Volkes zu gewinnen. Also legte Othmar los: »Meine sehr verehrten Freunde, liebe Gäste, geschätzte Familie. Wie Sie alle wissen, führen mich zwei Leidenschaften in Ihr so schönes Land, und ich wurde sicher geführt von meinem ehrwürdigen Freund Monghi Baccouche. Es ist zum einen die Liebe für das, was dieses Land hervorgebracht hat, für die bei uns immer noch viel zu unbekannten Schönheiten Ihrer Kultur, die ich hier treffen, ja mit der ich mich vereinen möchte. Zum anderen weiß ich um die Bemühungen Ihrer Regierung, die Zerstörungen des Krieges zu beseitigen und wieder aufzubauen, was einstmals der Stolz Afrikas war, der Stolz der Väter und Söhne dieses Landes. Ich werde alles tun, was in meiner Macht steht, um Sie zu unterstützen. Ich möchte morgen damit beginnen. Und deshalb begrüße ich Sie alle mit ganzem Herzen und danke Ihnen für die Gastfreundschaft an diesem schönen Ort.«

Magische Stille. Der Wüstenwind war verstummt. Einige Sekunden herrschte ein Vakuum im Saal, in dem sich niemand zu rühren traute, bis der stattliche Mann an der Seite Salonias seine Hände hob. Dann ein tosender, ohrenbetäubender Applaus. Es war Salonias Vater. Er war der Chef des Clans. Er betrachtete Othmar, der seinen Zettel unauffällig faltete und verschwinden ließ und nickte ihm mit einer kaum mehr zu reduzierenden Geste zu.

»Und mit was wollen Sie beginnen?«, war plötzlich eine Stimme aus der zweiten Reihe der weiß gekleideten Herren zu hören. Othmar erkannte dort den Hoteldirektor aus Disentis, aber der schien es nicht zu sein. Es war einer daneben.

Othmar zögerte kurz. Er schaute zu Monghi. Dieser zuckte die Achseln und nickte ihm zu, dass er antworten solle. Othmar überlegte fieberhaft, was er denn anbieten könne. Auf das war er nicht gefasst gewesen. Er hatte eigentlich an andere Geschäfte gedacht. Eigentlich hatte er sich überhaupt keine Gedanken darüber gemacht, was man hier von ihm erwarten könnte. Monghi sagte immer nur, man solle zuerst die Geschäfte regeln, dann regle sich auch die Liebe. Und er sah das wirklich genau so.

Da erinnerte er sich an die Worte seines Bruders unter dem Petersdom und an die Wirkung, die sie damals auf ihn hatten. »Wir leben im Zeitalter der Atomkraft«, antwortete er mit einer aufgesetzten, lauten Stimme. »Der Schutz vor Strahlen, das sind die Kirchen der Zukunft, also die Moscheen, meine ich. Ich werde eine atomsichere Stadt in der Wüste bauen!«

Großes Raunen im Saal.

»Und mit welchen Mitteln?« Nun löste sich aus der zweiten Reihe eine Gestalt heraus, die sich gemächlich nach vorne ins Licht drängte. Es war der Müßiggänger von der Piazza Giuseppe Motta in Ascona, den Othmar fast über den Haufen gefahren hatte, als er Monghi und Nadia kennen lernte. Und nun erkannte Othmar dieses Gesicht, an dem er damals mit der Geste eines Gewinners vorbeigebraust war. Es war ihm sogar nur allzu bekannt.

»Ein alter Freund?«, horcht Martin auf.

»Ein guter Freund, wie ich dachte, ja! Es war Curt Riess.«

»Curt?«, entsetzt sich Martin, »Was hat denn der in Tunis zu schaffen?«

»Das kann ich dir sagen, mein Guter. Der hatte hier offenbar eine alte Rechnung zu begleichen. So viel sagte er mir noch, bevor ich mich aus dem Staub machen musste. Der hat die ganzen Jahre gewartet, dieser verdammte Saukerl! Und hier, vor allen Leuten, lauerte er mir auf.«

Wir erinnern uns: Curt Riess, Deutschlands rasender Reporter, das Sprachrohr der öffentlichen Geheimnisse, ehemaliger Spießgeselle Othmars aus der Leipziger Zeit, hatte seit jener großen Party am 8. Juli 1939 noch eine Rechnung offen mit seinem ehemaligen Freund. Er hatte ihm die kleine amouröse Eskapade mit seiner damaligen Lebensgefährtin nie verziehen, auch wenn sich beide Kontrahenten seither immer mal wieder über den Weg gelaufen waren und sich zwar nicht mehr viel zu sagen hatten, sich aber auch nicht offenkundig feindlich gegenüber standen. Doch als der findige Reporter Othmar in Ascona traf, ihm folgte und dabei herausfand, in welch abstruses Projekt er sich wieder verfing, da schien seine Stunde gekommen zu sein. Natürlich wusste er, dass Othmar nicht mehr viel Bares haben konnte. Er kannte die Situation der Riri und er hörte aus allen Ecken und Enden der Welt von Othmars ungebrochenem Lebensdurst. Dann sah er ihn mit dem tunesischen Großindustriellen, er sah dessen Nichte und er zählte eins und eins zusammen.

»Eine atomsichere Stadt in der Wüste?«, wiederholte Curt lakonisch und trat aus der großen Runde heraus in den Saal hinein. Sein Französisch war mindestens so gut wie das von Othmar.

»Wieder aufzubauen, was einstmals der Stolz Afrikas war? Gestatten Sie, meine verehrten Damen und Herren, dass ich mich vorstelle. Mein Name ist Curt Riess. Ich bin Reporter aus

Deutschland und begleite diesen Mann hier schon seit über dreißig Jahren. Glauben Sie mir, ich kenne ihn. Und ich erachte es als meine Pflicht, Ihnen zu sagen, dass dieser Mann ein Betrüger ist! Er gibt sich als eine andere Person aus, als er ist. Sein Vermögen ist in der Schweiz blockiert. Er wird Ihnen keine Stadt in der Wüste bauen. Er wird Ihre Töchter rauben. Das meint er mit der Liebe für Ihre Kultur. Ich sage Ihnen: Dieser Mann ist ein Lügner und hier habe ich die Beweise!«

Er zog ein paar Dokumente aus einer Mappe und schwang sie mit drohender Gebärde vor den Mienen der verdutzten Menge herum. Othmar stand wie vom Blitz getroffen vor ihm. Monghi wandte sich mit verborgenem Gesicht ab und drehte sich weg. Unter der Menge entstand ein Aufruhr. Alle wollten die Dokumente sehen und scharten sich wie Tauben um das Manna vom Himmel. Was immer dort stand, es war vorbei, so viel realisierte Othmar. Was immer er jetzt sagen würde, es wäre ein Wort zu viel. Er musste schnell reagieren. Einmal noch, nur einen Blick, schaute er auf Curt, der bereitwillig seine Kopien unter den Clan streute, er sah seine flinken Hände, nicht Fatimas gütige Hände, nein, sondern Hände, die ein Schwert in den Krieg führten, den er nicht gewinnen konnte.

»Was ist dann geschehen?«, fiebert Martin dem Ende des Abenteuers entgegen.

»Was soll geschehen sein? Ich verdrückte mich aus dem Saal. Zum Glück war der Hoteldirektor aus Disentis da. Er hat mir schnell einen Weg aus dem Saal gezeigt und mich in diesem elenden Zimmer 706 verschanzt. Verstehst du? Die wollen mir an den Kragen! Der ganze Clan ist hinter mir her, weil sie glauben, dass ich sie betrogen habe und ihnen ihre Töchter klauen wollte! Und was das Schlimmste ist: Mein Vermögen ist wirklich blockiert! Das ist der Grund, weshalb ich dich rief. Was ist da geschehen?«

Martin seufzt mit einem Ausdruck der Verzweiflung. »Das kann ich dir erzählen, mein Teurer. Aber ich fürchte, das wird ebenfalls eine lange Geschichte. Und sie endet auch mit dem Verrat von Freunden!«

Othmar schiebt das Geschirr von sich weg, richtet sich wieder in seiner Kissenburg ein und zündet sich eine Zigarette an. »Da bin ich ja mal gespannt. Jetzt bist du dran mit Erzählen!«

Doch in diesem Moment springt die Tür auf und ein Bediensteter stürzt mit entsetzter Miene herein. »Messieurs, der Herr Direktor schickt mich. Schnell! Sie müssen fliehen! Ihre Feinde rücken an.«

Othmar ist mit einem Satz auf den Beinen. »Wissen sie, wo wir sind?«

»Noch nicht! Aber ich fürchte, sie werden es bald wissen.«

Othmar dreht sich blitzschnell zu Martin um, der mit bleichem Gesicht in der Ecke steht. »Wir haben fünf Minuten Zeit! Ich habe alles geplant. Gib dem Herrn bitte alles Geld, das du hast. Er wird uns retten. Ich pack meine Sachen. Dann ziehst du diesen Überwurf an, das ist sicherer.«

»Bist du sicher, dass das klappt?«

»Ganz sicher. Aber ich habe kein Geld mehr. Der Hoteldirektor kennt den Chef des Flughafens und der bringt uns raus. Aber der will was sehen. Verstehst du?«

Er deutet die Geste des Geldzählens an, während Martin dem Bediensteten eifrig seine Devisen überreicht. Dieser steckt das Geld ein, nickt kurz, eilt hinaus und dreht sich unter der Tür nochmals um. »Ich warte hinter der Küche im Wagen auf sie.«

Othmar nickt ihm flüchtig zu und macht sich hektisch über sein Gepäck her. Martin reißt sich voller Panik seine Kleider vom Leib und zwängt sich in das weiße Leinen. So was ist ihm in seinem ganzen Leben noch nicht passiert. Was werden die mit ihnen machen, wenn ihnen die Flucht nicht gelingt? Martin erinnert sich dunkel an einige grausliche Bestrafungsmethoden aus dem Buch Mose, von denen der Westen ja bis heute noch glaubt, dass sie im arabischen Recht zur Anwendung gelangen. Ein Schauer fährt seinen Rücken entlang und raubt ihm für einige Sekunden den Atem.

»Mensch, beeil dich«, schreit Othmar, der mit einer kleinen Tasche bereits fertig vor ihm steht. »Ich sage dir, die spaßen nicht!«

»Spar dir deine Ausführungen«, keucht der Gepeinigte und zieht sich die Kapuze übers Gesicht. »Ich komme ja!«

Eine Minute später sieht man die beiden Gestalten die hintere Feuertreppe hinuntereilen. Auf der ersten Etage kann sich Othmar nicht verkneifen, durch das Fenster zu schauen, das über der Haupttreppe den Blick auf den gesamten Empfangsraum, die Rezeption und die Lounge freigibt. Er hätte es besser nicht getan. Was er sieht, lässt ihm das Blut in den Adern gerinnen: Eine Gruppe grimmig dreinblickender Polizisten hat sich vor dem Empfangstresen formiert, während eine Handvoll bis auf die Zähne Bewaffneter sich anschickt, jeden Raum auf diesem Stockwerk zu durchsuchen. Die ersten kommen bereits aus dem großen Saal und eilen die Treppe hoch, über die Othmar gerade blickt. Seit seiner Notlandung auf russischem Boden damals hat er sich nicht mehr so bedroht gefühlt und das erste Mal seit Jahren spürt er, dass er langsam zu alt für solche Geschichten wird – obwohl er ein vollendeter Sportler mit der Erfahrung von 38 Jahren ist.

Außer Atem läuft er auf den Wagen zu, in dem der Bedienstete bereits wartet und Martin ihn mit aufgebrachten Gesten antreibt. Dann brausen sie los, durch den hinteren Parkteil, in Richtung Flughafen. »Wenn wir zuhause sind, müssen wir unbedingt ein paar Sachen regeln, Martin. So kann das nicht weiter gehen!«

Martin fächelt sich erschöpft Luft zu. »Da hast du verdammt recht. Aber momentan mache ich mir nur Sorgen, ob wir überhaupt jemals nach Hause kommen werden!«

Othmar schüttelt Martin leicht an den Schultern. »Das klappt schon. So viel habe ich wenigstens vorsorgen können. Aber in der Schweiz müssen wir unbedingt Peter auftreiben. Wir müssen wieder zusammen sein!«

Martin nickt. »Man hört nichts Gutes von ihm.«

Der Wagen braust durch Tunis zum Flughafen, hält dann aber nicht bei der Abflughalle, sondern fährt weiter bis zur Frachthalle. Vor der Absperrung zückt der Bedienstete einen Briefumschlag des Hotels, aus dem ein uniformierter Sicherheitsbeamter ein zerknittertes Dokument entnimmt. Dann schaut er in den Wagen ohne etwas zu sagen. Nach einer Weile steckt er den Briefumschlag ein und retourniert das Dokument. Sie können passieren. Martin und Othmar werden noch zu einem Frachtflugzeug begleitet, dann fährt der Wagen wieder zurück ins Hotel.

Endlich startet das Flugzeug, Ziel: Zürich-Kloten. Martin und Othmar haben Curt Riess nie wieder gesehen. Dieser kehrte, nachdem ihm hier offensichtlich Gerechtigkeit widerfahren ist, nach Deutschland zurück. Auch wenn wir vielleicht über die hiesige Aktion geteilter Meinung sein können, ihm verdanken Sie als Leser ein haarsträubendes Erlebnis in Tunis. Und ich als Autor verdanke ihm die wichtigsten Informationen zu diesem Buch.

8. Kapitel,
das davon handelt, wie Peter wieder zu Othmar und Martin stößt, obgleich angeführt werden muss, dass dies nicht so einfach ist, wie es erscheinen mag.

Peter ist soeben abgetaucht. Weg von dieser Welt. Verschwunden im Schacht seiner eigenen Seele, um dort zu meiden, was ihm das Leben so oft aufbürdet: Menschliche Verstrickungen, blinden Dünkel und eine schmerzhafte Fixierung in der Mechanik dieser Welt.

»Weg ist er! Ach du liebe Scheiße, das geht ja immer schneller«, raunzt der erste Pfleger.

»In letzter Zeit ist das immer so gewesen«, zischt ein zweiter. »Der hat wohl Erholung nötig.«

»Auch gut. Dann haben wir hier unsere Ruhe«, findet der erste, zieht das unten am Bett eingerollte Leinentuch bis zu Peters Brust hinauf und schiebt danach den zweiten vor sich hinaus. »Ich lasse die Tür einen Spalt offen, dann hören wir, wenn was ist.«

Die beiden Männer gelangen von Peters Zimmer hinaus in einen großen Vorraum, von dem aus in alle Richtungen Türen zu ähnlichen Räumen führen. An den Wänden hängen Zeichnungen und Bilder, moderne, abstrakte Kunst, die Fenster sind mit einem feinen Stahlgitter versehen. In der Mitte des Raumes stehen vier zusammengerückte Tische mit zahlreichen Stühlen, auf den Tischen finden sich Papierarbeiten und Skizzen, Tonwerk und allerlei Instrumente. Der erste setzt sich an den Tisch, blickt sich nach links und rechts um und zieht dann aus einer Pappschachtel ein kleines Fläschchen heraus.

»Das garantiert uns eine schöne Nacht.«

Der zweite kramt in einer Kiste mit Farbstiften und zieht ebenfalls einen silbernen Flachmann mit reliefartigen Jagdszenen heraus. »Das seh' ich genau so!«

Sie prosten sich zu, packen ein Set Karten aus und beginnen zu jassen. Der eine erzählt noch von einem Luftbrückenrekord von 900 Flügen pro Tag nach Berlin, dann versinken sie in ihrem

Spiel und überbieten sich mit lautstarken Mutmaßungen, welcher Stich gewonnen hätte, wenn sie anders ausgespielt hätten. Peter ist das alles einerlei. Er kümmert sich nicht um Jasskarten und auch nicht mehr um seine Tarotkarten. Die Pantoponspritzen der Psychiatrischen Klinik Burghölzli in Zürich wirken formidabel. Er schläft einen göttlichen Schlaf und kann dabei vergangene Zeiten wieder und wieder Revue passieren lassen, was seinem Charakter sowieso entgegen kommt, vor allem aber die Therapie bei Dr. Manfred Bleuler unheimlich vereinfacht.

Momentan scheint er in St.Gallen zu sein, auf jeden Fall bestätigten die Pfleger, dass am Beginn seiner Schlafphasen meistens Wortfetzen wie »Jakobsweg«, »Muscheln« oder »Yoghurt« zu vernehmen sind, und so war das auch an jenem Tag. Wir wissen natürlich nicht, was in Peters Kopf vor sich ging, aber ungefähr so könnte es gewesen sein: Nach dem peinlichen Zwischenfall der Kirchenweihe auf dem Monte San Grato, bei welcher der hoch gewachsene Holländer Feuer gefangen hatte und sich in der Festdekoration wälzen musste, zog sich Peter, wie wir bereits wissen, nach St.Gallen zurück. Das war Mitte 1940. Er beschäftigte sich dort mit Kirchenprojekten, okkultistischen Gruppen und dem Ausbau des Jakobsweges, den er bekanntlich über die gesamte Länge von 2.134 Kilometern mit Laternen in Muschelform säumen wollte. Was Othmar und Martin empfanden, galt zu jener Zeit auch für Peter: Noch war der Krieg meilenweit entfernt. Während die ersten beiden im Tessin feierten und das Leben noch in vollen Zügen genossen, spürte auch Peter keinen Grund, seine zahlreichen Aktivitäten als Mystiker beeinträchtigt zu sehen. Doch als sich Deutschland anschickte, die Weltherrschaft nicht nur in Worten, sondern vor allem in handfesten Invasionen anzustreben, da spürte er, so klar und deutlich wie schon lange nicht mehr, was ihn damals in Wuppertal das erste Mal ins Herz stach: »Sobald sein Spross hervorgekommen und seine Zweige getrieben sind, wird eintreten das Ende der Welt.« Wieder und wieder musste er an diese Worte denken, immer und immer musste er sie vor sich hin sprechen; und wir wissen ja, dass dies einer der Auslöser dafür war, dass einerseits Othmar im Juli 1941 die Flucht nach Amerika unternahm und sich andererseits Martin anschickte, seinen Krieg gegen den Krieg vom Büro aus zu führen und die Riri-Werke vor dem wirtschaftlichen Einbruch zu schützen.

Die Kampfhandlungen in Europa wurden zum allgegenwärtigen Thema und so sehr sich Peter bemühte, Labsal und Hoffnung in seinem Glauben zu finden, so boten doch alle beide eher Trost für den Fall des Todes. Also begann er, seine Dogmen um den Frieden in seinem Herzen in Richtung einer etwas substanzielleren Kraft zu richten, nämlich zum Leben selbst hin. Warum konnten die Geschehnisse der Welt sein eigenes Dasein immer um drei Stufen stärker beeinflussen, als er sie wegmeditieren konnte? Warum gelang es ihm nicht, diese Bande zu durchschneiden? Lange Zeit hatte er ganz gut damit gelebt, zu wissen, dass ihm der Herrgott und die Welt nicht viel antun könnten. Nun spürte er, dass der Krieg es möglicherweise mit sich brachte, dass sich ersterer um letztere kümmern musste, so nicht das Jüngste Gericht angebrochen, und deshalb der Einzelne völlig auf sich allein gestellt war. Das konnte zur irrigen Annahme führen, es gehe ihm deshalb nicht gut, weil Er sich um die Welt und nicht um ihn kümmerte.

Peter fing deshalb an zu überlegen, wer in einer solchen Konstellation des Universums die Verantwortung für sein persönliches Unwohlseins übernehmen könnte. Diesbezüglich kam ihm sein Mystizismus nicht sehr entgegen, denn in seiner Geisteswelt tummelten sich so viele Kräfte, Götter, Engel, Energien, Dämonen, Dschinns und Geister, dass er Jahre brauchte, um sie einzeln zu prüfen. Eines Tages, als er schon begonnen hatte, die diversen Kraftzentren grafisch aufzuzeichnen und sie in gefühlte Nähe und Distanz zu bringen, fiel ihm auf, dass sich eigentlich eine Variable darin nie bewegte. Wie immer man die Götter und Engel und Energien und Dämonen und Dschinns und Geister arrangiert, eines blieb immer gleich: Er selbst!

Diese Erkenntnis war so schrecklich und Furcht einflößend, dass er darob ganz irre wurde: Zwischen Gott und der Erde stand nur er allein. Er war der Filter des Lebens, welcher seinem Herzen Frieden oder Sturm bescherte. Er selbst konnte sich unendliches Leid antun, und das gänzlich unbewusst. So viel Verantwortung und so wenig Ahnung davon. So verheerende Macht und so wenig Kontrolle darüber. Für einmal fragte er sich, wie wohl andere mit dieser Bürde umgehen, und das aktuelle Kriegsgeschehen schien ihm ein passender Rahmen für die Beantwortung dieser Frage zu sein. Dummerweise stellte er sie am 15. August 1945, ein paar Tage nachdem die erste Atombombe gezündet worden war.

Doch heute wollte er sich nicht abhalten lassen! Heute nicht. Nach so langer Zeit des Studiums, der geistigen Übung, wollte er nun endlich wieder mit seinem alten Tatendrang Teil dieser ewigen Schöpfung werden, und da traf es sich, dass er just von einem Atomphysiker las, der sich jahrelang mit der Erforschung des Radiums beschäftigt hatte und nun unter ungeklärten Umständen in Venedig gestorben war. Noch bevor er den Satz zu Ende gelesen hatte, packte Peter seine Siebensachen und reiste ins Tessin, sammelte dort das gammahaltige Gestein ein und wallfahrte nach Venedig, um eine Wiege der Europäischen Kultur vor der sicheren Strahlenverseuchung zu retten.

Er hätte zu Ende lesen sollen: In der Zeitung stand nämlich, dass der Atomphysiker in Wirklichkeit ein stadtbekannter Quacksalber war, der sich einbildete, Einsteins älterer Bruder zu sein. Um der Welt zu beweisen, dass alles relativ sei, lief er jahrelang gegen den Uhrzeigersinn um sein Haus und hoffte so, seinem Schicksal ein paar Jahre abzutrotzen. Doch außer Verschleißerscheinungen zeigte sein Experiment wenig reale Wirkung, weshalb er in seiner nächsten Versuchsanordnung das Körperliche als Konstante aus seiner Gleichung eliminieren wollte. Er schoss sich eine Kugel durch den Kopf. Den Relativitätsbeweis blieb er der Welt noch schuldig, denn er war augenblicklich tot.

Als Peter vor Ort erfuhr, dass der Verstorbene soeben beigesetzt wurde, geriet er in eine außerordentliche Aufregung. Sofort eilte er zum erwähnten Friedhof, um dort dem Pförtner zu sagen, dass die eingebuddelte Leiche höchst radioaktiv sei, dass die Strahlung des Radiums eventuell bereits das Grundwasser erreicht habe und eine Vernichtung des Lebens an der gesamten adriatischen Küste innerhalb von zwei Stunden nicht auszuschließen sei. Der Pförtner, der leider Thomas Manns Novelle »Tod in Venedig« gelesen hatte und sich an dessen Beschreibungen des verpesteten Wassers noch besser erinnerte als ihm lieb war, verlor keine Zeit, rief zuerst seinen Priester an, Pater Michele, dann seine Mama, dann die Kellnerin seines Lieblingscafés, dann seine Frau und dann die Gattin des Verstorbenen. Pater Michele trommelte seine Mitbrüder zum Gebet zusammen. In stiller Demut wollten sie das Zeitliche segnen. Die Mama versank in Weinkrämpfen und zog zur Verwunderung ihrer Nachbarn noch einmal ihr Hochzeitskleid an. Es riss leider am Busen, am Po und an der Hüfte. Die Kellnerin fiel, ihre letzte Chance witternd, endlich über den schönen Kaffeeröster von nebenan her. Die Gattin des Verstorbenen jedoch spurtete in schwarzer Montur und hohen Stöckelschuhen sofort in Richtung Friedhof, wo sie Peter bereits über dem Grab ihres Liebsten antraf, mit einem Taschentuch vor dem Mund, einer dunklen Sonnenbrille im Gesicht und eine silberne Schatulle schwingend wie ein Priester sein Weihrauchfass.

»Grabschänder! Elendiger! Fort von meinem Giuseppe!«, ertönte eine gellende Stimme.

Peter kreischt laut auf.

»Ach du Schreck, ist er bereits in Venedig?«, fragt der erste Pfleger und legt sein Kartenspiel auf den Tisch. »Ich geh mal kurz schauen.«

Die beiden Männer schleichen sich in Peters Zimmer, wo sich ihr Patient im fiebrigen Halbschlaf hin und her wälzt.

»Schon in den letzten Beruhigungskuren ist er immer wieder an dieses Ereignis gelangt. Warte nur ein paar Sekunden, dann ist es vorbei. Dann ist er bei Professor Cattamalli.«

»Das rat' ich ihm auch. So einen Trumpf hat man nicht alle Tage.«

»Angeber!«

»Wart's nur ab!«

Peter ruderte noch ein wenig mit den Armen und versuchte dabei der Handtasche der energischen Witwe auszuweichen, was ihm nur mit größter Mühe gelang. Hilfe erhielt er schließlich vom herbeieilenden Pförtner, welcher der Dame erklärte, dass der Herr aus der Schweiz nur an der Rettung des Abendlandes interessiert sei, nicht an den sterblichen Überresten ihres Gatten. Es dauerte lange, die aufgebrachte Dame zu beruhigen, zumal der Pförtner und auch Peter selbst angesichts der drohenden Vernichtung der venezianischen Kultur es an der nötigen Gelassenheit fehlen ließen. Peter fasste es nicht, dass ein einzelner Mensch so stur sein konnte, wegen der Gebeine eines Toten die gesamte christliche Zivilisation zu opfern. Wäre er nicht aus tiefster Überzeugung Pazifist gewesen, er hätte die silberne Schatulle todsicher zuerst über ihren Schädel gezogen, bevor er sie in die Erde vergraben und damit das Gleichgewicht des Universums wieder hergestellt hätte. Also einigte er sich vordergründig darauf, die Schatulle mit dem Wundergestein des Monte San Grato neben dem Grabstein zu verscharren, bestand dann aber darauf, die Witwe nach Hause zu führen.

Als er aufwachte, lag er frisch gebettet in einem schönen Krankenzimmer. Neben ihm stand ein stattlicher Mann mit einer großen Schreibtafel in der Hand.

»Schön, dass Sie wieder unter uns sind. Wir haben uns ernsthafte Sorgen gemacht.«

Peter richtete sich etwas belämmert auf.

»Gestatten Sie, dass ich mich vorstelle. Mein Name ist Professor Cattamalli. Ich bin Privatdozent der neuropsychiatrischen Klinik der Universität Modena und betreibe hier in Venedig eine zweite Praxis. Sie haben einen Zusammenbruch erlitten und wir mussten Sie stabilisieren.«

Peter war dieser Zwischenfall außerordentlich peinlich. Er erzählte dem Mann alles über seine Mission und die Wichtigkeit seines Auftrages und als ihm der Professor versicherte, dass Venedig noch genau so lebendig und laut sei wie vor zwei Tagen, da wusste er, dass ihn Gott noch liebte und dass ihm gelungen war, was kein Mensch für möglich gehalten hatte. Denn so sehr liebt Gott die Welt, dass er ihn geschickt hatte, damit jene, denen er das Gestein des Monte San Grato brachte, nicht verloren gingen, sondern noch lange, lange leben sollten. Und Peter weinte. Eine seit Tagen, ja seit Wochen und Monaten andauernde Spannung schien sich in ihm zu lösen und er spürte förmlich, wie ihm sein Herz aufging, wie offensichtlich die Gammastrahlung seines Gesteins ein Problem zu lösen imstande war, für das die Amerikaner vermutlich nochmals zwei Bomben hätten abwerfen müssen.

Überhaupt fühlte er sich sehr wohl beim Professor, der sich ausgiebig Zeit für ihn nahm und eifrig mitschrieb, was er ihm berichtete. Peter war ja nicht besonders verwöhnt mit Wertschätzung gegenüber seinen Ansichten. Alle kamen sie zwar immer zu ihm, wenn es um Ratschläge und Bewertungen der feinstofflichen Aspekte des Lebens ging, aber es reichte nie viel weiter als zum puren Respekt vor einer vermeintlichen Gabe, die viele für sich nützen wollten. Zu mehr als diesem Respekt, einer Gunst, ja vielleicht zu einer Art trivialem, bodenständigem Wohlwollen hatte es kaum je geführt. Auch ein halbes Jahrhundert nach seinen Erlebnissen zuhause in Tablat, beim Bauern Ruckstuhl, an den er noch viel denken musste, mochte Peter die Menschen nicht besonders. Er glaubte in ihren Augen noch denselben Neid zu sehen wie damals, als sie ihn auf dem Bock seines Gespannes verfolgten. Viel hatte sich seit jener Zeit nicht geändert. Peter hatte wenige Freunde, auf die er sich verlassen wollte, wenige Menschen, die ihm etwas bedeuteten und keine Frau, die je sein Herz berührte. Die einzige Liebe, mit der er sich beschäftigt hatte, war die Liebe Gottes, und dort kannte er sich auf theoretischer Ebene bestens aus. All diese sozialen Eigenheiten, die in einer Gesellschaft so schnell als Defizite gewertet werden, schienen ihn jedoch nicht zu belasten. Peter litt kaum unter seiner Andersartigkeit. Er hatte keine Korrespondenz zum Leben, die ihm offenbart hätte, wie sehr er zeitlebens ein Gefangener seiner Minderwertigkeitsgefühle war. Er liebte nicht, er begehrte nicht, er dürstete nicht. Was zwischen den

Polen von Angst und Liebe das Leben zu einem Geschenk der Schöpfung macht, das lebte Peter kaum; wenn überhaupt, dann wurde er gelebt. Vielleicht war das der Grund, weshalb er sich wenige Gefühle leistete, denn die hätten ihm ins Herz tragen können, wovor es sich Tag für Tag, jede Stunde seines Daseins verschloss. Was immer dieses Herz hätte erreichen können, es wurde von ihm in der Luft zerrissen, es wurde zerstampft und mundgerecht entzaubert von einem undurchlässigen Konglomerat aus Spiritualität, Hermetik, Kabbala, Mystizismus, Gnosis und überhaupt allem, was die Rosenkreuzer in ihre Alchemie der geistigen Natur einschlossen. Nur so konnte sich Peter in einer Geisteswelt einrichten, die selten klug, aber stets unumstößlich wirkte und damit alle Voraussetzungen bot, vom Leben getrennt zu bleiben. Nur auf dem Monte San Grato, bei seinem geliebten Wundergestein, wurde er ein Wahrnehmungsmensch. Leider nur dann. Und genau in diesen Momenten konnte man von ihm lernen, was seelische Einsamkeit bedeutet.

Doch hier, just an dieser Stätte der kranken Seelen, fühlte er sich aufgehoben, ließ er los, ein klein wenig nur, und erzählte Professor Cattamalli von seinem Tun und Wirken. Das war wohl der einzige Grund, weshalb Peter denn auch seinem Rat folgte und eine Kur aufsuchte, in der er sich ein wenig von den Strapazen der Selbstgeißelung erholen sollte. Cattamalli attestierte ihm eine Art fromme Hysterie, die durch eine liebevolle Behandlung im Familienkreis geheilt werden könne. Doch einen solchen hatte Peter nicht, schon gar keinen liebevollen, weshalb er sich auf den ersten Teil der Diagnose konzentrierte. Ihm gefiel das Fromme und er ignorierte die Hysterie und besuchte deshalb ein paar Wochen die berühmte Privatklinik Les Rives de Prangins von Oscar Forel, wundervoll gelegen über dem Genfersee. Die Nähe zum Wasser war Peter eminent wichtig, hieß es doch in Lukas 11,24, dass der unreine Geist wasserlose Orte aufsucht. Und in Johannes 3,5 stand außerdem, dass jener in das Reich Gottes gelangt, der aus dem Wasser und dem Geist geboren ist.

Peter war sehr glücklich über die Wahl der Klinik. Weniger glücklich war er über seinen behandelnden Arzt Dr. Wehrle. Der war nicht annähernd so nett wie Professor Cattamalli. Zu oft sprach er aus, was Peter nicht bekam. In seinem ersten Gutachten schrieb er unter anderem: »Nach außen hin macht der Patient den Eindruck eines viel interessierten und unternehmungslustigen Mannes. Kraft einer gewissen Krankheitseinsicht versucht er aber seinen Wahnzustand zu dissimulieren, der ihn von anderen Menschen fernhält und ihn misstrauisch macht gegenüber den Mitpatienten. Zu einer echten zwischenmenschlichen Beziehung zwischen ihm und seiner Umgebung kommt es nie.«

Peter war wirklich beleidigt. Einmal mehr fühlte er den Neid und die Missgunst seiner Mitmenschen um ihn herum. Er spürte ihren natürlichen, aber an sich widersinnigen Trieb, abzulehnen und sogar auszuschließen, was sie nicht verstanden und nicht verstehen wollten. Auf der anderen Seite merkte er aber auch, dass ihm die auferlegte Ruhe wohler tat, als er zugeben mochte, und dass sich auch hier eine Art Aufgehobensein einstellte. Also entschloss er sich zu einem Kompromiss und verbrachte den halben Tag beim Gebet in der katholischen Kirche von Nyon, um sich die andere Hälfte einer Ruhekur zu unterziehen, die ihm Dr. Wehrle vorschlug. Während dieser Zeit konnte er seine Nerven etwas beruhigen, um einzustecken, was noch folgte. Denn Dr. Wehrle erstellte nach zwei Wochen Beobachtungszeit ein zweites Gutachten, das sehr klare Worte enthielt: »Die Vorstellungswelt des Patienten ist in der Tat vollständig in seinen mystischen Wahninhalten befangen. Es gelingt ihm nicht mehr, über die Grenzen seiner krankhaften Ichwelt vorzustoßen in den Bereich gesunder Realität. Das ist der Grund, weshalb der Patient in ein hochgradig gestörtes äußeres Verhalten und in weitgehende Anpassungsunfähigkeit geraten ist. Es besteht die dringende Notwendigkeit, ihm die Handlungsfähigkeit zu entziehen. In seinem Fall stehen zu viele Werte auf dem Spiel und es gilt bei der herrschenden Situation dringend, zu retten, was zu retten ist.«

Das wäre der Moment gewesen, in dem Martin oder Othmar einen ihrer Freunde um Hilfe gerufen hätten. Mindestens jetzt. Nicht so Peter. Er war ja immer der Helfende. Er war derjenige, der gerufen wurde. Er hatte bereits die Seilbahn im Steinachtobel zur Rückkehr bewogen. Er hatte die glänzende Idee der Flucht aus Deutschland ins paradiesische Mendrisio. Er bewog Martin zum Kauf des Monte San Grato, der ihm nun das Eden schlechthin schien. Soeben hatte er die adriatische Küste und vielleicht ganz Europa vor der Verseuchung gerettet. Und nun sollte er derjenige sein, der Hilfe brauchte?

Peter reiste unverzüglich ab. Noch am gleichen Tag, an dem Dr. Wehrle sein Patientengespräch mit ihm hielt und ihn eigentlich dazu anhalten wollte, sich ernsthaft einer Behandlung zu unterziehen, packte er seine Sachen und fuhr los. Er ließ es sich nicht nehmen, auf dem Weg nach St. Gallen über Basel zu fahren, wo er hoffte, von C. G. Jung hypnotisiert zu werden. Wenn einer verstehen würde, was in ihm vorging, dann dieser hervorragende Grenzgänger zwischen Mystik und Psychologie. Doch dazu kam es leider nicht. Jung feierte zu jener Zeit mit seiner analytischen Psychologie einen Erfolg nach dem anderen, er war Professor an der Universität Basel und widmete sich mit ganzer Kraft der Erforschung des kollektiven Unbewussten. Seine Einsichten über den »Schatten« des Menschen, der alle Teile der Persönlichkeit zusammenfasst, die das Individuum aus verschiedenen Gründen nicht annimmt, hätten uns viele Antworten geben können, die nun erst später in diesem Buch folgen und die uns noch mehrmals, besonders im letzten Kapitel, beschäftigen werden.

Peter war von den Ereignissen der letzten Tage sehr enttäuscht. Aber nur kurze Zeit. Denn zuhause erwartete ihn ein Brief von Pater Michele, jenem Priester, dem der Pförtner in Venedig seine Eindrücke über den Schweizer Experten der Lebensstrahlung mitgeteilt und der wesentlichen Anteil daran hatte, dass sich Italiens Hysterie über die Verseuchung der Adriaküste noch Wochen nach Peters Abreise hartnäckig am Leben hielt.

Pater Michele schrieb: »Verehrter Freund. Ich habe von Deinen Taten gehört und bin außerordentlich beeindruckt von Deinem beherzten Handeln. Wohl dem, den Gott als seine Stärke sieht. Mein Freund, der Pförtner, hat mir viel von Dir erzählt, weshalb ich mich mit einer dringenden Bitte an Dich wende: Als ich meine Mitbrüder über die todbringende Gefahr in Venedig informiert habe, da bekam ich von allen Teilen des Landes Bestätigungen von Zeichen, die das drohende Unheil ankündigten. Viele Zeichen sahen meine Brüder und nur das gemeinsame Gebet und viele helfende Hände, so wie die Deinen, bewahrten uns Menschen einmal mehr vor dem Zorn unseres Herrn. Doch ein Zeichen ist geblieben, und es mag nicht weichen, und es ist das Zeichen der Zeichen inmitten des Heiligsten, das uns Christen verbindet. Heldmütiger Freund, Du wirst kaum glauben, was Du jetzt liest, aber es ist wahr! Nicht nur meine Brüder im Vatikan haben es mir bestätigt, sondern auch der leitende Ingenieur der örtlichen Baukommission, der ehrwürdige Herr Vacchini: An dem Tag, an dem Du den Kräften des Bösen begegnet bist, hat er Risse in der Michelangelo-Kuppel im Petersdom festgestellt. Kannst Du Dir das vorstellen? Ich wende mich in großer Verzweiflung an Dich und bitte Dich inständig ...«

Hier war der Brief nicht zu Ende. Aber Peter las nicht weiter. Noch schneller als bei seiner letzten Mission, noch zielstrebiger, mit einem fatalistischen Glühen in den Augen, ja mit dem Tod im Herzen und dem Wahnsinn im Kopf, räumte er seine Sachen und Instrumente in seinen Wagen und fegte los. Vorher eilte er noch schnell, schnell bei Martin vorbei, von dem er gehört hatte, dass er in seiner Suche nach Reißverschlussinnovationen eine Bauweise entwickelt hatte, mit der man einzelne Betonelemente verzahnen und so, schnell und kostengünstig, zum Beispiel einen Tunnel errichten konnte. Martin war natürlich überaus angetan, dass wenigstens ein Mensch ein Anwendungsfeld gefunden hatte und ließ Peter mit fünf Lastwagen voller Betonelemente Richtung Vatikan ziehen. Sieben Stunden später stand dieser vor den Toren Roms. Dass er hierher eingeladen wurde, hier in das Zentrum der Christenheit, das war für Peter nicht einfach eine hohe Ehre, es war ein Wink der Schöpfung selbst, und sollte ihm dabei die Kuppel über dem Schädel zusammenfallen.

Tatsächlich hatten die Ingenieure des Vatikans seit zehn Jahren festgestellt, dass die Kuppel der Basilika Sankt Peter Risse aufwies, und dass diese in der Tat nicht kleiner wurden.

Bald stand Peter in Gummistiefeln und einem Lodenmantel im ehrwürdig-antiken Schlamm des *ager vaticanus*. Über ihm feuchtete das Fundament von Neros Circus. Darüber ruhte die Confessio, das Grab des Heiligen Petrus, mit einer Figur von Papst Pius VI. Darüber prangte das Fundament der Krypta der Basilika Kaiser Konstantins. Darüber breitete sich der prächtige Boden vom Mittelschiff bis zur Kuppel von Sankt Peter aus. Darauf stand der Papstaltar mit Berninis Bronze-Baldachin sowie vier der heiligsten Reliquien der katholischen Kirche: Das Schweißtuch der Veronika, ein Stück vom Heiligen Kreuz, die Lanze des Longinus und der Kopf des Apostels Andreas. Darüber schwang sich die Kuppel der Kuppeln, in der in zwei Meter hohen Schriftzeichen deutlich geschrieben stand: *Tu es Petrus et super hanc petram aedificabo ecclesiam meam et tibi dabo claves regni caelorum* – Du bist Peter, und auf diesen Felsen werde ich meine Kirche bauen, und Dir gebe ich die Schlüssel zum Himmelreich. Und Peter stand unter alledem. Er stand nicht auf Fels, sondern auf Lehm. In Gummistiefeln. Aber er war entschlossen, die Kirche über ihm zu retten. Und den Schlüssel dankbar entgegen zu nehmen.

Also beugte er sich über eine alte Karte mit den Fundamenten der Basilika. »Ich habe es doch gedacht. Es ist nicht das Wasser!« Sein kontemplativer Blick wich feurigem Ehrgeiz. »Es sind die Strahlen!«

Die Ingenieure, unter ihnen auch Vittorio Vacchini, beugten sich erst über die Karte, dann wandten sie sich Peter zu. »Strahlen?«

»Ja. Gammastrahlung. Eine kurzwellige elektromagnetische Strahlung, die sehr energiereich und den Röntgenstrahlen ähnlich ist. Sie durchdringt jede Form des Lebens, Mauern, Häuser, selbst vor geheiligten Stätten macht sie nicht Halt, wie Sie bemerken, meine Herren. Ich gehe davon aus, dass die Strahlenbelastung der letzten Jahrhunderte, und ganz besonders durch den Krieg, diese Stellen hier porös gemacht hat, so dass Wasser in alle Ritzen und Fugen eindringen konnte. Wenn wir diese Stellen nicht sofort stützen, dann droht der gesamte Vatikan einzustürzen. Das kann in zwanzig Jahren sein, im nächsten Jahr oder heute!«

Ein fürchterliches Gefühl erschütterte in diesem Augenblick das Fundament des Petersdoms. Die ganze katholische Kirche auf Luft gebaut! Kein Fels weit und breit. Nur Lehm und Schlacke, sumpfiger Unrat aus heidnischen Zeiten, dazu poröse Erde, das Material, aus dem der Mensch genommen ist und auf dem das Heiligste unserer Kirche steht. Ein Luftschloss! Mehr Geist denn Substanz!

»Das ist ja entsetzlich, was Sie da sagen!«, fand nach einigen Sekunden ein junger Ingenieur seine Sprache wieder.

»Stollen, die einbrechen. Das wird dem Heiligen Vater nicht gefallen!«, sorgte sich ein zweiter.

»Das kann nicht sein, was Sie da sagen. Das ist unmöglich! Wir haben geologisch alles gemessen. Da ist fester Grund, wenn auch lehmige Erde. Aber sicher keine Hohlräume. Keine poröse Erde! Sehen Sie sich doch um!« Herr Vacchini kam nun auch wieder zu Kräften. »Sie müssen sich irren, Monsignore, ganz sicher.«

Peter wandte sich mit einer vieldeutigen Geste ab und nestelte in seinem Lodenmantel herum. Dann drehte er sich wieder seinem Publikum zu und schwenkte ein senkbleiförmiges Pendel vor den entsetzten Augen. »Ich kann meine Theorie beweisen!«

Er stellte sich mit dem Pendel in die Mitte der Grotte und ließ es langsam kreisen. Das Lot, das wohl manch Beteiligtem wie das Schwanzende des Unaussprechlichen vorkommen musste, zuckte und sprang bald hin und her, mit kreisenden Bewegungen, an denen die Blicke der Verzweifelten festgezurrt waren wie die verlorenen Seelen in der Hölle selbst, es schwang immer intensiver, immer unruhiger, bis es schließlich den ganzen Raum einzunehmen drohte, das grausliche Orakel, und mit vibrierender Bewegung jede Nische verurteilte, über jede Ritze ein böses Verhängnis deutete.

»Hier müssen wir stützen!«, rief Peter, streckte seine Hand aus, als wolle er die Erde teilen, während die Umstehenden entsetzt auf einen schmierig grauen Erdwall blickten. »Zum Glück habe ich alle Vorkehrungen getroffen und habe genau das bei mir, was Sie nun brauchen.«

Peter war ganz außer sich. Vittorio Vacchini schüttelte den Kopf und entfernte sich. Der Tross schloss sich ihm an und beriet im Büro der Baukommission über das weitere Vorgehen. Eines war ihnen allen klar: Nebst dem Wasser musste auch unbedingt dieser absonderliche Gesandte mit seiner Strahlentheorie verschwinden. Schnell eilten sie wieder in den Dom, um ihn zu suchen. Und sie fanden ihn auch schnell. Peter war eben dabei, einen Lastwagenkonvoi mit hunderten Bauelementen zu entladen, der, weiß der Teufel wie, mitten über den Petersplatz direkt vor die Basilika gelangt war. Ohne Rücksicht darauf zu nehmen, eventuell einen Bürgerkrieg unter Schweizern zu entfachen, alarmierte Vittorio Vacchini die Päpstliche Garde, die in gewohnt diskreter Art den Platz räumte. Peter wurde höflich von der Baustelle entfernt und mit Worten des Dankes von seiner Mission entbunden.

»Das ist eine Frechheit!«, brüllte er wild um sich. »Ich werde zum Heiligen Vater gehen und ihm von diesem Vorgehen berichten. Sie gefährden die gesamte Katholische Kirche! Sie zerstören alles, woran Millionen von Menschen glauben!«

Dabei griff er nach seinem Pendel, fand aber nur die Medikamentenschale neben seinem Bett. »Ihr Heuchler! Unwürdige! Ihr lasst absichtlich die Kirche verkommen!«

»Oh, mein Gott, er hat Rom schon hinter sich. Schnell, hilf mir!« Der eine Pfleger verwirft seine Karten und eilt aus dem Nebenraum herbei, als er Peter brüllen hört. Der andere, dessen Spiel offensichtlich im Vorteil gewesen ist, versucht noch, die Karten ordentlich hinzulegen, muss aber doch beherzt handeln. Der Patient hätte sich sonst womöglich verletzt.

»Sie wissen, dass tief in der Hölle ihr Verderben wartet und sie tun nichts!«, flennt Peter nun mit einer zittrigen Stimme und verkrallt sich in sein Bettlaken.

»Schnell! Hilf mir ihn aufzurichten!« Gemeinsam befreien sie Peter aus dem Lakenwulst und stützen ihn mit einem Kissen an die Wand.

»Sie haben wieder ganz schön viel zu tun gehabt«, spricht ihn der eine an, während der andere Dr. Bleuler ruft.

Peter verharrt einige Sekunden in einem dämmrigen Schweigen, als sei er nach einer langen Narkose aufgewacht. Dann sieht man, dass in seinen Kopf wieder Blut fließt und er langsam zu sich kommt.

»Nicht aufregen!«, beruhigt ihn der Pfleger, »es kann Ihnen hier nichts passieren. Sie haben lange geschlafen, sehr lange.«

»Nicht aufregen!«, antwortet Peter, »Sie haben gut reden. Nach alledem, was mir zugestoßen ist? Ich sollte nicht hier sein. Nein, nicht hier. Im Vatikan, dort ist mein Platz. Dort ist der Schlüssel zum Himmelreich, wissen Sie?«

»Der Doktor bringt Ihnen den Schlüssel zum Himmelreich. Er ist gleich da.«

Tatsächlich geht in diesem Moment die Tür auf und Dr. Bleuler betritt den Raum. Er strahlt eine eigenartige Autorität aus, eine Mischung aus Intelligenz und Berechnung, und seine milde Stimme widerspricht eigentlich diesem ersten Eindruck. Manfred Bleuler ist der Sohn des berühmten Psychiaters Eugen Bleuler, der die Gruppe der Schizophrenien und auch das Krankheitsbild des Autismus erstmals beschrieben hat. Sein Sohn führt seine Arbeit und seine Forschungen hier an der Psychiatrischen Universitätsklinik Burghölzli in Zürich fort, weshalb Peter für ihn gleich in zwei Forschungsrichtungen ein interessanter Fall ist.

»Da ist ja unser Patient. Ich freue mich, dass es Ihnen wieder gut geht«, spricht er Peter an und setzt sich zu ihm aufs Bett. Die beiden Pfleger verschwinden.

»Gut ist anders«, stöhnt Peter und streicht sich etwas unangenehm berührt durchs zerzauste Haar.

»Ach, wenn ich daran denke, wie es Ihnen vor zwei Wochen gegangen ist!«

Peter schaut ihn lange an. »Meinen Sie in Rom oder als man mich überfallen hat?«

Manfred Bleuler weicht seinem Blick etwas unsicher aus. »Sie haben Hilfe gebraucht. Sie werden mir in wenigen Tagen beipflichten und mir danken.« Er steht auf und richtet sich die Krawatte, obwohl sie nicht verschoben ist. »Ich bin in meinem Büro. Treffen wir uns in einer Stunde?«

Peter nickt und steht ebenfalls auf, um sich anzuziehen, während der Doktor den Raum verlässt. Er hat recht mit seiner spitzen Bemerkung und sie trifft ihr Ziel haargenau. Was vor zwei Wochen mit Peter geschehen ist, bringt eine, sagen wir, unbehagliche Wendung in diese Geschichte. Eine Wendung, die vielleicht mehr Ernsthaftigkeit erzeugt, als man hätte erwarten können. Eine Wendung auf jeden Fall, die nicht zum Ruhme der Schweizerischen Psychiatrie beiträgt.

Doch es war kein Einzelfall. Was Peter erlebte, haben vor und nach ihm Hunderte von Leidensgenossen erdulden müssen. Sie alle wurden mit oft fadenscheinigen Diagnosen in Irrenanstalten interniert und, wenn sie nicht viel Glück, einflussreiche Freunde oder am besten beides hatten, vor die Wahl einer freiwilligen Sterilisation oder eines lebenslangen Anstaltsaufenthalts gestellt. Bis ins Jahr 1982 konnten Anstaltseinweisungen bei jenen Personen behördlich beschlossen und durchgesetzt werden, welche im Ruf standen, »sexuell zügellos, liederlich, homosexuell, vagabundierend, verkrüppelt oder sonst degeneriert zu sein.« Eine genaue Definition für die sonst Degenerierten fehlte. Es war offensichtlich ein weit dehnbarer Begriff für die Randgruppen einer zivilisierten Bevölkerung.

Wo die Engländer auf ihre Exzentriker stolz sind und die Franzosen auf ihre Bohème, da verfrachteten die Schweizer ihre aus dem Mittelmaß Geratenen lieber in geschlossene Irrenanstalten. Ohne dass ein Gerichtsurteil vorliegt, ohne profunde Diagnose, rein aus einer willkürlichen Stimmung heraus, konnten Menschen lebenslang hinter Gitter wandern, Elektro- und Schocktherapien unterzogen werden und sogar sterilisiert werden. Und das bis 1982. Sie wurden ohne Möglichkeit zur Einsprache in geschlossene Anstalten eingewiesen, ihnen wurden die Kinder weggenommen, die Ehe verboten, der Kontakt zur Außenwelt untersagt. Bis 1982.

Zu den Vätern eugenischer Ideen gehören berühmte Schweizer Psychiater, wie August Forel von der Privatklinik Les Rives de Prangins, der St.Galler Ernst Rüdin, dessen Schriften 1934 das Gesetz zur Verhütung erbkranken Nachwuchses in Nazi-Deutschland unterstützten, sowie Eugen und Manfred Bleuler, die beide im Burghölzli wirkten, wo sich Peter gerade befindet.

Nach seiner Niederlage in Rom war Peter bitter enttäuscht. Er hätte alle Mittel gehabt, das Problem im Petersdom zu lösen. Nicht nur, dass er es genau lokalisieren konnte, nein, er hatte auch die geeigneten Gegenmaßnahmen im Gepäck, Martins geniale Bauelemente, mit denen sich ein Stollen in kürzester Zeit stützen ließ. Er hätte alles finanziert, hätte auf keine langen Baugenehmigungen warten müssen. Er hätte die Basis der katholischen Kirche stützen können. Peter und sein Dom. Doch es hatte nicht sollen sein. Vittorio Vacchini versuchte vergeblich, den arg Gebeutelten zu beruhigen, doch der ließ sich nicht besänftigen. Er packte seine Sachen und fuhr mit seinem Lastwagenkonvoi erbost nach Hause.

»Wie fühlen Sie sich heute?«, fragt Dr. Bleuler Peter, der eben in einem der großen schwarzen Fauteuils Platz genommen hat.

»Gibt es Menschen, die sich hier wohl fühlen?«, fragt dieser zurück.

»Sogar die meisten Menschen fühlen sich hier wohl. Sie spüren, dass ihnen die Welt Angst macht, dass sie sich nicht sicher fühlen können und dass sie Schutz brauchen. Und den finden sie hier.«

»Das glaube ich Ihnen. Diese Leute entscheiden ja auch selbst.«

Dr. Bleuler legt seinen Schreibblock nieder. »Ich erzähle Ihnen dazu eine Geschichte: In letzter Zeit bin ich abends oft außergewöhnlich müde gewesen. Ich habe mir Entspannungsmittel verschrieben, die aber nichts halfen. Meine Frau sagte mir, ich solle mal zum Optiker gehen, was ich dann auch wirklich tat. Der stellte fest, dass ich stark kurzsichtig bin und mich deshalb das Sehen derart anstrengt, dass ich abends müde werde. Ich wäre alleine nie auf die Idee gekommen, es könne mir etwas an den Augen fehlen. Meine Frau und ein Spezialist sagten es mir. Ich hätte geschworen, dass ich gut sehe und dass ich vielleicht einfach zu viel arbeite. Ich habe mich geirrt.«

Peter hat schon lange aufgehört, den Doktor anzuschauen. Sein Blick ist über einer auffällig farbigen Früchteschale aus Muranoglas auf dem Tisch eingeschlafen. Leise wiederholt er des Doktors Worte: »Sie haben sich geirrt!«

In diesem Moment klopft es an der Tür und eine reizende Schwester kommt herein, um einen Besuch anzukündigen.

»Nicht jetzt, Schwester, ich bin mitten in einer Sitzung.«

Die Schwester aber beharrt und Dr. Bleuler entschuldigt sich kurz. Peter wendet sich vom Gespräch ab und betrachtet das eigenartige Bild, das über der Sitzgruppe hängt. Es ist voller feiner Striche, aus denen sich immer wieder neue Figuren und Fratzen bilden. Er hätte sich gerne für verrückt erklären lassen, wenn es darum gegangen wäre, dieses Bild zu deuten. Aber sich einreden zu lassen, dass das alles Einbildung sei, dass er sich in eine Phantasiewelt hineinsteigere und sich ein eigenes Weltbild zurechtträume, das ist ja wohl in Zeiten wie diesen der Gipfel der Frechheit. Lesen denn die Ärzte keine Zeitungen? Sind denn die Bomben über den japanischen Städten auch Träume gewesen? Alpträume vielleicht, aber ziemlich gegenständliche. Seine Überlegungen wachsen sich einmal mehr zu einem richtig galligen Verdruss gegen dieses Haus aus, gegen die Menschen darin, die Ärzte und vor allem Dr. Bleuler, der selbst nicht merkt, dass er halb blind ist, aber sich dennoch so viel Weitblick einbildet, um zu sehen, dass er, Peter, krank sein soll.

Mittlerweile ist der eilige Gast eingetreten und hat sich Dr. Bleuler als Dr. Huonder vorgestellt, Arzt aus Disentis. Er reicht Bleuler ein Papier und schaut Peter lange zu, während jener das Dokument liest.

»Sie sind der gesetzliche Vormund?«, fragt Bleuler leise und sichtlich unangenehm berührt.

»So steht es hier geschrieben, ja.«

»Können Sie sich ausweisen?«

Dr. Huonder übergibt seine Papiere und wartet mit ruhiger Haltung die Reaktion seines Kollegen ab. Der liest sich die Dokumente nochmals durch, nickt sachlich und reicht sie wieder zurück. »Sie haben Glück, Dr. Huonder, Ihr Mündel sitzt dort drüben.«

»Was ist los mit ihm?«, fragt Huonder, während er die Dokumente einsteckt.

»Um das herauszufinden, ist er hier. Ich wurde von Dr. Wehrle und Dr. Cattamalli angehalten, diese Untersuchungen durchzuführen, weil sich in den letzten Therapiesitzungen des Patienten Auffälligkeiten ergeben haben, seriöse Auffälligkeiten. Ich selbst muss Ihnen bestätigen, dass ich diese fremdartigen, uneinfühlbaren psychischen Handlungen auch diagnostiziert habe, die in immer grotesker werdende Lebensinhalte führten. Ich nehme an, Sie kennen die näheren Umstände der Ereignisse, die sich vor einiger Zeit in Venedig und eben kürzlich in Rom abgespielt haben.«

Dr. Huonder schüttelt den Kopf. »Nein, ich kenne diese Ereignisse nicht und ich werde ebenfalls alles daran setzen, sie ans Licht zu bringen. Aber nicht gegen den Willen meines Mündels. Aus diesem Grund biete ich ihm eine freiwillige Vormundschaft unter meinem persönlichen Schutz an.«

»Ich verstehe.«

Nun horcht Peter auf. Sein Mündel? Doch ehe er sich zusammenreimen kann, was eben besprochen wurde, nähert sich ihm der unbekannte Gast.

»Ich darf mich Ihnen vorstellen. Ich bin Dr. Christian Huonder, praktischer Arzt aus Disentis und ein guter Freund von Pater Beat in Disentis. Man hat mich beauftragt, Ihnen eine freiwillige Vormundschaft anzubieten. Meine erste Amtshandlung als Ihr Vormund wäre, die Rechtmäßigkeit dieser Internierung zu überprüfen. Vorausgesetzt, dass Sie damit einverstanden sind.«

Peter schaut den Arzt lange an. »Sie meinen, Sie sind mein Schlüssel heraus aus dieser Klinik?«

»Wenn Sie es so sehen wollen.«

Peter faltet die Hände. »Diese Krankheit dient zur Ehre Gottes. Johannes 11,4. Herr, ich danke Dir!«

Dann unterschreibt er sofort die Dokumente. Und sagt kein Wort mehr. Dr. Bleuler hat sich ihm vorsichtig genähert. Peter spürt, dass sich Bleuler nicht wohl fühlt und er hätte gerne die Situation ausgenützt, ihm gegenüber nochmals zu bekräftigen, zu welchem hundsgemeinen Handstreich gegen einen Unschuldigen er sich hat hinreißen lassen. Aber er schweigt. Zu dankbar ist er Gott für diesen Liebesdienst an einem seiner Knechte.

Dr. Huonder wendet sich Bleuler zu. »In diesem Fall darf ich Sie als Zeuge bitten zu bestätigen, dass ich als Vormund Dr. Huonder den Arzt Dr. Huonder beauftragt habe, das Mündel zu untersuchen und als Arzt festgestellt habe, dass kein Grund vorliegt, ihn länger hier zu behalten.«

Bleuler verzieht das Gesicht. So eine Erklärung hat er noch nie gehört. Aber ihm sitzt das Unbehagen über Peters illegale Einweisung noch im Nacken, weshalb er nur stumm nickt. Drei Minuten später ist er seinen unbequemen Patienten los. Dr. Huonder und Peter fahren im Wagen des Doktors aus Disentis in Richtung Tessin.

»Das war eine geniale Idee«, freut sich Peter und klatscht kindlich in die Hände. »Sagen Sie, Herr Doktor, wer kam darauf? Sagen Sie es mir! War es mein Bruder? Oder war es Martin? Ich tippe auf Martin, sein Bruder lebt ja in Disentis. Und er ist der einzige aus seiner Familie, mit dem er sich noch gut versteht.«

Huonder schüttelt lächelnd den Kopf. »Ich habe meinen Auftrag über Pater Beat erhalten. Die anderen Herren sind mir unbekannt.«

Peter schaut verträumt aus dem Auto. An ihm zieht die Welt vorbei, von der er nicht geglaubt hätte, dass er sie vermisste. »Ich verstehe«, lächelt er und lässt sich tief in den weichen Sitz des Wagens sinken.

Die Fahrt geht unaufhaltsam auf den Gotthard zu.

9. Kapitel,
das dem Leser nicht verbergen kann, wie sehr die drei in Gefahr schweben, in dem es aber dennoch gelingt, preiszugeben, mit welchen Mitteln sie dagegen ankämpfen.

Martin geht ganz aufgeregt im Salon der Villa Ri-Rita auf und ab. Er hat seine Hände auf dem Rücken verschränkt und murmelt unverständliches Zeug vor sich hin. Die aufreibenden Auseinandersetzungen der letzten Monate und Jahre haben ihn mürbe gemacht. Er beobachtet Othmar, wie er am Fenster steht und auf den Garten hinausblickt. Für einen Augenblick scheint er in seinen Augen so etwas wie eine Gedrücktheit zu erkennen, mehr noch eine Art Melancholie vielleicht, doch dann fällt ihm ein, dass so eine Gemütsregung eher in seinen eigenen Augen zu entdecken sein müsse und verwirft seinen Gedanken.

Einmal mehr warten sie beide auf Peter. Einmal mehr brauchen sie seinen Beitrag an Gestaltungskraft, um gemeinsam agieren zu können, um das Leben zu meistern, um als Einheit gegen eine feindlich gesinnte Welt aufzutreten. Doch im Gegensatz zu Martin und Othmar hat Peter nicht frei agieren können. Sie müssen ihn erst aus dem Burghölzli befreien. Doch sie beide können das nicht tun. Das schafft nur jemand, der als sein Vormund auftritt und ihn von Amts wegen in Obhut nimmt. Martin selbst hat diesbezüglich wenige vertrauenswürdige Kontakte, die ein solches Unterfangen unterstützen könnten. Und auch Othmar kennt zwar Gott und die Welt, aber keinen, der in einer Situation wie dieser zu ihm hält. Aber Martins Bruder Beat kennt einen Arzt, der dafür der ideale Mann ist. Beat und Dr. Huonder sind seit Kindesbeinen gute Freunde, und Martin weiß, dass er sich in diesem Fall voll auf Beat verlassen kann.

»Wann kommen die denn? Sie müssten längst hier sein«, brummt Martin und schaut nervös auf die Uhr.

»Die Zeit vergeht nicht immer gleich schnell«, sagt Othmar abwesend und schaut immer noch in den Garten. »Ich habe das Gefühl, ich warte schon ewig auf Peter. Doch wenn ich in dieses

Grün schaue, dann ist mir, als hätten wir eben noch hier gefeiert.«

Martin tritt an ihn heran. »Dabei ist es sieben Jahre her. Stell dir vor. Wir sind alte Männer geworden!«

»Und müssen immer noch kämpfen«, nickt Othmar und beißt sich auf die Lippen.

In diesem Moment betritt Rosita, die Köchin, den Salon. »Am hinteren Eingang ist ein Auto vorgefahren. Ich dachte, ich sage es Ihnen gleich.«

Martins Gesicht hellt sich auf. »Die erste gute Nachricht heute. Das sind sie! Vorsichtig wie immer haben sie den hinteren Eingang benutzt. Braver Doktor.«

Othmar löst sich vom Fenster und eilt aus dem Salon, um seinen Bruder in Empfang zu nehmen. Während sich die beiden begrüßen, holt Martin aus der Bar eine angemessene Flasche Wein. Ein Chateau Pétrus, Jahrgang 1936, zu Ehren Peters. Nach einer Weile erscheinen die beiden Brüder unter der Tür. Othmar ist außer sich vor Freude. Peter steht etwas abgespannt und müde, aber mit einem seligen Lächeln unter der Tür.

»Martin, alter Haudegen!«, ruft Peter freudig, »Das war ja ein irrwitziger Plan. Und ein erfolgreicher dazu. Ich muss mich ganz herzlich bedanken!«

Die beiden umarmen sich. »Das war nun wirklich das Mindeste, was wir für dich tun konnten. Es freut mich, dass alles geklappt hat. Sag, wo ist der Doktor?«

»Der musste weiter. Ihm hat die lange Fahrt wohl nichts ausgemacht, denn er fährt gleich wieder nach Hause. Ich bin hundemüde!«

»Komm, setz dich«, sagt Othmar und öffnet die bereitgestellte Flasche Wein. Peter lässt sich erschöpft auf das Sofa fallen und schaut sich erst mal lange im Raum um. Auch ihm dürfte, ähnlich wie Othmar, der Anblick der Villa so einige Erinnerungen aus dem Herzen gezaubert haben. Wie lange war er schon nicht mehr hier? Wie viel Zeit ist verflossen, seit sie hier das letzte Mal beisammen saßen? Für einen Augenblick herrscht eine gespenstische Ruhe. Jeder scheint innehalten zu wollen, um zusammenfließen zu lassen, was so lange getrennt war. Nur Heinrich, der Diener, huscht in diesem Moment kurz in den Raum, dekantiert den Wein, schenkt ein, sieht, dass der Moment für einen Trinkspruch nicht günstig ist und entfernt sich unauffällig aus der Runde. Gerade als Peter die Freude der Zusammenkunft preisen will, öffnet sich erneut die Tür zum Salon. Lucia Medici tritt herein. Peter verstummt. Othmar und Martin tauschen kurz vielsagende Blicke aus und schauen ihm amüsiert zu, wie er sich offensichtlich einige Dinge im Kopf zusammenreimen muss.

Er findet dann aber doch schnell Worte: »Lucia. Ich bin überrascht und erfreut, dich hier zu sehen.«

Lucia macht einen artigen Knicks und setzt sich zwischen Martin und Othmar. »Und mich freut, dass du wieder unter uns bist. Wir haben uns große Sorgen um dich gemacht. Das Burghölzli hat diesbezüglich keinen guten Ruf!«

Peter kann sich eines tiefen Seufzers nicht erwehren. »Ich glaube, es ist wieder mal Zeit, einige Dinge nachzuerzählen. Es wird ja wohl kein Zufall sein, dass wir hier alle zusammengekommen sind.«

Mit verbissenen Lippen schüttelt Martin den Kopf. »Nein, mein Guter. Gar kein Zufall! Und es liegt wohl an mir zu erzählen, weshalb es so weit gekommen ist.«

Peter prostet den übrigen zu. »Ich bin gespannt.«

»Nun denn. Ich fange mal mit den weniger angenehmen Dingen an, die sich ereignet haben. Das letzte Mal, als wir uns gesehen haben, hatten wir ja kaum Zeit für ein Resümee unseres Lebens.«

»Erinnere mich bitte nicht an diese Geschichte«, wehrt Peter ab, »Ich habe sie in den letzten zwei Wochen so oft wiederkäuen müssen, dass ich bald glaube, was mir die Psychiater einreden. Ich werde mich nie wieder um Bauelemente und Stollenbau kümmern.«

»Dann beginnen wir mal mit dem Juni 1941, du erinnerst dich sicher gut daran: Othmar reiste mit Teddy Stauffer in die USA, du gingst wieder nach St. Gallen, unsere Gäste verschanzten sich vor dem Krieg und ich, ich blieb hier, in meiner Villa mit ihren zahlreichen Zimmern und Badezimmern, umgeben von einem großen Park. Elena war soeben ausgezogen und kam nicht wieder. Ich fühlte mich sehr einsam, und es war wohl ein Geschenk des Himmels, dass ich jenen Menschen kennenlernte, der mir bis heute eine treue Begleiterin ist.«

Lucia strahlt über das ganze Gesicht und an ihrem Hals glitzert ein Diamant, der fast so groß ist wie ihre schönen braunen Augen. Lucia Medici, die einstmals so unscheinbare Sekretärin aus Mendrisio, hat eine famose Karriere hinter sich: Sie war erst eine Woche als Martins Sekretärin in den Riri-Werken angestellt, als damals in seinem Büro der Kauf des Monte San Grato begossen wurde, zusammen mit dem Bürochef Ernst Wolff, Ferruccio Bolla und seinen beiden Freunden Ernesto Rieser und Armande Pedrazini sowie dem Leiter der Produktion, Artur Fontana. Ihre Hand zitterte nervös, als sie damals den Champagner für die Herren einschenkte, denn sie verehrte Martin bereits damals schon über alles. Peter hatte das gleich bemerkt. Und Martin hatte sich gleichzeitig gefragt, weshalb ihm der Freundschaftsring an ihrer Hand so dezidiert aufgefallen war.

Dieses besondere Prickeln zwischen den beiden rührte nicht vom Champagner. Es begann schon an Lucias erstem Arbeitstag. Die Mittel weiblicher Verführung waren ja damals noch nicht so vielfältig wie heute. Tiefes Dekolletee, kurze Röcke, hohe Schuhe, das waren in jener Zeit noch Attribute professioneller Versuchungen. Um bei der Männerwelt – und bei der Damenwelt sowieso – wilde Assoziationen von anbetungswürdig über verrucht bis hin zu lasziv hervorzurufen, genügte es zum Beispiel vollkommen, die Haare offen zu tragen oder den Arm bis über den Ellbogen zu entblößen. Lucia wusste das. Sie hatte bereits vor ihrer Anstellung bei Riri viel gelernt aus Harper's Bazaar und Vogue, den ersten Zeitschriften explizit für die Frau, die in den 1930er-Jahren in der Schweiz zu haben waren. Beide Magazine enthielten umfassende, vierfarbig gedruckte Träume ihres kleinen Lebens. Doch sie enthielten im Gegensatz zu

Träumen auch Anleitungen, wie sie zur Realität werden konnten. Lucia las also: Männer, denen verführerische Frauen gefallen, dürfen ihr nicht gefallen. So leicht wäre es, einen Wettbewerbsvorteil durch unlautere Methoden zu erreichen und so schnell ist man damit in einer Branche, in der man das Verhalten der Konkurrenz nur schwer einschätzen kann. So lernte Lucia: Entscheide dich im Zweifelsfalle immer für die älteste, einfachste, effektivste, aber auch gefürchtetste aller Verführungsstrategien – den direkten Blickkontakt.

Als Martin an ihrem ersten Arbeitstag in der Firma angekommen war, glaubte er nicht, dass er all seine Gedanken, die vielen Pläne und Ideen, die er in den vergangenen Tagen im Kopf eingebunkert hatte, die Treppen hinauf bis zu seinem Arbeitsplatz würde tragen können. Er stürmte geschäftig und tunlichst wortlos an den zahlreichen Grüßenden vorbei, voller Besorgnis, es könnte wichtiges Geistesgut aus seinem Kopf herausschwappen, verloren gehen für immer und einfach im schlecht versiegelten Holzboden verschwinden. Sein Bürochef Ernst Wolff wollte ihn auf irgendeine Belanglosigkeit ansprechen, aber Martin schnitt ihm Wort und Luft ab und schaffte es, ohne eine Sekunde Zeitverlust an ihm vorbeizuwehen. Er hastete die Treppen hinauf, ärgerte sich über die verlorene Zeit, bis er sich in seinem Büro endlich seines Ballastes entledigen konnte. Er drängte durch die Vorzimmertür, ignorierte ungeduldig die Dienstbeflissenheit seiner Untergebenen. Und blickte geradewegs in ihre Augen.

Er hielt jäh inne. Seine Gedanken purzelten wie schlecht gestapelte Pakete die Treppe hinunter, über die er gekommen war. Er schaute ihnen kurz nach, wollte sich ärgern, fand weder Sinn noch Grund dafür, wusste auch nicht mehr, was er verloren hatte, ärgerte sich nicht mehr und schaute sie wortlos an.

»Buon giorno signor direttore«, klang es aus der Richtung der Augen und Martin stellte das erste Mal bewusst fest, dass um die Augen herum ein gesamtes, in diesem Sinne ganzheitliches Wesen gebaut war, und ganz wohlfeil dazu. Sie war unverschämt gut gekleidet und von einer geradezu überwältigenden Eleganz. Und diese Sprache. Die Sprache!

»Ich bin Lucia Medici, Ihre neue Sekretärin.«

Martin liebte Ernst Wolff. Der Mann wusste einfach, was sich gehörte. Er war von geradezu nervtötender Anhänglichkeit. Aber er hatte Stil. Das konnte ihm keiner absprechen. Was er hier wieder in Form einer persönlichen Sekretärin organisiert hatte, das gereichte ihm zur Ehre. Martin verliebte sich im ersten Augenblick in Lucia. Auch Elena hatte das von Anfang an gespürt und es auch in mehreren Gesprächen thematisiert. Er wollte es sich zunächst nicht eingestehen, wie einfach es war, sich von seinem Lebenspartner zu entwöhnen und ihn in den Armen einer anderen Frau einfach zu vergessen. Doch es war einfach, und es schmerzte ihn nicht einmal sonderlich. Nach der Begießung des Kaufs des Monte San Grato stellte Martin Lucia das erste Mal eine persönliche Frage, nämlich was denn dieser Ring an ihrem Finger bedeute. Sie schaute ihren Chef an. Harper's Bazaar und Vogue hatten gewirkt. Ihr gedruckter Traum begann, beeindruckende Realität zu werden.

Doch es wäre zu kurz gegriffen, sie zu jener Zeit als Konkurrentin von Elena zu klassifizieren. Während Martin schon von einer neuen Beziehung und von einem neuen Leben mit ihr sprach, pochte sie auf eine klare Lösung bezüglich seiner Gattin. Doch Martin war wie die meisten Männer: Die Loyalität seiner eigenen Frau war ihm zu sicher, und zu weit entfernt war diese Loyalität von einer Liebe, die ihn betroffen gemacht hätte. Frauen lieben mit viel Raum fürs Leben. In den wenigsten Fällen beengen sie dabei die Gasförmigkeit der männlichen Zuneigung. Deshalb entzündet sich dieses Gas so oft an jedem noch so unbedeutenden Funken Wollust. Lucias Funken war jedoch nicht unbedeutend, und das beschleunigte Martins Entfremdung von Elena umso mehr. Lange Zeit konnte er durch ein Gefüge von Arbeit, Geld und Bekanntschaften seiner inneren Haltlosigkeit entfliehen. Schnell strauchelte er, aber noch schneller fand sich ein Grund, dieses Strauchelns in ein Eilen zu verwandeln. Tempo war Martins Art der Lebensbewältigung. Nun kam mit dieser jungen Frau plötzlich so etwas wie Ruhe in sein Leben. Ruhe in Bezug auf die Jagd durch das Leben, vielleicht auch in Bezug auf den Wankelmut in seinem Herzen. Doch im Gegensatz zu anderen Formen der Ruhe, die ihn stets ungeduldig und rasend werden ließen, fühlte er sich bei Lucia aufgehoben. Sie hatte eine bodenständig ehrliche Art, ihre Liebe zu leben: Charme gegen Halt. Sie war nicht eine von diesen filigran fühlenden Frauen, deren Stimmungsschwankungen und Zergliederungen der Gefühlswelt jeden Mann um den Verstand bringen. Sie gab und sie nahm. Was sie fühlte, sagte sie. Was sie fürchtete auch. Wenn sie lachte, tat sie es wirklich. Es war kein verborgener Wink, der dem emotionell Geneigten bedeuten sollte, dass sie unglücklich sei. Ihre Liebe war für Martin ein risikomäßig gut einzuordnendes Geschäft, und eines darüber hinaus, das ihm außerhalb des Geschäftslebens noch nicht begegnet war. Deshalb war er am Anfang auch noch etwas zögerlich, unsicher vielmehr. Was er bisher als Liebe empfunden hatte, war allenfalls eine Kupplung zwischen zwei Güterwaggons. Er selbst hatte dabei in einem gefühlsmäßigen Schnellzug gelebt, der bei jedem geschäftlichen Bauerndorf hielt. Nun kannte er sich mit Zugreisen aus, aber nicht mit Frauen und ihren Gefühlen. Eine Liebe, die nicht durch die Mechanik ihrer Vergänglichkeit dauernd in sich zusammenfällt, war ihm gänzlich unbekannt. Und unheimlich. Dass es dennoch klappte, wertete er als Wink des Himmels.

So kam es, dass Martin während der Zeit, als sich sein Weg von jenem seiner Freunde und seiner Frau trennte, eigentlich ganz gut lebte. Die beiden wurden ein Paar und Lucia entwickelte sich zu einem festen Bestandteil in seinem Leben. Keine Frau vermochte das Wechselspiel zweier Generationen so hinreißend sentimental zu inszenieren wie Lucia. Führte in aller Regel ein welker, aber erstklassig gekleideter Arm eine anmutig blasse Hand aufs Parkett, so schwebten Lucia und Martin durch die Tanzenden, als überwänden sie nicht nur scheinbar schwerelos den festlichen Raum, sondern auch die Zeit zwischen ihnen. Wenn sie für ihn tanzte, hoffte er, ihr ewig zuschauen zu können. Wenn er mit ihr tanzte, hoffte er, bei ihr zu sterben. Kein Mensch kannte Martin so gut wie Lucia. Kein Mensch kannte wohl mit der Zeit auch Othmar und Peter so gut wie sie. Sie kannte Seiten der drei, die keiner wahrhaben wollte.

»Lucia ist es denn auch gewesen«, führt Martin seine Erzählung weiter, »der ich es verdanke, in den folgenden Jahren nicht verzweifelt zu sein. Ich habe mich ja immer vor diesem Krieg gefürchtet, und Hitler, dieser feige Drecksack, war für mich der Satan in Person. Aber ich hätte nicht gedacht, dass es auch uns so treffen würde, dass wir wieder und wieder um unser Leben bangen müssen. Als ihr beide das Tessin verlassen habt, war es mir manchmal, als gehe hier das ganze Leben zu Grunde. Ein Markt nach dem anderen brach zusammen. Die Aufträge gingen zurück. Wichtige Handelspartnerschaften durften aus Gründen der Spionageabwehr nicht mehr unterhalten werden. Die Telefone wurden überwacht. Ich wurde überwacht. Die Firma wurde überwacht. Es war genau so wie damals in Wuppertal. Nur hatte ich keinen Fluchtort mehr. Ich war gefangen in meiner eigenen Firma und in meiner eigenen Heimat.

Als die Glocken im ganzen Land läuteten, hatte ich das erste Mal wieder das Gefühl, in Sicherheit zu sein. Man gewöhnt sich ja an alles. Aber an die Angst um Leben und Existenz gewöhnt man sich nicht. Und dieses ganze Misstrauen überall, die Grenzen und abgeriegelten Zonen, all die Verbote und Hindernisse. Ich sage euch, als die Glocken geläutet haben, stieg ich auf den Monte San Grato. An diese Stelle, Peter, auf der wir das erste Mal über das Tessin geschaut haben. Der See vor uns und der Himmel darüber.«

»Genau. Und dort habe ich das Wundergestein entdeckt!«

»Ja, dort hast du das Wundergestein entdeckt. Und dort bin ich rauf gestiegen und habe einfach zugehört, wie die Glocken von Lugano läuten, von Morcote und Bissone, von Castagnola und Brusino, von Maroggia und Melide.«

»Gott ist groß! Das ist das Wundergestein. Es bewirkt genau solche Kräfte. Nicht wahr? Du warst danach voller Tatendrang.«

»Genau so war es«, führt Martin seine Erzählung fort, »Genau so. Ich spürte plötzlich, wie mir wieder Mut für die Zukunft in die Knochen gefahren ist. Ich wollte, ja ich musste die verlorenen Jahre wieder aufholen!«

Martin begann aufzuholen. Er mobilisierte alles, was ihn in den vergangenen 20 Jahren zu einem erfolgreichen Unternehmer gemacht hatte. Nur: Die Zeit war eine andere. Die Riri-Werke hatten natürlich durch den Krieg auf der ganzen Welt Schaden genommen, aber sie produzierten noch wacker. Die Ausstattung der Armee verlangte Reißverschlüsse, all die Plachen und Taschen für den Gütertransport, die Verpackung für Maschinen und Geräte während und nach dem Krieg, das alles führte zu einem ununterbrochenen Bedarf an seinen Produkten. Martin hätte zu dieser Zeit den Reißverschluss als technische Innovation zu einem Massenprodukt machen müssen. Das tat er nicht. Stattdessen verhedderte er sich in völlig sinnlosen Investitionen reißverschlussähnlicher Produkte. Diversifikation nannte er diesen Irrsinn, und er sollte noch Jahrzehnte danach Unternehmen jeglicher Größe und Branchenausrichtung in den Ruin treiben. Martin war wie besessen, seinen Innovationsgeist unter Beweis zu stellen und neue Erfindungen hervorzuzaubern, ähnlich der Erfindung der Rippen und Rillen, die, wie wir ja bereits wissen, gar nicht seine eigene war. Mit einem Selbstverständnis ohnegleichen war er zum Beispiel überzeugt davon, dass die Schließtechnik des Reißverschlusses der Schlüssel zu einem kostengünstigen und schnell umzusetzenden Straßen- und Brückenbau sei. Also telefonierte er mit Othmar Hermann Ammann, dem berühmten Ingenieur, der unter anderem Bauwerke schuf wie die George Washington Brücke, den Lincoln Tunnel oder die mit 1.300 Meter Spannweite damals längste Hängebrücke der Welt, die Verrazano Narrows Brücke. Er rief an, quasselte von seinen Plänen und Skizzen dieser einmaligen Erfindung, wollte sofort eine Anwendung dafür sehen, wollte überhaupt gleich, dass man alle Brücken und Straßen so bauen solle und war völlig entrüstet, als Ammann nach einer

Stunde völlig entnervt auflegte. Der gute Mann hatte Glück, dass er in New York lebte und Martin nicht mehr so weit fliegen wollte.

Pech hatten allerdings die Bauingenieure Birkenmaier, Brandestini und Ros, die soeben eine Firma mit dem klingenden Namen Stahlbeton gegründet hatten. Sie gehörten zu den Mitentwicklern des Spannbetons und entwickelten sehr erfolgreich vorfabrizierte Stahlbetonbretter für Decken und Stürze. Leider gründeten sie ihr Unternehmen in Zürich und so dauerte es nicht lange, bis Martin ebendort mit Skizzen, Plänen, Gussmodellen, Bauminiaturen und Prototypen gesichtet wurde, in wortreicher Auseinandersetzung mit den genannten Herren, was denn die Zukunft des Bauens sei, wenn nicht eine Vorfabrikation von ineinander verkeilbaren Teilen, mit denen ganze Wände und Decken zu bauen seien, ja Häuser und Fabriken, Autobahnen und Überbauungen, Tunnels und Hochhäuser, Staudämme und Atomkraftwerke, Türme so hoch wie das Matterhorn und Anlagen, an denen Albert Speer seine Freude gehabt hätte, alles im Elementbauverfahren, einfach herzustellen, kein Geld, kein Ziegelschichten, kein Mörtel, nix da, keine Arbeitermassen, denn Arbeiter binden Geld, alles auf Wunsch zusammengestellt, günstig produziert, Zeit gespart, denn Zeit ist Geld, ein Zug, offen das Fenster, ein Handgriff, ein Rohbau, ratsch, weg ist die Wand, ruckzuck, die Fassade auch, schnipp schnapp, die Straße ist gelegt, zupf, zupf, die Brücke ebenfalls.

Unnötig zu erwähnen, was die Herren antworteten. Martin war fassungslos. Er trug seine Skizzen und Pläne und Gussmodelle und Bauminiaturen und Prototypen wieder nach Hause, wobei letztere wenigstens Peter einige Jahre später verwendete, um den Petersdom zu retten. Martin jedoch mochte nicht glauben, dass alle Welt derart blind sei, die größten Innovationen seit Erfindung des Reißverschlusses einfach nicht zu sehen. Doch diese Welt war nicht blind, und sie richtete mittlerweile weniger ein Auge auf die Innovationen denn auf die seltsamen Aktionen des Martin Winterhalter.

»Es waren Leute wie ich, welche die verlorenen Jahre wieder aufholen mussten. Die ganzen halben Hosen von Unter-

nehmer sind ja dazu gar nicht in der Lage«, ereifert sich Martin heute noch, wenn er sich der vergeblichen Versuche erinnert, die Schweizer Wirtschaft wieder anzukurbeln. »Die setzen auf Nummer sicher und produzieren artig weiter, was vor dem Krieg schon alt gewesen ist. Meine Ideen ignorieren sie. Sie lachen darüber. Aber ich kann euch sagen, sie haben nichts zu lachen. Ich sprudle vor Energie und habe maßgebliche Innovationen geschaffen. Die Zeiten sind ja ganz schlecht und ich bin einer der wenigen Unternehmer, der seit Jahren weiterhin Erfolge vorweisen kann.«

Das stimmte. Aber nicht etwa wegen seiner Innovationen. Vielmehr hatte der Reißverschluss mit dem Krieg den Weg vom Modeartikel zum Gebrauchsgegenstand eingeschlagen. Das schnelle Schließen und Öffnen war keine sympathische Spielart des Lebens mehr, es war ein Instrument im modernen Kampf gegen die Zeit. Und genau diesen Umstand bemerkten vor allem jene Unternehmer, die sich weniger mit Verkeilung von Bruchstücken und Innovationen im Bereich des Elementbaus beschäftigten, sondern mit dem Reißverschluss selbst. Sie witterten einen großen Markt und behielten Recht: Der Welthandel zog nach Kriegsende markant an. Die Maschinen und Produktionsstraßen wurden schlagartig umgerüstet. Nur Martin war völlig mit sich und dem Nachweis beschäftigt, immer noch ein großer Erfinder zu sein. Dabei ignorierte er auch Entwicklungen, die ihn wirklich weiter gebracht hätten. Eine dieser Entwicklungen klebte an einem verregneten Herbstabend am Fell der Jack Russel Terrier-Dame Fistonette, als diese, entgegen ausdrücklicher Befehle ihres Herrn George de Mestral, an eben jenem Abend übermütig über eine Böschung von Farnen, Kletten und Sumpfdotterblumen purzelte. Ein paar Jahre später fügte diese Entwicklung bereits Ränder von Taschen zusammen und wieder ein paar Jahre später Babywindeln, Teppichböden, Schuhe, Autoteile, Raumanzüge und Keramikkacheln des Space Shuttle. Dass Martin die Terrier-Dame Fistonette nicht kennen gelernt hatte, dagegen war nichts einzuwenden. Aber dass er ihren Herrn ebenfalls ignorierte, als dieser die kleinen Früchte der

Großen Klette unters Mikroskop gelegt und festgestellt hatte, dass sie sich mit kleinen Häkchen verzahnen und daraufhin ein Patent anmeldete, das später unter dem Begriff Klettverschluss Furore machte, das war wirklich nicht besonders weitsichtig. Aber Martin konzentrierte sich auf andere Sachen. Der König wurde launenhaft. Fremde Regenten waren hungrig. Das Volk dachte sich seine Sache. Und seine Familie und seine Nächsten, sie waren unter dem Volk.

»Mein Vermögen beträgt immer noch 30 Millionen Franken. Ich bin erfolgreich wie nie. Ich könnte mich zurücklehnen und friedlich mein Leben zu Ende leben. Aber so läuft es nicht. Im Gegenteil! Ich kann nicht mehr schlafen. Ich kann mich nicht freuen an meinem Leben. Denn alle wollen sie mich ausrauben! Alle sind sie hinter meinem Vermögen her!« Martin hält kurz inne, spürt wohl, dass er seine Sorgen im Sitzen nicht aushält, steht auf und schafft sich unruhig Raum, indem er zwischen der Polstergruppe und der Fensterfront auf und ab geht. »Kurz bevor du nach Rom gegangen bist, hat mich Ferruccio angerufen. Deshalb war ich wohl damals nicht im Büro. Er sagte mir, es sei sehr dringend und ich solle sofort zu ihm kommen.

Warum denn sofort, wollte ich erfahren und ließ ihn wissen, dass wir uns eh Ende Woche zum Reiten treffen.

Er aber sagte nur:

»Martin, ich fürchte es ist eine ernste Sache. Eine sehr ernste.«

»Aber Ferruccio, ich habe Termine. Ich habe eine wichtige Konferenz mit möglichen Lizenzpartnern aus den USA. Du hast mir ja selbst gesagt, wie wichtig die Jungs sind.«

»Das sind sie auch. Aber was ich dir zu erzählen habe, entscheidet vielleicht darüber, ob du in Zukunft mit solchen Herren Geschäfte machen kannst oder nicht.«

Eine knappe Stunde später war er bei Ferruccio Bolla, seinem wichtigsten Mann im Aufsichtsrat, ein kluger Diplomat zwischen Politik und Wirtschaft. Ohne Ferruccio hätten sich die letzten Jahre nicht so günstig und nutzbringend entwickelt.

Ohne ihn hätte Martin niemals, nicht einmal über Othmars Kanäle, so viele wichtige und einflussreiche Leute getroffen. Ohne ihn wären Ernesto Rieser und Armande Pedrazini nie zu den Riri-Werken gestoßen, zwei Manager, denen er vertrauen konnte. Umso angespannter hörte er Ferruccio Bolla zu, als er damals bei ihm in der Anwaltskanzlei eintraf.

»Jetzt bin ich aber gespannt, was du so Wichtiges zu berichten hast, mein Guter!«

»Setz dich lieber, du wirst dein Stehvermögen noch brauchen.«

Martin setzte sich. Ferruccio kramte in ein paar Dokumenten, als müsse er erst aus ihnen erfahren, was es zu berichten gab. Martin kannte die Geste nur allzu gut. Sie gehörte auch zu seinem Repertoire für unangenehme Geschäftsgespräche. Ferruccio beherrschte sie allerdings noch etwas vielschichtiger. Er vermied dabei jeglichen Augenkontakt, was schnell und sicher die Atmosphäre eines anonymen Gerichts schuf.

»Martin, was ich dir jetzt sage, beruht nicht auf Indizien oder gar Gerüchten. Ich habe handfeste Beweise, die sich in den letzten Monaten immer mehr zu einem konkreten Wissen verdichtet haben.«

»Ferruccio, ich zahl dich nicht in Minuten. Komm zum Punkt!«

»Wie du willst. Meine Geschichte beginnt am 4. Mai 1940.«

»Ich weiß doch zum Teufel nicht mehr, was damals war? Kannst du aufhören, so kryptisch daherzureden?«

»Am 4. Mai 1940 hast du auf einem der letzten großen Feste in deiner Villa mit deiner Schwester gestritten.«

Martin wusste nun wieder ganz genau, was an jenem Tag war, den er vorsorglich aus dem Gedächtnis gestrichen hatte, der ihm aber wie eine verschluckte Kohle immer wieder in der Brust brannte. Das Blut stieg ihm plötzlich in den Kopf und am Hals bildeten sich bläuliche Kabel, die ihn wie eine Marionette aus dem Stuhl fahren ließen, mechanisch fast, diabolisch, als wäre er nicht er selbst. »Hanna! Rück raus damit. Sie verklagt mich! Sie will Geld, dieses verkommene Luder. Der werd' ich zeigen, wer hier übers Geld bestimmt! Der werd' ich –, und? Was will sie? Sag schon!«

»Martin, beruhige dich! Ich tue hier nur meine verdammte Pflicht. Ich bin dein Anwalt. Ich muss das tun!«

Ein Schrei schoss durch das Büro, dass Ferruccio davon getroffen wurde, schlimmer als durch einen ehernen Pfeil. Er fürchtete in dieser einen Sekunde wirklich um den Verstand seines Freundes und um das Leben seiner eigenen Person. »Was sagst du da? Ich soll mich beruhigen? Ich? Weißt du, was die mir seit Jahren antut?«

»Es ist nicht allein Hanna, fürchte ich. Es ist eine Gruppe von Menschen, die sich offenbar durch dich bedroht sieht – sagen sie. Das hat ja in den letzten Monaten immer wieder zu Reibereien geführt, nicht nur wegen Hanna. Auch durch deinen Verwaltungsrat. Auch durch deine Direktoren. Du weißt, was ich meine. Die Riri stagniert. Die Konkurrenz wächst. Der Markt zieht an. Wir bleiben an Ort und Stelle. Kapital wird vernichtet!«

Martin ließ sich wieder in den Sessel fallen, so dass das Gestänge unter ihm ächzte. Das Teuflische wich nun blitzschnell einem Ausdruck von Grausamkeit. Machiavellis Fürst kam Ferruccio in den Sinn und Mephisto, und beide nährten seine Hoffnungen auf einen fruchtbaren Ausgang dieses Gesprächs nicht wirklich. Doch er schwieg. Er wusste, dass er Zeit gewinnen musste. Er kannte Martin gut genug, um zu wissen, dass seine Energien nicht mehr für lange geistige Exzesse reichten. Er hatte nun nur zu warten, bis der Zorn des Königs vor ihm ausfloss.

»Ich habe Kapital vernichtet? Sag mal, bist du von Sinnen? Du weißt besser als jeder andere, was die Riri wert ist. Du kennst unsere Umsätze, unsere Margen, unsere Gewinne!«

»Ich kenne sie, Martin, ich kenne sie. Aber es gibt Leute, die glauben, dass sie zu diesem Erfolg mehr beigetragen haben, als sie nun zurückbekommen. Und es gibt solche, die glauben, dass der momentane Segen durch alte Lizenzen nicht mehr lange dauern wird.«

Es gibt Ansprüche des Lebens, die man gerne verleugnet, von denen man insgeheim aber weiß, dass sie so ungerechtfertigt nicht sind. Meistens wehrt man sich in diesen Fällen mit überbordender Theatralik. Manche dieser Ansprüche fallen aber so über einen her, dass man ganz still wird, ganz ruhig im Innersten, als halte man die Luft an, um danach so lange zu schreien, bis die Lungen bersten. Martin wurde sehr ruhig. Mephistopheles erstarb in seinen Zügen und der Fürst entschwand aus der Gestalt des Königs.

»So. Der Segen dauert nicht mehr lange an«, sagt er und wischte sich die Schweißperlen von der Stirn.

»Martin, die Zahlen sprechen momentan eine deutliche Sprache. Das muss ich dir nicht sagen. Ich weiß, in welche Richtung du gehen willst. Aber diese Leute haben das Gefühl, dass du in einer Art und Weise lebst und agierst, dass es dem Unternehmen nicht gut tut. Sie haben mich angehalten, dir das zu sagen. Und da ich schon einmal Schlichter war in diesem ewigen Streit, dachte ich, dass besser ich es bin, der dich davon in Kenntnis setzt als irgendwer sonst. Martin, ich hoffe, du schätzt das jetzt nicht falsch ein. Ich bin auf der richtigen Seite. Aber ich möchte hier als integrer Warner auftreten. Ich bin dein Anwalt, vergiss das bitte nicht. Ich will, ich muss, ich kann dir helfen.«

»Ich danke dir, Ferruccio. Ich schätze dein Verhandlungsgeschick, das weißt du. Aber ich möchte zwei Dinge von dir ganz genau und auf der Stelle wissen: Was wird mir vorgeworfen und von wem?«

»Ich habe vermutet, dass du das fragst, deshalb habe ich den Brief bei mir, den mir Hanna im Namen aller Beteiligten geschrieben hat: *Sehr geehrter Herr Doktor*, blabla, blabla, warte, ja, hier ist es: *Mein Bruder hat sich in letzter Zeit auf eine Weise verändert, die selbst enge Angehörige zweifeln lässt, dass er seine Geschäfte noch in einem Sinne führen kann, der für alle Beteiligten gedeihlich ist. Um es mit einem Wort auszudrücken: Wir fürchten um Martins Existenz*, blabla, das ist jetzt nicht so wichtig. So, hier wird es wieder relevant: *Wir fürchten um ihn selbst und um das, was er in guten Jahren aufgebaut hat. Wir haben seine Jugendjahre miterlebt, den*

Aufbau und die wilden Jahre. Wir haben ihn in alledem unterstützt, ihm unsere Zeit, unser Geld, unseren Beistand zukommen lassen. Nun hat sich alles verändert. Mein Bruder hat sich verändert. Ich fürchte, dass böse Jahre auf ihn zukommen, wenn er nicht umgehend Hilfe in Anspruch nimmt und sein Unternehmen in Hände legt, die den aktuellen Erfordernissen gewachsen sind.«

Ferruccio schaute kurz über den Brief und sah einen alten Mann vor sich, der im großen Sessel fast nicht mehr vom grauen Leder zu unterscheiden war. »Martin, geht's dir gut? Bist du bei mir? Fehlt dir was?«

»Lies weiter!«

»Kann ich dir einen Whisky anbieten? Ein Glas Wasser? Soll ich das Fenster öffnen?«

»Lies weiter, sag ich!«

Ferruccio legte den Brief auf den Tisch. Er hätte nicht gedacht, dass Martin so reagierte. Alles hätte er erwartet nach dem Tobsuchtsanfall. Aber das nicht. Er machte sich ernsthaft Sorgen.

»Hier endet der Brief, Martin. Das ist es.«

»Das ist ja furchtbar! Mein Gott, wie kommt sie denn auf so was?«, entsetzt sich Peter und auch Othmar ist ganz entrückt vor Bestürzung. »Und wer steckt da alles dahinter?«, will er schließlich wissen.

»Ich weiß es nicht«, schüttelt Martin den Kopf, »Ferruccio konnte mir diesbezüglich nichts Genaues sagen. Sicher steckt meine Familie dahinter, meine feinen Geschwister, alle außer Beat. Ferruccio meinte, ein paar Leute aus der Firma seien darunter sowie Ludwig Bucher.«

»Was? Ludwig? Das kann nicht sein«, wehrt Othmar ab, »Das kann und will ich nicht glauben. Was für einen Grund soll denn der haben? Die Haltung deiner Geschwister kennen wir ja. Dass es sicher Leute in der Firma gibt, die glauben, dass ihnen mehr zusteht, das mag auch sein. Neider gibt es überall. Aber Bucher?«

Martin verwirft die Hände. »Was soll ich sagen? Wem kann ich noch trauen? Versteht ihr mich? Wisst ihr jetzt, weshalb ich euch wieder zusammenrief?«

Peter starrt konsterniert auf den Tisch. Seine Gedanken scheinen sich im Vakuum dieser unguten, trostlosen Stimmung aufzulösen. Othmar geht halblaut alle Namen durch, die ihm in den Sinn kommen und wägt im Geiste ab, ob sie Freunde oder Feinde sein können. Ein unbehagliches Karussel beginnt in seinem Kopf zu kreisen. Wer könnte Böses wollen? Wen könnten sie in den letzten Jahren verärgert haben? Warum können Freunde plötzlich umkippen und zu Gegnern werden? Lucia schaut unsicher in die Runde und entschließt sich, besser nichts zu sagen. Sie wendet sich Martin zu, spürt aber, dass er jetzt keinen Sinn für sie hat. Er steht auf und schenkt Wein nach. Er sagt kein Wort. Er braucht nicht zu sprechen, um seiner Hilflosigkeit Ausdruck zu verleihen. Welche Kräfte mischen da plötzlich mit in ihrem Leben? Die letzten Monate sind nicht gut gewesen, ganz gewiss nicht. Was Othmar widerfahren ist, geht in die gleiche Richtung. Warum wendet sich ein alter Freund, ein Weggenosse aus der Jugend, plötzlich gegen ihn und bringt ihn sogar in höchste Gefahr? Er weiß, dass Curt Riess ein Heißsporn ist, ein Choleriker, ein Freigeist, aber dass er Othmar in Tunis in eine solche Lage gebracht hat, das ist mehr als niederträchtig, das ist schurkenhaft. Und Peter? Wer steckte schließlich hinter seiner Einweisung? Wer hat da seine Finger im Spiel gehabt, dass ein unbescholtener, angesehener Bürger so mir nichts, dir nichts in die Klapsmühle kommt? Dagegen war ja Hannas Brief direkt eine moderate Kampfansage.

Othmar ist bei seiner Namensliste bei der Firma selbst angelangt. »Ernst Wolff. Könnte er auf der anderen Seite stehen?«

»Ernst?«, Martin schüttelt den Kopf. »Das kann ich mir im Leben nicht vorstellen. Er ist ein treuer Bürochef seit den Zeiten in Wuppertal. Ich habe das immer honoriert, auch finanziell.«

»Rieser und Pedrazini? Vor allem Pedrazini hat als kaufmännischer Direktor viel Einblick in deine Geschäfte.«

»Undurchsichtige Gestalten, in der Tat. Rieser wie Pedrazini. Aber beide haben nur profitiert, seit sie bei uns sind. Beide sind schon an der Spitze des Unternehmens. Pedrazini hat nach mir selbst das höchste Gehalt im Unternehmen, und das schätzt er sehr. Was können die mehr wollen?«

»Artur Fontana?«

Martin hält inne. »Er hat natürlich am meisten unter dem Produktionseinbruch gelitten, klar. Er leitet sie ja auch. Aber ich habe ihn dafür nie verantwortlich gemacht. Auf der anderen Seite ist er innerhalb der Firma der größte Gegner meiner Innovationen gewesen. Er wollte immer nur Massenproduktion und Lizenzvergaben.«

Othmar nickt mit vielsagender Miene, dann nimmt er einen großen Schluck Wein. »Und Ferruccio?«

Martin und Peter schauen ihn gleichzeitig entsetzt an. »Unmöglich!«, verneint Martin zuerst. »Er hat die letzten Jahre immer wieder unsere Streitereien in der Familie geschlichtet. Er ist der einzige, der Hanna zur Vernunft bringen kann. Nein, er ist auf unserer Seite!«

Othmar geht im Kopf seine Liste weiter durch. Martin wirkt zunehmend aufgelöster. Immer lauter, immer verzweifelter wiederholt er einzelne Namen, schüttelt den Kopf, atmet schwer, seufzt, kann einfach nicht glauben, was ihm soeben geschieht.

»Hanna ist das Grundübel«, zischt er schließlich atemlos, »Sie zieht alle hinein, da bin ich mir ganz sicher! Das hat sie immer angedroht und jetzt, wo wir in schwierigen Zeiten sind, wo neue Produkte fehlen und ausländische Billiganbieter in den Markt drängen, da schlägt sie zu! Jetzt sieht sie endlich, endlich bestätigt, was sie sich seit Jahren wünscht, nämlich dass ich anstehe, dass es nicht so geht, wie ich es mir wünsche. Sie hat schon mit Häme beobachtet, wie Elena auszog und das Lachen blieb ihr im Halse stecken, als sie von Lucia hörte. Das weiß ich von Beat.«

»Ich hab' sie nie gemocht, die Hanna«, schaltet sich auch Peter wieder mal ein, »Sie hat mal über mein Pendel gelacht. Jawohl, das hat sie. In Sünden wird sie sterben, so wie es in Johannes 8,24 steht. Lustig gemacht hat sie sich damals über die Kräfte des Universums und die Energien, nur weil ihr selbst jegliche Gabe fehlt, etwas davon zu spüren!«

Ein grimmiges Lachen unterbricht Peter. Martin setzt sich wieder zu der Runde. »Dafür hat sie die Gabe, andere zu zerstören! Darin war sie schon immer sehr gut, schon als Kind. Ein ungeliebtes Kind! Eine Neiderin bis auf die Knochen! Sofort nach meinem Gespräch mit Ferruccio bin ich nach Hause gefahren, um ihr einen gepfefferten Brief zu schreiben, das sage ich euch. Dazu musste ich die Buchhaltung in meinem Rechenbüchlein nachtragen, um ihr vorzurechnen, wer hier Kapital schuf und wer es zerstörte. Nichts schien mich mehr aufzuhalten. Der Gotthard hätte einstürzen und ein dritter Weltkrieg ausbrechen können. Doch gerade in diesem Moment klopfte Heinrich mit deinem Telegramm, Othmar. Und da dämmerte mir, dass ich diesen Kampf nicht allein ausfechten kann. Das war der Moment, um uns drei wieder zusammen zu bringen. Ich bin nach Tunis geflogen, um Othmar zu helfen. Gemeinsam haben wir dich wieder zu uns geholt, Peter. Nun sind wir wieder beisammen. Nun werden wir zurückschlagen! So wie wir es bereits einmal gemacht haben und dabei erfolgreich waren!«

»Und wie stellen wir das an?«, fragt Peter.

Martin kneift die Augen zusammen und strengt sich an, sehr ausgekocht auszusehen. Das erste Mal seit Stunden lässt sein Gesicht erahnen, dass er wirklich einen Plan gegen seine Widersacher hat. »Die Idee kam dieses Mal nicht von mir. Sie ist meiner besseren Hälfte in den Sinn gekommen.« Er nickt Lucia zu und deutet ihr, den Plan kundzutun.

»Für diesen Plan müssen wir unsere vereinten Kräfte zusammenlegen«, beginnt sie und setzt sich im Sofa zurecht. »Ich habe mir nämlich überlegt, was denn der Grund ist, weshalb die euch alle an den Kragen wollen.«

Fragende Blicke im Raum.

»Die wollen euch an den Kragen, weil ihr die einzigen seid, die rechtlichen Zugriff auf das Vermögen der Riri haben. Ihr seid die legitimen Erben. Es gibt keinen außer euch, der aus diesem immensen Vermögen schöpfen kann. Nun sind die Zeiten härter. Das Kapital droht zu schwinden. Euer Lebensstil kostet viel Geld. Jetzt wollen sie sich einen Teil holen, bevor es nichts mehr zu holen gibt!«

Gönnerhaftes Zunicken untereinander.

»Aber – und jetzt kommt der Clou –, wenn es nichts mehr zu holen gibt, dann können sie auch auf nichts mehr neidig sein. Sie haben keinen Anspruch auf das Geld und keine Handhabe, sich etwas aus dem Vermögen der Riri zu holen. Sie können euch alle nur dazu drängen, es zu teilen. Aber nur, wenn es etwas zum Verteilen gibt.«

Ein erstes Lächeln. Von Martin.

»Diese Idee stammt nicht mal von mir. Armande Pedrazini hat mir schon damals, nach dem Streit zwischen Martin und Hanna, erzählt, dass er der Firma einfach das ganze Kapital entziehen würde, dann wäre der Streit beigelegt. Ich dachte mir nichts dabei und feierte weiter. Doch als die Situation neuerlich wieder eskalierte, fragte ich Armande, natürlich unter einem Vorwand, ob man denn einer Firma einfach das Kapital entziehen könne.«

Ein zweites Lächeln. Von Othmar.

»Er zückte sofort das Schweizerische Zivilgesetzbuch, als hätte er sich auf die Frage vorbereitet, und sagte mir, dass das völlig legal sei. Und tatsächlich, in Artikel 370 steht, dass Verschwendung nur dann strafbar ist, wenn sie eine Familie in den finanziellen Notstand bringen könne. Und das ist hier nicht der Fall. Niemand leidet Notstand.«

Ein drittes Lächeln. Von Peter.

»Und wie kann man sich das vorstellen, der Firma das Kapital zu entziehen?«, fragt Othmar, dem diese Art der Konfliktlösung augenscheinlich hochsympathisch ist.

Martin rückt nun auch wieder nach vorne, so dass die Köpfe der Vier über dem Tisch wie bei einem Eishockeyteam fast zusammenstoßen.

»Erstens indem man vom Ausland her Anteile aufkauft und diese in eine neue, unbekannte Firma eingliedert. Zweitens indem man so viel Geld ausgibt, dass auch die Barreserven schnell schwinden.«

Othmars Verblüffung lässt sich nicht abstreiten. »Für zweites bin ich ein Experte. Aber ist auch das erste abgesichert? Ich meine, hast du das juristisch abklären lassen?«

»Sicher nicht bei meinen ehemaligen guten Freunden. Und ehrlich gesagt auch nicht bei Ferruccio und Ludwig. Das war mir zu riskant. Aber ich habe da noch einen Kontakt im Kanton Zug, der hat mir da einiges dazu sagen können.«

Das war das Stichwort für eine der außergewöhnlichsten Aktionen der Wirtschaftsgeschichte in der Schweiz nach dem Zweiten Weltkrieg. Sie wurde Jahre später noch in der Presse diskutiert und galt als eines der ersten großen Kavaliersdelikte im nebulösen Feld internationaler Unternehmenstransaktionen. Heute ist so etwas ja profaner Alltag. Damals war es ein Husarenstück erster Güte. Das zweite bereits nach der spektakulären Flucht von Wuppertal nach Mendrisio.

Es vergingen keine 72 Stunden, dass sich die drei in Luft auflösten, jeder mit einem Auftrag im Kopf, mit den Vollmachten in der Tasche und mit finsterer Arglist im Herzen. Für Martin war es die letzte Chance, diesen ewigen Zwist, der sich erfrecht hatte, sich wie ein roter Faden durch seine Lebensgeschichte zu ziehen, zu beenden und endlich Ruhe zu haben vor den widrigen Ansprüchen seiner Familie. Dass er darüber hinaus nicht wusste, wer alles hinter dieser mehr als zwielichtigen Interessensgemeinschaft stand, ärgerte ihn maßlos, und seine Kopfschmerzen nahmen deshalb in einem Maße zu, wie er es seit seinem Unfall in Engelberg nicht mehr hatte erdulden müssen. Seine Firmendirektoren konnte er nicht um Rat fragen. Wenn sie Teil des Komplotts waren, konnten sie ihn in die Irre führen. Seine alten Kumpane und Geschäftskontakte waren entweder nicht mehr im Land oder kümmerten sich wenig um Mutmaßungen über irgendwelche Familienfehden: Hugo Stinnes hatte genug eigene Probleme mit seiner Firma in Deutschland. Teddy Stauffer war nach Acapulco ausgewandert. Arthur Scherrer beschäftigte sich nur noch mit Pflanzlichem und nicht mehr mit Menschlichem. Leute wie Max Maag, Baron Eduard von der

Heydt, Ernst Schmidheiny junior oder Emil Richterich waren für solche Angelegenheiten einfach nicht die richtigen Ansprechpartner. Sie lebten in einer eignen Welt. Ludwig Bucher mied er, und es war Martin sehr unangenehm, dass dieser dauernd versuchte, mit ihm Kontakt aufzunehmen. Wer also blieb, war Ferruccio Bolla, und der war vollends damit beschäftigt, zwischen den Fronten zu vermitteln. Martin beauftragte ihn, Hanna und die übrige Familie zu beruhigen und ihnen zu versichern, dass er sich um ihre Angelegenheit kümmern würde. Er spielte auf Zeit, denn Zeit war es nun, was er und seine Freunde brauchten.

Die Aktion »Kronjuwelen« war generalstabsmäßig geplant und begann im Januar 1949: Peter reiste über die französische Grenze nach Divonne Les Bains, einen malerischen Ort mit einmaligem Ausblick auf die Alpenkette, den Mont Blanc und den Genfer See. Er hatte die Gegend, welche überdies strategisch sehr günstig in unmittelbarer Nähe zu den Banken in Genf lag, auf seiner Kur in Les Prangins kennen gelernt. Gerade war das auf das 11. Jahrhundert zurückgehende Schloss Divonne zu einem prächtigen Hotel umgebaut worden, in dem Peter auf Martins Geheiß hin die gesamte obere Etage samt Waffenarsenal, Pulverkammer und Zehrgaden mietete. Ihm selbst wäre ja das düstere Turmzimmer lieber gewesen, denn um ab und zu per Telefon ein paar Aktienpakete zu kaufen und sie in einem extra eingerichteten Depot sicherzustellen, genügte auch ein kleines Verlies.

Diesbezüglich richtete sich Othmar hoffähiger ein. Nach der schnöden Erfahrung der Geldknappheit in Tunis holte er an Luxus wieder auf, was der Nachkriegsaufbau hergab und residierte zu diesem Zweck standesgemäß im Hotel Astoria in Wien. Sehr zu Martins Zufriedenheit mietete auch er gleich drei Suiten am Stück, eine für sich, eine für den Fall, dass ihm die erste nicht mehr genügen sollte und eine für den persönlichen Butler, der in ähnlichem Ausmaß wie Peter beständig Aktien der Riri-Werke aufkaufte und bei der Österreichischen Creditanstalt deponierte. Derweil verlustierte er sich in der ehemals kaiserlich-königlichen Metropole, und da ihm in solchen Situationen das Glück meist hold war, begann auch gleich die Ballsaison, die unzählige Gelegenheiten bot, Geld aus dem Fenster zu werfen. Wien war für solche Aktionen ein ideales Pflaster.

Martin und Lucia erfüllten ihre Mission mit wechselndem Wohnsitz. Sie gastierten überall dort, wo es gut und teuer war. Im Hotel Kulm in St. Moritz, im Grand Hotel in Rom und im Gallia in Mailand. Von verschiedenen Orten aus organisierten sie ihre Transaktionen, verschoben das Geld mal über die Bank, mal per Boten, und manchmal sogar in ihrem eigenen Gepäck. Als gelernte Sekretärin machte es Lucia keine Mühe, alles zu koordinieren und daneben das Leben in vollen Zügen zu genießen.

Ihrem Kreuzzug gegen den Neid und die Gier war in diesen Tagen ein phänomenaler Erfolg beschieden: In nur einem Jahr verprasste jeder von ihnen weit über eine Million Franken, damals eine gigantische Summe. Und über die Banktransaktionen wurde nie gesprochen. Sie gehören bis heute zu den Geheimnissen der Firmenbücher der Riri-Werke.

Die bösen Jahre

10. Kapitel,
das die Geschichte einmal aus einer anderen Perspektive beleuchtet, was manchen Leser, aber auch die erzählende Person ganz besonders betroffen macht.

Hanna greift gerade auf einen ganz besonderen botanischen Trick zurück. Die kratzbürstigen Geranienstauden lassen sich einfach nicht so aufgeräumt ausrichten wie zum Beispiel die Astern in ihren geometrisch angelegten Beeten des hinteren Gartens. Kreuz und Quer treibt das Kraut aus in einem Maße, dass man es ihr im Quartier als Unordnung auslegen könnte, sicherlich jedoch als mangelnde Autorität über die Natur. Und dieses Gerede gilt es an den Wurzeln auszureißen. Doch das ist gar nicht der vorrangige Grund ihres gärtnerischen Efforts. Vielmehr gilt es sich zu zerstreuen, den Groll in der Erde zu begraben, der sich in ihr aufgestaut hat. Denn bevor sich Hanna heute in der Früh zu ganz anderer Tätigkeit entschieden hatte, nahm sie, wie jeden Morgen, zwei Schnitten Vollkornbrot, eine Schale Birchermüesli und eine Tasse Tee zu sich. Letzterer schmeckte heute besonders gut, weil es Tag eins in einer Reihe von dreien war, und an Tag eins wird der Kräuterbeutel das erste Mal benutzt, um dann an zwei weitereren Tagen aufgebrüht zu werden. Zu diesem wie gesagt heute ganz besonders intensiven Vergnügen las sie, wie jeden Morgen, die Zeitung und sie hätte sich wohl, wie jeden Morgen, über die Schlechtigkeit der Welt maßlos und ungerechtfertigt aufgeregt, wenn sie heute keinen Grund darin gefunden hätte, es tatsächlich zu tun. Denn sie las von ihrem Bruder Martin, wie er, mit Skizzen und Plänen und Gussmodellen und Bauminiaturen und Prototypen bewaffnet, bei den renommierten Bauingenieuren Birkenmaier, Brandestini und Ros gesichtet wurde, um dort einen nach Aussagen des Journalisten geradezu irrwitzigen Vorschlag über die Vorfabrikation von ineinander verkeilbaren Teilen zu unterbreiten. Die ganze Winterhaltersche Aktion hätte, so der Journalist, nur dann einen gewissen Charme, wenn sie dazu diente, den bereits etwas bürgerlich gewordenen Dadaismus zu retten. Als unternehmerische Idee sei sie völlig absurd und geradezu grotesk. Hanna geriet darüber so in Rage, dass sie ihr Frühstück zusammenräumte, dabei sogar den Kräuterbeutel entsorgte, und wutentbrannt ihre kratzbürstigen Geranien auf ein vertretbares Maß an Ordnungssinn auszurichten gedachte. Nun wäre zupackende Handarbeit gefolgt, hätte sie nicht das Läuten des Telefons abgehalten.

Es ist Armande Pedrazini, der kaufmännische Direktor der Riri-Werke. Er ist sehr gereizt und sehr zornig. Und Gereiztheit und Zorn weiten sich im Beisein von Zorn und Gereiztheit schnell zu einer ungüten Mischung von Aggression und Streitsucht aus, die nicht einmal drei Aufgüsse braucht, um hinterhältige Taten folgen zu lassen. Das ist auch in der Schweiz so. Dass Hanna in ihrem frühmorgendlichen Eifer den Kräuterbeutel entsorgt hat, lässt uns schon erahnen, dass nun in diesem Buch die Kapitel der bösen Jahre beginnen. Dass sie nun auch die Geranien in ihrer Unordnung belässt und nach dem Gespräch mit Armande erneut zum Hörer greift, lässt diese Ahnung vollends in Gewissheit umschlagen.

Hanna ruft ihre Geschwister an, jedenfalls die, die sich seit einigen Jahren ebenfalls ihrem Groll gegen den gemeinsamen Bruder anschließen konnten, der alles zerstöre, was ihnen lieb und teuer ist und was ihnen Hoffnung für die Zukunft gibt. Armande seinerseits informiert nach seinem Gespräch mit Hanna jene Wirtschaftsleute, die aus der gleichen moralischen Argumentation Bedenken gegen das Tun und Handeln des Martin Winterhalter hegen und sich im unternehmerischen Sinne genötigt fühlen, Initiativen zu ergreifen, bevor es zu spät ist. Sie alle haben sich nun lange genug vor den Granaten des Krieges geduckt. Jetzt wollen sie nicht auch noch welche in ihrer Wirtschaft erleben.

Zwei Wochen später trifft sich eine ganze Schar sichtlich leidender Personen im Palazzo des technischen Direktors der Riri, Ernesto Rieser. Sein Anwesen eignet sich geradezu ideal für solche außerordentliche Generalversammlungen, wie sie es selbst nennen, denn es ist ein fast perfektes Abbild bürgerlichen Lebens im Land der Eidgenossen: Im Eingangsbereich bereits markieren allerlei häusliche Gegenstände, Nippes, Fotos, verzierte Kinderbilder und bunte Erzeugnisse der ländlichen Handarbeitskunst das Reich des Privaten, das die Enge unter dem Dach zu einer persönlichen Enge gestaltet, die mit der scheußlichen Enge von draußen nichts zu tun haben will. Im Salon strömt dem dieser äußeren Enge Entflohenen eine warme, vom Kaminfeuer und reichlich Plüsch und Brokatstoff erwärmte Atmosphäre entgegen. Sie passt nicht so recht zur strengen Ordnung, in welcher der Raum ausgerichtet ist; ein immenses, weißes Bücherregal trägt wie ein mächtiger Atlas wohl auserwählte Geistesnahrung, flankiert von höflicher Kunst, eingerahmt in goldenen Fallen. Daneben ein staubfreies Piano und ein manieristisch verziertes Salontischchen, auf dem ein großes Goldfischglas steht, in welchem die Goldfische stolz zu sein scheinen, in einem so behaglichen Ambiente ihre Nutzlosigkeit zu zelebrieren. Dann eine Polstergruppe, auf der die Sitzenden kaum einander in die Augen sehen, sondern sich nur manierlich beobachten können. Dahinter eine riesige Fensterfront, verdeckt von einem so dichten Tüll, als müsse er die Welt der anderen hindern, sich allzu aufdringlich dem Haus zu nähern. Rechts daneben eine Vitrine im Stil des Bücherregals, aus welcher blasse Meißenputten dümmlich in den Raum glotzen. Die ganze Szenerie wird von einem maßvollen Leuchter bestrahlt, der etwas tief in den Raum hängt und an den sich so mancher Eingeladene dieser außerordentlichen Generalversammlung wohl noch schmerzlich erinnern wird.

Folgende Gäste werden vom Hausherrn persönlich begrüßt: Joseph Winterhalter, einstmals Physikprofessor an einer katholisch-deutschen Privatschule, der aber seit der Machtergreifung Hitlers ziemlich zeitgleich mit Martin und seinen Freunden in die Schweiz zurückgekehrt ist, seither am St. Vinzenzianum in Basel wirkt und sich nebst der physikalischen Mechanik auch ganz besonders für die Wahlverwandtschaft von Geld und Familie erwärmen kann. Elisabetha Winterhalter, Oberin im Kloster Wurmsbach, deren Hauptanliegen natürlich die Nächstenliebe ist, besonders wenn diese die Kasse der Klosterverwaltung etwas zu liebkosen imstande ist. Schließlich seitens der Familie Hanna Huwyler, Gattin des Zürcher Arztes Dr. Joseph Huwyler, die nebst ihrer Rolle als disziplinierte Hobbygärtnerin vor allem als streitbares moralisches Gewissen gegen ihren Bruder auftritt. Nicht dabei sind Viktor Winterhalter, der an der St. Louis University in Missouri lehrt und der sich herzlich wenig um seine Wurzeln im alten Kontinent schert sowie Beat Winterhalter, Pater im Benediktinerkloster in Disentis, der sich dezidiert gegen irgendwelche Schritte zu Lasten seines Bruders ausspricht und sich aus der Sache strikt heraushält. Von der unternehmerischen Seite kennen wir bereits den Hausherrn Ernesto Rieser sowie dessen Kollegen Armande Pedrazini. Um ihrem Tun letztendlich auch ein strategisches Gewicht zu verleihen, haben sie Adolfo Janner eingeladen, Mitglied des Verwaltungsrats der Riri-Werke aus Locarno. Bei ihm kann man sich seltsamerweise des Gefühls nicht erwehren, dass es ihm wirklich um die Belange der Firma geht. Doch seine Position gerät keinesfalls in Widerspruch mit den anderen Anliegen, die hier bald in einem für diese Fraktion ungewöhnlichen emotionalen Reichtum durcheinander geraten.

Für Joseph Winterhalter ist es schlechterdings die Logik der von Martin verbreiteten Thesen, die ihn nicht nur in Fachkreisen, sondern vor allem und ganz besonders in der Öffentlichkeit zum Idioten stempeln. Zahlreiche Firmen, so habe er gehört, überlegen sich bereits, ob sie mit einem solchen Phantasten überhaupt noch Geschäfte machen wollen. Ernesto Rieser kann dem als technischer Experte nur beipflichten und moniert darüber hinaus, wie sehr es dem Unternehmen an wirklichen Innovationen mangelt, während sein Chef nur noch irgendwelchen technischen Hirngespinsten und seiner Sekretärin nachjagt. Elisabethas Bekreuzigungsgesten nehmen in der Frequenz zu, in der sich Hanna und Armande mit Idiotien und Wildheiten überbieten, von welchen sie und die Öffentlichkeit in den letzten Jahren gehört haben wollen: Von wilden Orgien in der Villa Ri-Rita, die selbst ein hart gesottenes Herz wie jenes von Max James Emden überfordert haben, von Kirchenbauten am Monte San Grato und unheimlichen Feuerprozessionen mit Menschenfleisch, die darin stattfanden, von lasterhaften okkulten Riten, bei denen Geisterzüge von Vermummten durch die Gassen Mendrisios getrieben wurden sowie von einem schier unglaublichen Betrug in Millionenhöhe in der Wüste um Tunis, in der atomare Versuche stattgefunden haben sollen. Adolfo Janner nickt und schüttelt sein weißes Haupt und einmal kommt er sogar auch zu Wort und kann einwerfen, dass die billige Produktion im Ausland die Märkte vernichtet und deshalb ein anderes Management nötig sei als noch vor Jahren, als Martin die Riri-Werke aufbaute. Doch das interessiert keinen. Hanna fletscht die Zähne, als ihr der Name der kleinen Hure Lucia Medici aus der Gurgel rutscht und Elisabetha will wissen, dass Inge Thompson kaum einen ausgebildeten Busen hatte, als sie ihre Jungfräulichkeit auf der Kühlerhaube eines italienischen Sportwagens verlor, und das mitten auf der belebten Piazza Grande in Locarno. Schließlich erinnert man sich noch oder weiß es zumindest von Zeugenberichten, dass einmal auf einer Party fast ein Dutzend Menschen unter einer zusammengebrochenen Bühne begraben wurden, dass durch undurchsichtige Geldtransaktionen mit dem Reichsfinanzamt der Zweite Weltkrieg um mindestens ein halbes Jahr verlängert wurde, dass durch unsachgemäße Bauweise fast das Heiligste der Römisch-Katholischen Kirche eingestürzt wäre, dass Venedig beinahe unter einem Seuchenteppich erstickt wurde und das alles nur, weil sie bisher zugeschaut und nichts unternommen haben, um diesen Wahnsinn zu stoppen. Wären in diesem Moment Martin oder Othmar oder Peter aufgetaucht, man hätte mit Meißenputten nach ihnen geworfen, sie im Goldfischwasser ertränkt, ihnen das Piano auf die Brust geschoben und die Bilderrahmen in den Rachen, man hätte sie mit dem bleichen Tüll erwürgt und sie endlich der Inquisition im Kaminfeuer von Ernestos Salon übergeben.

Doch die drei kommen nicht und so kann sich die Literatur einer unappetitlichen Gräuelszene weniger erfreuen. Sie tauchen nicht auf, und das macht die Interessengemeinschaft der außerordentlichen Generalversammlung der Riri-Werke nur noch wütender und rachsüchtiger und es fallen einige Bemerkungen, die hier wiederzugeben wirklich unangebracht ist. Fast hätte sich die Versammlung in einer wilden Polemik verheddert, und das wäre vielleicht für die folgende Geschichte auch ganz gut gewesen. Vielleicht hätten sich alle mal ordentlich ausgekotzt und wären dann, nach einem wirklich vorzüglichen Büffet und einigen raren Bouteillen auf Kosten der Firma nach Hause gegangen und hätten sich von Martin und seinen Getreuen zurückgezogen. Vielleicht hätten sie ihm ganz einfach und unpolitisch ihre bisher auch nur homöopathisch ausgeschüttete Liebe entzogen, hätten bis ans Ende ihres Lebens über ihn geschimpft und sich nach seinem frühen und einsamen Tod über eine gar nicht so geringe Summe an Wiedergutmachungsgeld erfreut. Doch eben das ist ihnen zu wenig.

Aus diesem Grund geht unsere Geschichte nicht so harmlos zu Ende, wie es hier im Salon von Ernesto Rieser den Anschein macht. Die kleine Fraktion hat sich nicht ausgekotzt. Sie hat sich gefasst. Sie ist recht sachlich geworden. Sie hat die Agenda zu Ende gebracht und einstimmig einen Beschluss gefasst, der uns zumindest in dieser Geschichte bis zur letzten Seite nachhaltig beschäftigen wird:

»Meine lieben Freunde, wir müssen uns beruhigen«, beginnt Armande seinen Aufruf an seine Mitstreiter, obwohl gerade er durch und durch nicht ruhig wirkt. »Es bringt nichts, wenn wir hier wieder und wieder in die Vergangenheit schauen und aufzählen, was alles geschehen ist. Das haben wir bis jetzt getan und es hat uns nichts gebracht. Jetzt ist die Stunde gekommen, da wir an die Zukunft denken müssen! Es ist nicht einfach Martins Zukunft. Es ist die Zukunft von uns allen und allen Mitarbeiterinnen und Mitarbeitern der Riri. Es geht hier nicht mehr um einen Familienzwist, wie ihn unser Rechtsanwalt Ferruccio Bolla einmal vor Jahren in Martins Garten geschlichtet hat. Es geht um Existenzen. Es geht um das Leben zahlloser Menschen, die ein Anrecht auf Arbeit haben. Es geht um uns, die wir hier seit Jahren unsere Zeit, unser Geld und unser Wissen in eine Sache stecken, von der wir alle überzeugt sind und die nun, langsam, aber sicher, zu Grunde geht.«

»Sehr richtig!«, schreit Hanna, »Genau so ist es! Genau so!«

»Stimmt! Nicht um uns geht es nämlich. Es geht um die Arbeit in diesem Kanton!«, ruft auch Adolfo Janner dazwischen.

»Ich frage euch deshalb: Wollt ihr euch endlich gegen diesen Zustand auflehnen? Wollt ihr verhindern, dass zu Grunde geht, was ihr alle mit aufgebaut habt und was ihr noch immer fortzuführen imstande seid?«

Hanna kommt in Wallung. Eine solche Meinungsbekundung kennt sie nicht. In diesem Jahr feiert zwar die Schweiz das 100-jährige Bestehen ihrer Bundesverfassung, aber Artikel 4, dass nämlich alle Menschen vor dem Gesetz gleichgestellt sind, das haben die Schweizer auch 100 Jahre nach diesem damals erstaunlich modernen Schritt nicht umgesetzt. Hanna muss noch 23 Jahre warten, bis sie als vollwertiges Mitglied der eidgenössischen Gemeinschaft ihre Meinung vertreten darf. Aber hier, hier neben Ernesto Riesers Goldfischen, hier darf sie das tun, hier darf sie ihre politische Anschauung deklarieren: »Jawohl, das will ich«, schreit sie deshalb und zappelt dabei derart, dass ihr fast die Nastüechli aus dem beigefarbenen Handtäschli springen wollen.

»In diesem Fall muss ich euch etwas anvertrauen, was mir vor genau zwei Wochen passiert ist«, führt Armande seine berühmt gewordene Salonrede fort. »Ich war gerade mit Lucia daran, den Quartalsbericht für den Verwaltungsrat zu verfassen, als sie mich plötzlich fragte, ob eigentlich in einer Firma nur jene bestimmen können, die das Geld dafür gegeben haben.

Ich verstand nicht richtig. Wie meinst du das?, fragte ich sie also. Und sie sagte: Ich dachte nur, weil wir hier einen Bericht schreiben für jene Leute, die gar kein Geld in die Firma gesteckt haben. Trotzdem sind wir ihnen Rechenschaft schuldig.

Ich musste lachen. Lucia, du bist gut. Wenn einer allein eine Firma finanziert und alle Rechte und Pflichten allein wahrnimmt, dann kann ihm keiner reinreden. Aber wenn man eine so genannte Aktiengesellschaft gründet, dann gibt man Rechte und Pflichten ab. Der Vorteil ist, dass man nicht für alles alleine verantwortlich ist. Der Nachteil ist, dass man nicht mehr alles alleine bestimmen kann. Und Martin hat das gemacht? hat sie mich dann gefragt. Ja, die Riri ist eine Aktiengesellschaft. Sie hat viele Organe, denen sie verpflichtet ist. Deshalb schreiben wir diesen Bericht. Denn der Verwaltungsrat ist das oberste Organ und wacht darüber, dass es der Firma gut geht.

Lucia hat sich dann wieder über das Dokument gebeugt. Ich dachte zuerst, ihr gehe es um den Quartalsbericht. Doch dann hob sie wieder an: Aber dann kann der Martin ja gar nicht mehr über sein Eigentum verfügen.

Ich antwortete, dass er das sehr wohl könne, doch dann dämmerte mir, auf was sie eventuell hinaus wollte. Denn schon einmal, damals, als Martin mit Hanna im Garten gestritten hatte, sagte sie mir, sie würde einfach alles Geld verschwenden, dann wäre der Streit vorbei. Und so fügte ich noch an: Es sei denn, er gefährdet die Firma.

Darauf schaute mich Lucia giftig an. Könnt ihr euch vorstellen, was sie gedacht hat?«. Armande ist sich der Rhetorik seiner Frage sehr wohl bewusst, und er schaut im Salon einen nach dem anderen an.

»Natürlich wissen wir das!«, schreit Hanna, »Die will sich doch alles unter den Nagel reißen!«

»Die mischt sich einfach in Familienangelegenheiten ein und unterstützt Martin in seiner Verwirrung. Ich wusste, dass eine Frau dahinter steckt«, zischt Elisabetha und schreibt genau diesen Satz in ihr Protokoll. »Frauen und Schlangen. Beides dasselbe!«, züngelt sie nach, schreibt das aber nicht ins Protokoll.

»Ich könnte weinen, wenn ich an das ganze Geld und an meinen Bruder denke«, bemüht sich Joseph um eine menschliche Haltung.

»Das Gefühl habe ich auch!«, nickt Ernesto unverdrossen und so lange Adolfo Janner zu, bis dieser auch nickt.

Allgemeines Nicken ist immer eine gute Basis, um das Finale einer Rede einzuläuten. Armande fährt also fort: »Ich glaube auch, dass sie das gedacht hat. Und ich glaube noch mehr. Ich glaube nämlich, dass ihr Martin selbst gesagt hat, dass sie mich das fragen soll. Er wusste, dass ihm seine eigenen Leute im Betrieb nicht mehr vertrauen. Denn die glauben nicht mehr daran, dass er die großen Innovationen hervorzaubert und die Firma in Schwung bringt. Sie sehen doch, wie er sich verhält, wie er sich verändert hat. Und er möchte nun rausholen, was geht, egal was es kostet. Egal, wer in der Firma draufzahlt.«

Ein erstes Lächeln. Von Hanna.

»Deshalb ist für mich der Moment gekommen, um einzuläuten, was wir schon lange besprochen haben und was wir dann beginnen wollten, wenn wir sehen, dass kein anderer Weg mehr offen ist. Ich zückte also das Schweizerische Zivilgesetzbuch, schlug Artikel 370 auf und sagte damals zu Lucia: Schau, hier steht es ganz genau geschrieben: Unter Vormundschaft gehört jede mündige Person, die durch Verschwendung, Trunksucht, lasterhaften Lebenswandel oder durch die Art und Weise ihrer Vermögensverwaltung sich oder ihre Familie der Gefahr eines Notstandes oder der Verarmung aussetzt. Lucia hat mich angeschaut und gefragt, was das bedeute.

Das bedeutet, dass Martin mit seinem Geld machen kann, was er will und ihn niemand hindern kann. Verschwendung ist nur dann strafbar, wenn sie die Familie in den Notstand bringen kann. Und das ist hier nicht der Fall. Niemand hat Notstand.

Dann schaute sie mich an, die Lucia, und ich sah, dass sie sehr, sehr glücklich war. Ich wusste, dass sie keine Zeit verschwenden wird, um zu Martin zu gehen, um ihm diese Nachricht zu überbringen. Und ich schloss das Gesetzbuch wieder, denn ihr wisst, dass sich darin auch jener Artikel befindet, der uns heute alle zusammengeführt hat.«

Ein zweites Lächeln. Von Elisabetha.

»Im Schweizerischen Zivilgesetzbuch ist nämlich unter Artikel 369 auch geregelt, dass jede mündige Person, die infolge von Geistesschwäche ihre Angelegenheiten nicht zu besorgen vermag oder die Sicherheit anderer gefährdet, unter Vormundschaft zu stellen ist. Im Falle von Martin Winterhalter gefährdet die Verschwendung die Sicherheit anderer. Nämlich der ganzen Firma. Und dass er seine Angelegenheiten nicht mehr besorgen kann, das beweist spätestens sein letzter Ausflug nach Zürich, aber auch alle anderen Aktionen, die wir hier bereits erörtert haben.«

Ein drittes Lächeln. Von Joseph.

»Ich sage euch deshalb. Ab heute, Samstag, 6. November 1948, 16.35 Uhr, wird zurückgeschossen! Wir brauchen nur das Gutachten eines Sachverständigen einzuholen und wir werden diesem Wahnsinn endlich ein Ende bereiten können. Wir werden nicht mehr zuschauen müssen, wie unsere Arbeit, unser Geld, unsere jahrelange Mühsal einfach hinweggefegt werden. Wir leben in einer Demokratie. Und wir können uns wehren!«

Ein viertes Lächeln. Von Ernesto.

»Wir sind heute zusammengekommen, weil wir uns wehren müssen! Wir werden uns zurückholen, was uns gehört. Niemals waren bessere Voraussetzungen dafür wie jetzt. Ich glaube, dass wir am Ziel sind. Die Revolution beginnt. Im Namen der Demokratie!«

Ein fünftes Lächeln. Von Adolfo.

Und dieses fünfte Lächeln fügt sich wie ein lange vermisstes und unter unsäglichen Verlusten wiederbeschafftes Teil in ein Mosaik ein, das ein sinniger Kunstverständiger vielleicht als Meisterwerk der helvetischen Mythologie bezeichnet hätte: Die sechs Personen, die heute in Ernesto Riesers Haus zusammengekommen sind, haben natürlich alle die Anlagen dafür gehabt und sich vielleicht schon immer ein wenig in der Fähigkeit geübt, in diese Richtung zu hoffen, aber so richtig ausgebrochen ist ihr konkreter Anspruch auf ein schöneres Leben erst heute. So wie das mystische Gefühl unter jene kommt, die sich im Namen des Höchsten zusammen tun, so wächst die Vermessenheit unter Gierigen, ihrem Appetit ein Anrecht zu attestieren. Keiner der Beteiligten streitet ab, dass Martin die Riri zum Hoffnungsträger eines schönen Lebens geformt hat. Aber jeder von ihnen kann auch unzählige Gründe dafür aufzählen, das Material dazu geliefert zu haben; die Familie in Form von Geld, die Unternehmer in Form ihrer Dienstleistung; die Freunde in Form ihrer selbstlosen Unterstützung.

So fällen die sechs Hoffnungsvollen einen einstimmigen Beschluss: Sie gründen eine Interessengemeinschaft zum Schutze des von Martin geschaffenen Kapitals. Zwei Stufen von Schutzmaßnahmen werden überlegt: Die erste Stufe soll erst einmal ein freundschaftlicher und konstruktiver Brief an Ferruccio Bolla sein, in dem sie Martin auffordern, sich einer freiwilligen Behandlung zu unterziehen und seine Firma in Hände zu legen, die den aktuellen Erfordernissen gewachsen sind. Sollte er dieser Aufforderung nicht nachkommen, so ist in Stufe zwei nichts zu unterlassen, um ihn mit aller Kraft des Gesetzes an der weiteren Zerstörung seines Lebenswerks zu hindern. Elisabetha protokolliert diesen letzten Satz, weil er so schön klingt. Kopien ihres Protokolls werden später verteilt. Das Büffet ist in der Zwischenzeit angerichtet worden. Der Samstagabend wird zu einer netten Gesellschaft.

Genau zur gleichen Zeit befindet sich Peter bei Dr. Huonder in Disentis. Er steht seit seinem Aufenthalt bei Dr. Bleuler im Burghölzli ja noch unter freiwilliger Vormundschaft und möchte wissen, ob das für seinen weiteren Lebensweg förderlich ist. Huonder ist ein bodenständiger Praktiker, der mit seiner Betreuung gerne beim Kopf beginnt und dann erst auf den Körper übergeht. Bei Peter mag er gespürt haben, dass er wohl besser beim Körper beginnt, wenn er bis zum Kopf vordringen will.

»Kerngesund«, bemerkt er nach getaner Arbeit und misst abschließend nochmals den Puls.

»Meine Gesundheit ist äußerst stabil. Damit habe ich nicht zu kämpfen.«

»Womit müssen Sie denn kämpfen?« fragt ihn Huonder und legt seine Uhr beiseite.

»Womit alle kämpfen müssen, wenn sie nicht das tun, was alle tun«, sagt Peter und zieht sich wieder an.

Huonder hilft ihm mit den Hosenträgern. »Aber nicht jeden sperrt man deshalb gleich ein.«

Peter ist auf die Anspielung vorbereitet. »Wenn einer die richtigen Feinde hat schon.«

Huonder belässt es dabei. Schließlich hat ihn sein Jugendfreund Beat um diesen Gefallen gebeten, und das will er nicht hinterfragen. Natürlich ist Peter ein auffälliger Typ, sicher nicht einfach und in manchem wohl geradezu schrullig, aber wo er, Huonder, praktiziert, gilt so einer als Charakterkopf, nicht als Schwachsinniger. Peter hat gut daran getan, die gerade beginnende Aktion »Kronjuwelen« nicht zu erwähnen. Es könnte vielleicht als wenig bürgerlich ausgelegt werden, ins Ausland zu reisen mit dem festen Ziel, so viel Geld wie möglich zu verprassen und außerdem eine Firma aufzukaufen, die einem streng genommen bereits gehört.

»Lassen Sie diese Feinde einfach nicht zu dicht an Sie ran. Das kommt nicht gut heraus«, beendet Huonder das Gespräch und schüttelt Peter die Hand. »So lange Sie sich nicht allzu auffällig verhalten, ist Ihnen diese Vormundschaft ein sicherer Schutz. Sollten Sie allerdings wieder in Schwierigkeiten kommen, dann geben Sie mir rechtzeitig Bescheid. Ich darf eigentlich nicht für jemanden bürgen, den ich nicht in Obhut habe.«

Peter nickt verständnisvoll. »Machen Sie sich keine Sorgen, Herr Doktor. Ich spüre es, dass sich die Dinge zum Guten wenden werden.« Dann setzt er seinen Hut auf und fährt los in Richtung französische Schweiz. Die Fahrt nach Divonne dauert knapp einen Tag, Peter verfährt sich mehrmals und jedes Mal, wenn ihm sein Gefühl einen Weg deutet, kann er sicher sein, dass man dorthin ein Haus gebaut oder die Straße abgerissen hat.

Endlich gegen Abend erreicht er Divonne Les Bains. Der verschlafene Kurort liegt am französischen Ufer zwischen Genf und Nyon. Auf jeden Fall dürfte es für den abenteuerlichen Plan der ideale Ort sein. Er ist ruhig gelegen und die Menschen scheinen umso mehr von einer chronischen Lebensfreude beseelt zu sein, als ihnen das Geld zum Leben fehlt. Auch im Schloss ist das der Fall, denn selbst an solch gediegenen Örtlichkeiten haben die Leute wohl wenig Umgang mit Gästen, die die gesamte Etage mieten und dabei finden, das sei despektierlich wenig Geld für so viel Platz und deshalb das Doppelte zahlen. Es spricht sich natürlich schnell herum, dass ein schrulliger St.Galler mit Pendel und Wünschelrute eingezogen ist, dessen Reichtum wohl auf nicht ganz natürliche Weise zustande gekommen sein mag, der aber damit erfrischend unverkrampft umgeht, und jedes Kartenlegen einem geschäftlichen Termin vorzieht. Klar, denn Peters einziger Auftrag ist jener, dass er zwei Mal die Woche über verschiedene Bankverbindungen in Genf, Gex, Bellegarde und Annecy Aktienpakete der Riri erwirbt und diese dort im Depot lagert. Ab und zu rapportiert er den Saldo an Lucia und empfängt von ihr die nächsten Summenbeträge, die er einsetzen soll. Daneben erfreut er sich sowohl unter den wenigen Gästen als auch unter den zahlreichen Bediensteten eines immensen Interesses an seinem Wissen und seinen Weltanschauungen über Religion, Mystik und Meditation. Ein bisschen fühlt er sich an seine St.Galler Zeit zurückerinnert, als er mit Markus, Christoph und Mario einen unbeschwerten religiösen Zirkel bildete und dort manch geistreiche Begegnung mit dem Universum erleben durfte.

Der Frühling hat bereits die ersten schönen Sonnentage über den See gezaubert, was die Blumen im Garten aus der Erde und Peter mit roten Heuschnupfenaugen in sein Turmzimmer treibt. Gäste aus England sind eingetroffen und als sie erfahren, dass ein Schweizer Okkultist extra angereist sei und die gesamte obere Etage gemietet habe, um nach verborgenen Kräften im Schloss zu suchen, da ist natürlich ihr Interesse geweckt, denn wenn es ein Patent auf Geisterhaftes und Merkwürdiges gäbe, so hielten dieses wohl die Engländer. Also trifft man sich spätabends zu einem Rendezvous im Rittersaal und Mylady ist ganz erpicht darauf zu erfahren, ob es hier solche Kräfte denn tatsächlich gebe und wenn ja, wie man sie aktiviere. Weder die sprachliche Barriere noch die rinnende Nase können Peter davon abhalten, in ein ausführliches Zwiegespräch über die Erkenntnisse des Lebens einzutreten.

Bald wird die Tafel geräumt, die Kerzen konzentrisch um die Tischmitte platziert, die Gäste sitzen sich je zu zweien gegenüber, eine Hand auf dem Tisch und eine zuvor gezogene Tarotkarte in der anderen Hand. Peter geht langsam um den Tisch herum, summt dabei einen uralten Cantus und schafft es binnen Minuten tatsächlich, die nette Runde in eine richtig gruselige Schauerstimmung zu versetzen. Mylady ist entzückt und ihr Gatte befleißigt sich des besten Eindrucks, es auch zu sein. Eine Kellnerin scheinen die emotionalen Energien zu übermannen, auf alle Fälle erhebt sie sich mit kreisenden Kopfbewegungen auf den Tisch und streckt ihre Hände wie ferngesteuert gegen die Decke. Mylady, im Glauben, das sei wohl das Signal für den Exodus nach Eden, springt ebenfalls auf und zerrt auch ihren Gatten mit und jener tut es nur in Begleitung des Zimmerburschen, den es ohnehin gefühlsmäßig zur Kellnerin zieht und der nun die Gelegenheit sieht, sich ihr in unsittlicher Verzückung zu nähern. Als das der zweite Koch beobachtet, der seit seiner ersten Begegnung mit der Kellnerin überhaupt glaubt, dass jene entweder dem Himmel oder dem Scheiterhaufen entstiegen ist, macht er sich die meditativen Bewegungen der übrigen zu Nutze und tritt dem Zimmerburschen derart in den Hintern, dass dieser sich nur mit Mühe an Mylady festkrallen kann. Diese, überzeugt davon, dass ihr soeben das Einbrechen des Widersachers widerfährt, nimmt den Kampf auf und wirbelt den armen Zimmerburschen über die Tafel, so dass Kerzen und Karten weggeschleudert werden und einige Bedienstete dazu und sogar Peter aus seiner summenden Kontemplation gestoßen wird. Eilig will er der Eskalation Einhalt gebieten, sieht jedoch eine Kerze am Boden lodern, erinnert sich schmerzlich an seine letzte Zeremonie in der Kirche San Grato und wirft sich selbstlos über den flackernden Gottesfunken.

Derweil ist auf der Tafel das heillose Chaos ausgebrochen: Der Zimmerbursche hat nämlich bemerkt, dass sein Hingeworfensein nicht das Resultat einer meditativen Wallung, sondern eines menschlichen Fußtrittes gewesen ist, was er auf sehr weltliche Art und Weise zu vergelten trachtet. Seinen Einsatz untermalt Mylady mit einem bemerkenswerten Schreikrampf, den ihr Gatte jedoch rasch unter Verwendung der Weinkaraffe und mit elegantem Schwung zu ertränken sucht. Peter hat seine Feuerlöschaktion erfolgreich gemeistert und möchte nun mit vereinten Kräften mit dem Concierge, der abermals vom Tisch gefallen ist, einschreiten und der Gruppe die Leviten lesen. Doch dazu kommen sie nicht. Der Tisch gibt der mystischen Erscheinung nach, bricht in der Mitte durch und verschlingt die schreiende Gruppe gerade so wie einst das Meer die ägyptischen Heere und Streitwagen.

Gerechterweise ist der Arm des zweiten Koches gebrochen und ungerechterweise ist eine Gabel in der Rippe von Mylady stecken geblieben, was ihren Gatten sarkastischerweise zur Bemerkung verleitet, dass sie nun ja wohl die letzten Reste des Paradieses im Herzen habe. Sie findet das wenig ersprießlich, er umso mehr, sie holt aus, er fängt eine. Über diese kleine eheliche Szene hinaus herrscht ebenfalls Wehklagen und Zähneknirschen und Peter glaubt darin so etwas wie ein Déjà-vu in seinem Leben zu erkennen, was seiner Stimmung in den nächsten Tagen nicht zuträglich ist.

Martin hingegen genießt noch einmal so richtig das Leben als fahrender Kaufmann. Mit Lucia an seiner Seite hat das Dasein doch eine ganz andere Würze erhalten, als er es noch vor Monaten erahnt hätte, als ihm Elena abhanden gekommen ist. Mit ihr kann er in der Öffentlichkeit den großen Industriellen mimen und dennoch einmal die Hotelzimmertüre hinter sich zuknallen und sich bei ihr ausweinen, wie sehr diese Firma und diese ganze verrückte Aktion an ihm zehren. Um all die kleinen Sachen auf den Reisen, um das Packen und Verstauen der Kleider, um die Bestellung von Taxis und die Koordination seiner

Freunde, um all das braucht er sich nicht zu kümmern und das schlägt sich doch irgendwie positiv auf sein wieder nervös gewordenes Wesen.

Den Start der Aktion »Kronjuwelen« verbringen Martin und Lucia im grandiosen Winter in St. Moritz. Nirgends scheint der Himmel blauer zu sein als hier, und wenn bei eisklirrender Kälte die Schneekristalle in der Luft schweben, dann ist es, als befinde man sich inmitten des größten Diamanten der Welt. Diesen Eindruck muss Martin an seine Diamanten im Schatzkästchen erinnert haben, auf jeden Fall ist seine erste Amtshandlung im Hotel Kulm, dass er an der Zimmertür ein Spezialschloss anbringen lässt. Denn Martin ist im Krieg. Der Feind kann überall lauern. Und er sieht und spürt ihn auch überall.

Nach einem Galaabend offenbart er der Öffentlichkeit denn auch mal, weshalb er um dieses Schatzkästchen so einen Tanz vollführt. Er lädt zwei Journalisten, die er auf dem Parkett getroffen hat und die ihn natürlich mit ihren Blitzlichtern geehrt haben, auf sein Zimmer ein und öffnet im Beisein des Hoteldirektors und eines Juweliers aus dem Unterland den geheimnisvollen Behälter: Zum Vorschein kommen kleine Sonnen, deren Glanz die Umstehenden unmittelbar in einen magischen, geisterhaften Bann zieht. Wenn selbst die Presse für einige Sekunden vergisst, auf den Auslöser zu drücken, dann kann man von einer Sensation ausgehen. Der Juwelier hält den Atem an. Der Hoteldirektor, der von seinen Gästen auch einiges gewöhnt ist, schluckt. Martin greift in die Lade und zieht einen Halsschmuck hervor, der wie eine Pyramide aus Feuer in Rubinrot und Granat funkelt. Dann kommt eine Kette zum Vorschein mit zwei Diamanten von 50 und 70 Karat, unwirklich schön, mit einer Fassung, die sofort an die Verführung der Eva im Paradies erinnern muss. Schließlich zieht Martin ein Prinzessinnen-Diadem hervor, welches selbst Lucia noch nie tragen durfte, mit 54 Diamanten, angeordnet wie ein Sternennebel im Weltall, überirdisch, von einer geradezu atemberaubenden Schlichtheit. Nun muss der Juwelier sprechen, Martin nickt stolz dazu und die Journalisten feuern ein Blitzgewitter über dem Kästchen ab: Der Schmuck stammt zweifelsfrei aus dem Kronschatz der Romanows, entstanden ungefähr 1790 in Russland. Er gehörte den Töchtern des ehemaligen Zaren und eine sagenhafte Geschichte muss sich mit ihnen abgespielt haben, dass sie hierher gekommen sind. Martin hat nie darüber gesprochen, wie er zu diesem Schmuck kam. Aber er war sein Ein und Alles. Zusammen mit seinem bereits abgegriffenen gelben Büchlein trug er sein Schatzkästchen überall mit. Manchmal überlegte sich Lucia, was ihm wohl zuerst auffallen würde, wenn es fehlte: Sie oder das Kästchen.

An jenem Abend jedoch hat die kleine Demonstration die Gesellschaft beflügelt. Das Fest im großen Ballsaal des Hotel Kulm weitet sich zu einem bacchantischen Gelage aus und Martin und Lucia tanzen wie die Wilden, so viel und so leidenschaftlich, dass Martin sich zwei, drei Mal an seine eigenen Feste in der Villa Ri-Rita erinnert fühlt. Lucia denkt öfter daran.

So und ähnlich vergehen die Tage und Nächte auf 1.800 Metern über Meer. St. Moritz verwandelt sich in diesen Tagen in einen zauberhaften Magneten für Magnaten, man weiß nicht, wer in jenem Winter wirklich dort ist und von wem man es nur vermutet. Auf alle Fälle tauchen Namen auf wie König Farouk von Ägypten, Thomas Mann, Eva Peron, Henry Miller, Charly Chaplin, Errol Flynn, der Getty-Clan, Aristoteles Onassis, Marlene Dietrich, Coco Chanel und Greta Garbo. Von einem weiß man wirklich, dass er da ist, und das ist Martin Winterhalter. Er ist in diesen Tagen bereits ein beliebtes Motiv für Klatschspalten und die Wochenpresse, der millionenschwere Reißverschlusskönig, der verrückte Tüftler aus Mendrisio, der Tausendsassa mit den tausend Flausen, der Thomas Edison aus St. Gallen. Martin lebt mit diesen Übertreibungen bestens. Sie sind Schokolade für seine Seele und gleichzeitig Speise für seine zahlreichen Komplexe. Er freut sich, wenn die Leute ehrerbietig seinen Namen flüstern, wenn sie ihm nachstarren und ihm ab und zu ein Reporter nachwieselt. Er fühlt sich mit seinen 60 Jahren noch frisch und jung. Er tritt auf, er tritt ab. Er zeigt sich als der große, bedeutende Mann. Der Erfinder. Der Industrielle.

Doch es ist nicht nur Lucia, die mehr und mehr seine Anstrengung spürt, diese Fassade des Weltmannes aufrecht zu erhalten. Das Kopfweh wird ein ständiger Teil seines Lebens. Seine nervösen Anfälle, seine Angst vor der feindlichen Umwelt, sein Misstrauen nehmen selbst in diesen guten Tagen nicht ab, sie nehmen zu. Als sich Dr. Ludwig Bucher einmal anmeldet und mit ihm sprechen möchte, steigert er sich in einen Tobsuchtsanfall und zückt aus dem Koffer, Lucia weiß nicht woher, eine Pistole. Er schimpft und spuckt auf alle und alles, die sich seiner, schlimmer, die sich seines Geldes bemächtigen wollen. Dann löst sich ein Schuss. Die Kugel bleibt in der Wand stecken. Lucia ist fassungslos. Martin in diesem Moment auch. Er entschließt sich, einen lokalen Arzt aufzusuchen. Dieser diagnostiziert: »Es besteht Verfolgungswahn, Erfinderwahn und eine latente polyphrene Veranlagung.« Martin versteht den Schluss des Satzes nicht und den Anfang will er nicht verstehen. Er schickt den Arzt zum Teufel. Und Ludwig Bucher auch gleich dazu.

Die Reise geht weiter. Nach Rom und Mailand. Stets organisiert Lucia die Kontakte mit den Freunden im benachbarten Ausland. Stets werden abends die Konten saldiert und neu berechnet, wo sich welche Aktienpakete erwerben lassen. Lucia koordiniert und betreut und weicht Martin nicht von der Seite. Nur einmal, da möchte er sie nicht dabei haben. Er reise in den Kanton Zug, sagt er, geschäftlich, und das müsse er alleine regeln. Ansonsten hält auch er sich dicht an sie. Lucia spürt, dass er sie mehr in sein Herz einbezieht, als alles, was sie kennt, aber sie weiß auch, dass in diesem Herz Schächte und Kanäle sind, die nicht einmal Martin kennt und in denen sich das Misstrauen vor Menschen wie ein giftiger Schleim durch die Arterien zwängt. Sie weiß, dass Martin sie gerne heiraten würde, aber dass er sich wohl nicht noch einmal einer solchen Abhängigkeit aussetzen will, im finanziellen wie im emotionalen Sinn.

An diesem Abend spürt sie es wieder ganz deutlich: Abendempfang im Hotel Gallia. Mailändische Eleganz, die ungerechterweise stets hinter den Pariser Chic gereiht wird. Martin hält Lucia in den Armen. Um sie dreht sich die Welt. Er lächelt. Aber gerade heute glaubt sie in seinen Augen zu erkennen, dass er mit dem Gedanken spielt, was wohl wäre, wenn sie auch Teil der Interessengemeinschaft wäre. Für ein paar Takte der Musik verdüstert sich seine Miene und ein schwerer Stein scheint sich von seinem Herzen auf seine Schultern zu schieben, der ihn fast in den Boden drückt. Doch wie meistens in solchen Momenten fährt irgendwann irgendwer irgendwie mit einem Glas Champagner auf, die Kapelle erhebt sich, eine Polonaise formiert sich und Martin wirft seinen Ballast ab und sich ins Getümmel. Er tanzt und schwitzt und seine schwarze Fliege wirbelt durch den Raum. Wer tanzt, der weint nicht. Er lacht und plaudert und quasselt mit diesem und jenem. Jetzt können sie wieder über sein Geld reden, über Othmar und Peter, ja sie können sich sogar milde über die Unzulänglichkeiten und Hürden in ihrer Beziehung amüsieren. Lucia lacht darüber, um nicht traurig zu werden.

Während in Mailand die Polonaise spielt, ist in Wien Ballsaison. Und Othmar, natürlich, mittendrin. Die hübsche unbekannte Blonde an seiner Seite ziert sich noch ein bisschen. Schon klar, sie hat das Spiel verstanden, sie ist ja Wienerin. Inszenierungen, ein fieser Grant und eine gesunde Portion Überheblichkeit wird diesem Schlag Menschen schon mit der Muttermilch verabreicht.

»Ich bin nicht so eine!«, näselt sie extrem beleidigt und erschrickt, dass er nicht Wiener ist und vielleicht nicht verstehen könnte, dass dieses Beleidigtsein in Wahrheit Hofierungsbegehren bedeutet.

»Was für eine bist du denn?«, fragt Othmar, bereits geübt in solchen Ränken.

»Eine, die morgens der Mutter hilft und abends den Rosenkranz betet.«

Martin schmiegt sich an sie. »Dass ich so etwas in meinem Leben noch kennenlernen darf! Dann sind wir füreinander geschaffen! Ich bin genau so. Meine Mutter ist zwar schon tot. Aber jeden Abend sage ich 20 Mal meine liebste Bibelstelle auf, Sprüche 7,18, und geh dann allein zu Bette.«

Die Blonde beäugt ihn hochnäsig und drückt damit lautlos ihre Absicht aus, ihn zu ignorieren. Dann schaut sie auf seine Schuhe, sieht, dass sie teuer sind, versichert sich mit einem Blick auf seine Uhr und entschließt sich, ihre zugeknöpfte Beherrschung etwas zu lockern.

»Sprüche 7,18?«

Othmar nickt. Nun ist es so weit. Nach anfänglichen Phasen seiner feurigen Verführungen, ihrer schamhaften Ablehnungen, seiner beharrlichen Verlockungen, ihrer schmelzenden Widerstände, seiner wiederholten Bezirzungen und endlich ihrer zaghaften Koketterien, hat er ein Stadium erreicht, das so schlicht und bar jeder Erklärung von seinem Geist Besitz ergriffen hat, dass er sich zur ungeheuren Diagnose veranlasst fühlt, dass er wohl die einzige, wahre, große Liebe gefunden hat. Die Blonde weiß, dass das nicht stimmt. Sie weiß ganz genau, dass er einfach den romantischsten aller Namen für etwas verwendet, was andere als Drangsal bezeichnen. Aber ihr passt das. Sie spürt, dass er ihr Wohlbefinden in dieser an Wohlbefinden nicht sehr reichen Nachkriegszeit in Wien erheblich steigern könnte. Dafür bewundert sie ihn ohnmächtig. Und er, er ist tatsächlich bereit, ihr so etwas wie Zutrauen, Respekt und sogar väterliche Fürsorge zu zollen. Er tut das mit offenem Herzen, und es ist wohl wesentlich mehr, als er je im Leben gegeben hat. Für Othmar mag Zutrauen ein russisches Roulette sein, Respekt eine mentale Geistesübung, Fürsorge gar ein herausgerissenes Bein. Und das muss in dieser Situation fürwahr so etwas wie Liebe sein.

»Warum willst du denn schon gehen?«, fragt sie ihn, nachdem er ihr in den Mantel geholfen hat.

»Zeit, meine Bibelstelle zu rezitieren«, sagt Othmar und bestellt ein Taxi.

»Sprüche 7,18, wie?«

»Genau.«

»Und wie lautet er, dein Spruch?«

Er öffnet die Tür des Wagens, hilft ihr hinein und setzt sich eng neben sie. »Du kennst ihn nicht?«

»Nein!«

»Nun denn: *Komm, wir wollen uns an Wollust berauschen bis zum Morgen, wollen miteinander schwelgen in Liebe.*«

Die Blonde wird kurz auch im Gesicht blond. Doch wer tappelt da schon lustig über den Saum ihres Rockes und macht alles halb so wild, wie es sich eben anhörte? Es ist der Bär von Konstanz! Der Gevatter Brumm ist ja eher schon ein Graurücken. Aber er wirkt immer noch. Er hat in all den Jahren nichts verlernt, der zottelige Taugenichts vom Bodensee.

»Es kömmt ein Bär von Konstanz her. Ich seh' nen Braunen und nen Weißen. Die kommen, um der Katharina in die Nas zu beißen!«

Den Rest der Bärenwanderung kennen wir ja. Und den Rest dieser Wiener Episode können wir uns auch ausmalen. Die beiden fahren ins Hotel Astoria in der Kärntner Straße. Sie fahren vorbei an ausgebombten Kratern und Ruinen, die nicht mehr erkennen lassen, was Wien einmal war. Gerade werden die Straßennamen wieder umbenannt und von nationalsozialistischen Inschriften befreit. Die Ringstraße wird restauriert, Ziegel für Ziegel, um zu einem der prächtigsten Boulevards der Welt zu werden. Noch ist nicht viel davon zu sehen. Schutt und Dreck türmen sich im Volksgarten und Scharen von Schmuddelkindern und Obdachlosen irren durch diese unwirkliche Landschaft. Katharina hält sich den Mantelkragen an den Hals. Nur zu gut kennt sie, woran sie jetzt in einer eleganten Limousine vorbeifährt. Sogar Othmar hat den Bären wieder eingeholt. Der Blick aus dem Fenster dringt auch ihm ins Herz. Es ist einer jener raren Momente, in denen ihn das Leben berührt. Er schaut durch die Scheibe nach draußen, sie passieren gerade das Burgtheater, dann wandert sein Blick auf das Spiegelbild in der Scheibe, und er sieht einen alten Mann im Vordergrund und hinter ihm ein blondes Mädchen, das bis auf die Knochen friert. Er reicht ihr seinen Mantel hinüber und erntet einen Blick, der ihm das Herz zerreißen mag. Was sie wohl in ihm sieht? Wird sie ihn allein für diese Geste lieben können? Und wenn ja, wird er sie für ihre Liebe lieben wollen?

Othmar schaut wieder aus dem Wagen in die Nacht hinaus. Er wird das Folgende über sich nicht gedacht haben, aber es wäre gut gewesen, wenn er es getan hätte: Zu viele Lügen trennen das, was andere an ihm bewundern und das, was er über sich weiß. Zu viele Geständnisse machen seine Erfolge im Innersten seines Gewissens suspekt. In Wirklichkeit hat Othmar wenig, worauf er stolz sein kann. Er ist keiner von denen, die einen häuslichen Frieden suchten und ihn gar gefunden haben. Er ist keiner von denen, die mit einem Menschen kollidiert sind, der ihm dann die Welt bedeutet hat. Othmar arbeitet nicht, um etwas mit Händen zu schaffen. Nun ist es nicht so, dass er das alles reflektierte und es ihn, selbst in einer Nacht wie dieser, stören würde, nicht im geringsten, aber es ist auch nicht so, dass ihn alles unberührt lässt. In Wien hat er oft solche eigenartigen Momente gespürt. Er hat sie als ein Zeichen des Alters gedeutet.

So lässt Othmar den Herrgott an der schönen blauen Donau einen guten Mann sein. An der Seite von Katharina und gelegentlich auch anderer dankbarer Göttinnen der Nacht sieht er sich, ähnlich wie Martin, seinem Schicksal in der Schweiz entronnen. Er genießt das Leben, gibt Unmengen dafür aus und kauft ebenfalls erquickliche Mengen an Aktienpaketen der Riri. Natürlich ist er weit erfolgreicher im Geldausgeben als Martin und Peter zusammen: Bis zum Sommer 1949 kauft er zwei Lippizaner aus dem Gestüt der Spanischen Hofreitschule, Florian und Flora, für umgerechnet 20.000 Franken. Er lässt sich beim ehemaligen Hoflieferanten Knize am Graben komplett neu einkleiden und weil ihm dann aber das dort lancierte Herrenparfüm doch etwas zu schwülstig ist, reist er eben mal kurz nach London, um sich bei Floris ein standesgemäßes Wässerchen mischen zu lassen. Weil ihm die Wiener Standardtänze etwas zu steif sind, organisiert er mit ein paar willfährigen Orchestermitgliedern des Moulin Rouge ein paar heiße Nächte voller Samba, Rumba und Tango. Natürlich finanziert er den ganzen Saus. Das Meisterstück vollbringt er aber mit dem Kauf der Wiener Illustrierten, die ihm der damalige Chefredakteur Hans Fred Handl nach einer feuchtfröhlichen Zechtour für lumpige

125.000 Franken abtritt. Ein solcher Mensch braucht eine eigene Zeitung, findet der umtriebige Reporter und Othmar ist gleicher Meinung und freut sich gar fürchterlich, als die Fotographen des Hauses fortan über jeden seiner Schritte öffentlichkeitswirksam berichten. Sogar als er eines Morgens aus dem Astoria tritt, können die Wiener Leser tags darauf nachlesen, wie er fast in die Pferdeäpfel eines Fiakers gestiegen ist.

In ebendiesem Moment fällt Armande Pedrazini in Ohnmacht. Er hat den Halbjahresbericht beendet, hat eine recht lange Liste der Einnahmen erstellt, hat dann eine sehr lange Liste der Ausgaben gegenübergestellt, hat alle Positionen addiert und noch eine Zeile und noch eine Zeile. Und sieht das Minus auf der rechten Bilanzseite. Keine schwarze Null. Ein fettes, rotes Minus. Ihm wird schwarz vor Augen.

Eine Stunde später ärgert sich Hanna grün und blau. Wie konnte es nur so weit kommen? Warum haben sie sich wieder so lange hinhalten lassen? Warum haben sie Martins Ausflüchte geglaubt, dass er sich behandeln lassen wird und dafür Sorge trägt, dass alles zum Besten kommt? Als erstes beschließt sie, dass die Teebeutel ab heute vier Mal verwendet werden. Man kann ja nie wissen, wie weit es mit dieser Firma noch kommt. Als zweites setzt sie sich ins Auto und fährt über den Gotthard. Sie hat sich geschworen, in ihrem Leben nicht mehr in die Villa Ri-Rita zu gehen. Aber das war ein anderes Leben. Damals ist sie noch Martins Schwester gewesen. Jetzt ist sie seine Feindin.

Als sie läutet, vergeht eine Ewigkeit, bis sich drinnen etwas rührt. Sie poltert an die Haustüre und bekräftigt damit eindrücklich ihren festen Willen, dass sie niemals, niemals, so lange der Monte San Grato noch im Tessin steht, von dieser Tür weichen wird. Also öffnet Heinrich.

»Wo ist Martin?«, springt sie ihm ins Gesicht, und eigentlich ist sie ganz froh, dass es nicht Martin ist, auf dem sie landet.

»Er ist geschäftlich außer Haus«, stottert Heinrich und möchte sie mit einer versöhnlichen Geste hinein bitten. Aber sie ist schon drin und seine Geste erfreut die Azaleen vor dem

Eingang. Gerade als Heinrich die Tür schließen will, braust Martins neuer Mercedes vor und kommt ein paar Meter vor dem Eingang zum Stehen. Heinrich möchte die Tür noch zustoßen, aber Hanna hat den Auftritt der 200 Pferdestärken natürlich nicht verpasst. Sie schiebt sich zwischen Heinrich und Tür, scheucht ersteren weg und nähert sich mit gewaltigem Sog dem Auto. Um sich ihre Dynamik zu vergegenwärtigen, genüge dem Leser das Bild eines Tornados. Sie rotiert also auf den Mercedes zu, reißt die Tür auf. Und schaut Rosita an, die Köchin.

»Wo ist Martin?«, bläht sich Hanna auf, als wolle sie die Ärmste aus dem Auto blasen.

»Er ist nicht da«, stammelt Rosita. »Er ist im Ausland. Schon eine ganze Weile.«

»Und wann kommt er?«, weht es der Verängstigten entgegen.

»Das wissen wir nicht. Ehrlich.«

Hanna ist schon nahe daran, von ihr abzulassen, schließlich ist sie nur eine Köchin, doch dann vergegenwärtigt sie sich, in was für einem Auto dieses Wesen sitzt, und dass der um mindestens zwei Meter länger als ihr eigenes Gefährt ist und stellt sich vor, dass sie wohl bald auch ein solches haben könnte, mit Köchin, und beginnt schon mal, sich darin zu üben, diese anzuherrschen und ihr zu zeigen, wer hier das Geld und damit das Sagen hat: »Und drum fahren Sie ein bisschen mit seinem Auto rum? Vergnügen sich auf unsere, also auf seine Kosten?«

Rosita ist den Tränen nahe. »Nein, so ist es nicht.«

»So? Wie ist es dann? Sind Sie ein bisschen einkaufen gegangen mit dem Auto des Chefs?«

Rosita steigt aus. Wenn sie steht, bläst sie so leicht nichts um. Dann schaut sie auf Hanna hinunter: »Das ist mein Wagen! Signor Winterhalter hat ihn mir geschenkt.« Sie zückt ihre Papiere und drückt sie Hanna in die Hand. Dabei schaut sie Hanna so an, dass diese plötzlich froh ist, keine Bediensteten zu haben.

»Ein Auto? Für eine Köchin?«, hechelt Hanna und der Tornado wird zur lauwarmen Brise.

»Nein, für eine *socia* der Riri-Werke. Eine Teilhaberin.«

Sie zückt einen Depotauszug, auf dem schwarz auf weiß steht, dass Rosita Aktien im Wert von 765.000 Franken besitzt. Sie ist zu dieser Zeit wohl die reichste Köchin der Welt. Hanna sieht rot. Ihr Gesicht wird grau. Das Haar ist es schon.

Zwei Wochen später treffen sich die Altbekannten um Hanna Huwyler an jenem Ort, den wir bereits kennen. Die Stimmung ist nun wesentlich gedrückter. Das liegt nicht daran, dass sich Adolfo Janner wieder einmal seinen Schädel an Ernesto Riesers viel zu tief montiertem Lüster eingerammt hat. Es liegt daran, dass Armande Pedrazini nach seinem Schwächeanfall nun doch seine Halbjahresbilanz hat beenden können, was seinem Gesundheitszustand nicht sehr zuträglich gewesen ist und auch dieser Runde über das Kopfzerbrechen hinaus handfeste Magenkrämpfe beschert. Ein satter Verlust von 1,97 Millionen Franken hat Armande gerechnet, und er hat oft gerechnet, und mehr als 100.000 Franken verschwinden jeden Monat von den Konten der Bargeldreserven des Unternehmens. Doch damit nicht genug: Bereits wesentliche Firmenanteile sind zur Allokation freigegeben worden und werden nun, ebenfalls Monat für Monat, über ausländische Bankinstitute in Genf, Gex, Bellegarde, Annecy, Wien, Baden bei Wien, Klosterneuburg, London, Mailand und Rom aufgekauft.

Helle Panik vor dem Goldfischglas: Elisabetha kann nicht anders, als sogleich einen Rosenkranz zu beten. Joseph würde auch gern wollen, hat aber die Konstante für den Glauben in seiner Lebensformel verloren. Ernesto poltert abwechslungsweise auf den Tisch und verwirft die Hände, was in Summe der Motorik eines Heudreschers entspricht. Armande weint. Hanna zetert.

Die Interessengemeinschaft wird endlich zur Internierungspartei. Sie startet Stufe 2 ihres Planes, was so viel bedeutet wie – ich zitiere das Protokoll der letzten außerordentlichen Generalversammlung – »nichts zu unterlassen, um ihn (Martin) mit aller Kraft des Gesetzes an der weiteren Zerstörung seines Lebenswerks zu hindern.« Die Gruppe beschließt, Königsmord zu begehen. Sie möchte an die Macht. Sie möchte ans Geld. Sie möchte Martin und die mit ihm Beteiligten ein für alle Mal kaltstellen. Der Name »Internierungspartei« wird sie die nächsten Jahre und Jahrzehnte in der Presse noch verfolgen. Diese Gruppe wird zu einem Präzedenzfall der Schweizer Justiz, wie es ihn noch nie in einer solchen Weise gegeben hat und zum Glück auch nicht mehr oft geben wird.

Das weitere Vorgehen ist ganz klar: Die Gruppe um Hanna erstellt eine Liste von Freunden und Feinden. Es wird das Verhältnis zu Dr. Huonder erörtert, denn eine freiwillige Vormundschaft schützt das Mündel. Auch die Rolle Beat Winterhalters wird erörtert, schließlich ist er seitens der Familie immer noch als einziger strikt dagegen, den Bruder zu entmündigen. Er könnte intervenieren. Das hat er ja bereits bei Peter getan. Also wird folgendes, übrigens einstimmig, beschlossen und von Elisabetha protokolliert: »Nächste Schritte: a) weitere Vormundschaften verhindern, b) ein Gutachten erstellen, das nach ZGB 374,2 eine Entmündigung wegen Geistesschwäche unterschreibt.«

Zwei Tage später sitzt Hanna in einem großen schwarzen Fauteuil und schaut etwas ratlos auf ein Bild über der Sitzgruppe, das voller feiner Striche ist, aus denen sich immer wieder neue Figuren und Fratzen bilden. Sie findet dieses Bild etwas unheimlich, meint aber, dass es diesbezüglich doch ganz gut zur Umgebung passe. Schließlich lenkt sie sich ab, indem sie aus einer auffällig farbigen Früchteschale aus Muranoglas einen Apfel stiehlt und genussvoll in ihn hineinbeißt. Warum die gestohlenen Sachen immer die schmackhaftesten sind?

Als Dr. Bleuler hinter ihr steht, ist es ihr dann doch einigermaßen peinlich, sie weist aber darauf hin, dass sie in diesem Angebot eine ideale Lösung gesehen habe, ihrem Unterzucker zu begegnen.

Manfred Bleuler wehrt ihre Rechtfertigung mit einer konzilianten Geste ab, setzt sich ihr gegenüber, legt eine Aktenmappe auf den Tisch, nimmt seine Brille ab, entschuldigt sich und reibt sich mit beiden Händen die Augen. Offensichtlich hat er seine Müdigkeit immer noch nicht wirklich im Griff, obwohl ihm doch seine Frau und sein Optiker gesagt haben, dass er kurzsichtig sei und diese Überanstrengung der Augen ihn müde mache.

»Herr Dr. Bleuler, ich bin zu Ihnen gekommen, weil mich meine familiären Zustände dazu zwingen. Wir sind sechs Geschwister und fünf davon sind sich einig, dass der eine schwer, schwer krank ist.«

Bleuler nickt.

»Wir haben lange zugeschaut, zu lange wohl, und sind nun aber in den letzten Monaten darauf gekommen, dass seine Situation untragbar ist, vor allem deshalb auch, weil von seiner Person sehr viele Arbeitsstellen abhängen. Er gefährdet ein ganzes Unternehmen auf grob fahrlässige Weise und wir sind überzeugt, dass es mit ihm gar nicht zum Guten steht.«

Bleuler öffnet seine Aktenmappe.

»Wir, das sind seine Familie sowie einige der höchsten Direktoren und der Verwaltungsrat seines Unternehmens, haben deshalb die Vorkommnisse der letzten Jahre in der Aktenmappe dokumentiert, die vor Ihnen liegt. Ich hoffe, sie haben schon Zeit gefunden, sie zu lesen. Herr Doktor, wir brauchen Ihre Hilfe. Hunderte von Arbeitnehmern brauchen Ihre Hilfe. Die Gemeinde und selbst der Kanton Tessin brauchen Ihre Hilfe. Wir sind alle bereit, unser Möglichstes dafür zu tun, dass Sie uns helfen können.«

Bleuler nickt. Hanna schweigt. Sie ist zufrieden mit ihrer Rede. Sie hat gute Worte gefunden, findet sie, geschmeidige Worte, nicht zu direkt und dennoch bestimmt.

»Und warum kommen Sie gerade zu mir?«, fragt Dr. Bleuler.

»Dafür gibt es zwei Gründe. Erstens wissen wir um Ihre Verdienste in ähnlichen Fällen. Das Burghölzli ist weltberühmt. Das darf ich doch sagen.«

Wieder gut gesagt. Hanna in Hochform.

»Und zweitens, weil Sie ja doch etwas die Umstände kennen, nicht wahr? Dr. Huonder hat mir von Ihrer Arbeit berichtet und wir sind alle sehr hoffnungsvoll.«

»Ja, aber über meine Patienten darf ich leider nicht sprechen. Gerade im vorliegenden Fall mit der freiwilligen Vormundschaft.«

Hanna nickt und doppelt nach: »Das ist schon klar. Wir wollen auch nicht in der Vergangenheit rühren. Es geht um die Zukunft. Um viele Menschen, die unsere Hilfe nötig haben. Es ist unsere moralische Verpflichtung, hier aktiv zu werden.«

Kurz und gut: Bleuler hat das Gutachten geschrieben. Er hat zu seiner Zeit nichts Unmoralisches getan. Das Recht war auf seiner Seite. Kapital musste geschützt werden. Um jeden Preis. Und der Preis, im allgemeinen Fall, war die Unfreiheit des Einzelnen. In unserem Fall bedeutete es die Unfreiheit von Martin, Othmar und Peter.

In dieser Beziehung irren sich auch jene Spezialisten, von denen man ganz sicher ist, dass sie sich niemals irren. In Bleulers Urteil stand unter anderem: »Der Patient zeigt ein manisches Zustandsbild mit ideenflüchtigem, wenn nicht schon zerfahrenem Gedankengang, mit zappeliger Unruhe und auffallendem Redegang. (...) Er ist in ein hochgradig gestörtes äußeres Verhalten und in weitgehende Anpassungsunfähigkeit geraten. Dadurch ist er nicht nur zahlreichen Ärzten, sondern vor allem auch seiner ganzen Umgebung aufgefallen und sozial unmöglich geworden. (...) Der Patient kann seine wichtigsten Angelegenheiten nicht selbst besorgen. Sein Vermögen, ja sein Leben (man beachte die Reihenfolge) muss ohne vormundschaftlichen Schutz als gefährdet gelten.«

Hanna ist zufrieden.

11. Kapitel,
*das wohl nicht alle Zweifel ausräumen kann,
dass diese Geschichte noch gut endet, aber immerhin von
einer hoffnungsvollen Stimme vorgetragen wird.*

Lucia steht im oberen Schlafzimmer und schaut auf den Luganersee hinaus. Es ist eine schöne, klare Nacht. Die Unendlichkeit über der Welt spiegelt sich auf dem Wasser, als wollten die Sterne zur Erde hinabsinken, in den Garten der Villa Ri-Rita. Lucia weiß nicht, was ihr mehr zusetzt; eine stürmische Nacht, die ihrem Gemütszustand entsprechen würde oder eine wie diese, die ihre Sorgen um Martin noch gemeiner und unbarmherziger offenbart. Ein Schiff tuckert friedlich durch die Dunkelheit und verschwindet in Richtung Lugano langsam am Horizont. Sie ist sich unschlüssig, ob sie noch nach draußen gehen will, hinunter zum Steg, zu ihrem Lieblingsplatz, oder ob sie gleich ins Bett gehen soll. Wenn sie zum Steg geht, muss sie weinen, weil sie an Martin denkt. Wenn sie ins Bett geht, ebenfalls, weil sie an ihrer Zukunft zweifelt. Die Frage ist eigentlich nur, weswegen sie lieber weint.

Sie hätte das Bett vorgezogen. Wie die Nächte davor. Und eigentlich auch die letzten Tage. Doch das Telefon reißt sie aus ihrem Kummer. Sie hechtet über das Bett zu dem Apparat, als gälte es, einen fallenden Stern festzuhalten. Vielleicht ist es für sie genau so gewesen.

»Hallo? Spreche ich mit Frau Lucia Medici?«, meldet sich eine schnarrende Stimme.

»Ja, ja, ich bin es. Mit wem spreche ich?«

»Warten Sie einen Moment. Ich verbinde.«

»Hallo? Wer ist denn bitte am Apparat?«, wispert Lucia. Doch sie ist allein mit ihrer Stimme. Einzig einige leise Wortfetzen einer anderen Verbindung raunen durch den Draht, unwirkliche Laute aus einer fremden Welt, und fast ist ihr, als stammten all diese Geräusche von geheimen Personen, die sie beobachten, ihr Böses wollen, die diese Situation zum schlimmsten Alptraum ihres Lebens machen.

»Hallo?«, rauscht plötzlich eine Männerstimme im Hörer. Im Hintergrund sind Geräusche und Stimmen wie aus der Empfangshalle eines Hotels zu hören.

»Martin, bist du es?«

Schweigen am anderen Ende. Es ist vielleicht nur eine Sekunde lang gewesen, aber eine solche Zeitspanne genügt, um sich in epischer Breite vorzustellen, in was für einer Situation man sich befindet. Ist es Martin am anderen Ende? Oder ist es der Feind? Befinden sie sich nun alle in Gefahr? Befindet vielleicht sie selbst sich besonders in Gefahr, während sie hier am Telefon wartet? Wird sie jemals wieder sicher und unbeschwert sein können, nach alledem, was geschehen ist?

»Ja, ich bin es«, zerreißt die Stimme am anderen Ende diese Flut von Gedanken und Lucias Herz bleibt einen Moment stehen. Die Welt auch, ihre Welt. Gott sei Dank, er ist es! Es ist seine Stimme. Das Telefon wird zu einem Stern.

»Lucia, hör gut zu. Ich kann nicht lange sprechen. Man hat mich nach Basel in die psychiatrische Klinik Friedmatt gebracht. Ich kann hier nicht frei reden. Man beobachtet mich.«

Lucia muss das Weinen unterdrücken. »Oh, mein Gott! Was sollen wir jetzt nur tun?«

»Bleib ganz ruhig! Es wird uns schon was einfallen. Die Sache sieht schlimm aus, aber sie kann nicht legal sein. Das kann nicht wahr sein!«

Lucia spürt, dass auch Martin die Furcht gepackt hat, selbst wenn er vorgibt, dass es Lösungen dafür gibt. Wie konnte es so schnell so weit kommen? Sie kann sich keinen Reim machen auf die Vorgänge der letzten Wochen, und auch sie muss sich eingestehen, dass sie den Willen und auch die Macht der anderen Seite unterschätzt hat.

Wir wissen ja bereits, wie Hanna zu ihrem Gutachten gekommen ist. Wir kennen Dr. Bleuler und seine Einstellung zum Paragraphen 374,2 und wir wissen auch, dass der Paragraph ihn rein rechtlich zu diesem Schritt befähigt. Offen ist nun aber, ob denn niemand aus dem nahen Bekannten-, Freundes- oder Geschäftskreis gegen dieses Vorgehen einschreitet. Dazu muss man vielleicht sagen, dass viele nicht gewusst haben, was hinter der Bühne wirklich vor sich gegangen ist. Martin, Othmar und Peter haben immer besonders viel in ihre ganz persönlichen Gemeinden investiert, Martin in seine Finanzrunde, Othmar in seine Clique der Bohème und Lebenskünstler, Peter in seine mystischen Zirkel. Aber allen dreien gehört die Bildung echter Freundschaften zu einem Luxus, dessen Preis zu zahlen sie niemals bereit gewesen sind. Martin hat schon Mühe, sein Vertrauen zumindest auf seine Lebenspartnerinnen auszudehnen. Othmar liebt zwar die gesellige Zerstreuung, vermeidet aber gerade so jegliche Kohäsion zwischen den Gemütern. Und Peter ist sowieso schon immer ein Einzelgänger gewesen, ein Außenseiter, dem persönliche Bindung unheimlich ist. Wer bleibt denn von all den Menschen, die wir mittlerweile kennen gelernt haben? Einer aus der Hochfinanz vielleicht? Oder jemand aus dem Dunstkreis des Barons von der Heydt? Ein dankbarer Mitarbeiter der Riri-Werke vielleicht? Oder eine der zahlreichen Liebschaften auf Othmars Weg?

Zwei gibt es wohl, die in dieser Geschichte immer wieder mal am Rande aufgefallen sind, weil sie sich nicht dem allgemeinen Tumult gesellschaftlicher Trunkenheit hingegeben haben. Diese beiden sollen hier etwas näher beschrieben werden:

Dr. Christian Huonder war gerade im Begriff, seinen Arzneischrank zu inventarisieren, um wieder neue Medizin zu bestellen. Er schaute auf die Reihen von Fläschchen, Ampullen, Dosen und Pillenpackungen, die ausschauten wie Nahrungsmittelpackungen und Waschpulvertonnen eines Puppenhauses. Er stellte sich auf einen Schemel, weil er doch einigermaßen klein von Wuchs war und begann zu zählen. Doch bereits bei der ersten Reihe von Fläschchen holte ihn der Gedanke wieder ein, wie viel kürzer die Zeiten in den letzten Jahren geworden sind, in denen sich sein Schrank leert. Früher hatten sich die Menschen mit Tee kuriert, mit Kräutern, die sie selbst gesammelt, getrocknet und aufgebrüht haben. Gegen Schmerzen haben sie heiße Wickel gemacht. Sie haben sich ins Bett gelegt und dem Körper die Zeit gegeben, krank sein zu dürfen, um gesund zu bleiben. Heute werfen sie sich nur noch Pillen und Kapseln ein und warten, während sie die Packungsbeilage lesen, dass ihr Leid verschwindet. Die Welt ist, so überlegte sich Christian Huonder, mit dem Reißverschluss eine schnellere, eine eiligere geworden. Er schaute auf seinen eigenen weißen Mantel und den weißen Reißverschluss in der Mitte. Ritsch ratsch, und er war Arzt. Ritsch ratsch, und er war Ehemann oder Jäger, Vater von drei Kindern oder Sammler von alten Stutzen, Hobbygärtner oder Buchhalter seiner Fläschchen und Dosen.

Nun war Feierabend. Er legte den Arzt über den Stuhl und begann als Buchhalter erneut, die Reihen zu zählen. Doch bei der gleichen Flasche, die ihn bereits einmal zum Gedanken der eiligen Zeit und des Reißverschlusses verführt hatte, läutete unten die Glocke. Die Sprechstunde war vorbei, das wussten die Leute aus Disentis. Es musste also ein Notfall sein. In drei Sekunden war er wieder Arzt und eilte zur Tür. Hanna stand mit einem grau gesprenkelten Hosenanzug davor, und Christian Huonder fiel auf, dass sie sich farblich kaum von der Granitplatte abhob, auf der sie stand. Es dauerte nicht lange, bis er spürte, dass sich auch ihr Herz nicht wesentlich davon unterschied.

»Sie betreiben hier ein riskantes Spiel«, sagte sie, nachdem er sie hereingebeten und sie sich im Sprechzimmer niedergelassen hatte. »Sie übernehmen einfach eine Vormundschaft für einen Menschen, der ernsthaft krank ist.« Dabei schaute sie ihn scharf an, in dem Bewusstsein, mit dieser Frage wirklich eine konstruktive Gesprächseröffnung vollbracht zu haben.

Huonder schaute säuerlich zurück, denn er hatte sich soeben entschieden, ihr definitiv keinen Tee anzubieten. »Würden Sie denn eine Vormundschaft für einen Menschen übernehmen, der nicht ernsthaft krank ist?«, fragte er zurück und schaffte es während dieses Satzes sehr schnell, einen unschuldigen Blick aufzusetzen.

Hannas Gesprächseröffnung zerfiel vor seinen Augen. Sie hätte die Brösel gerne mit einem Tee hinuntergespült. Aber es gab ja keinen. »Ich meine nicht so krank, dass er nicht für sich sorgen kann. Ich meine so krank, dass er andere gefährdet«, sagte sie dann aber doch keck.

»Mein Mündel soll andere gefährden? Weil er spiritistische Zirkel abhält. In welcher Welt leben wir denn, dass ein Glaube zum Verbrechen wird? Weil er anders lebt als Sie und ich? Wollen Sie wieder das Mittelalter heraufbeschwören, wo jeder verdächtig ist, der nicht im Mittelmaß lebt? Was wird denn dem Mann vorgeworfen? Was ist sein Verbrechen?«

Hanna zückte Bleulers Gutachten hervor. »Dr. Bleuler geht von einem manischen Zustandsbild aus. Er beschreibt hier sehr ausführlich ein hochgradig gestörtes äußeres Verhalten. Ein Verhalten, das andere massiv gefährdet.«

»Ich kenne Dr. Bleuler und ich kenne das Burghölzli. Und ich muss Ihnen sagen, dass ich von beiden nicht besonders viel halte. Wer ist denn seiner Ansicht nach gefährdet?«

»Gefährdet sind all jene Arbeitnehmer, die darauf vertrauen, dass ihnen die Riri den Broterwerb sichert. Und so wie sich Ihr Mündel, wie Sie ihn nennen, in der letzten Zeit aufführt, ist diese Sicherheit akut gefährdet. Ich spreche nicht von all seinen verrückten Aktionen in den letzten Jahren. Die sind peinlich, aber nicht gefährlich. Ich spreche von den Millionen, die in den letzten Monaten verschwinden. Ich spreche von den Geldern, die er gezielt vom Ausland her abzieht und damit das Unternehmen existenziell gefährdet.«

Noch blieb der Doktor standhaft. Doch diese Anschuldigungen stellten eine neue Stufe in einer Reihe von Anklagen dar, die immer in den letzten Jahren ins Feld und sogar durch die Presse gezogen wurden. »Sie tun ja so, als sei er der Einzige, der hier die Fäden zieht. Was ist denn mit seinen Freunden, die er immer erwähnt, da gibt es ja noch andere Eigentümer der Firma. Was ist mit den Direktoren? Mit den Verwaltungsräten? Mit den Experten, die sich um die Riri scharen? Was ist denn mit denen?«

Das war die Wende. Das spürte er nun. Es war in Bezug auf sein Mündel wohl die falsche Frage. Peter hatte vermutlich mit all diesen Vorwürfen nur am Rande zu tun, wenn überhaupt.

Aber er war dabei. Er gefährdete Existenzen. Für diesen Personenkreis musste es definitiv die richtige Frage sein.

Hanna nickte. Plötzlich entwich ihr die Härte aus dem Gesicht, als würde sie nicht an Martin oder Othmar oder Peter denken und an all jene, die ihr Vorhaben gefährdeten, sondern allein an ihren Bruder. Sie steckte ihr Gutachten wieder ein und kramte eine ganze Mappe hervor. »Die sind alle auf unserer Seite, Herr Doktor. Jeder einzelne. Ich lasse Ihnen die Mappe da, es sind lauter Kopien. Sie können sich gerne überzeugen, ob Sie noch hinter all diesen Vorkommnissen stehen wollen oder nicht. Es ist Ihre Entscheidung.«

Sie legte ihm die Mappe hin und erhob sich vom Sessel. Huonder schaute lange auf die Mappe und bemerkte erst nach einer Weile, dass Hanna schon lange stand. »Bleiben Sie nur, Herr Doktor. Ich finde den Weg hinaus auch alleine. Schauen Sie sich die Sachen an. Das ist nun sehr, sehr wichtig.«

Huonder blieb sitzen. In dieser Nacht zählte er keine Fläschchen mehr und er bestellte auch keine neuen dazu. Er las die einzelnen Dokumente, in denen wahrlich ernüchternde Sachen standen. Es war auch ein Bericht von Dr. Wehrle darin von der Privatklinik Les Rives de Prangins. Er kannte die Klinik und er kannte Dr. Wehrle. Er rief ihn an, fragte, ob das stimme, was in seinem Bericht stehe und er wurde sehr nachdenklich, als er hörte, dass es sich genau so verhalte.

Am 29. August 1949 legte Dr. Christian Huonder die Vormundschaft für Peter zurück. Das Risiko war ihm einfach zu groß. Er war ein großer Menschenfreund. Aber er war es nicht nur für seine Patienten. Er war es auch für jene, die durch diese Patienten bedrängt waren. Er war ein einfacher Landarzt. Eine gute Seele. Aber dieser Fall war ihm ein paar Stufen zu hoch. Hier ging es nicht mehr um eine Familienfehde. Es ging um einen volkswirtschaftlichen Präzedenzfall. Er versuchte, Peter zu erreichen, aber es gelang ihm nicht mehr. Dieser schien wie vom Erdboden verschluckt. Er hatte keine Adresse, keine Angaben von ihm. Er rief die Direktion der Riri an, hängte aber dann doch auf, als sich ein Armande Pedrazini meldete. Seine Entscheidung war schon gefallen. Er wollte hier nicht zwischen die Fronten geraten. Huonder tat das schweren Herzens, denn er wusste, was es für Peter bedeuten könnte. Er las all die Namen in Hannas Mappe und er konnte sich schon ausmalen, dass diesen Damen und Herren nicht nur am Wohl der Arbeiterschaft gelegen war. Dennoch schien es ihm richtig, dass Kapital und Eigentum geschützt wurden, wenn beidem drohte, sinnlos verbrannt zu werden.

Nun war Peter gefährdet. Der Schutz der freiwilligen Vormundschaft entfiel und das bedeutete nichts Gutes. Als Martin davon erfuhr, eilte er sofort zu seinem Bruder nach Disentis. Er fuhr alleine hin, weiß Gott warum, und ließ Jochen, seinen Chauffeur, zuhause. Er selbst hatte keinen Kontakt zu Huonder und er wollte sich nicht auch noch in diese Angelegenheit verwickeln. Beat aber war nun der Schlüssel zur Unabhängigkeit und er war damit, um auf unsere Aufzählung der möglichen Helfer zu kommen, die zweite Person, welche hier einschreiten konnte:

Beat war an diesem Tag, wie eigentlich fast an jedem Tag seines Lebens, am Lesen. Wenn es einen Menschen in dieser Geschichte gibt, der sich eines gebildeten Verstandes erfreuen konnte, der ihm dennoch den Zugang zum Herzen nicht zugemauert hatte, dann war es Pater Beat vom Benediktinerkloster in Disentis. Er war ein ruhiger, besonnener Mann, manchmal fast etwas an der Grenze zur Lethargie, mit einem unerschütterlichen Sinn für Gerechtigkeit und all die Nöte, die diese Welt zu einem Jammertal machen. Er glaubte an Gott und an seine guten Werke und was darüber hinaus an schlechten Werken existierte, dem rückte er mit eigenen Händen beherzt zu Leibe. So waren die schlechten Werke letztendlich der Grund für alle guten auf Erden. Immer schon hatte er sich gegen die Einflussnahme der Familie auf Martins Geschäfte gewehrt, seit dem ersten großen Familienzwist, damals im Jahre 1923. Er empfand es einfach als ungerecht, Ansprüche auf etwas zu erheben, was einem nicht gehörte, nur weil man verwandt war. Außerdem war er überzeugt davon, dass seine Geschwister mit dem Geld den gleichen

Blödsinn anstellen würden wie Martin auch, also war es ihm lieber, sich nur um den einen zu kümmern und den hin und wieder auf seine Pflichten als Geschöpf Gottes hinzuweisen. Und das tat er erfolgreich. Martin war nie knauserig, wenn es darum ging, Beats Werke zu unterstützen, denn er wusste, dass dieser im Grunde wirklich etwas Gescheites daraus machte: Er finanzierte damit Schulen und Krippen, Missionen und Krankenhäuser, er spendete an Arme und Bedürftige und gab manchem braven Handwerker einen Kredit, um aus seinem Beruf ein Geschäft zu machen.

Nach solchen Aktionen zog sich Beat dann in seine Klause zurück, dankte Gott für seinen guten Willen, betete für Martin, dass jener diesen Willen noch lange unterstützen möge, und nahm sich ein gutes Buch aus einem alten, hölzernen Regal, dem einzigen Möbel neben dem Tisch und dem Bett, das einen Weltlichen an eine Wohnung erinnerte. Als er sich soeben auf seiner harten Rosshaarmatratze eingerichtet hatte und weiter las, wo er gestern aufgehört hatte, polterte es an seiner Tür. Er wollte den Gast hereinbitten, als dieser bereits an seinem Bett stand.

»Was machst du denn hier?« Beat war sichtlich erfreut und verwirrt zugleich.

Martin schloss eilig die Tür hinter sich, als müsse er sicher gehen, dass ihm böse Verfolger nicht nachstellten. »Beat, Gott zum Gruße. Ich bin sehr in Eile. Aber ich muss unbedingt wissen, was passiert ist!«

»Gott zum Gruße, Martin. Warum setzt du dich der Gefahr aus? Warum kommst du hierher?« Beat wollte seinen Bruder zur Besinnung schütteln, spürte aber offensichtlich, dass er eine Umarmung nötiger hatte.

Martin ließ die Liebkosung über sich ergehen, konnte sich aber in seiner Hektik kaum unter Kontrolle halten. »Sag mal, was ist denn da passiert? Warum hat Huonder die Vormundschaft abgelegt?«

Beat ließ ihn wieder los. »Ich weiß nicht, was genau gelaufen ist. Er hat mir nur gesagt, er könne das Risiko nicht mehr tragen. Er war völlig aufgelöst.«

»Der ist gut. Ich löse mich auch soeben auf!«

»Martin, du musst hier verschwinden! Die spinnen eine Intrige gegen dich. Denen ist es bitterernst!« Beats Sorge sprang ihm aus dem Gesicht. Er hatte Martin nie für einen vernünftigen Menschen gehalten, aber er hätte nicht gedacht, dass er so leichtsinnig und unbeschwert öffentlich auftritt, wenn er doch genau wusste, was gegen ihn geplant war. Er wollte sich aus alledem heraushalten, aber er wusste natürlich, dass die Interessengemeinschaft längst zu einer Internierungspartei geworden war und dass sie alles daran setzte, ihre Interessen durchzubringen.

Er schaute Martin an, und aus seinen Zügen blickte dieser ihm als kleines Kind entgegen, wie er im Stubenwagen nach ihm schrie, wenn er sich verlassen fühlte. Er hatte dieses Bild nie vergessen, über all die Jahre nicht, auch dann nicht, als Martin ein großer Erfinder wurde, ein gefeierter Industrieller, ein beneideter Prominenter, ein verrückter Millionär. Martin hatte über all die Jahre alles getan, um diesem seinem Verlassensein zu entkommen und hatte es dennoch nie geschafft. Doch niemals war es so offensichtlich, wie an diesem 30. August 1949. Heute war Martin nicht mehr einfach ein Verlassener, so wie er ihn oft sah, sondern ein Verfolgter, ein Gehetzter, ein müder, alter Mann, der in diesem Moment vielleicht viel darum gegeben hätte, einfach Frieden zu haben, wenn er nur gewusst hätte, was Frieden ist.

»Wie konntest du das nur zulassen?«, wisperte die Stimme eines kleinen Kindes und Beat brach es das Herz, denn er wusste, dass es nicht das Kind seiner Jugend sagte, sondern der alte Mann vor ihm.

»Ich konnte doch nichts machen, das weißt du ganz genau! Sie waren immer schon gegen dich. Ich war da nie dabei, das musst du mir glauben!«

Martin schüttelte nervös den Kopf. Er wusste nicht mehr, was er glauben durfte. Er wusste auch nicht mehr, wem er glauben konnte. Beat hatte recht: Er war ein Gehetzter geworden. »Wer ist dabei? Sag es mir! Wer ist alles gegen mich?«

»Das weißt du ganz genau! Die ganze Familie. Rieser und Pedrazini. Mehr weiß ich nicht. Ich war doch nie dabei!«

»Und Ludwig Bucher? Und Ferruccio Bolla?«

Nun war es Beat, der um sich blickte, als wären die Verfolger bereits in ihrer Mitte. Vielleicht ahnte er etwas. »Ich weiß es nicht. Christian Huonder hat mir nichts darüber berichtet. Ich weiß nur, dass du gehen musst. Deine Ankunft ist bestimmt im Kloster aufgefallen. Du bist hier nicht sicher, Martin. Man sucht nach dir. Das weißt du doch!«

»Ich bin im Tessin auch nicht sicherer als hier. Ich bin nirgends mehr sicher. Und das in meiner Heimat! In meinem eigenen Land! Habe Kriege überstanden und Fehden im Unternehmen. Habe die Nazis überlistet und die muslimischen Rächer in Tunis. Ich habe weiß Gott welche Feinde hinter mir gelassen. Und nun wollen mir mein eigen Fleisch und Blut, meine Freunde und Weggefährten eine Schlinge um den Hals legen. Warum, Beat? Weißt du es? Weißt du, was ich getan habe? Habe ich deinem Gott nicht gefallen? Ist die Gunst zu Ende? Zahle ich nun für meine guten Jahre?«

Beat weinte. Er hatte sich in langen Nächten das gleiche gefragt. Er betete oft zu Gott, und Martin war immer Teil seiner Gebete gewesen. Er verstand auch nicht, welchen Sinn das alles machte. Vor allem sah er nicht, was er dagegen tun konnte. Das machte ihm am meisten zu schaffen. Er wusste aus seiner lebenslangen Lektüre der Heiligen Schrift, was es bedeutete, von seinen Nächsten verraten zu werden. Und jetzt wusste er auch, wie es sich anfühlt, ein Paulus zu sein. Zu schwach, um das Räderwerk des Schicksals aufzuhalten, zu klein, um dem Plan Gottes auch nur ein Jota beizufügen. Er fand keine Möglichkeit mehr, seinen Bruder zu retten, auch wenn er sich wie ein Wahnsinniger die Lösungen herbeireden wollte: »Ich könnte dich verstecken. Hier vielleicht? Oder im Estrich? Ich muss nochmals mit Christian reden. Oder vielleicht, ich weiß nicht, mit dem Abt? Wen kennen wir noch? Warte, vielleicht rede ich mit einem befreundeten Priester in Mailand. Der könnte dich verstecken. Ha! Da ist einfach die Fahrt das Problem. Die Grenze.

Nein, es müsste eine andere Lösung geben. Vielleicht ein befreundetes Kloster in den Bergen? Warte mal, ich finde schon was! Ich finde schon was!«

Martin hörte eine Weile zu. Dann legte er seinem Bruder den Arm um die Schultern, so dass dieser jäh verstummte. Es schüttelte ihn und Tränen liefen ihm über die Wangen. Beat wusste, dass er seinen kleinen Bruder nicht mehr schützen konnte. Er hätte in diesem Moment die Wolken zerrissen und einen Felsen von Disentis nach Zürich geschoben. Aber es wäre sinnlos gewesen. Martin sagte nichts mehr, und es schien, als sei diese Stille ein Abschied, der endgültig war. Martin umarmte Beat. Das hatte er noch nie getan. Dann verließ er die Klause.

Er wanderte durch einen langen, links und rechts von Türen gesäumten Gang. Fahles Licht fiel auf einen schönen, polierten Boden und zauberte kunstvolle Spiegelungen an die Wand. Wenn er auf eine Bodenplatte trat, verschwand die Spiegelung. Aber er sah nicht seinen Schatten an der Wand, sondern ein verzerrtes Bildnis davon. Er stahl sich schnell davon, setzte sich in seinen Wagen und machte sich auf den Weg nach Hause. Es geschah ihm nicht oft, dass er seine Gedanken nicht ordnen konnte, aber heute war es ganz und gar so. Seine Lunge schien sich langsam gegen den Bauch zu ziehen. Er hatte Mühe zu atmen. Je weniger er atmete, desto lauter pochte sein Herz. Er saß hinter dem Steuer, als würde er daneben sitzen und sich anschauen, wie er sich mit verschwitzten Händen am Lenkrad festkrallte und mit nervösen, weit aufgerissenen Augen nach vorne blickte, als könne jeden Moment ein entgegenkommendes Auto mit ihm kollidieren.

Doch es kamen ihm keine Autos entgegen. Kein einziges. Die Straße war menschenleer und geisterhaft ruhig. Nach einer Weile wusste Martin warum. Er sah eine Polizeisperre. Sie erinnerte ihn an die Grenzposten, damals im Dritten Reich, und eine fahle Furcht beschlich ihn. Nun war die Lunge wieder an ihrem Platz, mit Blei gefüllt. Dagegen hämmerte sein Herz wie ein Klöppel gegen die Glocke. Er rollte an die Absperrung und schaute ängstlich aus seinem Wagen. Zwei Polizisten bauten sich vor ihm auf. Sie betrachteten das Nummerschild, gingen ein Mal um den Wagen und schauten böse und gemein zugleich auf ihn. Der eine nickte. Der andere faltete einen kleinen Zettel zusammen, offensichtlich eine Dienstanweisung. Während der eine die Sperre wegräumte, verlangte der andere Martins Führerschein. Als die Straße wieder frei war, ging der eine Polizist zum anderen und flüsterte ihm etwas zu. Da es keine motorisierte Streife war, stiegen die Polizisten gleich in sein Auto ein, meldeten per Funk ihren Erfolg ins Justiz- und Polizeidepartement in Chur und erhielten die Order, sofort nach Basel zu fahren.

»Ich möchte den Haftbefehl sehen, der gegen mich vorliegt«, stotterte Martin nach einer guten Weile, nachdem ihm seine Lebensgeister wieder genug Atem ließen. Er hatte auf der hinteren Bank seines eigenen Wagens Platz nehmen müssen und brauchte tatsächlich mehrere lange Minuten, bis er sich von seinen Erinnerungen und Ängsten befreit hatte.

Der Beamte neben ihm entfaltete auf seine Frage hin behutsam die Dienstanweisung, der klar und deutlich zu entnehmen war, dass die Vormundschaftsbehörde eine Festnahme beantragt hatte, um seinen Geisteszustand zu untersuchen. Martin war schon immer klar gewesen, dass er ein riskantes Spiel gespielt hatte und dass seine Gegner ebenfalls mit harten Bandagen kämpften. Aber dass es so schnell so weit kommen würde, das hätte er nicht im Traum gedacht. Dabei ging es gar nicht so sehr um die handelnden Personen. Die hätte er vielleicht noch einschätzen können. Aber was er nicht durchschaute, war die uns bereits bekannte helvetische Verquickung von Geld und Moral. Bis jetzt war immer er es, der dieses System zu nützen gewusst hatte. Nun wandte es sich gegen ihn. Mit aller Konsequenz. Das kam so:

Bleuler hatte das Gutachten unterschrieben, das vor allem Martin, aber auch all seine darin beteiligten Helfer, der Verschwendung, des lasterhaften Lebenswandels und der Misswirtschaft bezichtigte, was gemäß ZGB § 370 mit Vormundschaft geahndet wird. Die Tessiner Behörden warteten erst mal ab und verwahrten den Beschluss des Zürcher Psychiaters, wie es sich für einen föderalistischen Staatsapparat ziemt, unter kantonaler Begutachtung. Das hätte noch Jahre dauern können. Vielleicht sogar bis heute. Und diese Zeit wäre nicht nur Martin, sondern auch dem Kanton Tessin zu Gute gekommen. Denn sobald Martin Winterhalter entmündigt und unter Vormundschaft der Familie wäre, vertreten wohl durch Hanna Huwyler, würden ja die Steuern nach Zürich abwandern. Und wer wollte schon Steuergelder den Zürchern schenken? Auch wenn der Kerl wirklich verrückt wäre, ja selbst, wenn es stimmen sollte, was der Zürcher Irrenarzt da faselte, so sprach doch viel Geld dafür, dass alles erstunken und erlogen und die Wahrheit eine gänzlich andere war. In einen Geldbeutel kann man schnell hineinsehen. Aber in einen Menschen?

So. Und weil diese, sagen wir, monetär beflügelte Staatsdoktrin nicht ein kantonales Phänomen ist, sondern ein eidgenössisches, und weil eine Kantonsverwaltung oft den gesunden Menschenverstand, selten aber den Glauben an ebendiese Doktrin vermissen lässt, wurden die Tessiner Behörden sehr, sehr lethargisch, während die Bündner Behörden in Disentis sehr, sehr aufgeweckt agierten. Denn wenn sie den Winterhalter unter Vormundschaft stellten, könnte es ja sein, dass sein Vermögen dort versteuert würde. Allein der Gedanke an einen solchen Geldregen ließ etwas von der Effizienz einer öffentlichen Verwaltung erahnen, die wir sonst, und am allermeisten sie selbst, für völlig unmöglich halten.

Was nun in den folgenden Zeilen beschrieben wird, sollte erst fünfzig Jahre später seinen Siegeszug als New Public Management durch die öffentlichen Amtsstuben Europas antreten. Dieses Vorgehen führte zur nachhaltigsten Effizienzsteigerung innerhalb der Beamtenschaft und war, wie wir hier erkennen müssen, eigentlich eine Erfindung der Bündner Behörden in Chur.

Noch bevor Martin Disentis erreichte, wurde er von zwei per Befehl dort stationierten Landjägern gesichtet. Diese, über alle verdächtigen und potentiell verdächtigen Objekte genauestens informiert, rapportierten ihre Beobachtung per Funk ins Justiz- und Polizeidepartment nach Chur.

Als sich Martin mit seinem Wagen näherte, waren die beiden glücklichen Häscher des Landjägerkorps gerade mal seit zehn Minuten postiert. Sie verschanzten sich hinter ihrer Absperrung, warteten das Herannahen des Tessiner Wagens ab und sprangen bei Martins Eintreffen furchtlos auf die Straße. Dann kaperten sie das Gefährt des Delinquenten und vollzogen das, was der Dienstanweisung klar und deutlich zu entnehmen war, die nun Martin mit angespannter Miene auf seinem Rücksitz las:

»Polizeianzeiger Nr. 186 vom 25. August 1949: 1. Martin Winterhalter wird im Sinne des Gutachtens von Dr. Manfred Bleuler zum Zwecke der darin vorgeschlagenen Kur und einer neuen psychiatrischen Untersuchung interniert. 2. Mit der Aufgabe der Untersuchung und der Erstattung eines Gutachtens sowie mit der Leitung der Kur wird Herr Professor Dr. Stehlin, Chefarzt der Anstalt Friedmatt in Basel, betreut. 3. Das Landjägerkommando des Kantons Graubünden wird ersucht, den derzeitigen Aufenthalt des Martin Winterhalter zu eruieren und den Patienten nach Basel in die genannte Anstalt überführen zu lassen. 4. Mitteilung an die Vormundschaftsbehörde, an das Justizdepartement des Kantons Graubünden und an das kantonale Landjägerkommando in Chur.«

Seine Hand senkt sich langsam mit der Dienstanweisung. »Das kann nicht sein! Das könnt ihr nicht tun!«, schrie er.

Einer der Beamten versuchte ihn zu beruhigen, während der andere abwechslungsweise auf die Straße und auf das Handgemenge im Fond des Wagens achtete, wobei letzteres wohl mehr, denn als vor Andermatt eine Viehherde die Straße überquerte, rammte er fast die Leitkuh, die bockig wie ein Esel auf die Kühlerfigur: einen springenden Jaguar, glotzte.

»Ich sage Ihnen, wenn Sie meinen Wagen kaputt machen, das schwöre ich –«, wollte sich Martin zusätzlich enervieren, bis ihm dämmerte, dass er hier eigentlich in seinem eigenen Wagen saß, der von einem fremden Beamten gelenkt wurde, der vielleicht das Recht hatte, ihn zu verhaften, aber ganz sicher nicht das Recht, ihm seinen Wagen zu stehlen. Also änderte er die Strategie: »Ich mache Sie darauf aufmerksam, dass Sie meinen Wagen fahren und erkläre damit vor Zeugen, dass ich Ihnen nicht länger die Genehmigung erteile, ihn zu steuern. Wenn Sie auch nur einen Meter weiter fahren, sorge ich dafür, dass Sie wegen illegaler Inbesitznahme von privatem Eigentum einen Prozess bekommen.«

Der Wagen hielt. Der eine Polizist schaute den anderen an. Der zuckte die Schultern. Die Kuh trottete von dannen. So detailliert war denn der Prozess der Beschlagnahmung im Polizeianzeiger Nr. 186 doch nicht beschrieben gewesen. Nun redeten die beiden Polizisten auf Martin ein, er möge doch einsehen, dass sie ihn nach Basel bringen müssten. Doch der blieb stur. Er war ja wahnsinnig. Also funkte der eine nach Chur, wo man ihm sagte, er solle, Himmel Arsch und Zwirn, ein Taxi mieten, weshalb er nach Andermatt marschieren musste, um dort mit einem Wagen den anderen und Martin abzuholen und ihn nach Basel zu geleiten. Dort wurde er, wie angekündigt, in die Basler Friedmatt geführt, wo er sofort in Verwahrsam genommen wurde und nicht einmal telefonieren durfte. Es dauerte zwei Tage, ehe er ans Telefon gelassen wurde, um wenigstens seine Lebenspartnerin zu informieren. Sie ließen ihn in eine Telefonzelle bei der Eingangshalle, um ihn besser beobachten zu können. Selber wählen durfte er nicht. Die Zentrale verband ihn mit zuhause, wie sie ihm sagten. Martin traute ihnen keine Sekunde lang.

»Hallo? Bist du es Lucia?«, spricht er leise und absichtlich gegen seine Beobachter gerichtet in den Hörer. Doch er ist allein mit seiner Stimme. Einzig einige leise Wortfetzen einer anderen Verbindung raunen durch den Draht, unwirkliche Laute aus einer fremden Welt, und fast ist ihm, als stammen all diese Geräusche von geheimen Personen, die ihn beobachten, ihm Böses wollen, die diese Situation zum schlimmsten Alptraum seines Lebens machen.

»Hallo?«, wiederholt er einige Male, bis endlich Lucias Stimme am anderen Ende seine Flut von Gedanken zerreißt.

»Martin, bist du es?«, fragt sie leise und sein Herz bleibt einen Moment stehen.

Endlich. Auf diesen Moment hat er zwei Tage und zwei Nächte in seiner Zelle gewartet. Wie ein Verbrecher hat man ihn interniert und ihn nicht aus seinen vier Wänden gelassen. Er hätte ihr so viel sagen wollen, hätte ihr gesagt, wie schön es ist, ihre Stimme zu hören, wie gut es tut, sie in seinem Leben zu wissen. Vielleicht, ja vielleicht hätte er ihr auch in diesem Moment gesagt, dass er sie liebt. Doch seine Beobachter kommen näher.

»Lucia, hör gut zu. Ich kann nicht lange sprechen. Man hat mich nach Basel in die psychiatrische Klinik Friedmatt gebracht. Ich kann hier nicht frei reden. Man beobachtet mich. Bleib ganz ruhig! Es wird uns schon was einfallen. Die Sache sieht schlimm aus, aber sie kann nicht legal sein. Das kann nicht wahr sein!«

Er hört Lucia weinen. Doch er fährt fort, so lange er noch unbehelligt sprechen kann: »Wir haben nichts Illegales gemacht. Verschwendung ist nur dann strafbar, wenn jemand Not leidet und das können sie unmöglich nachweisen! Das stimmt einfach nicht. Lucia, sei nun ganz tapfer. Geh zu Ferruccio. Das ist die einzige Lösung momentan. Frag ihn, was wir tun können. Du bist unantastbar. Dir kann nichts geschehen. Aber du musst ihm sagen, was passiert ist. Beobachte ihn genau, wie er reagiert. Wenn er wenig erstaunt ist, dann weiß er Bescheid. Wenn er aber bestürzt ist, dann ist er immer noch auf unserer Seite. Kannst du das tun?«

Er hört nur noch ein schwaches »Ja«, dann sieht er einen Schatten auf sich zukommen und knallt den Hörer auf die Gabel. Ein Pfleger steht hinter ihm. Martin dreht sich um und geht auf ihn zu. Dann gehen sie beide zurück in den geschlossenen Trakt, in dem Martin festgehalten wird.

Lucia braucht einige Minuten, ehe sie zu sich kommt. Ihre Knie zittern, als wäre sie vom Monte San Grato hinuntergerast.

Ihr Herz schlägt entsprechend. Diese Nacht macht sie kein Auge zu. Sie zählt die Stunden, bis die schöne Nacht zu Ende ist und das Leben um sie wieder erwacht und sie Chancen hat, Ferruccio Bolla in seiner Kanzlei anzutreffen. Punkt sieben Uhr fährt sie los. Noch nie ist ihr auf der Fahrt nach Lugano so Angst und Bang gewesen. Noch nie hat sich über diese schöne Landschaft so unerbittlich ein Schleier der Betrübnis gelegt wie heute. Die Sterne sind allesamt verschwunden. Es ist wie ein Alptraum und Lucia versucht sich zu erinnern, wie sie sonst in Alpträumen reagiert. Doch dann erwacht sie meistens. Jetzt nicht. Jetzt muss sie durch.

Als sie Dr. Ferruccio Bollas Anwaltskanzlei erreicht, ist sie klitschnass. Ihre Bluse klebt wie ein Totentuch am Leib. Sie schaut kurz in den Rückspiegel, um zu überprüfen, ob sie so aussieht, wie sie sich fühlt. Es ist schlimmer. Sie schaut in zwei völlig eingefallene Augenhöhlen inmitten einer weißen Fratze, die nicht die ihre sein kann. Sie reißt den Spiegel hinunter, der in tausend Scherben zerbirst. Sie schreit aus Leibeskräften und wähnt sich im Auto unter einer schalldichten Glocke. Als dann aber eine vorbeieilende Mutter ihr Kind in Schutz nimmt und es schnell davonzerrt, weiß sie, dass sie sich geirrt hat. Sie steigt aus, wischt die Scherben aus den Kleiderfalten und geht zu Ferruccio. Natürlich steckt er mitten in einem Termin. Aber sie lässt bei der Sekretärin keine Zweifel aufkommen, dass sie den Anwalt jetzt sofort und unverzüglich braucht. Ihr Aussehen tut wohl das übrige. In drei Minuten sitzt sie in Ferruccios Zimmer.

Ferruccio erkennt sofort, dass die nächsten Minuten seine Nerven beträchtlich strapazieren werden. Und er hat wieder einmal recht.

»Ferruccio, weißt du, was mit meinem Martin passiert ist? Weißt du es?«

»Lucia, gib mir bitte die Karaffe wieder. Der Whisky reut mich nicht. Aber der Teppich war sehr teuer.«

»Blut kannst du weniger gut auswaschen! Sag mir sofort, ob du das gewusst hast.«

Ferruccio reagiert weder bestürzt noch erstaunt. Er reagiert wie immer. Er ist ein Profi und breitet erst mal die Fakten auf dem Tisch aus. Dann überprüft er, ob im Honorar die Zeit einer emotionalen Beurteilung dieser Fakten inkludiert ist und lässt sich zu einem vielfältig interpretierbaren Gesichtsausdruck hinreißen.

»Ich habe es natürlich nicht gewusst! Wie kannst du mir so etwas unterstellen. Ich bin Martins Anwalt!«

»Du bist aber auch Hannas Anwalt und vermittelst seit Jahren zwischen diesen Fronten.«

Nun scheint der Moment für einen solchen Gesichtsausdruck gekommen. Er wird sogar unterstützt von einer Geste italienischer Theatralik, die Ferruccio sonst nur in wesentlich leidenschaftlicheren Situationen einsetzt. »Und das sehr erfolgreich, wie gerade du am besten wissen müsstest. Ich habe diese Fronten jahrelang beruhigen können und habe jeglichen offenen Streit vermieden. Aber die Ereignisse der letzten Monate konnte selbst ich nicht mehr beeinflussen. Ich rede dabei nicht von Hanna. Ich rede von Martin.«

Lucia hat gut daran getan, die Karaffe selbst zu behalten. Es wäre ihr sicher peinlich gewesen, das dritte Mal zur Minibar hinüber zu gehen, um ihr Glas aufzufüllen. »Willst du damit sagen, dass es rechtmäßig ist, was hier geschieht?«

»Nein, das will ich nicht.« Ferruccio lehnt sich nun nach vorne. Lucia weiß: Nun folgt die Rechtsbelehrung. »Jahrelang ist es so gewesen, dass vor allem die Familie von Martin das Gefühl hatte, Ansprüche auf Teile der Firma zu haben, weil sie ihm damals einen Erbvorbezug bewilligte. Dieser Anspruch ist rechtlich nicht relevant, das wissen wir. Nun verhält es sich aber seit einigen Monaten so, dass Martin begonnen hat, die Firmensubstanz abzubauen und damit die Existenz des Unternehmens zu gefährden. Und diese Handlung ist rechtlich relevant.«

»Und deshalb darf man jemanden verhaften?«

»Nein, deshalb darf man jemanden gerichtlich untersuchen. Man muss von Gesetzes wegen herausfinden, ob denn die Gefahr besteht, dass er andere in Gefahr oder in Not bringen kann. Er kann das durch vier Mittel tun: Durch Verschwendung, Trunksucht, lasterhaften Lebenswandel oder Misswirtschaft. Und im Moment sieht es so aus, dass er sich nur der Trunksucht enthält, was man übrigens von dir nicht sagen kann. Nimm doch wenigstens einen Schluck Wasser dazu!«

»Was geschieht, wenn sie jetzt herausfinden, dass er andere in Not bringt?«

Ferruccio lehnt sich mit einem besorgten Gesichtsausdruck wieder in seinen grauen Ledersessel zurück. »Dann droht ihm Entmündigung. Das habe ich ihm immer gesagt. Ich habe ihn immer davor gewarnt, es so weit kommen zu lassen. Aber er hat nicht auf mich gehört.«

Lucia stellt endlich die Karaffe auf den Boden. »Nein, er hat auf mich gehört. Und ich habe auf Armande gehört, auf diese elende Schlange. Er war es doch, der mir gesagt hat, er würde alles verschwenden, um sich von den Ansprüchen der Familie zu befreien. Er wusste es! Er wusste, dass das nur ein Teil der Geschichte war. Der andere Teil ist das, was du mir eben erzählst.«

»Beruhige dich, Lucia. Es geht momentan um eine gerichtliche Abklärung.«

»Warum hast du Martin nicht gewarnt? Warum hast du ihm nicht gesagt, dass das strafbar ist, was wir hier machen?« Ein Ausdruck der Verzweiflung legte sich über Lucias Gesicht und Ferruccio wusste, dass nun nach dem Whisky die Nerven am Zug waren.

»Ich habe es ihm immer gesagt, das musst du mir glauben. Immer habe ich ihn davor gewarnt! Es war ja meine Pflicht. Ich bin sein Anwalt. Aber er vertraut ja niemandem mehr. Er reist irgendwo in der Weltgeschichte herum, in Genf und Wien und Mailand und glaubt, es merke niemand, wenn er seine Firmensubstanz abzieht. Ich verstehe ihn nicht!«

Ferruccio steht auf und geht ans Fenster. Er erinnert sich an den ersten Streit in dieser Sache, im Garten der Villa Ri-Rita. Seither hat sich vieles verändert. Er ist es gewohnt, dass sich im Laufe eines Prozesses die Fronten nicht eben aufweichen.

Im Gegenteil. Gier und Sturheit versteinern jedes menschliche Handeln. Aber in diesem Fall ist mehr als nur Porzellan in die Brüche gegangen. Ferruccio schaut auf Lucia, wie sie, in Gedanken versunken, von Angst zerfressen, von Liebe beseelt gegenüber seinem Schreibtisch kauert. Er will sie verachten für ihre Schwachheit in diesem Moment, doch irgendwie gelingt es ihm nicht. Zu sehr rührt es ihn, dass hier ein Mensch sitzt, der sich wirklich und wahrhaftig für einen anderen Menschen einsetzt. In Gedanken geht er seine Freunde und seine Familie durch und versucht sich selbst in einer solchen Situation zu sehen. Doch diese Gedanken machen ihn nicht froh. Deshalb schweift sein Blick vom Fenster auf seine Diplome und Auszeichnungen an der Wand, auf all die Fotos und gefrorenen Augenblicke eines erfolgreichen, tüchtigen, beneidenswerten Lebens.

»Ich verstehe nicht, warum er sich so hat gehen lassen«, doppelt Ferruccio nach und löst sich von seinem Blick aus dem Fenster. »Er ist ja wirklich verrückt!«

Lucia sagt lange nichts. Zu lange, als dass es keine Aussage haben könnte. Dann rafft sie sich auf: »Ferruccio, sag mir, wer sonst noch dahinter steckt! Wem kann ich vertrauen?«

»Lucia, ich weiß es nicht! Ich vertrete beide Parteien. Ich bin nicht Teil der einen oder anderen Front. Ich kenne die Anklage, aber nicht die Kläger.« Er nähert sich ihr und lehnt sich vor ihr an den Schreibtisch. »Aber ich kann dir einen einfachen und wohlgemeinten Tipp geben: Vertrau am besten niemandem!«

Ihr Glas ist wieder trocken. Ihre Augen nicht. Sie wischt sich die Tränen aus dem Gesicht. »Und dir? Kann ich dir vertrauen?«

»Hattest du je Gründe, daran zu zweifeln?«

»Nein! Aber dann sag mir eine Lösung. Nicht als Anwalt! Als Freund!«

Ferruccio steht wieder auf und setzt sich in seinen Sessel. »Du hast nicht mehr viel Zeit, Lucia. Die Zeit ist es, die gegen dich spielt, nicht Martins Geschwister oder seine Direktoren. Was Martin jetzt retten könnte, ist das, was schon einmal geklappt hat mit Dr. Huonder: Eine freiwillige Vormundschaft.

Aber dafür müsste er raus aus der Klinik. Das kann funktionieren.«

»Martin vertraut niemandem mehr.«

»Und dir?«

Lucia hat sich wieder etwas gefangen. Sie spürt es denn auch. Sie kann wieder denken. Vorher sind ihr die Gedanken wie Whisky aus dem Glas verdunstet. Angst ist kein guter Ratgeber. Ob Ferruccio ein guter Ratgeber ist, wird sich bald herausstellen. Lucia richtet sich nun auch wieder etwas auf in ihrem Sessel und stellt das Glas beiseite. »Ich kann das nicht tun. Das schaff ich einfach nicht. Ich habe mich das selbst auch schon gefragt, aber es geht nicht. Ich bin auch alle anderen durchgegangen: Huonder kommt nicht mehr in Frage, Pater Beat wird es aus kirchenrechtlichen Gründen nicht tun können – da bleiben nicht mehr viele.« Sie hält kurz inne und spürt, dass Ferruccio sie fixiert. »Was ist mit Bucher?«

Ferruccio lässt sich das zweite Mal zu einer vieldeutigen Geste hinreißen. »Da wäre ich vorsichtig!«

Darauf hin setzt sie schnell an: »Was ist mit dir?«

Er lächelt und steht wieder auf. Lucia ist nicht entgangen, dass er das als Endpunkt ihrer Unterredung markiert. Das kann er gut, der Anwalt. »Wenn du meinst? Aber sag mir nicht, wie du ihn aus der Klinik holst. Ich will und darf es nicht wissen, hörst du? Sei vorsichtig! Traue niemandem! Auf dir lasten jetzt Menschenschicksale. Und zwar nicht nur jenes von Martin, sondern vor allem jene der Belegschaft der Riri.«

Sie erhebt sich ebenfalls. Erst jetzt spürt sie den Alkohol und ist froh, dass sie den Stuhl unter seinen Schreibtisch schieben kann. »Mach mir nicht noch mehr Angst. Ich fürchte mich jetzt schon!«

Dann streckt sie ihm die Hand entgegen. Er gibt ihr einen eleganten Handkuss. Ganz schnell hat sich in ihr das Gefühl ausgebreitet, dass sie weiß, was zu tun ist. Sie ist sich nun sogar ziemlich sicher. Nun reut es sie, dass sie so wackelig auf den Beinen ist, denn sie hätte sofort begonnen, anzupacken, was sie zu tun bereit ist.

12. Kapitel,
das uns immer tiefer in einen Strudel von Konfusion und Spannung hineinziehen wird, so dass es scheint, nur ein ausgefuchster Anwalt könne darüber Rechenschaft ablegen.

Ludwig ist außer sich. Ein Ausnahmeanwalt, möchte man sagen. Er schnaubt von einem Zimmer ins andere und seine Sekretärinnen wissen in solchen Augenblicken ganz genau, dass sie gut daran tun, wortlos selbstständig vor sich hin zu arbeiten. Ludwig Bucher ist sonst kein aufgebrachter Mensch. Im Gegenteil. Seine zuvorkommende Höflichkeit lässt manchen vergessen, dass er es mit einem Rechtsanwalt zu tun hat. Nun aber ist er ganz und gar außer sich. Er hat wilde Gerüchte über seinen Freund und Mandanten Martin Winterhalter gehört und diese Gerüchte haben sich in den vergangenen Monaten zu einer unbehaglichen Gewissheit verdichtet, umso mehr, als er von Martin selbst kein Wort mehr gehört hat. Ausgewichen ist er ihm förmlich. Und nicht nur letzten Winter in St. Moritz, wo sich die Szenen überstürzt haben und Martin vor Wut mit einer Pistole um sich geballert hat. Überhaupt hat sich Martin fast gänzlich von ihm zurückgezogen. Und auch jetzt meldet er sich nirgends mehr. Nicht im Büro, nicht zuhause, nicht im Sommersitz am San Grato. Niemand scheint Bescheid zu wissen. Ludwig wühlt in einem Aktenordner, sucht nach weiteren Adressen, findet nichts, steigert sich in Unvorstellbares, wird blass, knallrot, schließlich hektisch, fegt über den Tisch, poltert und zetert, und die folgenden Szenen wären vielleicht in dieser Geschichte nie beschrieben worden, wäre seine Erregung nicht ganz scheu und unterwürfig von einer Sekretärin unterbrochen worden.

»Herr Dr. Bucher, ich habe hier einen Anruf für sie.«

Dr. Bucher schaut sie entgeistert an, und noch entgeisterter, als sie nachsetzt: »Es ist Rosita, Martin Winterhalters Köchin.«

In der kleinen Anwaltspraxis an der Calandastraße in Chur geht nun plötzlich die Sonne auf, eine sanfte Brise endloser Dankbarkeit weht über die sich schnell entspannenden Sekretärinnen, und bald wird Dr. Ludwig Bucher wieder so sein, dass man ihn ohne Skrupel und Scham anreden kann.

»Rosita, Gott sei Dank, dass Sie sich melden! Ich war in großer Sorge. Niemanden habe ich erreicht, kein Mensch scheint zu wissen, wo Martin ist.«

Betretene Ruhe. Dann ein Schluchzer, wie man ihn sich nur von einem geschlagenen Kind oder von einer dicken, traurigen Köchin vorstellen kann. Ludwig möchte das Herz zerreißen.

»Rosita, was ist denn los? Reden Sie! Was ist geschehen?«

Rosita war es gewohnt, all ihre Liebe in das zu geben, was ihre Herrschaften nachher zu essen pflegten. Man kann sich kaum vorstellen, was für eine emotionale Kraft ein Butterbrot haben kann, wenn es von jemandem gestrichen wurde, der wahrhaft liebt. Rosita liebte maßlos. Seit über zehn Jahren pendelte sie nun wie die personifizierte Herzensgüte zwischen Herd und Spüle in der Küche der Villa Ri-Rita umher und sorgte dafür, dass sich in dem gigantischen Bau so etwas wie Wohnlichkeit verbreitete. Das taten ihre Kreationen, die dampften, wallten, köchelten, brutzelten und schmorten. Was hat diese Frau alles miterlebt! Was hat sie gewusst! Welche Geheimnisse hat sie mit geschickter Hand und einem nie ermüdenden Rührbesen in einer ihrer legendären Saucen zerschlagen! Sie und Arthur, sie waren das menschliche Rückgrat in Martins Leben, nachdem Jochen aus seinen Diensten als Chauffeur entbunden wurde und nach Südafrika auswanderte. Man hätte glauben können, dass einen so massigen Körper wie jenen Rositas so leicht nichts erschüttern würde. Aber wer sie kannte, der wusste, dass dieser Körper in Wahrheit aus wenig Fett, aus fragilen Knochen und einem großen Rest an Zärtlichkeit bestand. Sie litt ungemein, wenn Martin litt. Und jetzt, jetzt schmerzte sie sein Zustand körperlich. Es schien sie zu zerreißen, von innen heraus, wie eine Pastete, die zu lange gegart und leidlich ausgelaufen ist.

"L'hanno rinchiuso!«, schrie sie in das Telefon und zwar so, dass Ludwigs Scheitel die Seite zu Wechseln schien. »La polizia l'ha arrestato come un mafioso e l'ha trattato come se avesse fatto qualcosa di male! Ora è a Basilea e sicuramente non sta bene! Loro non lo trattano bene! E lì non si mangia certo bene!«

Sie hätte sicher sehr lange so weiter gesprochen, aber ihr eigenes Weinen unterbricht sie, so dass Ludwig die Gelegenheit benutzt, anzumerken, dass er Italienisch nicht in diesem Ausmaß versteht und dass sie ihm doch die Situation auf Deutsch erläutern möge.

»Eingesperrt haben sie ihn in Basel!«, schluchzt Rosita und anfänglich hat Ludwig einige Mühe, sie zu verstehen, bis sie sich wieder etwas beruhigt hat. »Sie müssen ihm helfen, Dottore, Sie sind doch sein Freund! Gehen Sie zu ihm und holen Sie ihn raus. Er ist dort sicher nicht glücklich. Ich weiß es.«

»Ich werde tun, was ich kann, Rosita, das wissen Sie. Wo genau ist er?«

»In der psychiatrischen Klinik in Basel. In der Friedmatt. Sie müssen was tun, Dottore, jetzt gleich. Lucia ist auch schon losgefahren. Sie will ihm auch helfen. Sie hat gesagt, sie habe einen genialen Plan.«

Ludwig wird nun sehr hellhörig. »Was für einen Plan? Was hat sie vor?«

»Ich weiß nicht«, stottert Rosita, nachdem sie sich ordentlich geschnäuzt hat. »Sie und Heinrich sind gestern ungefähr um acht Uhr abends losgefahren.«

»Nach Basel?«

»So viel ich weiß.«

»Haben die beiden mit irgendjemandem vorher gesprochen?«

Rosita überlegt eine Weile. Dann sagt sie: »Oh ja, mit Ferruccio Bolla. Lucia ist dort gewesen, um über eine freiwillige Vormundschaft zu verhandeln. Mehr weiß ich aber nicht.«

Nun bahnt sich wieder Hektik an. Die Sekretärin, die sich eben noch sehr gefreut hat, dass sie ihrem Chef dieses wichtige Telefonat vermittelt hat, merkt, wie spätestens jetzt der Zeitpunkt gekommen scheint, sich zu verdrücken und auch den anderen zu deuten, dass wieder wortloses Arbeiten angesagt ist.

»Rosita, hören Sie gut zu. Ich werde jetzt sofort Kontakt mit der Friedmatt aufnehmen. Falls sich bei Ihnen irgendetwas tut, rufen Sie in meiner Kanzlei an und sagen Sie ganz genau, was geschieht. Ich werde alle zwei Stunden anrufen, damit ich auf dem Laufenden bin. Ich muss jetzt los! Haben Sie mich verstanden?«

Rosita nickt eifrig, merkt, dass er sie nicht sehen kann und versichert ihm wiederum auf italienisch ihre volle Kooperation. Ludwig wirft den Hörer auf die Gabel, reißt seinen Koffer aus dem Kasten, wirft hastig einige Dokumentenmappen hinein und eilt los. Zwei Minuten später sitzt er in seinem Wagen und fährt von Chur nach Basel.

Autofahren ist nun zugleich das Richtige und das Falsche, denkt er sich. Richtig, weil er seine im letzten Sommer neu gekauften 120 Pferdestärken mal so richtig dreist ausnützen kann. Es tut gut, den ganzen Dampf des Lebens auf dem Asphalt der Autobahn liegen zu lassen. Schlecht daran ist, dass er auf der Fahrt genügend Zeit hat sich auszumalen, was mit Martin alles geschehen sein könnte. Er ist leider mit einer viel zu geistreichen Phantasie begabt, als dass ihn seine eigenen Beteuerungen über Recht und Gesetz beruhigen könnten.

Er hätte sich noch lange in diesen Überlegungen ergangen, hätte nicht ein Tumult auf der gegenüberliegenden Seite der Autobahn seine Aufmerksamkeit auf sich gezogen. Er drosselt die Geschwindigkeit und erschrickt, wie lange es geht, bis der Wagen von 150 auf 80 Kilometer die Stunde runterbremst. Als er am Tumult vorbeifährt, kann er nur eine Gruppe aufgebrachter Gestalten erkennen, die scheinbar in einen Unfall verwickelt sind. Etwas bedächtiger fährt er deshalb nach Basel weiter und erreicht die Friedmatt gegen Mittag dieses 5. Oktober 1949. Nachdem er sich als Martins gesetzlicher Vertreter ausgewiesen hat, wird er ins Büro des Chefarztes Dr. Stehlin gebracht und wartet dort, bis der Doktor kommt.

»Schön, dass sich mal jemand des Falles annimmt«, vernimmt Ludwig bald eine kräftige Stimme hinter sich und sieht sich dabei einem stattlichen Mann gegenüber, der sich als Dr.

Stehlin vorstellt. »Ich habe schon gedacht, dass sich niemand um Martin Winterhalter kümmert.«

»Das könnte sogar leicht der Fall sein«, antwortet Ludwig und begrüßt den Doktor mit einem etwas zu kräftigen Händedruck.

»Ich habe so etwas noch nicht erlebt, das können Sie mir glauben«, fährt Dr. Stehlin fort und setzt sich Ludwig gegenüber. »Ich bin froh, dass ich endlich mit dem Vormund sprechen kann.«

Ludwig hält kurz inne und begreift sehr schnell. »Ich fürchte, das ist ein Missverständnis. Ich bin Martin Winterhalters Anwalt und regle seine persönlichen Rechtsgeschäfte. Ich bin aber nicht sein Vormund.«

Dr. Stehlin kann seine Verwunderung nicht zurückhalten. »Sie sind nicht Dr. Bolla? Das macht die Sache nun nicht eben einfacher!«

Bucher fährt zusammen. Doch er korrigiert seine Entgleisung blitzschnell. »Können Sie mir sagen, was passiert ist? Ich versuche seit Tagen, meinen Mandanten zu erreichen und erhalte nirgends Auskunft. Seine Köchin sagte mir, er sei in polizeilichem Gewahrsam hierher gebracht worden.«

Dr. Stehlin dreht sich zu einem Aktenschrank um und zieht eine Mappe aus dem Regal. »Ich dürfte das eigentlich nur mit dem gesetzlichen Vertreter dieses Falles besprechen. Aber ich sage Ihnen, mir wird das Ganze langsam unheimlich!«

Bucher starrt Stehlin erwartungsvoll an.

»Könnte man es so sehen, dass Sie als Jurist ebenfalls so etwas wie ein gesetzlicher Vertreter sind?«

Bucher nickt eifrig. »Diese Argumentation würde ich bei jedem Gericht durchbringen!«

Stehlin lächelt. »Da bin ich froh! Martin Winterhalter wurde aufgrund eines Gutachtens von Dr. Bleuler eingewiesen. Ich hatte die Aufgabe, ihn zu untersuchen im Sinne der Anklage seitens seiner Familie und einiger Direktoren. Mir kam diese ganze Art und Weise der Überführung und Einweisung höchst sonderbar vor.«

»Das kann ich mir denken. Was waren die Ergebnisse Ihrer Untersuchung?«

»Die Ergebnisse? Keine! Martin Winterhalter ist vergangene Nacht geflüchtet!«

Ein zweiter Schlag in die Magengrube. Ludwig Bucher bringt keinen Ton hervor. Das kommt sehr selten vor. Gerade solche Bocksprünge im Laufe eines Verfahrens gehören zu seinen Spezialitäten. Nur ist er in diesen Fällen auf sie vorbereitet. Dieser Bocksprung erwischt ihn kalt.

»Geflüchtet? Aus Ihrer Anstalt? Wie ist denn so etwas möglich?«

Der Doktor in Weiß schaut den Doktor in Bleich lange an. Dann schüttelt er nur seinen Kopf und verzieht das Gesicht. Es ist der Zeitpunkt, einen Kaffee zu bestellen und einen Schnaps dazu, und jeder der beiden scheint ihn nötiger zu haben als der andere.

Dann inspizieren sie den Tatort. Ludwig sieht eine leere Zelle, einen sichergestellten Dietrich und eine im Gebüsch der Anstaltsmauer verstaute Leiter. Er sieht zuckende Schultern, schüttelnde Köpfe und verzogene Gesichter. Martin aber ist verschwunden. Von ihm fehlt jede Spur.

Kaum zwei Stunden später sieht Ludwig ein, dass ihm nicht viel mehr übrig bleibt, als den Weg zurück nach Chur anzutreten. Vorher besorgt er sich in der Innenstadt noch einen Sack Basler Leckerli, und er vernichtet das Pfund tatsächlich bis etwa Olten. Dann ist ihm schlecht. Er verlangsamt seine Fahrt und sucht nach einer Ausfahrstelle, um etwas frische Luft zu schnappen. Plötzlich, nämlich an derselben Stelle, bei der er auf der Hinfahrt den Tumult beobachtet hat, sieht er eine Frau neben der Straße auf einer Leitplanke sitzen. Er bremst weiter und traut seinen Augen nicht. Dort sitzt Lucia Medici.

Ein kurzer Blick nach hinten, dann kommt er unmittelbar vor ihr zu stehen. Schnell steigt er aus und nähert sich ihr. Lucia sieht ihn an, aber sieht ihn nicht. Wie ein Geist scheint sie ihm, und seine Übelkeit weicht einem krampfartigen Unbehagen.

»Was machst Du denn hier? Was ist geschehen?«

Lucia reagiert nicht. Sie schaut ihn an, und zwar so, als wäre er eine Krähe, die ihr das Butterbrot aus der Hand stiehlt. Ihr Blick ist starr und eiskalt. Ihre Hände auch. Ludwig zieht sein Sakko aus und legt es ihr über die Schulter.

Lucia sieht seinen Wagen. »Du hast ein neues Auto.«

»Gott sei Dank, du sprichst wieder. Du hast mir echt Angst gemacht, Lucia. Du siehst, mit Verlaub, gar nicht gut aus.«

Sie steht auf und geht zum Wagen hin. Ludwig bleibt auf der Leitplanke sitzen und schaut ihr entgeistert nach. Die letzten Tage Ungewissheit um Martin, die Fahrt nach Basel, der Ausbruch aus der Anstalt und nun diese geisterhafte Begegnung mit Lucia, die sich in einer Art Schock zu befinden scheint, das alles lässt Ludwig schön langsam seine an sich optimistische Haltung verlieren. Er tüftelt lange an einer Formulierung herum, wie er Lucia eine Erklärung entlocken kann, doch er braucht nicht mehr zu fragen. Lucia ist wieder angekommen in der Welt.

»Martin hat mich beschuldigt, Geld von ihm gestohlen zu haben. Er hat mich entlassen!«

»Wie bitte? Entlassen?«

»Ja, ich war ja seine Sekretärin. Er hat mich entlassen. Er hat mir noch den restlichen Monat ausbezahlt und ist weitergefahren.«

»Aber – ich dachte?«

»Dass wir ein Liebespaar sind? Dachtest du das?« Lucia dreht sich zu Ludwig um und setzt sich neben ihn. »Nein, unser Verhältnis war rein geschäftlicher Natur. Wie alles in seinem Leben.«

Ludwig schaut sie an und wieder scheint ihm dieser Moment nicht wirklich zu sein. Lucia hat das mit der Mechanik einer Turmuhr gesagt. Nichts hat sich gerührt. Sie hat nicht gezwinkert, nicht gestockt. Ihre Stimme ist klar und deutlich. Seine nicht.

Er holt tief Luft. »Das tut mir leid. Das hast du nicht verdient. Wie ist es nur dazu gekommen?«

»Heinrich und ich haben gestern Abend alles gepackt, haben zuvor das mit der Burg organisiert, haben Sack und Pack dorthin gebracht, sogar die beiden Lippizaner von Wien, Florian und Flora. Dann sind wir in Richtung Basel losgefahren. Dort haben wir einen Pfleger bestochen, der uns einen Dietrich und die Leiter besorgt hat. Das ist das einzige Geld, das ich jemals aus Martins Schatzkästchen genommen habe. Ich habe es niemals vorher angerührt. Nur dieses eine Mal, um Martin zu retten. Um zwei Uhr heute in der Früh ist er tatsächlich mit dem nachgemachten Schlüssel ausgebrochen und zu uns gestoßen. Wir haben auf ihn bei der Anstaltsmauer gewartet. Doch es hat ihn jemand gesehen und es wurde Alarm ausgelöst. Wir mussten in einer Scheune warten, bis all die Autos und die Polizei weg waren. Dann fuhren wir kurz in die Stadt für ein Telegramm und fuhren weiter. Als erstes wollte er natürlich sein Schatzkästchen in Händen halten. Es war ja sein ein und alles. Sein ständiger Begleiter. Er kramte in dem Schmuck, holte das alte, gelbe Büchlein hervor und zählte das Geld. Dann schaute er mich an und sagte, dass tausend Franken fehlen. Ich sagte ihm, wofür ich sie gebraucht habe. Er ließ den Wagen stoppen und stellte mich zur Rede. Fast wäre uns einer hinten rein gefahren. Es entstand eine furchtbare Aufregung. Wir versuchten ihn zu beruhigen, aber er war völlig außer sich. Er fuhr los, Ludwig. Er stieg ein und fuhr los.«

»Ich bin an euch vorbeigefahren. Ich habe es gesehen! Und seither stehst du hier in der Kälte?«

Lucia zieht sich das Sakko über die Schultern. »Diese Kälte halte ich aus.«

»Ich verstehe das nicht. Ich verstehe einfach nicht, was das alles soll. Wo will er denn jetzt hin?«

»Auf die Burg Gutenberg. Nach Liechtenstein. Das war unser Plan, dass wir ihn erst mal rausbringen aus der Friedmatt, um ihn dann der freiwilligen Vormundschaft zu unterstellen. Aber wir wollten nicht mehr in die Kantone Tessin oder Graubünden. Heinrich hat nach einem neutralen Platz gesucht und gemeint, Burg Gutenberg sei ideal dafür.«

»Die erste gute Idee, die ich heute höre«, ruft Ludwig Bucher aus. »Nur nicht ins Tessin! Nur nicht unter Vormundschaft von Ferruccio Bolla!«

Lucia schaut ihn lange an. »Er ist unter Vormundschaft! Wir schickten ja ein Telegramm ab. Das war die Bestätigung des Vormundschaftsansuchens an Ferruccio Bolla.«

Ludwig reißt es auf der Stelle von der Leitplanke. Ein Gefühl überfällt ihn, wie wenn man mitten in einem Desaster merkt, dass man nicht im Kino sitzt. Er wird kreideweiß und die Luft bleibt irgendwo zwischen Bauch und Brust einfach stecken. »Lucia, weißt du, was das bedeutet? Komm schnell mit! Wir müssen unbedingt ins Tessin. Wir müssen retten, was noch zu retten ist!«

Er umfasst sie mit beiden Händen, spürt, dass er ihr nicht klar machen kann, was er gerade denkt, greift sie am Sakko und hastet zu seinem Wagen. Er redet unverständliches Zeug von einer Anzeige und von Zugriffen auf persönliches Vermögen. Dann strauchelt er über seine Kühlerhaube, betrachtet das leere Sakko in seinen Händen, während Lucia immer noch auf der Leitplanke sitzt. Völlig aufgebracht eilt er wieder zu ihr zurück und will sie bei der Hand nehmen. Doch ihre Augen sprechen wieder eine deutliche Sprache. Lucia Medici wird auf dieser Leitplanke noch eine ganze Weile sitzen bleiben. Sie wird die Autos vorbeibrausen sehen wie Menschen auf einer Straße, die einen auffälliger, die andern ruhig, die einen laut, die andern leise. Manchen Autos wird sie vielleicht hinterher sehen, sie wird sich vorstellen, welcher Mensch darin am Steuer sitzt, welches Schicksal er hat, welches Ziel, ob er noch Wünsche hat oder schon gar nicht mehr zu wünschen hofft.

Ludwig ist in einen wahrhaft unlösbaren Konflikt geraten. Soll er sich Lucias annehmen, die von Martin verlassen wurde und deren Leben hier an diesem unwirtlichen, lauten Ort gerade ausfließt wie eine fallengelassene Packung Milch? Oder soll er zu Martin eilen, dem Unmenschen, der seine treueste Freundin für ein paar lumpige Blätter Papier verlassen, ja verraten hat? Er hätte keine Antwort gefunden, der Ludwig, er wäre wohl neben ihr niedergesunken und hätte die Autos betrachtet, die dröhnend und hämmernd an ihnen vorbeibrausten.

»Hilf ihm!«, unterbricht Lucia diesen Lärm mit einer zarten, fast elfenhaften Stimme. »Geh nach Liechtenstein und hol ihn da raus. Die letzten Monate haben ihn zerstört, haben aus ihm ein Gespenst gemacht. Ich geb' ihm keine Schuld für das, was geschehen ist. Ich bin nur traurig darüber. Aber das ist meine Sache. Du musst jetzt los. Er braucht Freunde wie dich.«

Ludwig ist aufgebrochen an jenem Tag. Er wankte zu seinem Auto, als hätte Martin ihn entlassen, seine Beine drohten ihren Dienst zu versagen und seine Hände zitterten. Er ließ sich auf den Sitz hinter dem Steuerrad fallen, sah das zerknitterte Sakko, brachte es Lucia, legte es ihr über die Schulter, küsste sie sanft auf die Stirn und fuhr los. Im Rückspiegel saht er, wie sie immer kleiner wurde und die Welt um sie immer größer, bis sie schließlich, ein Punkt nur an der Autobahn, gänzlich verschwand.

Ludwig wird nichts mehr von ihr hören. Sie wird zurückgehen nach Mendrisio und nie mehr sprechen über das, was in jenen Tagen bis Oktober 1949 geschehen ist. Auch mit mir wird sie nicht reden, mit Curt Riess nicht, mit keinem, der versucht hat, diese Geschichte irgendwie festzuhalten. Damit sei auch gleichzeitig die Wende innerhalb dieses Romans angezeigt.

Ich glaube, wir haben in diesem und in den vergangenen zwei Kapiteln einiges mitbekommen, was diese Lebensgeschichte zu einem bösen Ende führen wird. Aber niemals ist es wohl so offensichtlich, so irreparabel unmissverständlich geworden wie jetzt mit der Trennung von Lucia und Martin. Einige Paare haben sich in diesem Buch lieben und mit der Zeit verachten gelernt; Martin und Elena, Martin und Hanna, Othmar und Curt. Aber bei keinem dieser Paare bedeutete die Trennung eine derartige Entgleisung des bisherigen Lebens.

Martin, Othmar und Peter sind mit Heinrich wortlos weitergefahren. Keiner hat nach dem Streit mit Lucia nur ein einziges Wort gesagt. Starr und regungslos haben sie die Schweiz verlassen, sind im Fürstentum angekommen und haben das Schloss bezogen. Die Burg Gutenberg thront auf einem 70 Meter hohen Feldhügel über Balzers und dem Rheintal und wurde von den Habsburgern als Wachposten gegen die Helvetier verwendet. Insofern ist der Ort von Heinrich und Lucia ideal gewählt: Drei vermummte Gestalten ziehen stumm in eine halb verfallene Trutzburg, die Berge im Rücken, den Blick gegen die Heimat, den Groll im Herzen. Die uralten Gemäuer stammen aus dem 12. Jahrhundert und haben zahlreiche Kriege und Scharmützel überstanden. 1905 wurden sie vom Bildhauer Egon Rheinberger gekauft, zu einem halbwegs bewohnbaren Schloss umgebaut und an Liebhaber vermietet. Niemals passten die Mieter besser in diese Gemäuer, als in jenen Tagen. Martin, Othmar und Peter sind selbst zu Geistern geworden, alle drei, verdammte Gespenster, die rastlos in den kahlen Gängen wandeln und ihre Zimmer beziehen, als seien es die Kojen einer Irrenanstalt. Martin klammert sich an sein Schatzkästchen wie ein Ertrinkender an eine Schiffsplanke. Seine Augen wandern unruhig durch das Zimmer, nehmen kaum wahr, was sie sehen, suchen Halt, finden keinen, wandern weiter, wie die Gedanken, an einen fernen, heilsamen Ort. Othmar knallt seine Kleider in einen morschen Schrank und schüttelt unablässig den Kopf. Vom tanzenden Wien direkt zum schlafenden Fürstentum, und alles nur wegen ein paar Halbverrückter, die nicht mehr miteinander reden wollen. Peter ist immer schon still gewesen, aber still aus Eigensinn. Jetzt ist er stumm, weil es nichts zu reden gibt. Er ist sich nicht sicher, ob es eine gute Idee war, hierher zu kommen und abzuwarten, wie sich der Kampf entwickeln wird. Sicher ist er sich aber, dass das, was in den letzten Stunden passiert ist, nicht gut sein kann. Er packt seine Sachen nur notdürftig aus, schaut ein Mal kurz aus dem Fenster hinaus ins Rheintal und geht dann in den großen Speisesaal, den Heinrich etwas wohnlich eingerichtet hat. Er hat die Tafel gedeckt, Kerzen aufgestellt, ein Feuer entfacht, ja sogar ein gerahmtes Foto eines Festes in der Villa Ri-Rita hat er auf den Kaminsims gestellt und daneben einen feinen, alten Wein.

»Besten Dank. Das tut jetzt wohl«, sagt er zum treuen Diener, der mit der Feuerzange die letzten Scheite im großen Kamin aufeinander türmt.

»Ich habe auf dem Sims einen Wein dekantiert. Einen Gevrey-Chambertin 1933. Ich hoffe, er möge die etwas gedrückte Stimmung aufheitern.«

»Öffne vielleicht noch einen zweiten!«, sagt Peter, rückt einen der großen Holzstühle von der Tafel an den Kamin und setzt sich erschöpft darauf. Er schaut auf das gerahmte Foto. Er konzentriert sich darauf, mit dem festen Willen, sich zu erfreuen und findet nur Gründe, die ihn betrüben. Also greift er zum Wein. Nach einer Weile erscheint Martin, kurz danach Othmar. Eine Weile sitzen sie wieder stumm vor dem Feuer.

Heinrich schaut durch den hinteren Eingang und hofft, der Wein möge seine Wirkung tun. Aber er glaubt nicht recht an den Zauber. Das Leben hat seine Magie verloren. Es ist zu einem Spuk geworden. Er schaut auf die Gestalten vor dem Feuer, auf die zuckenden Schatten, die das Feuer in den Raum wirft. Sie tanzen nicht, diese Schatten, sie werden gepeitscht. Sie huschen über den Steinboden und über die Holztafel. Das Holz ist noch zu feucht. Es knallt und kracht, zerreißt das Schweigen mit Gewehrsalven, mit denen sonst Tote verabschiedet werden. Nur eine alte Standuhr klappert ab und zu mit dem Ächzen einer alten Feder dazwischen.

Heinrich erinnert sich an die schwere Standuhr mit dem eindrucksvollen Gong in Othmars ehemaligem Haus in St. Gallen. Der Klang hat ihn immer aus der Ruhe gebracht. Jetzt wünscht er sich, dass diese Szene etwas aus der Ruhe bringen würde. Soll er eine Flasche fallen lassen? Könnten Scherben Scherben zusammenfügen? Er schaut auf die Etikette der zweiten Flasche. Gevrey-Chambertin ist Martins Lieblingswein. Es war auch Kaiser Napoleons Lieblingswein. Ob er ihn auf St. Helena auch hat trinken dürfen? Kaiser Napoleon erinnert Heinrich an die Pferde, an Florian und Flora. Sie haben ihr Futter noch nicht gekriegt. Er möchte gerade loseilen, um das nachzuholen.

»Freunde, es tut mir leid, was geschehen ist«, klingt plötzlich eine Stimme aus der Richtung des Kamins. Sie klingt unerwartet klar. Sie gehört Martin. Heinrich küsst die Flasche und verschwindet durch den hinteren Eingang des Speisesaals.

»Mir ist alles entglitten. Alles!«, fährt Martin fort und starrt in die Glut.

Die Brüder verharren eine Weile, ehe Martin seine Worte wiederfindet. »Die letzten Tage und Wochen waren unmenschlich. Sogar die Zukunft ist ungewiss, auch wenn du unter Vormundschaft von Ferruccio gute Chancen hast, wieder zurückzuschlagen. Aber es war einfach alles zu viel. Ich verstehe, dass –«

»Warum hast du nur Lucia weggeschickt?«, fährt Othmar plötzlich dazwischen und unterbricht Peter unwirsch. »Was ist in dich gefahren, du Vollidiot?«

Martin fährt ebenfalls aus dem Stuhl. »Ich traue ihr nicht mehr! Sie hat in den letzten Wochen völlig eigenmächtig entschieden und ich habe keine Ahnung, was sie da mit Ferruccio und den anderen gemauschelt hat.«

»Sie hätte dich in Basel lassen sollen! Du hast deinen Verstand verloren! Ausgerechnet Lucia. Ihr traust du nicht! Sie, die dich aus der Irrenanstalt geholt hat, die dir alles organisiert hat, die dir den Rücken freigehalten hat und diese Flucht geplant hat – ihr traust du nicht?«

»Sie hat Geld gestohlen!«

»Geld gestohlen! Mit was hätte sie denn deine Flucht bezahlen sollen? Mit ihrem Scheißlohn, den du ihr zahlst. Du bist wirklich der erbärmlichste Knauser, der mir je begegnet ist.«

»Jetzt hört aber auf!«, schreit Peter dazwischen. »Seid ihr von Sinnen? Das ist genau das, was wir jetzt brauchen. Uneinigkeit! Das ist es, was die Internierungspartei will. Sie will, dass wir auseinander gehen. In diesem Fall aber, das sage ich euch, haben wir keine Chance.«

»Wir haben auch keine Chance, wenn der da drüben so weitermacht«, mault Othmar und füllt sich das Glas auf.

»Jetzt halt endlich deine blöde Klappe!«, zetert Peter zurück und reißt Othmar die Karaffe aus der Hand. »Es ist ungut, was passiert ist, das steht außer Zweifel. Ich wünschte, Lucia wäre wieder unter uns, aber das können wir nicht rückgängig machen. Wir müssen uns jetzt auf die Gegenwart konzentrieren. Was wollen wir tun? Wie sollen wir vorgehen?«

Martin dreht sich bleich wie eine Maske zu beiden Brüdern hin. »Ein Wort noch. Ich habe wirklich die Nerven verloren, da hat Othmar schon recht. Ich will und kann niemand mehr um mich haben, außer euch beiden. Seit über einem halben Jahrhundert stehen wir nun gemeinsam beisammen. Ich habe sonst niemanden. Ich will niemanden mehr haben! Ich fühle mich das erste Mal seit Jahren wieder so wie damals in der Gondel über dem Steinachtobel.«

Peter legt ihm eine Hand auf die Schulter. »Wir werden wieder einen Weg finden, Martin, das verspreche ich dir. Wir stecken zwar in einer Krise! Das ist nicht schön. Und wir stehen alle unter enormem Druck. Das ist böse. Aber wir haben hier die Gelegenheit, die Zeit und die Möglichkeiten, genau zu überlegen, was wir nun tun wollen.«

Othmar reckt sich über Peter, um Martin anzuschauen. »Das nächste Mal, wenn du so etwas entscheidest, beziehst du uns gefälligst mit ein! Ich möchte nicht immer Feuerwehr spielen, wenn der Wald schon brennt!«

Martin schaut auch das erste Mal zu Othmar hinüber. Selten hat er seinen Freund so ernst, so finster gesehen. Eigentlich kennt er diese Seite an ihm überhaupt nicht. Und das nach einem halben Jahrhundert Freundschaft. Er nickt ihm zu. »Du hast recht, Othmar! So läuft das nicht mehr. Ich verspreche es!«

Peter nickt feierlich und schenkt sich Wein nach. »Gut so. Und nun zum Gegenangriff!«

»Lasst uns mal zusammenfassen«, beginnt Martin, wieder mit sichtlich mehr Farbe im Gesicht. »Die Aktion Kronjuwelen war ein Flop. Wir haben zwar einiges an Aktien kaufen können, aber es reicht nicht für eine neue Mehrheit. Die Sache wurde zu früh gestoppt. Die Internierungspartei ist damit nicht kleiner, sondern größer geworden. Sie hat es sogar geschafft, meine Verhaftung einzuleiten. Hier auf Liechtensteiner Boden sind wir sicher. Aber in der Schweiz werden zumindest Peter und ich gesucht. Die einzige Frage ist nun, ob die Vormundschaft unter Ferruccio geklappt hat.«

»Und ob wir Ferruccio überhaupt vertrauen können!«, ergänzt Othmar.

»Zweifelst du etwa daran?«, fragt Martin.

»Wir wären nicht bis hierher gekommen, wäre er Teil der Internierungspartei«, kalkuliert Peter in gewohnt sinniger Art. »Ich werde nachher sofort darüber die Karten legen.« »Aber ich denke, wir können ihm vertrauen. Er hat doch durch Lucia ausrichten lassen, dass es noch einige Zeit dauern wird, bis alles rechtens ist, und dass wir an einem sicheren Ort warten sollen. Und ich glaube, genau das sollten wir tun.«

Othmar holt Luft und will fragen, ob diese Aussage denn vertrauenswürdig ist, wenn sie von Lucia ausgerichtet wurde, der ja Martin nicht mehr vertrauen will. Aber er lässt es bleiben. Martin will fragen, ob denn Peter durch seine Karten nicht überhaupt den ganzen Schlamassel hätte kommen sehen müssen, in dem sie nun stecken. Aber auch er schweigt still und nickt nur ernst zu Peters Vorschlag. Was bleibt ihm auch übrig? Sicher sind sie auf Burg Gutenberg, das ist klar, und viel mehr, als die Zeit für sich arbeiten zu lassen, bleibt ihnen wohl nicht.

Doch die arbeitet langsam. Düster und schwer legt sie sich auf die Gemüter der drei. Auf der Burg zu leben, das ist wie tanzen ohne Musik. Die Tage schleppen sich mühsam dahin und die Erinnerungen an bessere Stunden zerfressen wie Millionen Holzwürmer das Parkett, auf dem das Leben der drei hemmungslos zu tanzen gewohnt war.

In diesen Tagen geschieht nicht mehr viel: Martin führt akribisch sein persönliches Rechenbüchlein und kalkuliert die vergangenen Bilanzen und Erfolgsrechnungen immer und immer wieder durch. Er baut Varianten ein und Rechnungen, wie es gekommen wäre, wenn dies und das nicht geschehen wäre. Aber wenn keine Produktion hinter diesen Zahlen steht, wenn er nicht sehen und spüren kann, wie täglich tausende von Metern Reißverschluss seine Firmen verlassen, dann machen nicht einmal Kolonnen von Einnahmen und Ausgaben Spaß.

Peter findet am ehesten noch eine Beschäftigung, indem er sich in alte Bücher aus der Burgbibliothek vertieft. Den Don Quijote liest er, aber auch andere alte Schinken. Unnötig zu erwähnen, dass er in manch altem Werk verborgene Zeichen findet, uraltes Wissen in verschlüsselten Sprüchen, das dem weisen Leser die Welt einer vergangenen Kultur offenbart. Vielleicht flüchtet er sich auch nur deswegen in diese vergilbten Schätze, weil er sich von den durchaus widersprüchlichen Ergebnissen seiner Karten befreien will. Erst gestern ist es einmal mehr zu heftigen Diskussionen unter den dreien gekommen. Denn gleich drei Mal hat er den Mond als entscheidende Karte gezogen. Der Mond steht für Warnung, Gefahr, Skandal, Irrtum, Enttäuschung, Täuschung, Betrug – wenn die Karte auf den Leger zeigt. Steht sie aber auf dem Kopf, dann bedeutet der Mond das Eintauchen in das Unbewusste sowie die Kreativität in Bezug auf zu bewältigende Gefahren. Nun wollten natürlich Martin und Othmar wissen, von wem aus nun die Stellung des Mondes zu interpretieren sei. Und Peter bekräftigte, dass es natürlich die Kopfstellung sei. Nur glaubten ihm die beiden nicht. Sie wollten überhaupt nichts mehr wissen von der ganzen Wahrsagerei und zogen sich beleidigt auf ihr Zimmer zurück.

Peter hat danach die ganze Nacht nicht schlafen können. Enttäuscht irrt er in der Dunkelheit durch den Burggarten. Die Nacht ist sternenklar und ein harscher Wind weht über die alten Gemäuer. Für einen kurzen Moment erinnert er sich an seine Zeit in Einsiedeln. Damals war es auch der Wind, der ihn zum Glauben gebracht hatte, der ihm Gott offenbarte im Vers 3,8 des Johannesevangeliums: »Der Wind weht, wo er will und du hörst seine Stimme, aber du weißt nicht, woher er kommt und wohin er fährt«.

Damals war der Sinn für ihn ganz klar. Denn Geist und Wind bedeuten im Griechischen ein und dasselbe, und er, er fühlte sich deshalb aus dem Wind geboren. Es war der Beginn seiner Suche nach dem Mystischen, der Beginn seines lebenslangen Strebens nach Einsicht und Ruhe. Doch in dieser Nacht kann sich ihm der Sinn dieses Verses nicht mehr gleich erschließen. Im Gegenteil. Er hört nur die Worte daraus »Du weißt nicht, woher er kommt und wohin er fährt«, und genau so geht es ihm auch. Er weiß einfach nicht mehr weiter. Sein Latein ist am Ende, sein Griechisch auch, und sein Mystizismus ebenfalls.

Was für Peter Stillstand bedeutet, reizt Othmar zum Aufbruch. Einmal mehr glaubt er dem Leben durch umtriebige Aktionen zu entkommen. Denn was er seit Tagen und Wochen auf dieser Burg tut, das reicht ihm nicht zum Existieren. Er verbringt seine Tage mit dem Reiten seiner beiden Lippizaner und mit Gedankenschwärmereien an jene schönen Tage in Wien. Er hört sie noch nachklingen, die Musik der eleganten Bälle, die Kapelle, die ihn in den Armen Katharinas durch die Nacht getragen hat und glaubt den feinen Duft der Debrezinerwürste noch zu riechen, die sie dann, nach durchtanzter Nacht, am Hohen Markt gegessen haben. Er hat die Nase voll vom Mief der alten Trutzburg und er beschließt, am Tag vor Weihnachten ein richtig tolles Fest zu veranstalten, so eines wie früher, an dem sich Gott und die Welt vergnügen und die biedere Öde des Fürstentums so richtig in Grund und Boden getanzt wird. Er lässt ein Zirkular drucken und dieses durch den Gutsverwalter der Burg im ganzen Land verteilen. Er engagiert eine Tanzkapelle, fässerweise Südwein und Gebäck aus seiner unweit gelegenen Heimatstadt St. Gallen. Drei Wochen davor ist er richtig guter Dinge, pfeift vergnügt durch die Gänge der Burg, erheitert seine Freunde an manchem trüben Winterabend mit ein paar tolldreisten Anekdoten und freut sich gar fürchterlich, bis kurz vor Weihnachten die Schönen und Reichen und ein paar fesche junge Mädels vom Land bei ihm einströmen, um die Burg in einen Orgientempel zu verwandeln.

Die kommen auch alle. Achtzig bis hundert junge Liechtensteinerinnen pilgern am Abend des 23. Dezember 1949 in die Burg Gutenberg, wundervoll anzusehen, in einem Fackelzug von Balzers bis hinauf zu ihm, dem Burgherrn, der sich zwischen Peter, dem Hofmagier, und Martin, dem Reißverschlusskönig, schon standesgemäß postiert hat. Nur: Die Mädels befinden sich in Gesellschaft ihrer Väter und Brüder, die, wie auf dem Lande in solchen Situationen üblich, recht finster und bedrohlich dreinblicken, ab und zu mit einer Mistgabel fuhrwerken und auch in Bezug auf ihre Garderobe nun nicht tadellos den Intentionen der Gastgeber entsprechen. Die beiden Parteien stehen sich dann auch eine fürchterlich lange Weile tatenlos gegenüber, bis sich endlich zwischen den Fronten ein halbes Dutzend Gendarmen der fürstlichen Regierung hervorschiebt und die offizielle Frage kundtut, ob hier etwa geplant sei, eine Orgie oder eine sonst wie schändliche Feier zu zelebrieren. Dem Burgherrn vergeht mit einem Male die Feststimmung. Der Reißverschlusskönig schüttelt sich vor Lachen. Der Hofmagier handelt einen Konsens aus, dass alle herzlich eingeladen seien, wenn sie nur friedlich das bevorstehende Christfest feiern mögen. Der rurale Tross verteilt sich also in den Sälen und Gängen der Burg, man trinkt etwas Wein und zupft am Gebäck, die Kapelle stimmt »Näher, mein Gott, zu Dir« und ähnliches Liedgut der abendländischen Kultur an, und kurz nach zehn Uhr zieht der letzte Gast mit einem Krapfen in der Hand und einem blöden Grinsen im Gesicht von dannen, und Martin mag noch gehört haben, dass er kurz vor dem Ausgang einen Furz in die Eingangshalle der Burg hat fahren lassen.

Nun wäre diese Geschichte wohl hier zu Ende gewesen, wäre in dieser Art Othmars Weihnachtsfest beendet worden. Denn dieser hätte sich vermutlich aus dem oberen Turmfenster gestürzt, Peter wäre ihm hinterher gefolgt und Martin hätte aus lauter Gram und Einsamkeit den Weg nach Hause vorgezogen, von dem wir ja nicht wirklich überzeugt sind, dass es ein sicherer Weg ist. Doch Sie sehen es, ein paar Seiten folgen noch. Es kam anders.

Othmar dreht sich nach Peters verheißungsvoller Rede auf dem Absatz um und steuert auf direktem Wege eines der Fässer mit südländischem Wein an, mit dem guten Vorsatz, sich einen schönen Teil davon richtig ungut und widerlich einzuverleiben. Er bechert schon die zweite Amphora hervor, als hinter ihm plötzlich eine kristallklare Stimme fragt: »Macht es denn Spaß, so alleine zu trinken?«

Othmar ist begeistert von diesem Wein, aus dem er schon nach zwei Amphoren süße Stimmen zu hören glaubt und leert sich einen nächsten Becher in den Rachen, als sich diese Stimme ganz plötzlich verfleischlicht und ihm auf die Schulter tippt. Er dreht sich um. Er sieht das Mädchen. Er stirbt. Er wird neu geboren. Der Wein fließt ihm die Kehle hinunter. Das Blut fließt aus seinem Herzen. Der Alkohol steigt ihm in den Kopf. Der Rest zwischen die Lenden. Othmar ist in dieser Sekunde sehr, sehr glücklich.

Sie heißt Roswitha Burgmeier und, man hält es nicht für möglich, ist tatsächlich die Tochter des Gutsverwalters. Sie ist Österreicherin und Othmar hält die Österreicherinnen, wie jeder Mann mit Augen im Kopf, für Gottes Meisterstück. In diesem Moment tut sich ein völlig neuer Wirkungskreis vor ihm auf: Nicht mehr der Kampf um den Pokal, sondern die Investition in den Wettbewerb steht im Vordergrund. Er sieht sie an und ein Gefühl der Entrückung umarmt ihn, ein schönes Gefühl des Aufgehobenseins, und fast hätte er sich diesem Gefühl ergeben können, doch dann bemerkt er, dass er sie tatsächlich umarmt und dass sie in seinen Armen still geworden ist. Still und schön wie alle anderen. Schön und hungrig wie jeder Mund, der einen Kuss erwartet. Hungrig und gierig wie jedes Auge, das seine Beute fixiert. Es bleibt ihm gerade noch so viel Zeit, um eine Ahnung der Sinnlichkeit zu spüren, die aus dem bereits scheidenden Bild der Partnerin ausgeflossen ist. Genug Zeit, um sich durch diese vertrackten Konzepte fragiler Abhängigkeiten vor so etwas wie Liebe wahnsinnig zu fürchten. Auch wenn er in diesem Moment weiß, dass sie der perfekt richtige Mensch gegen diese Angst hätte sein können – das Bild ist verschwunden. Seine Wirkung ist vorbei. Er sieht ihren Mund. Er starrt in libidinöser Inbrunst in ihre Augen. Die Amphora verschwindet im Weinfass. Danach gehen sie miteinander ins Bett.

Eine völlig neue Geschichte hätte wohl genau an dieser Stelle begonnen, wäre es mit Othmar und Roswitha genau so weitergegangen, wie es neben dem Fass mit südländischem Wein und in weiterer Folge unter dem weißen Bettlaken begonnen hatte. Denn Othmar hätte vermutlich Roswitha in seinem Taumel geheiratet, Peter hätte eine mystische Feier mit seinen Rosenkreuzern organisiert und Martin hätte den beiden Glücklichen sein gesamtes Vermögen geschenkt, so dass das Thema der jetzigen Geschichte völlig hinfällig geworden wäre. Doch Sie sehen, so viele Seiten folgen denn doch nicht mehr. Es kam anders. Es kam so:

Othmar schläft den Schlaf des Gerechten, streckt im ersten Morgenlicht beseelt seinen Arm nach seiner Roswitha aus und greift stattdessen an einen harten, eklig kalten Stein. Er schreckt auf. Und dann sieht er es ganz genau: Da fliegt ein zweiter Stein direkt in sein Zimmer, kracht durch das offene Fenster und landet mit einem unsäglichen Getöse neben der Kommode. Othmar fürchtet schon Roswithas Vater, den Gutsverwalter, zieht sich schnell eine Hose an und strauchelt ans Fenster. Doch es ist nicht der Gutsverwalter. Ludwig Bucher steht unten, bewaffnet mit einer Handvoll Steinen, bereit, die Burg einzureißen und vor allem gerade im Begriff, die nächste Attacke zu starten. Er schreit irgendetwas von »Einlass gewähren« und »Leben und Tod« und wenn Othmar nicht in einer Burg gewesen wäre, er hätte geglaubt, dass der Bucher im Wahnsinn einen Raubritter mimt und mit einem Minnesang seine Roswitha fordert.

Sofort eilt Othmar zu Martin, der, zwar ohne Begleitung, aber dennoch genüsslich eingelullt vom gestrigen Wein, zwischen seinen Laken verknotet im Bett liegt. Gemeinsam blicken sie aus einer Schießscharte und betrachten Bucher, wie er unten wie ein Verrückter Steine gegen Gemäuer und Fensterläden wirft.

»Der ist nicht mehr richtig. Schau dir den an!«, wettert Othmar und steckt sich das Hemd in die Hose.

»Der spioniert uns doch aus!«, bekräftigt ihn Martin und duckt sich hinter dem Vorhang. »Er ist mir schon nach St. Moritz gefolgt und wollte mich unbedingt sprechen. Woher weiß er, wo wir sind? Wie hat der uns finden können?«

Damit die ganze Szene noch etwas grotesker wird, lasse ich nun in genau diesem Augenblick Roswitha Burgmeier kreischend durch die Burg Gutenberg rennen. Ich weiß nicht, ob sich das zeitlich genau so verhalten hat, aber die ganzen Ereignisse müssen sich ziemlich engmaschig um den 23. Dezember 1949 abgespielt haben. Das lässt sich aus dem später sichergestellten Briefverkehr herauslesen und entspricht auch den Aussagen der mittelbar Beteiligten. Also: Roswitha Burgmeier rennt kreischend durch das Schloss und schüttelt dabei mit beiden Händen einen Brief, den Othmar und Martin bald als den eigentlichen Auslöser dieses Kreischens erkennen. Sogar Peter ist durch den Aufruhr aufgewacht und auch wenn ihn die vorigen nicht sofort als Peter erkennen, so gesellt er sich doch in einer Art und Weise zu ihnen, wie es nur Peter tut. Roswitha übergibt den Brief prustend, Martin nestelt hilflos an der Lasche rum, Othmar reißt ihn ihm aus der Hand, tut aber das gleiche, und Peter öffnet ihn beherrscht und liest laut seinen Betreff vor, bevor er verstummt und ihn wieder an Martin reicht: »Auslaufen der Aufenthaltsgenehmigung. Sehr geehrter Herr Winterhalter! Wir machen Sie darauf aufmerksam, dass die Aufenthaltsgenehmigung für das Fürstentum Liechtenstein per Ende März 1950 ausläuft. Wir bitten Sie, alle nötigen Vorkehrungen zu treffen, um die Miete der Liegenschaft rechtzeitig zu beenden. Für dieses Rechtsbegehren zuständig zeichnet Ihr gesetzlicher Vormund. Mit freundlichen Grüßen, Polizeiinspektorat Vaduz.«

Die drei stehen wie vom Blitz getroffen da. Martin faltet den Brief vorsichtig zusammen, als wäre darin eine Botschaft, die er sorgsam aufbewahren, ja die er nicht mit seiner Umwelt teilen möchte. Roswitha schaut betreten auf den Boden und ihre

Brust pocht unter dem Dirndl, dass der Stoff zu reißen droht. Ganz schnell reimen sich nun Gedanken auf Gedanken. Vermutungen fallen weg wie eingerissene Wände, und aus den Trümmern der Hoffnung fügt sich das Bild einer Angst zusammen, die nun einen Namen hat: Ferruccio Bolla ist kein Freund. Er gehört zum Feind! Er ist Teil der Internierungspartei.

Plötzlich schreckt Othmar auf. »Verdammt! Bucher ist noch unten! Schnell los! Wir müssen ihn einholen!«

Und alle drei rennen los und eilen durch die Burg und trachten den verschmähten Freund einzuholen, den wohl letzten wahren Gefährten, der ihnen noch geblieben ist. Roswitha ist immer noch in Martins Zimmer. Sie setzt sich auf die Kante seines Bettes, das ganz kalt ist. Was geht in diesem Schloss nur vor sich? Mit wem hat sie sich da nur eingelassen?

Martin, Othmar und Peter eilen derweil durch die kalten Gänge der Burg. Unten vor dem Eingang angekommen, verteilen sie sich in alle Richtungen, um ihn abzufangen, sollte er versuchen, seine Steine an ein anderes Fenster zu werfen. Doch Ludwig Bucher ist nicht mehr da. Martin sieht auf dem Kies die Spuren seines Wagens und in der Ferne glaubt er zu erkennen, dass ein Auto in Richtung Dorf fährt. Doch er erkennt den Wagen nicht und dreht deshalb um. Als er oben wieder angekommen ist, stehen Peter und Othmar bereits dort. Sie halten einen weiteren Brief in Händen, den Bucher offensichtlich an das Burgtor genagelt hat:

»Lieber Martin! Du hast von mir in den letzten Wochen wenig gehört, weil ich im Tessin einiges abklären musste. Nun habe ich Gewissheit erlangt und ich möchte dir diese schriftlich mitteilen: Du wurdest illegal in die Klinik Friedmatt gebracht. Gemäß ZGB Paragraph 376,2 sind die Kantone berechtigt, für ihre im Kanton wohnenden Bürger die vormundschaftlichen Behörden der Heimat als zuständig zu erklären. Da du nun aber weder deinen Wohnsitz in Disentis hast, noch Bürger des Kantons Graubünden bist und du aber in Disentis festgenommen wurdest, ist dieser Rechtsspruch gänzlich gesetzeswidrig und damit ungültig. Das Vormundschaftsbegehren der Internierungspartei und damit auch der Haftbefehl sind illegal und seit dem 26. September 1949 de jure aufgehoben.

Du hättest als freier Mann zurück in die Villa Ri-Rita fahren, als freier Mann deine Geschäfte der Riri wieder übernehmen können. Du hättest gegen die Internierungspartei prozessieren und beweisen können, dass durch dein Geschäftsgebaren niemand Not leidet und niemand des Schutzes bedarf, weil der Tatbestand der Geistesschwäche nicht gegeben ist.

Doch nun bist du aus der Klinik geflohen, was wiederum illegal ist und außerdem den Verdacht deiner Gegner erhärtet, dass du schutzbedürftig gemäß ZGB Paragraph 369,1 bist. Bleibe unbedingt in der Burg! Ich werde abklären, wie der Stand der Dinge aus juristischer Sicht ist, nachdem du geflohen bist. Ich werde auch versuchen, Ferruccio Bolla zu erreichen. Kontaktiere mich in Chur. Die Zeit rennt uns davon.

In inniger Verbundenheit.

Dein Freund L.«

13. Kapitel,
das in immer heiklere Sphären leitet, bis einige Dinge an den Tag kommen, die wir uns nie und nimmer erträumt hätten.

Othmar blickt unschlüssig auf seinen Bruder. Dieser hat ihn offensichtlich schon länger angeschaut und nickt stumm vor sich hin. Ein Lächeln möchte Othmar auf dessen Gesicht erkennen, aber es ist wohl nur der Schatten des Feuers. Unruhig flackern die Flammen vor den dreien. Sie verleihen sogar dem gerahmten Bild auf dem Sims etwas Geisterhaftes. Als seien die Figuren darauf lebendig, lebendiger gar als in ihren Erinnerungen. Laut und unangenehm kracht das Holz. Die Wärme scheint mit dem Rauch durch den Schlot zu entweichen. Auf Martins Schoß ruht sein Schatzkästchen. Seine Finger gleiten über lackiertes Holz, das zu einer Lade zusammengeklebt ist. Ein Schloss aus Messing schützt eine Handvoll Geld, ein gelbes Büchlein aus dem Jahr 1911 und den Schmuck der Romanows. Die Töchter der ehemaligen Zarenfamilie nähten diesen Schmuck in den letzten Tagen ihrer Regentschaft in ihre Korsetts ein. Es war ihr letztes Vermögen. Doch sie brauchten es nicht mehr. Sie wurden hingerichtet. Die Bolschewiken zerrten sie aus ihrem Haus und schossen zwanzig Minuten auf sie, ehe die Kugeln in ihre Körper drangen. Weil den Schlächtern dann der Tod doch zu lange dauerte, steckten sie die Bajonette auf ihre Gewehre und stachen auf die adeligen Töchter ein. Erst dann bemerkten sie, dass ihre Opfer ein hartes, kaltes Material umgab, welches ihr Leben beschützte. Ob dieser Schmuck Martins Leben auch verlängern kann, überlegt sich Othmar. Auf jeden Fall schützen sie nicht sein Herz, denkt sich Peter und starrt wieder ins Feuer.

Eines ist zu dieser Mittagsstunde ganz klar: Die drei werden nicht exekutiert, aber ihre Lage ist um nichts rosiger. Da Martin sich quasi freiwillig unter Ferruccio Bollas Vormundschaft begeben hat und nun nicht mehr in die Schweiz zurückkehren kann, weil er sonst nämlich von Gesetzes wegen verhaftet wird, ist ihm der Zugriff auf seine Firma und seine Konten endgültig entzogen. Schließlich, und das kommt, wie in Buchers Brief eindrücklich beschrieben, erschwerend dazu, hat Martin mit seiner Flucht den besten Beweis seiner Unzurechnungsfähigkeit gegeben. Egal, was vorher geschehen ist, ob die Internierung nach Basel rechtmäßig gewesen ist oder nicht, ob die Annektierung des Firmenvermögens durch die Vormundschaft einer juristischen Grundlage entbehrte oder nicht, ob Bucher noch Erfolg hat mit seinen Interventionen – die drei sind zu gesuchten Delinquenten geworden. Nun spielt nicht nur die Zeit gegen sie, sondern vor allem das Leben selbst. Und der Staat dazu.

»Das wäre ja gelacht, wenn wir jetzt aufgeben!«, poltert Othmar plötzlich gegen diese Verzweiflung, als hätte er gespürt, dass in diesem Moment die Stimmung bei jedem einzelnen zu kippen droht. »Über ein halbes Jahrhundert kämpfen wir an derselben Front! Und jetzt sitzen wir da wie unsere Großväter, mit warmen Pantoffeln und einer Decke auf den Knien und schauen ins Feuer, als würden wir darin unsere Zukunft sehen!«

Er erhält keine Antworten mehr. Seine Gefährten bleiben stumm. Martin beugt sich über seine Kiste. Peter scheint im Feuer zu verglühen. Othmar weiß nicht, was ihn mehr entsetzen soll, die drückende Eintönigkeit dieser verdammten Burg oder das langsame Sterben dieser Gemeinschaft. Er verstummt, versucht zu überlegen, mit welcher Idee er wieder Leben in diese Starre bringen kann. Aber solche Überlegungen sind nicht Othmars Stärke. Sind es nie gewesen. Mit Geld und Mitteln, da ist alles einfacher. Im Tessin vor ein paar Jahren, da lief alles wie von selbst. Das ist nun alles fort. So viel vermag er noch zu erkennen.

Martin scheint nichts mehr zu überlegen. Ihm genügt sein Schatzkästchen. Es ist sein ganzes Hab und Gut. Peter schaut angewidert auf seinen Bruder, wie er vor sich hin brabbelt und irgendwelche vermeintlichen Lösungen für ihre Situation herzaubern möchte. Manchmal glaubt er ihn stumm vor sich zu sehen, wenn ihn seine Worte immer noch erreichen. Othmar redet, aber er sagt nichts. Othmar zieht alle Register der gepflegten Unterhaltung, aber er teilt nichts mit. Othmars Geschichten reichen von der Erde bis zum Mond, aber nicht vom Mund bis zur Seele. Seine Anekdoten schießt er aus einer Stalinorgel in den Raum, ohne dabei nur ein einziges Herz zu berühren. Das pausenlose Trommelfeuer an Geschichten und Episoden trifft irgendwo auf öden Boden, niemals auf einen Menschen, auf einen Zuhörer. Und so ist es auch heute: Es folgen Erinnerungen ans Tessin, an bessere Zeiten, an St. Gallen. Er rezitiert alte Gesprächsfetzen und vermeintliche Aussagen von Menschen, die irgendwann in ihrem Leben gewesen sind und nun offensichtlich nichts mehr von ihnen wissen wollen. Peter hätte wohl noch lange diesen ewigen Wiederholungen zuhören müssen, hätte Othmar seinen Sermon nicht mit einem völlig neuen Thema beendet:

»Deshalb ist es jetzt genug! Wir haben gehandelt. Das ist falsch gewesen. Wir warten und das ist ebenfalls falsch. Wir verlassen uns auf Freunde und wissen nicht, ob sie Feinde sind. Wir sind an einem Punkt angelangt, an dem wir wieder das Schicksal selbst in die Hand nehmen müssen. Ihr glaubt nun zu wissen, was ich sagen möchte. Ihr denkt, dass ich bereits ein neues Vergnügen auf dieser Burg plane. Doch ihr irrt euch. Ihr irrt euch.«

Martin schaut nun plötzlich Othmar an. Peter auch. »Um das geht es nicht, schon lange nicht mehr«, fährt Othmar fort. »Nun geht es nicht mehr um mein oder unser Vergnügen. Es geht um das Leben. Ich werde nicht gesucht. Ich bin nirgends ausgebrochen. Ich wurde nicht arrestiert und nicht für eine Untersuchung in irgendeine Irrenanstalt gebracht. Ich bin ein freier Schweizer Bürger. Ich gehe nun zu Ferruccio Bolla. Ich möchte Gewissheit. Und ich werde herausfinden, was geschehen ist.«

Nun scheinen sich doch einige Lebensgeister zu regen. »Was redest du da?«, fragt Peter. »Wie willst du das anstellen? Was ist, wenn du dich irrst? Was ist, wenn du ebenfalls auf der Liste der Verdächtigen stehst?«

»Wenn du eine bessere Idee hast, bin ich offen dafür. Aber wir sitzen hier seit Monaten auf dieser verdammten Burg. Ferruccio rührt sich nicht. Ludwig rührt sich nicht. Dafür flattern uns Briefe ins Haus, in denen uns gedroht wird, des Landes verwiesen zu werden. Was ist mit euch los? Welche Pläne habt ihr denn für einen solchen Fall? Weiter flüchten? Nach Wien? Nach Budapest? Oder besser gleich nach Tunis?«

Martin und Peter verstummen. Othmar steht auf und packt seine Sachen. Keine zwei Stunden später passiert er mit Roswitha die Grenze in die Schweiz.

Alles läuft bestens. Sie werden nicht angehalten und nicht kontrolliert. Das erste Mal durchströmt Othmar wieder etwas von jener Energie, die ihn so lange, so erfolgreich durchs Leben getragen hat. Er schaut Roswitha an, seine Roswitha, und in ihm regen sich die Geister, die er in sich schon gestorben geglaubt hat. Seine Beziehung zu ihr ist zu einem numinosen Verwirrspiel von Anziehung und Zurückhaltung verkommen. Nun aber spürt er wieder seinen Jagdinstinkt, daraus ein Ritual zu machen, das wir Leben nennen. Doch genau in diesem Moment dämmert ihm, wie viel Zeit ihm dafür noch bleiben wird. Ist dieser Anflug von Gefühlen auch nur wieder einer der diffusen Träume, der verdammt ist, sich in der Realität niemals bewähren zu müssen?

Innerhalb weniger Kilometer begegnen Othmars Erinnerungen einige Frauen, die er alle maßlos geliebt, maßlos zu lieben geglaubt hat – und manchmal sogar beides in einem.

»Was sagst du da?«, holt ihn Roswitha aus seinen Gedanken. »Du hast soeben Katharina zu mir gesagt!«

Othmar schaut sie lange an. Lange und eindringlich. Er sieht eine schöne Frau neben sich im Auto, die ihm gerade eine Szene macht. Er sieht die Welt an ihr vorbeiziehen, und er sieht sich neben ihr, soeben Chur hinter sich lassend und den Weg nach Lugano vor sich.

Roswitha schaut ihn immer noch an. »Katharina! Das ist ja die Höhe! Bist du nicht ganz bei Trost?«

Er hält den Wagen an. »Roswitha. Willst du meine Frau werden?«

Nun ist es Roswitha, die verstummt und ihn anschaut. Lange und eindringlich. Sie hat in der Tat hart an dieser Beziehung gearbeitet. Hart und unablässig. Roswitha fehlen die Worte. »Das meinst du nicht wirklich?«

»Warum soll ich das nicht wirklich meinen? Was denkst du denn? Ich war noch nie wirklicher in meinem Leben. Wenn wir das in Lugano erledigt haben, heiraten wir und lassen alles hinter uns.«

Roswitha lehnt sich zu ihm hinüber und umarmt ihn. Ihr Busen drückt auf die Hupe und verschreckt einige Bewohner von Tamins. Die beiden Frischverlobten aber sind überglücklich. Roswitha möchte gar nichts mehr sagen, sie kurbelt das Fenster herunter, weil sie im Bad ihrer Gefühle zu ersticken droht. Othmar ist sehr fröhlich und stolz, mit 60 Jahren endlich ausgesprochen zu haben, wovon er mindestens 50 Jahre geträumt hat. So schwer ist es eigentlich gar nicht gewesen, mag er sich gedacht haben, und steuert den Wagen mit sicherer Hand über den Splügenpass. Dass er auf 30 Kilometern einen Höhenunterschied von 1.800 Metern überwindet, beflügelt ihn zusätzlich. Sie lässt auf der Passhöhe kurz anhalten, hüpft aus dem Wagen, zupft in der Wiese eine Dotterblume ab und steckt sie ihm ans Revers. Er lächelt. Sie schmiegt sich an seine Brust und ist sehr glücklich. Nach zwei Stunden Fahrt kommen die beiden wonnetrunken in Lugano an.

Es ist gerade Essenszeit, als sie an Ferruccio Bollas Haus läuten. Es vergeht eine Weile, bis eine alte schrumpelige Hausdame die Tür öffnet. Sie schaut erst angestrengt durch einen Spion, sieht nichts – aber nicht etwa wegen der Qualität des Spions –, öffnet zaghaft die Tür, einen Spalt weit, kann bei der anbrechenden Dunkelheit immer noch nichts erkennen und reißt sie schließlich zeternd ganz auf. Als sie Othmar endlich erkennt, bleibt sie wie angewurzelt stehen. Auch all die Falten können ihre zwieträchtige Verwunderung nicht verbergen.

»Der Herr Doktor ist nicht da! Er ist weg! Nicht da! Leider!«

Doch Othmar hat den Fuß bereits in der Tür. »Dann sagen Sie mir, wo er ist oder ich dringe in das Haus ein und zünde es an!«

Die beiden Damen erschrecken gleichermaßen. Doch in Othmars Augen funkelt etwas Gemeingefährliches, das selbst die halbblinde Hausdame erkennen kann. Noch langsamer als im Türöffnen ist sie im Ausreden suchen. Sie geht offenbar in Gedanken vom Haus aus und sucht alle Schlupflöcher, in denen sie ihren Herrn vermuten kann, was fürwahr nicht viele sein mögen.

»Er ist essen gegangen. Ja, ja. In der Stadt!« Das ist nicht einmal gelogen. Man sieht es ihr an.

»Und wo ist er essen gegangen? Ich habe nicht viel Zeit, meine Gute. Und bis er fertig gegessen hat, ist das Haus vielleicht schon niedergebrannt!«

Sie bekreuzigt sich noch einmal. »Im Kursalon«, stammelt sie schließlich, flucht in Gedanken dem Teufel, dass er ihr das Geheimnis entlockt hat und dankt danach dem Herrgott, dass Othmar und seine Begleitung tatsächlich von dannen ziehen, ohne das Haus verwüstet zu haben.

Bis die beiden dort angekommen sind, hat sich Othmars Stimmung seit der glücklichen Unbeschwertheit auf dem Splügenpass ziemlich verfinstert. Was haben er und Martin mit Ferruccio alles erlebt! Wie viele Stunden und Nächte haben sie gemeinsam verbracht, haben Pläne für die Firma ausgeheckt und clevere Strategien für die Lizenzvergaben in aller Welt! Geld hat keine Rolle gespielt und der Champagner floss in Strömen. Mädchen waren vorhanden, so viele Finger haben zwei Hände gar nicht. Vertraut haben sie sich und sich gegenseitig unterstützt. Und nun schleicht er wie ein Dieb durch die blaue Stunde Luganos. Die eleganten Boutiquen mögen ihn nicht rühren, die unbeschwerten Gesichter verdrießen ihn gar und der Monte Brè im Hintergrund beugt sich wie ein dunkler Schatten über die Stadt, das ihm feindselig geworden ist. Je näher er dem Kursalon kommt, desto offensichtlicher wird sein Unmut, Gift und Galle flucht er vor sich hin und Roswitha hat Mühe, seinem entschlossenen Schritt zu folgen. Er eilt die Treppen zum Eingang hoch, reißt die Tür auf, drängt sich an den Portieren des Salons vorbei, bahnt sich einen Weg durch die Tischreihen, als wüsste er ganz genau, wo sein ehemaliger Freund sitzt. Er weiß es auch. Es ist der beste Platz im Haus. Noch vor ein paar Monaten ist er jeweils dort gesessen. Mit Kaviar und Krimsekt. So wie jetzt der Ferruccio. Er erkennt ihn schon. Von hinten. Er erkennt seine Glatze. Er kennt seine Bewegungen, dieses peinliche italienische Possenspiel. Und er erkennt Ferruccios Gast: Hanna Huwyler!

Mit einem Male sind all die Fragen weg, die er sich in den letzten Monaten immer wieder gestellt hat. Die Unsicherheit ist weg. Die ganze blöde Fragerei, wer wohl Teil der Internierungspartei ist und wer nicht – alles weg. Und eines ist auch weg. Othmar hat nie viel auf dieses Gefühl gegeben. Er hat immer geglaubt, dieses Gefühl leisten sich nur die Schwachen. Jetzt ist er anderer Meinung oder selbst schwach: Seine Hoffnung ist weg!

Er bleibt wie angewurzelt ein paar Schritte hinter Ferruccio stehen. Was hätte er nun für Ferruccios Geist gegeben, um in dieser Situation so zu reagieren, wie es Ferruccio immer getan hat, wenn es brenzlig wurde. Was hätte er für dessen Worte gegeben, um den Gegner fertig zu machen. »Du miese, kleine Sau!«, fängt er deshalb mal an, wohl wissend, dass es Ferruccio anders gesagt hätte. »Du hockst hier mit unseren Feinden an einem Tisch und machst gemeinsame Sache!«

Hanna bleibt der Atem weg. Ferruccio, obwohl bass erstaunt, hat immer welchen. »Was machst denn du hier?«

»Das hättest du nicht gedacht, wie? Du glaubtest, du hättest wieder einmal auf die richtige Seite gewechselt. Ich darf dich enttäuschen! Es ist die falsche Seite!«

»Jetzt beruhige dich erst einmal. Du weißt ganz genau, dass ich immer schon auch die Anspruchseite vertreten habe. Und das seit Jahren.«

Othmar kann seine Gedanken nicht ordnen. »Und warum meldest du dich dann seit Monaten nicht, du mieser Verräter?

Du rätst zur Flucht aus der Friedmatt, obwohl du weißt, dass uns gerade dieser Schritt das Genick bricht, du fiese Sau!«

Ferruccio reißt seine Serviette aus dem Hemd und steht auf. »Jetzt mäßige dich aber! Das war nicht meine Scheißidee. Das war Lucias Idee!«

Othmar kommt ihm bedrohlich nahe, so wie Polizisten, wenn sie sich vor einem aufbauen. Er schreit so laut, dass die Gäste an den Nebentischen pikiert zu essen aufhören und sich teils belustigt, teils entsetzt der Vorstellung widmen. »Und warum haben wir dann nichts mehr von dir gehört, außer einer Landesverweisung durch den Vormund? Ist das deine Art des Rechtsbeistandes? Du hast uns verraten Ferruccio. Verkauft!«

Ferruccio weicht seinem Gegner unweigerlich aus. Er fürchtet sich fast vor ihm. »Beruhige dich! Du bist ja von Sinnen!«

Othmar schreit sich in Rage. »Für was? Für eine Handvoll Franken!«

»Du bist ja völlig übergeschnappt! Die haben alle recht! Du gehörst hinter Schloss und Riegel!«

»Genau!«, geifert Hanna dazwischen und gibt ihrer außerordentlichen Erregung adäquaten Ausdruck, indem sie mit dem Salzstreuer auf den Tisch klöppelt.

»Ich zeig dir gleich, wer hier hinter Schloss und Riegel gehört!« Othmar holt zu einem rechten Handkantenschlag aus und verfehlt Ferruccio nur um Haaresbreite. Dieser strauchelt nach hinten, setzt sich mit einer Arschbacke in sein Nachtessen, verfehlt mit der anderen Hälfte den sicheren Tisch und überschlägt sich über die Bank nach hinten. Roswitha schreit, Hanna klöppelt, Othmar holt zum zweiten Angriff aus und will sich über den käferartig zappelnden Ferruccio werfen, als ihn von hinten ein starker Arm hindert. Innerhalb von ein paar Minuten haben die beiden Streithähne es geschafft, den elegant-distinguierten Ort in ein heilloses Chaos zu verwandeln.

»Los! Legt ihn in Handschellen!«, schreit einer der Gäste.

»Una vendetta! Una vendetta!«, brüllt ein anderer und bringt sich mit seiner sonnengebräunten Schönheit rapido in Sicherheit. Natürlich ohne pagare.

»Tollwütig ist er! Tollwütig!«, schreit Hanna, nachdem sich der Inhalt des Salzstreuers über ihrem Krabbencocktail entleert hat.

»So helft ihm doch!«, weint Roswitha und möchte sich durch den Aufruhr einen Weg zu ihrem Verlobten bahnen. Doch es ist zu spät. Othmar wird zuerst von der einen starken Hand zurückgehalten, die zu dem noch viel stärker aussehenden Körper eines Schutzbeamten der Kuranlage gehört, dann trifft auch schon die Polizei ein und zerrt den Tobsüchtigen aus dem Saal. Sie versteckt sich hinter einer Säule und sieht nur noch, wie Othmar, von beiden Seiten festgehalten, hinausgeführt und draußen sofort in einem Wagen in Gewahrsam genommen wird. Es ist das letzte, was sie von ihm gesehen hat. Kein Blickkontakt ist mehr zustande gekommen, keine Berührung, kein Abschied.

Als sich die Stimmung wieder etwas beruhigt, schleicht sie um die Säule, um im hinteren Ausgang zu verschwinden. Doch als sie an der Reihe vorbeigeht, wo Hanna und Ferruccio sitzen, sieht sie am Boden einen gelben Fleck. Ferruccio ist gerade damit beschäftigt, seinen Hosenboden notdürftig abzuwischen. Ein Kellner breitet ihm eine Serviette auf dem Sessel aus. Hanna gibt ihren Krabbencocktail zurück und erhält gratis einen neuen. Roswitha kratzt allen Mut zusammen – denn eigentlich kennen die beiden sie ja nicht –, geht an deren Reihe vorbei, klaubt sich den gelben Fleck vom Boden und verschwindet aus dem Kursalon.

Es war die Dotterblume, die Othmar in seiner Rage aus dem Revers verloren hatte. Es sollte die einzige Erinnerung sein, die Roswitha von ihrem Verlobten blieb. Sie kehrte nie wieder nach Liechtenstein zurück. In all meinen Recherchen habe ich keinen einzigen Hinweis auf Roswitha Burgmeier gefunden. Sie blieb wie vom Erdboden verschluckt.

»Geht es wieder, Herr Doktor?«, fragt dienstbeflissen ein Kellner seinen besten Gast, wobei ihn nur sein Anstand davon abhält, ihm nicht persönlich einige Saucenflecken aus dem Hosenstoff zu bürsten.

»Ja, ja, es geht. Bringen Sie mir bitte noch einmal ein Gedeck«, murrt Ferruccio, richtet sich die Krawatte und setzt sich wieder hin.

»Ich bin entsetzt!«, hechelt Hanna, die sich vor lauter Aufregung die ganze Karaffe Wein eingetrichtert hat. Dieser Abend soll für sie geradezu bizarre Formen angenommen haben, wie mir berichtet wurde, wobei ich den Leser mit den Details verschonen möchte.

»Ich bin begeistert!«, antwortet ihr Feruccio mit einer sanften Stimme.

»Und was ist der Anlass dafür?«

»Nun, dies ist wohl der beste Beweis, meine Gute, dass alles nach Plan läuft: Martin wurde bei der Flucht unterstützt, jetzt ist er vogelfrei und seine Helfer sind der Fluchthilfe bezichtigt. Die Klage Buchers, dass die Vormundschaft illegal ist, wird dadurch wirkungslos.«

»Sind Sie sicher?«

»Ich glaube nicht, dass wir sonst erlebt hätten, was wir eben erlebt haben. Außerdem hat er laut und deutlich gesagt, dass er aus Liechtenstein ausgewiesen wurde. Unsere kleine politische Aktion hat also voll und ganz gefruchtet.«

Hannas Gesicht erhellt sich, was es selten tut, und wenn, dann so, dass man den Unterschied zu vorher kaum erkennen kann. Jetzt aber, jetzt strahlt es geradezu. Es mochte sogar so viel Liebreiz ausgestrahlt haben, dass sich Ferruccio zur Geste hinreißen lässt, ihre Hand zu küssen. Sie schmeckt etwas salzig, wie er findet.

»Und war sie teuer, diese kleine politische Aktion?«

Ferruccio wischt sich dezent die Lippen. »Spielt Geld denn eine Rolle?«

14. Kapitel,
das davon erzählt, wie es denen ergehen kann, die den Ereignissen des letzten Kapitels zu unvorsichtig und mit etwas zu viel Theatralik nachgehen.

Peter hat Martin schon länger angeschaut und nickt stumm vor sich hin. Martin hat das gerahmte Foto auf dem Kaminsims fixiert. Er betrachtet fast furchterfüllt die alte Szene aus seinem Leben, als sei sie auf dem Fotopapier lebendiger als in seinen Erinnerungen. Dann wendet er sich mit einem finsteren Gesichtsausdruck Peter zu.

Als sich ihre Augen begegnen, spürt Peter, dass Martin gerne etwas sagen, gerne etwas tun würde, um der gegenwärtigen Situation zu entgehen. Aber er weiß offensichtlich nicht was. Also blickt er ihn erwartungsvoll an, wie immer in solchen Momenten, und hofft auf eine Lösung von ihm. Doch heute hat auch Peter keine Lösung. Heute nicht. Und auch in den vergangenen Monaten nicht. Seine Kräfte scheinen verloren gegangen zu sein. Seine Intuition, sein Gespür für die feinstofflichen Zusammenhänge des Lebens, alles weg. Wie vom Feuer verbrannt. Seine Fähigkeiten sind wie Rauch durch den Schlot entwichen. Martin mag das spüren. Er umklammert sein Schatzkästchen. Niemals hat Peter verstanden, wie Martin sich von solchen Wertgegenständen beeinflussen lassen konnte. Er hat dafür sogar sein Wertvollstes verschleudert. Lucia ist Martins letztes Vermögen gewesen.

Jetzt ist sie fort und Martins Herz liegt offen wie eine Auster in einer sengend heißen Wüste.

Die Hitze hier ist so unerträglich wie die Ungewissheit, denkt Peter, und starrt wieder ins Feuer.

»Eine Woche ist es nun her, dass Othmar weg ist, und wir haben immer noch keine Nachricht von ihm. Da stimmt doch was nicht!«, zerreißt er plötzlich die Stille zwischen ihm und Martin. »Da ist doch irgendetwas schief gelaufen!«

»Du spürst doch solche Sachen immer«, murmelt Martin lakonisch, sein Kästchen streichelnd.

»Ja, es tut mir leid! Er ist weg, dieser Spürsinn! Genau so weg wie deine Initiative! Seit Tagen hockst du wie ein Blödsinniger mit deiner Kiste vor dem Feuer und rührst keinen Finger!«

Martin fährt unwirsch auf: »Was ist mir denn sonst noch geblieben? Ein Imperium habe ich geschaffen! Tausende von Arbeitsplätzen! Einen Berg habe ich besessen und ein Haus, so schön wie keines im Tessin. Ich war ein geachteter Mann! Eine Berühmtheit! Und nun? Nun hocke ich hier wie ein Gespenst und alles, was ich habe, ist in dieser Kiste. Als wäre es mein eigener Sarg!«

»Es wird dein Sarg, wenn du so weiter machst, Martin!«, keift Peter zurück. »Was ist mit Othmar? Wo ist er? Und was wird mit uns? Was können wir denn tun? Was bleibt uns noch?«

Martin sinkt kraftlos zusammen. »Dass gerade du das fragst, Peter. Ausgerechnet du. Dich haben wir doch immer zu Rate gezogen. Du warst unser Orakel. Und nun weißt selbst du keine Antworten mehr. Was sagen denn deine heiligen Schriften und mystischen Texte über eine solche Scheißsituation? Wo ist er denn jetzt, dein Gott?«

Peter erstarrt. »Ausgerechnet jetzt kommst du mit Gott? Du? Hast du dich das auch mal gefragt, als es dir gut gegangen ist?«

»Nein, ich nicht. Aber du hast dich doch immer mit seinen Werken auf Erden beschäftigt. Fragst du dich das nicht? Nimmst du einfach hin, was er dir hinwirft? Einen solchen Gott möchte ich nicht!«

Peter haut mit der Faust auf seine Stuhllehne. »Du wirst vermessen, Martin! Natürlich frage ich mich das auch. Aber der Blinde ist nicht blind, weil er gesündigt hat oder seine Eltern, sondern weil an ihm Gottes Werk offenbar wird. Daran glaube ich. In guten wie in schlechten Zeiten! Wie sagt schon der Prediger: An bösen Tagen gedenke: Auch diesen hat Gott gemacht.«

Aus Martins Gesicht springt ein bitteres Lachen. »Du hast es gut. Ich, ich habe schon längst keine Antworten mehr. Ich weiß nicht, was wir tun sollen. Alles, was ich weiß, alles woran ich geglaubt habe, ist eingestürzt. Ich habe keine Ideen mehr. Ich werde keine neuen Erfindungen mehr machen, nicht einmal solche, die mein eigenes Leben retten.«

Peter vergräbt sich in seinen Händen. Er hat sich in seinem Leben oft hilflos gefühlt, sogar die allermeiste Zeit davon. Aber wenigstens hat er sich nicht von anderen abhängig gefühlt.

»Das werde ich nicht zulassen!«, zetert er und erhebt sich mit einer wilden Gebärde vom Stuhl. »Nein, das werde ich nicht zulassen! Gott will nicht, dass wir auf ein Wunder von ihm warten. Er will, dass wir handeln! Was wollen denn unsere Widersacher? Einen Beweis, dass wir alle nicht irre sind? Den sollen sie haben! Den liefere ich ihnen! Die Hand des Fleißigen kommt zur Herrschaft! heißt es.«

Martin bleibt nicht viel Zeit zu beobachten, wie sich sein alter, einstmals besonnener Freund wie ein Verrückter aus dem Saal wirft, nach Heinrich schreit, er solle die Pferde satteln, sich selbst in sein bestes Gewand hüllt und sich kurz darauf auf einen der Lippizaner schwingt und davonreitet.

»Wo willst du denn hin? Was hast du vor?« schreit ihm Martin hinterher, doch er erhält nur noch einen Wink mit dem rechten Arm, ein letztes Zeichen, bevor Peter mit Florian und Flora in Richtung Balzers verschwindet.

Die Einwohner des kleinen liechtensteinischen Dorfes haben sich ja seit der letzten Weihnachtsfeier an einiges gewöhnen müssen mit ihren neuen Zugezogenen auf der Burg Gutenberg. Aber Peters Ritt hoch zu Ross, mit einer Haltung wie eine Salzsäule und dem Gesichtsausdruck eines germanischen Rachegottes, das ist nun doch ein Erlebnis der ganz speziellen Art. Kinder rennen hinter ihm her wie sie während des Krieges die Soldaten begleitet haben. Die Fenster an den Strassen gehen auf und mancher Handwerker oder Ladenbesitzer unterbricht seine Arbeit, um den komischen Kauz aus St. Gallen zu sehen, der sich vorgenommen hat, der Welt zu beweisen, dass er das gar nicht ist. Dass er dafür ausgerechnet dieses Mittel gewählt hat, scheint selbst den Einsichtigsten zu hoch.

Und so geht es nicht lange, dass auch die Presse auf den Plan tritt, die gesamte Schar sensationslüsterner Journalisten und Reporter, die endlich wieder mal eine Abwechslung wittert und nun schnell mit Fotoapparaten und Aufnahmegeräten an den Straßen zwischen Balzers und Morcote steht und quasi live berichtet. Einer, der damals wie vorher schon in der ersten Reihe steht, wenn es um Sachen Reißverschlusskönig und sein Reich ging, ist Curt Riess. Er ist Peter nicht nur auf seiner langen Reise gefolgt, sondern hat dazu auch noch die Meinungen einiger Zeitgenossen eingeholt, die freilich niemals gedruckt und niemals der Öffentlichkeit zugänglich gemacht worden sind, sondern nur als Bandaufnahme in seinen Akten zu finden waren:

»Die Bevölkerung von Balzers bis nach Morcote staunt. Landleute auf den Feldern, die Bauern auf ihren Höfen und die Bewohner unzähliger kleiner Dörfer zwischen Liechtenstein und dem südlichsten Teil der Schweiz werden seit dem 22. September 1950 Zeugen einer Prozession, die sie in dieser Art noch nie gesehen haben. Der umstrittene Reißverschlusskönig, der in den vergangenen Wochen immer wieder Gegenstand der Presse war und der von zahlreichen Seiten Anfeindungen und Beschuldigungen erdulden musste, reitet als Beweis seiner geistigen und körperlichen Gesundheit vom Exil im Fürstentum in seine Heimat im Tessin. Das höchste Glück der Erde, das liegt wohl wirklich auf dem Rücken der Pferde. Doch ob es ein glücklicher Ritt ist, das weiß nur der Mann auf dem Pferd allein. Erinnert uns seine Reise nicht viel zu sehr an Homers Irrfahrten oder an die sinnlosen Kämpfe Don Quijotes? Oder sind wir es einfach nicht mehr gewöhnt, dass es Menschen gibt, die beherzte und mutige Zeichen gegen die Engstirnigkeit ihrer Heimat setzen? Ist dieser Mann vielleicht der Held einer neuen Zeit? Ich habe ein paar Menschen befragt, die es wissen müssten, weil sie die besten Zeiten mit dem Betroffenen gemeinsam verbracht haben (gekürzte Abschrift – Anmerkung des Autors):

Hugo Stinnes Junior, Industrieller und Großunternehmer, Berlin: Mit dem Pferd von Balzers nach Morcote? Nun sehen Sie, die meisten Menschen würden das ja heute mit dem Auto tun. Sie würden sich hinters Steuer setzen und losfahren. Weil sie keine Aussagen mehr machen mit ihren Handlungen. Sie fahren mit dem Auto, weil es der schnellste Weg ist von A nach B. Dafür haben sich Unternehmen wie die Stinnes etabliert, um schnelle Verbindungen aufzubauen. Aber nicht jeder will schnell ankommen, nicht? Er ist sicher nicht losgeritten, weil er schnell ankommen wollte, sondern weil er etwas aussagen wollte. Das war immer schon so. Seine Handlungen wollten immer etwas bekunden. Meistens war es Erfindergeist. Was es jetzt war? Ich weiß es nicht. Vielleicht Protest?

Elsie Attenhofer, Schauspielerin, Zürich: Schade, dass ich das erst jetzt erfahre. Ich wäre mit ihm geritten. Glauben Sie mir, und wenn ich einen wunden Arsch davon gekriegt hätte! Solche Aktionen braucht doch dieses verkrustete Land! Aber was verstehen die Leute hier schon davon! Ein warmes Essen, eine ungefaltete Zeitung und das Wissen, dass das Sparbüchlein auf der Bank sicher aufgehoben ist, das verstehen die Leute hierzulande als Lebensqualität. Aber ich sage Ihnen, jeden Tag, den wir nicht dazu verwenden, gegen diese Einöde anzukämpfen, ist ein verlorener Tag! Ich wäre mitgeritten, Himmel Arsch und Zwirn, das hätte ich gemacht!

Teddy Stauffer, Entertainer und Hotelbesitzer, Acapulco: Antwort auf Deine Anfrage. Stopp. Tolle Sache. Stopp. War immer schon ein verrückter Haufen dort unten. Stopp. Hat er keine Weiber dabei? Stopp. Haben also Verjüngungskuren bei Goldzieher doch nichts genützt. Stopp. Alles Blödsinn. Stopp. Grüsse alle in der Heimat. Stopp. T.

Urbano Lazzaro, Widerstandskämpfer und Held: (aus dem Italienischen übersetzt) Er ist ein Vollidiot, mit Verlaub. Er war immer schon ein Idiot, aber die letzten Jahre haben das Maß voll gemacht. Nun ist er ein vollendeter Vollidiot. Hat doch alles gehabt, der alte Haudegen. Hatte Frieden und Frauen, Geld und einen eigenen Berg! Wie kann man so blöd sein und das alles wegwerfen? Ich habe ihn nie verstanden. Warum er das nun getan hat? Was fragen Sie mich! Er ist verrückt, hat nicht alle Latten im Zaun. Da hatte die Alte schon recht, wie hieß die gleich, die mal an seiner Feier einen Aufstand verursacht hat? Er ist ein Vollidiot, mit Verlaub.

Artur Fontana, Direktor der Riri-Werke, Mendrisio: Ich kann Ihnen sagen, warum er das getan hat. Weil er ein freier Mann ist. Er hat alles verloren, alle Freunde, alles Vermögen, seine Firma, seinen Stolz. Aber er ist aufrecht nach Hause geritten. Er hat sich im Sattel gehalten. Ich bewundere ihn. Ich habe ihn als Chef bewundert, als Freund, als Mensch.

Das war eine Auswahl von Zeugen, die ihn ein Leben lang begleitet haben. Viele Stimmen sind nicht zu Wort gekommen oder haben sich auf meine Anfrage nicht gemeldet. Doch was wirklich geschehen ist an diesem 22. September 1950, das zu kommentieren muss ich jedem einzelnen Leser und Hörer selbst überlassen. Ich will mich weiterer Worte enthalten. Zu viel ist schon gesagt worden und zugleich zu wenig, um es richtig zu sagen. Ihr Curt Riess«

Curt sprach ein wahres Wort. Viele Personen, die ich selber gerne zu diesem und anderen Ereignissen dieser Lebensgeschichte befragt hätte, waren nicht mehr zu finden oder verweigerten jede Aussage. Doch eine Stimme hätte ich gerne noch gehört, die Stimme von Heinrich, dem Diener. Er fuhr damals mit Peter den ganzen Weg in einem Jeep mit, betreute das zweite Pferd, begleitete ihn auf seiner Reise bis vor die Villa Ri-Rita. Dort hinein wollte er nicht mehr. Er konnte nicht mehr. Er sah, wie Peter den langen Weg entlang des Sees ritt, etwas müde schon, mit einem staubigen Gewand, aber immer noch in tadelloser Haltung. Dann verschwand er hinter den ersten Hecken des Parkgartens und bog letztendlich in das Grundstück ein. Heinrich schaute ihm lange nach. Er wollte diesen Ort verlassen, aber er konnte nicht. Er stieg aus seinem Jeep aus und machte einige Schritte zu Fuß auf die Villa zu. Er wusste nicht, weshalb er das tat, aber als er den Wagen vor dem Haus sah, wusste er genau warum. Es war Peters Wagen. Auch nicht der von Martin oder Othmar. Es war ein weißer Lieferwagen. Darauf stand mit dunkelblauer Schrift geschrieben: »Sanatorium Bellevue. Kreuzlingen«. Und darunter ganz klein »Prof. Ludwig Binswanger«.

Heinrich nickte traurig, ging zurück zu dem Pferd, streichelte es und ging. Er sah Peter niemals wieder und auch Othmar nicht und Martin nicht. Man sagt, er sei wieder durchs Land gezogen, der Heinrich, wie ehemals, bevor er in Othmars Dienste gelangte, dann habe er in Heidelberg sein Studium zu Ende gebracht, schließlich irgendwo in Deutschland eine Praxis eröffnet und sich besonders mit psychisch degenerierten Langzeitpatienten beschäftigt. Wenn das stimmt, wäre er nach all den Jahren doch in seines Vaters Fußstapfen getreten. Doch sicher ist das nicht. Ich habe von Heinrich nie wieder etwas gehört. Und ich weiß auch nicht, was er sich gedacht hat, als er der Villa Ri-Rita den Rücken gekehrt hat, seinem Zuhause, in dem er so viele Jahre gedient und in dem er so viele Dinge erlebt hat, dass dazu wohl ein zweites Buch geschrieben werden müsste, aber es könnte in seiner manchmal etwas melancholischen Art etwa das Folgende gewesen sein: »Nun ist es geschehen. Es ist soweit. Hier geht ein Weg zu Ende. Auf dem schmalen Grat des Bewusstseins auszuharren, das ist nun Peters Aufgabe. Seine letzte. Dieser Weg führt nicht zu Ruhm und Ehre, nicht zu Reichtum und Jugend, nicht zum Universum und zum Ende des Daseins, nur zu sich selbst. Auf einem solchen Grat haben niemals zwei Körper nebeneinander Platz. Keiner aus der Familie, keiner aus der Firma, kein Freund, kein Begleiter, nicht einmal Gott. Peter geht diesen Weg ganz allein.«

15. Kapitel,
das an jenen Ort führt, der offensichtlich unvermeidbar war, auf jeden Fall aber ein Ende und einen Anfang zugleich bedeutet.

Martin ist mit einer auffälligen Limousine mitten auf einem großen Parkplatz stehen geblieben. Er steigt aus und schaut unmutig um sich. Auf der einen Seite liegt ein großer, schön angelegter Park. Riesige Bäume ragen aus einem tadellosen Rasen und ein für diese Jahreszeit sanfter Wind, der leicht von einem Meerbusen hätte herüber säuseln können, verfängt sich in den grünen Kulissen aus Blättern und feinen Ästen. Verteilt in diesem Park stehen einige pittoreske Häuschen, die wie kleine Pilze märchenhaft inmitten eines verwunschenen Waldes sprießen.

Martin Winterhalter hat kein Auge dafür. Er nimmt den Weg in die andere Richtung in Angriff, auf eine alte Villa zu. Vor einem beeindruckenden Eingangsportal, das auch zu einem erstklassigen Hotel hätte gehören können, bleibt er stehen und liest laut: Sanatorium Bellevue. Kreuzlingen.

Ich sehe ihn, wie er die Plakette liest, kurz die Villa mustert und sich dann der Eingangstür nähert. Ich und ein Kollege von mir stehen dahinter. Dann kommt Professor Binswanger dazu. Er ist der Leiter der Klinik. Er schaut uns kurz an, wir nicken zurück, dann gehen wir hinaus.

Winterhalter steht mit einem wehenden Mantel vor der Tür. Wir drei weiß Gekleideten schreiten wie in einem schlechten Western auf ihn zu und bleiben einige Meter vor ihm stehen. Der Wind ist doch nicht so sanft. Es ist der 11. November 1950.

»Ich möchte meine beiden Freunde abholen. Sie wurden illegal hier interniert«, herrscht uns Winterhalter an und verschränkt die Hände hinter dem Rücken. Ist er am Ende noch bewaffnet?

Professor Binswanger schiebt sich etwas vor. »Sie wollen Ihre Freunde mit diesem Wagen abholen?« Dabei zeigt er auf die auffällige Limousine mitten auf dem Parkplatz.

»Genau.«

Binswanger öffnet die Tür zum Eingang. »Kommen Sie mit herein. Unterschreiben Sie hier. Sie müssen dafür die volle Verantwortung übernehmen!«

Winterhalter folgt ihm zum Empfangstresen und unterschreibt ein Dokument. Währenddessen sind mein Kollege und ich zu seinem Wagen gegangen. Nach einer Weile kommen die beiden. Binswanger hält die Dokumente in Händen, Winterhalter hat seinen Mantel über den Arm genommen.

»Wo sind sie?«, fragt er.

Ich deute auf die Limousine. »Sie sind bereits drin.« Er beugt sich zum hinteren Fenster. Das ist der entscheidende Moment. Wir überwältigen ihn. Mein Kollege hält ihn mit einem geübten Griff fest, ich zücke eine Spritze. In ein paar Sekunden ist alles vorüber. Er taumelt gegen den Wagen. Wir lassen ihn los.

»Ich möchte mit ihnen sprechen«, keucht er.

Binswanger reißt die Tür auf. Der Wagen ist leer.

»Wo sind sie? Wo sind Othmar und Peter? Was haben Sie mit ihnen gemacht?« Winterhalters Stimme wird heiser. Er lehnt sich gegen den Wagen und schaut mit einem trüben Blick abwechselnd zu uns und in den Wagen.

Ich gehe auf ihn zu und stütze ihn. »Othmar und Peter gibt es nicht, Herr Winterhalter. Sie existieren nur in ihrem Kopf. Deshalb sind Sie hier. Und deshalb müssen Sie hier bleiben.«

Er schaut mich an, als hätte ihm seine eigene Mutter ein Bajonett in die Brust gerammt. Ich werde den Blick nie vergessen! Dann bricht er zusammen. Ganz genau zu dieser Stunde wird er zum Ehrenbürger der Gemeinde Corona gewählt. Sie ehren den Besitzer ihres Berges, des Monte San Grato, und dieser Besitzer wird nun für die nächsten zehn Jahre mein Patient.

Das ist vielleicht der Moment, an dem ich mich, nicht nur als Ihr Autor, sondern als Figur in dieser Geschichte vorstellen darf: Mein Name ist Dr. Sebastian Fierz. Ich war der behandelnde Arzt von Herrn Winterhalter und erst ein paar Monate im Sanatorium Bellevue bei Professor Ludwig Binswanger angestellt. Das Sanatorium gehörte einst zu den besten Kliniken der Welt. Das gesamte Ärzteteam stand in engem persönlichem und wissenschaftlichem Kontakt mit Sigmund Freud, Eugen Bleuler und Carl Gustav Jung. Zu unseren Patienten und Gästen gehörten bedeutende Persönlichkeiten, Künstler, Dichter und Literaten, unter anderem Alfred Döblin, Adrien Turel, Walter Mehring, Carl Zuckmayer und Ernst Ludwig Kirchner. Hier wurde die so genannte Daseinsanalyse begründet, mit der ich Sie nicht weiter langweilen möchte, die aber wesentlich dazu beigetragen hat, dass Herr Winterhalter in seinen letzten Lebensjahren nicht verkommen, sondern gewachsen ist.

Sie werden sich jetzt natürlich fragen, weshalb ein Autor, der stets bemüht war, darauf hinzuweisen, dass seine Geschichte überlieferten Tatsachen entspricht, drei Hauptpersonen kreiert, wenn es doch historisch nur eine gab. Warum Othmar, Peter und Martin, wenn es nur letzteren gab? Die Frage ist einfach zu beantworten, wenn auch vielleicht nicht einfach zu verstehen. Es diente nicht der Effekthascherei. Ich wollte auch nicht eine moderne Version von Jekyll, Hyde und seiner Kammerzofe Mary Reilly in einer Person entwerfen. Es ging hier nicht um Bewusstseinsspaltung, was landläufig mit Schizophrenie gleichgesetzt wird, woraus man literarisch so schön gruselig zwei oder drei oder vielleicht noch mehr Personen skizzieren kann, die alle eigenständig agieren und nichts von der Existenz des anderen wissen. Es ging darum, dass Martin Othmar Peter Winterhalter – so sein richtiger und vollständiger Name – ein zu vielschichtiges und durch seine Krankheit komplexes Leben geführt hat, um es literarisch in einem Erzählstrang abzuhandeln. Zu wirr und chaotisch hätte eine Anekdote die andere gejagt. Zu sehr wäre diese Lebensgeschichte bereits zu Beginn vom Verdacht befallen gewesen, die Achterbahnfahrt einer kranken Seele zu sein. Dem wollte ich mich entschieden entgegenstellen, so wie es auch Winterhalter sein halbes Leben lang tun musste. Darum geht es ja in diesem Roman, der gerade aus diesem Grund keine Biographie sein will: Was ist gesund? Was ist krank? Definiert nicht gerade der auffällige Mensch die Grenzen seiner Gesellschaft? Oder lebt er einfach nur ein Leben gegen den Uhrzeigersinn?

Winterhalter agierte kompromisslos in drei verschiedenen Rollen, die er sorgsam trennte und sich exakt nach deren Mustern verhielt: Als Unternehmer, Mystiker und als Lebemann. Anstatt diese Rollen als Schatten, wie es C. G. Jung formulieren würde, in sich zu behalten und mit ihnen durch das Leben zu gehen, lagerte er sie einfach aus und kreierte für sie ihre eigene Welt. Sie hatten ihr eigenes soziales Umfeld. Elena zum Beispiel kannte nur den Unternehmer Martin. Othmar und Peter, von denen Martin immerzu sprach, lernte sie nie kennen. Alle Personen innerhalb des Unternehmens, Bürochef Ernst Wolff, Firmenjurist Ferruccio Bolla, die beiden Direktoren Ernesto Rieser und Armande Pedrazini, der Leiter der Produktion, Artur Fontana sowie der Anwalt Ludwig Bucher, sie alle kannten natürlich nur Martin Winterhalter. Auch wenn Martin selbst so agierte, als wären Othmar und Peter Teil der Runde, die Gespräche bezogen sich natürlich alle immer nur auf Martin selbst.

In Leipzig jedoch, da war Winterhalter ganz und gar Lebemann. Curt Riess und Hugo Stinnes junior kannten dementsprechend nur Othmar. In deren Welt kam ein Martin niemals vor. Für sie war der Reißverschlusskönig Othmar Winterhalter. Und auch in späteren Episoden, etwa in Wien, in den USA oder Tunis, da gab es nur Othmar.

Auch Peter hatte seine eigene Lebenswelt. Die Freunde aus St. Gallen, Markus, Christoph und Mario oder der Mystiker Oswald Wirth hatten nur mit Peter zu tun. Sie gelangten niemals in den Lebenskreis von Othmar oder Martin.

Nun werden Sie sich fragen, ob denn keiner der vielen Menschen um Winterhalter diese Auffälligkeiten bemerkt hat oder ob es bei keinem jemals Kollisionen der drei Figuren gab. Natürlich gab es die. Deshalb nahm diese Geschichte die Wendung, die sie nehmen musste und deshalb ist diese Geschichte letztendlich wohl die Chronik der rücksichtslosen Verfolgung eines Außenseiters. Immer wieder gab es Andeutungen darin, dass sich Winterhalters Umwelt nicht besonders wohl fühlte: Elena fragte sich zum Beispiel immer wieder, wer denn diese »komischen Freunde« sind, mit denen sich ihr Mann die Zeit vertreibt.

Martins Chauffeur Jochen beobachtete in der Betriebsstätte Wuppertal durch die Glasfront, wie sein Chef Tisch und Stühle verrückte, bald mit diesen, bald mit jenen redete, wild gestikulierte und sogar richtig kämpfte. Jochen beobachtete natürlich nur eine einzige Person und wusste nicht, dass sich dieser in seiner Welt mit seinen zwei Freunden auseinandersetzte. Als Dr. Christian Huonder in der Rolle des Vormundes Peter aus dem Burghölzli holte, machte es den Eindruck, als warten Martin und Othmar in der Villa Ri-Rita auf ihn. In Wahrheit organisierte Pater Beat diese Vormundschaft und sprach dementsprechend immer von seinem Bruder, den er aus der psychiatrischen Klinik holte und nicht von einem Peter, den er ja überhaupt nicht kannte. Ganz besonders vertrackt wurde es schließlich, als Ludwig Bucher den Rechtsfall Martin Winterhalter nochmals auffädelte, worauf sich dieser nach Lugano zu Ferruccio Bolla begab und hoch zu Ross von Balzers nach Morcote ritt. Martin tat das im Glauben, er sei nun Othmar oder Peter und damit vollkommen unschuldig. Dieser letzte, fatale Wahnsinn führte dann auch zum letzten Kapitel dieses Buches. Martin Othmar Peter Winterhalter wurde, nach seinem Ritt und seiner schnellen Verlobung mit Roswitha, im Kursalon in Lugano verhaftet.

Drei Ausnahmen gab es, die um Winterhalters Geheimnis wussten. Deshalb sind sie die einzigen in dieser Geschichte, die abwechselnd mit allen drei sprechen konnten: Der Diener Heinrich, die Köchin Rosita und Lucia. Alle drei haben ihr Geheimnis bewahrt, und keiner hat jemals ein Wort über den mentalen Zustand seines Herrn verloren. Bis heute nicht. Vielleicht hätten sie mir noch ganz andere Dinge verraten können, die gänzlich neue Sichtweisen auf diese Ereignisse eröffnet hätten.

Martin Winterhalter ist quasi in drei Teile zerfallen und hat die beiden anderen Teile Othmar und Peter genannt. Er hat sein eigenes Handeln seit seinem traumatischen Erlebnis im Steinachtobel und danach durch die Bedrohung der Nazis zunehmend als fremd und unwirklich erlebt. Er hatte seine Gedanken, Gefühle, Entscheidungen und Handlungen nicht mehr als selbstgesteuert empfunden. Deshalb hat er sie verschiedenen Gefühlsbereichen innerhalb seiner selbst zugeordnet. Dadurch hat sich seine Realitätsauffassung in zunehmendem Maße verändert. Zwar haben ihm Othmar und Peter geholfen, sein auseinandergefallenes Denken, Fühlen und Wollen zusammenzuhalten, doch sie haben dadurch auch eine falsche, nicht mehr korrigierbare Beurteilung der Realität provoziert. Mehr und mehr entwickelten die drei Rollen eigenständige Lebensinhalte, Muster, Umwelten. Winterhalter konnte sehr wohl zwischen den dreien unterscheiden. Er rief sie ja explizit in sein Leben oder kam ihnen zu Hilfe.

Die ersten Anzeichen einer paranoid-halluzinatorischen Form der Krankheit stellte Elena im Jahre 1936 nach dem Skiunfall in Engelberg fest. Doch es vergingen noch einmal sechs Jahre, ehe sich der groteske Vorfall in Venedig ereignete und Winterhalter zu Professor Cattamalli von der neuropsychiatrischen Klinik der Universität Modena gelangte. Der Befund der frommen Hysterie war damals noch recht milde. Doch bereits Dr. Wehrle von der Privatklinik Les Rives de Prangins stellte besorgniserregende Defizite in der Persönlichkeitsstruktur Winterhalters fest. Dann, 1947, erfolgte die erste gewaltsame Internierung durch Dr. Elio Gobbi in die Psychiatrische Klinik Burghölzli. Dr. Bleulers Gutachten war eindeutig und leitete letztendlich auch die Ereignisse der letzten Jahre in Freiheit für Martin Winterhalter ein: »Der Patient zeigt ein manisches Zustandsbild mit ideenflüchtigem, wenn nicht schon zerfahrenem Gedankengang, (...) Der Patient kann seine wichtigsten Angelegenheiten nicht selbst besorgen.«

Auch ich hatte, als Winterhalter bei uns in Kreuzlingen eintraf, diesem Befund zugestimmt. Er schien schlüssig. Er entsprach dem Zeitgeist. Martin Winterhalter schien ein normaler Wahnsinniger zu sein. Er schlug die guten Ratschläge seines treuen Anwalts Ludwig Bucher in den Wind, obwohl dieser und nur dieser ihn noch hätte retten können. Er zerstritt sich am Schluss noch mit seinem Bruder Beat, unterstellte ihm eine Beteiligung an der Internierungspartei und verfasste wilde

Briefe an seine Schwester Hanna und an seine Vormunde. Als alles nicht mehr half, ritt er los, von Balzers nach Morcote, besuchte noch einmal seine Villa Ri-Rita, suchte dann Ferruccio Bolla auf, vollführte im Kursalon eine fürchterliche Szene und wurde schließlich von der Polizei verhaftet. Diese brachte ihn am 11. November 1950 in einem Streifenwagen, in einer auffälligen Limousine, nach Kreuzlingen. Als er an jenem kühlen Novembertag mit wehendem Mantel in unserem Portal stand, da wirkte er auf mich wie eine Figur aus einem Ibsendrama: Es war nicht mehr zu unterscheiden, wo sein Charakter endete und wo die Lebenslügen begannen. In geradezu virtuoser Geschwindigkeit schwindelte er sich Gefühle herbei und Ängste weg, verwandelte Kapitulation in Hoffnung und Schuld in Verdrängung oder ersteres in letzteres, und das alles mit einem schalkhaften, bübisch-verträumten Lächeln, als gelte es, der Welt einen Orden zu überreichen, weil sie ihn so herzensfroh in seinem Wahn ignoriert hatte. Jahrelang schien deshalb klar zu sein, dass seine Internierung rechtmäßig und auch richtig war. Ich glaubte es selbst, bis Winterhalter begann, mir seine Geschichte zu erzählen. Es ist die Geschichte, die Sie hier vor sich haben. Monatelang hat er mir davon erzählt, jahrelang. Er hat darüber gelacht und geweint. Er hat Tiefsinniges preisgegeben und gelogen, dass sich die Balken biegen. Was in diesem Buch wahr ist und was nicht, das weiß vermutlich nicht mal er selbst. Vielleicht hätten es der Diener Heinrich gewusst, die Köchin Rosita oder Lucia. Aber sie redeten nicht darüber. Niemals! Sie waren einfach nicht mehr erreichbar für alle, die sich diesen Geschehnissen widmeten. Vieles entnahm ich deshalb den Aufzeichnungen von Curt Riess. Er recherchierte akribisch in Winterhalters Leben und veröffentlichte seine Erkenntnisse in der Frankfurter Illustrierten im Jahre 1953.

Fünfzig Jahre habe ich geschwiegen über diese Ereignisse, weil sie mir unangenehm und peinlich waren. Fünfzig Jahre habe ich gehofft, sie zu vergessen. Nun bin ich ein alter Mann und weiß noch jedes Detail, als wäre alles erst gestern geschehen.

Sicher zwei Jahre lang ist meine Beziehung zu Herrn Winterhalter wie zu jedem anderen Patienten bei uns im Bellevue verlaufen. Erst haben ihn noch sein Bruder Beat, Ludwig Bucher und Artur Fontana besucht. Aber nach einem Fluchtversuch sind auch diese Bande zur Außenwelt abgebrochen. Neue Presseberichte werden auf rechtlichem Wege konsequent verhindert. Es folgt eine Phase depressiver Zurückgezogenheit, bevor Winterhalter beginnt, sich mental zu erholen. Das ist der Moment, in dem eine Therapie greifen kann. Die Essenz existentialistischer Therapie, wie sie Professor Binswanger im Bellevue praktiziert, liegt in der Beziehung zwischen Therapeut und Patient. Anders als bei den förmlicheren Therapien, wie zum Beispiel bei Freud oder bei den behavioristischen Therapien, besteht das Ziel der existentialistischen Therapie darin, sich voll und ganz auf den Patienten einzulassen, seine Welt zu verstehen, um mit dieser Sprache und aus diesem Normen- und Wertehintergrund heraus die Autonomie des Patienten zu fördern.

Es hat sehr lange gedauert, bis mir das bei Winterhalter gelungen ist, obwohl er keineswegs den Eindruck macht, ein sehr komplexer Mensch zu sein. Aber gerade dieses offensichtlich Zugängliche versickert mehr und mehr in einem Schlund der Zurückgezogenheit, je näher man ihm kommt. Die Angst davor, sich dieser neuen Umwelt zu öffnen, zeugt von seiner Vergangenheit als Verfolgter durch seine engsten Freunde und Verwandten. Als mit der Zeit die Freude darüber überwiegt, dass hier in der Klinik auch sein Kampf gegen das Leben endet, lässt er endlich den Träumer in sich erwachen, der ihm seinen wohlverdienten Frieden bringt. Ab diesem Moment lässt er sich fallen, als würde er sich auf den Aufprall freuen. Auch seine ewigen Kopfschmerzen verschwinden. Das erste Mal habe ich das Gefühl, dass er nicht die Welt erobern will, sondern nur sich selbst begegnen. Bis zu diesem Zeitpunkt hat sein Herz für drei Leben schlagen müssen. In Kreuzlingen schlägt es nur für sich. Es schlägt allein, doch es schlägt bis zu den Sternen, pumpt Lebenskraft durch die Adern und scheint einen Takt anzugeben, nach dem seine Seele tanzen kann.

Natürlich spricht er immer noch von Othmar und Peter. Er ärgert mich damit und das freut uns dann beide. In dieser Zeit lerne ich, dass diese Geschichte keine Biographie, sondern ein Roman werden muss, der von Martin, Othmar und Peter handelt und der viele Dinge beschreibt, die niemals so geschehen sind. Sie werden viele Details finden, die nicht stimmig scheinen, und dennoch Teil eines Ganzen werden, das sich nur so der Person Martin Winterhalters nähern kann. Dabei sind Othmar und Peter, in C. G. Jungs Diktion, zu Personen gewordene Schatten von Martin. Erst in Kreuzlingen werden die Personen wieder zu Schatten. In den letzten Lebensjahren erst lösen sie sich sogar gänzlich auf, als würde man eine Karaffe Wein in den Bodensee gießen. In diesen Wassern geschieht auch, was ich niemals vergessen werde, und was am 20. Juli 1961 passiert ist:

»Dr. Fierz, ich muss Ihnen etwas sagen«, spricht mich Winterhalter frühmorgens an. »Es ist sehr wichtig. Othmar möchte wieder mal im See schwimmen gehen und ich habe ihm versprochen, ihn zu begleiten.«

Ich pflege auf diese Art von Spaß nicht zu reagieren, obwohl ich es höchst amüsant finde, wie er seit neuestem mit seiner eigenen Neurose umgeht.

»Ist schon gut«, fügt er bei. »Othmar ist im Untersee ersoffen und ich möchte schauen, wo das genau ist.«

Ich seufze. »Jetzt gleich?«

»Jetzt gleich«, antwortet er und zieht mich in Richtung des Bootssteges. Er ist mit seinen 72 Jahren noch ein rüstiger Mann, sehr agil und äußerst betriebsam. »Sonst wird es Peter zu spät.«

»Jetzt hören Sie aber auf!«, rege ich mich künstlich auf und stoppe wie ein trotziges Kind vor dem Steg. Er lacht nur, klopft mir jovial auf die Schultern und wirft seinen Rucksack in das Boot. Dann hüpft er hinein und setzt sich auf die mittlere Bank. So gut ist es ihm seit Wochen nicht mehr gegangen. Wir rudern auf den See hinaus. Nach einer Weile hebe ich die Ruder und wir lassen uns einfach vom Gang der Wellen treiben. Es ist ein schöner, sommerlicher Tag und ein satter Dunst hängt über beiden Uferseiten, so dass die Häuser wie auf einem Pastellbild an uns vorbeiziehen. Die Luft säuselt vom Seerücken hinunter in die Auenlandschaft zwischen Konstanz und Stein am Rhein, in deren Becken sich der Untersee wie eine sanfte Wolke zwischen den Hügeln ausruht. Das grüne Ufer spiegelt sich im Wasser, und auf manchem Wellenkamm scheint ein Teil dieses Landes ans Boot zu klopfen, in dem er und ich sitzen. Winterhalter lässt die Sonne in seinem Gesicht tanzen. Er erinnert mich an einen Trapezkünstler im Zirkus, der von den Scheinwerfern in der Manege beleuchtet wird. Ich schaue auf seinen Rucksack. Der Reißverschluss ist herausgerissen.

»Sagen Sie mal, woher haben Sie denn diesen Rucksack? Ich habe ihn noch nie gesehen«, frage ich.

»Ich habe einen Pfleger bestochen, dass er ihn mir bringe.« Dabei lacht er so laut, dass am Ufer einige Möwen aufschrecken.

»Haben Sie denn noch so viel Geld?«, versuche ich, das Gespräch nicht verebben zu lassen.

»Nein, nichts mehr. Aber ich sagte ihm, dass ich ihm eine meiner Erfindungen gebe.«

»Sie haben gelogen?«

»Nein. Ich hab den Reißverschluss herausgerissen. Stimmt doch!«

Er ist immer noch ein alter Provokateur, der Herr Winterhalter. Ich habe keine Zweifel daran, dass es sich genau so zugetragen hat, obwohl ich mittlerweile gelernt habe, seine Geschichten und Anekdoten genau zu hinterfragen.

»Ärgert es Sie, dass Sie kein Erfinder mehr sind?«

»Schon. Das ist schade. Nicht nur für mich. Auch für die anderen.«

»Und die anderen? Sind Sie ihnen noch böse, dass sie Ihnen alles weggenommen haben?«

Martin schaut lange auf den See hinaus. Für einen Moment scheint es, dass ihn eine Melancholie überfallen könnte, eine schmerzliche Erinnerung vielleicht. Aber es kommt nicht so. Sein Blick tanzt wie ein Flaschenkork auf den Wellen. Dann rückt er eine Bank näher zu mir. »Wissen Sie, irgendwann spielt im Leben nicht mehr viel eine Rolle. Wie viel kostet dieses Sanatorium täglich? 120 Franken? Ich schätze, meine Fabriken werfen heute täglich ungefähr vierzig Mal so viel ab. Vielleicht auch fünfzig Mal.«

Ich sage nichts. Erst später finde ich heraus, was er damit gemeint hat. Als er damals mit Lucia in Mailand weilte, reiste er einmal ohne sie in die Schweiz, in den Kanton Zug. Dort parkierte er während seiner Rückkaufaktion der Riri-Aktien vom Ausland her einen großen Teil seines Vermögens in einer Stiftung, auf die der gesetzliche Vormund keinen Zugriff hatte. Dutzende von Millionen sind dort deponiert und kommen wohltätigen Zwecken zu.

»Ich möchte Ihnen etwas schenken«, sagt er nach einer Weile und packt aus dem Rucksack eine Holzkiste aus. Behutsam legt er sie vor sich auf die Bank zwischen ihm und mir und zieht daraus ein kleines, gelbes Büchlein hervor.

»Es ist alles, was mir geblieben ist! Doch jetzt hat es für mich keine Bedeutung mehr.« Er überreicht mir das Büchlein und seine Hände zittern. Ich schaue ergriffen auf das Geschenk, dann in seine Augen. Sie sind voller Tränen. In das Büchlein hat er mir eine Widmung geschrieben.

Niemals hat mich eine Szene mehr in meinem Leben gerührt. Wir sitzen in diesem Boot wie zwei Verlorene, die über den Styx geschifft werden. Ich schaue auf meinen Patienten und finde ihn nicht mehr an seiner Stelle. Vielleicht ist er mit Othmar und Peter an diesem Punkt des Sees ertrunken. Auf alle Fälle sehe ich nur noch Martin Winterhalter dort sitzen. Der mächtigste Schutz vor der Selbstzerstörung ist immer noch die Zuversicht, sein Leben selbst beeinflussen zu können. Jeder, der einmal darauf gekommen ist, dass diese Zuversicht ein Glaube und keine Tatsache ist, ist entweder sarkastisch geworden, gläubig oder wahnsinnig. Der Sarkastische überlebt, weil er den Glauben der anderen zu zerstören glaubt. Der Gläubige überlebt, weil er den Glauben der anderen zu widerlegen glaubt. Der Wahnsinnige ist insofern der humanste Überlebende der Menschheit. Martin

Winterhalter schließt die Holzkiste und wirft sie über Bord. Sie geht schnell unter. Sie muss sehr schwer gewesen sein.

»So, jetzt ist es gut«, sagt er leise und schaut seiner Kiste nach, wie sie auf den Grund des Untersees abtaucht.

Am Tag darauf, am 22. Juli 1961, stirbt er. Kurz darauf wird in Mendrisio die 25-Jahr-Feier der Riri-Werke gefeiert. Der Verwaltungsrat lobt den verdienten Wirtschaftspionier, den leider ein tragisches Schicksal 1947 gezwungen hat, sich vom Geschäft zurückzuziehen. Der Gemeinderat von Mendrisio hebt die Bedeutung des Unternehmens für seine Gemeinde hervor und preist die Gründung der Fabrik als mutiges Wagnis, das durch seinen seitherigen Erfolg gerechtfertigt worden sei. Artur Fontana führt das Unternehmen weiter. 4.500 Kilometer Reißverschluss werden zu jener Zeit jährlich in 40 Länder exportiert. Die Vormundschaft um die Internierungspartei kann sich also über viele Jahre hindurch einer erquicklichen Ernte ihrer Bemühung erfreuen, Martin Othmar Peter Winterhalter hinter Schloss und Riegel gebracht zu haben. Heute noch werden in Mendrisio jene Reißverschlüsse gefertigt, die er in den 20er-Jahren des letzten Jahrhunderts entwickelt hat.

Bei seiner Beisetzung kommen nicht viele Menschen zusammen. Es sind ein paar, die ich nicht kenne und die sich scheu im Hintergrund halten. Ich lese die Widmung aus seinem kleinen, gelben Büchlein vor: »Man wird geboren. Man stirbt. Dazwischen macht man viele Fehler. In Liebe. Ihr Martin.«

Anhang

Zeittafel

1889 Geburt von Martin Othmar Peter Notker Winterhalter in Tablat bei St.Gallen, jüngster Sohn des Kaufmanns Eduard und seiner Frau Elisabeth. Jugend in St.Gallen.

1904 Rauswurf aus der Klosterschule Einsiedeln wegen Mädchengeschichten.

1908 Abitur an der Zürcher Privatschule Minerva. Das väterliche Erbe über 5.000 Franken verprasst Winterhalter in Lyon. Immerhin: Er kauft dafür das Buch »Wie werde ich Millionär« für 80 Rappen.

1910 Leistenbruch und Herstellung eines federlosen Bruchbandes, das besser hält als bisherige Modelle.

1911 Besuch des Oktoberfestes in München auf der Fahrt zum neuen Studienplatz. Ravel und Debussy sind en vogue, der Organist Albert Schweitzer nicht.

1911 Immatrikulation als Jurist an der Uni Leipzig. Winterhalters Ziel ist die schnelle Doktorwürde, eine steile Karriere, um so Millionär zu werden. Die Familie finanziert vorerst sein Studium.

1912 Bekanntschaft, dann Partnerschaft mit Kommilitonin Emma-Elena Puklitsch.

1912 Das Geld reicht nicht aus. Zusätzliche Selbstfinanzierung durch Verkauf seines Bruchbandes, das in der Studentenbude zusammen mit Emma-Elena und Freunden hergestellt wird.

1914 Kriegsausbruch. Als die Welt sich ins Verderben stürzt, hat Winterhalter seinen Dr. jur., ein eigenes Auto und den Gewinn von 15.000 Mark aus seiner Bruchbandproduktion.

1914 Große Erfolge des Bruchbandes durch den Krieg. Moltke & Hindenburg kaufen es und machen Werbung. Verkauf über Orthopädiegeschäfte in Leipzig, Dresden, Berlin, Hamburg, Köln.

1915 Der Gewinn des Orthopädiegeschäfts erreicht bereits 60.000 Mark.

1923 Der Krieg ist seit sechs Jahren zu Ende, die Nachkriegsinflation verdirbt das Geschäft. Die Nachfrage nach Bruchbändern sinkt. Umzug nach St.Gallen. Aufbau einer Filiale des Orthopädiegeschäfts.

1923 Hochzeit mit Emma-Elena

1923 Der US-Schwede Guideon Sundback versucht sein Verbindungs-Patent Nr. 88924 zu verkaufen. Die Strickereibarone lachen ihn aus. Winterhalter kauft es am 12. Juni für 100.000 Franken.

1924 Das Produkt ist gut, aber nicht ausgereift. Reißverschluss-Einfall bei Gesellschaftsspiel mit übereinander gelegten Händen auf einem Fest bei ihm zuhause in Halle an der Saale, Forstenstrasse 3.

1924 Besuch der Leipziger Messe. Herr Hahn, Textil-Grossist in Paris, bestellt für Elsa Schiaparelli und streckt für die Produktion 50.000 Mark vor. Der Gesamtauftrag beläuft sich auf über 300.000 Mark.

1924 Aufbau der Firma Riri in einer alten Spinnerei zuerst in Halle an der Saale (Zischgartenstr. 2), dann in Wuppertal-Wichlinghausen. Die maschinelle Produktion wird patentiert.

1925 Anfangs Jahr stellen am Fließband 100 Mitarbeiter 500 Meter Reißverschluss pro Tag her. Mitte Jahr sind es 500 Personen, Ende Jahr 1.000. 10.000 Meter Reißverschluss entstehen pro Tag.

1929 Der finanzielle Durchbruch gelingt mit einem revolutionären Spritzgussverfahren. Lizenz-Vergabe auch zurück an die USA. Tochterfirmen in Luxemburg, Mailand und St.Gallen.

1933 Deutschland interessiert sich für die Firma. Die braune Politik beginnt, ins Alltags- und Wirtschaftsleben einzugreifen. Winterhalter schaut sich nach alternativen Standorten in der Schweiz um.

1934 Kauf der Villa Miramare am Luganer See für 1,5 Mio. Franken. Die Besitzerin lebt aber noch darin. Den Sommersitz San Grato (400.000 m²) kauft er von der Gemeinde Carona dazu.

1935 Skiunfall in Engelberg mit Gehirnquetschung. Beginn des seelisch-geistigen Ungleichgewichts. Die Nervosität und das launische Wesen Winterhalters nehmen hier ihren Anfang.

1936 Bezug Villa Miramare in Vico Morcote. Umbau zur Villa Ri-Rita mit 25 Zimmern und 6 Badezimmern. Danach faktische Trennung von Emma-Elena Puklitsch.

1937 Den Wuppertaler Werken droht staatliche Vormundschaft durch das Reichsfinanzministerium wegen angeblichen Steuer- und Devisenvergehen. Flucht bei Nacht und Nebel nach Mendrisio.

1937 Beschlagnahmung des Barguthabens durch den deutschen Fiskus. Gegenzug: Winterhalter schafft es, dass deutsche Gelder in Bern so lange blockiert werden, bis es zur Gegenverrechnung kommt.

1938 Alles hat geklappt: Haus, Firma, Guthaben. Aber Winterhalter ist nicht glücklich. Er fühlt sich einsam und rastlos. Freunde sehen ihn seltsam verändert, gereizt, eigensinnig.

1939 Persönliche Unrast. Winterhalter möchte wieder jünger und einfallsreicher werden. Versuche mit dem Gestein des Sommersitzes San Grato oberhalb Lugano. Die Gammastrahlung soll heilend wirken.

1940 Die Deutschen erobern Frankreich. Winterhalter flüchtet in Panik in die USA. Jugendkuren durch Hormonspritzen bei Dr. Goldzieher in New York. Goldzieher gehörte eventuell den Rosenkreuzern an.

1941 Abenteuerliche Reise um die halbe Welt von den USA zurück in die Schweiz.

1941 Wegen verschwenderischen Lebens bilden die Familie (Pater Joseph, Pater Beat, Viktor, Hanna, Elisabeta) sowie der technische Direktor Ernesto Rieser bzw. der kaufmännische Direktor Armande Pedrazini eine Interessengemeinschaft zum Schutze des von Winterhalter geschaffenen Kapitals.

1942 Scheidung von Emma-Elena. Nach sechs Monaten heiratet Winterhalter Inge Thompson, 17 Jahre, Nichte der Exfrau und Deutsch-Amerikanerin.

1942 Kirchlich können sie nicht heiraten. Das plagt ihn und treibt ihn in Frömmlerei und Marienverehrung. Bau einer Kapelle auf dem San Grato.

1942 Die Nervosität nimmt zu. Diagnose Prof. Cattamalli, Neuropsychiatrische Klinik der Uni Modena: Fromme Hysterie, die durch liebevolle Behandlung im Familienkreis behandelt werden könne.

1942 Die Aufrüstung im Krieg kurbelt die Produktion an. Winterhalters Vermögen wächst auf 30 Millionen Schweizer Franken.

1943 Winterhalter möchte wieder Erfinder sein und den Erfolg genießen: Idee des Baus von Häusern und Strassen mit Reißverschluss-Technik. Bau einer 1,4 km langen Straße auf den Monte San Grato.

1943 Eine neue Diagnose spricht von unerklärlichen, fremdartigen, uneinfühlbaren psychischen Haltungen und immer grotesker werdenden Lebensinhalten. Renommierwahn und Exzentrik.

1943 Die rauschenden Feste in der Villa Ri-Rita gehen weiter. Inge Thompson will diesem Leben nicht folgen. Sie verschwindet im Sportwagen Sadruddins, dem jüngeren Sohn Aga Khans.

1944 Winterhalter entdeckt angeblich durch Pendeln ein Heilwasser am Monte San Grato. Er plant ein Heilbad und verschwendet dafür Millionen. Seine Anerkennung in der Öffentlichkeit sinkt.

1945 Tod eines angeblichen Atomphysikers in Venedig. Heilung des radioaktiv verseuchten Körpers durch das Gestein vom Monte San Grato führt zur Groteske am Grab des Verstorbenen.

1946 Winterhalter verliebt sich in seine Privatsekretärin Maria Lucia Medici, Jahrgang 1922, aus Mendrisio, die ihm alle weltlichen Angelegenheiten bestens und zuverlässig organisiert.

1947 Winterhalter wird der Familie unheimlich. Aus der Interessengemeinschaft wird eine Internierungspartei. Die Direktoren sorgen sich um Arbeit und Kapital, die Familie um ihr Erbe.

1948 Die Riri-Patente verfallen. Weltweit droht billige Konkurrenz. Entscheidende Innovationen fehlen Winterhalter jetzt. Der Welthandel zieht indessen an.

1949 Die Internierungspartei veranlasst am 16. Januar einen Überfall in der Villa Ri-Rita durch Dr. Elio Gobbi von der Anstalt Mendrisio. Erste Internierung bei Dr. Manfred Bleuler im Burghölzli.

1949 Konfliktlösung durch Bruder Beat aus Disentis: Sein Freund, der Arzt Dr. Christian Huonder, übernimmt die Vormundschaft. Winterhalter kurt danach in Les Rives in Prangins bei Dr. Wehrle.

1949 Streit der Kantone um Vormundschaft des reichen Mündels: Der Kanton Tessin möchte den guten Steuerzahler nicht aufgeben und ficht die Vormundschaft Huonders im Kanton Graubünden an.

1949 Um endlich den Erbschleichern zu entgehen, plant Winterhalter ein raffiniertes Spiel: Er ruiniert gezielt die Firma, kauft die Aktien vom Ausland her auf und schenkt seiner Köchin 765.000 Franken.

1949 Dr. Bleuler erstellt auf Druck der Internierungspartei ein Gutachten: Das Vermögen scheint ohne vormundschaftlichen Schutz gefährdet. Dr. Huonder legt die Vormundschaft ab.

1949 Derweil bereisen Winterhalter und Lucia Rom. Da die Michelangelo-Kuppel Risse hat, vermutet er einen See unter dem Petersdom. Mit einem Sondierstollen mit Riri-Technik will er ihn entwässern.

1949	Am 20. August kann Hanna Huwyler die Vormundschaft durchsetzen. Aufgrund der Gutachten des renommierten Dr. Bleuler und der Diagnose Dr. Wehrles wird ein Haftbefehl ausgestellt.
1949	Statt unterzutauchen, erscheint Winterhalter in Disentis. Verhaftung und zweite Internierung bei Prof. Stehlin in der Basler Friedmatt. Diagnose: Polymorphe Schizophrenie mit paranoiden Zügen.
1949	Bestechung eines Wärters und Flucht über 3,2 Meter-Mauer nach Divonne les Bains. Maria Lucia und Fontana, Direktor der Riri-Werke, verhelfen Winterhalter zur Flucht.
1949	Der neue Anwalt, Dr. Ludwig Bucher aus Chur, kann die Vormundschaft am 26. September auflösen. Doch Winterhalter reagiert nicht darauf und flüchtet nach Wien.
1949	Rauschhaftes Leben in Wien mit Maria Lucia im Hotel Astoria. Kauf zweier Lippizaner für 20.000 Franken sowie der Wiener Illustrierten, welche Winterhalters Hochzeitspläne druckt.
1949	Seine Schwester Hanna vereitelt am 12. Dezember durch Rechtsbegehren die Hochzeit mit Maria Lucia. Bis jetzt agierte die Internierungspartei angeblich zu seinem Schutze. Jetzt geht es offen um das Vermögen.
1949	Was einmal klappte, soll wieder helfen: Freiwillige Vormundschaft bei Anwalt Ferruccio Bolla, Arzt Dr. Valente Bernasconi und Verwaltungsrat Adolfo Janner. Fataler Irrtum: Die Freunde sind Feinde.
1949	Am 19. Dezember werden die Konten gesperrt. Faktischer Verlust der Handelsfreiheit. Doch Winterhalter und Lucia feiern über die Festtage in St. Moritz im Hotel Kulm.
1950	In St. Moritz kommt es zum Eklat: Winterhalter bezichtigt Maria Lucia des Diebstahls, zerwirft sich mit ihr und entlässt sie. Danach tiefe Einsamkeit.
1950	Flucht nach Italien mit der »Schatzkiste«: Ein Koffer voller Geld und Schmuck, u. a. Juwelen aus der Schatz-

kammer der Romanows. Insgesamt verbraucht er 1950 über 750.000 Franken.

1950 Nachtleben in Mailand, Hotel Gallia, mit einer neuen, blutjungen Freundin. Dann Rom, Grand Hotel. Währenddessen: Die Rechtskräftigkeit des Urteils wird bestätigt. Winterhalter droht Haft.

1950 Winterhalter verliebt sich in die Tochter des tunesischen Industriellen Monghi Baccouche, der ihn nach Tunis einlädt, um dort seine zweite Tochter Salonia zu treffen (sie ist zu dieser Zeit 16).

1950 Im Hotel Tunesia Palace äußert Winterhalter bei einer Pressekonferenz die Idee einer atombombensicheren Stadt. Ein Journalist deckt den Betrug auf. Absage der Hochzeit. Flucht aus Tunis.

1950 Winterhalter merkt, dass es immer enger wird. Er verschanzt sich in der Liechtensteiner Burg Gutenberg. Dort verliebt er sich in Roswita Burgmeier aus Feldkirch.

1950 Winterhalter hält Ausschau nach den Schönen des Landes mittels eines Balls auf der Burg. Doch statt junger Mädchen kommen Gendarmen und deren Väter und Brüder.

1950 Der Vormundschaftsrat nützt das Geld gut: Entzug der Aufenthaltserlaubnis. Zusammenbruch Winterhalters.

1950 Die Tessiner Behörden schlagen sich auf die Seite der Internierungspartei: Im Interesse der Wirtschaft müsse der Chef der Riri-Werke bevormundet bleiben.

1950 Letztes Aufbäumen: Winterhalter reitet zum Zeichen seiner Gesundheit als eidgenössischer Don Quijote auf seinen Lipizzanern Flora und Florian von Balzers nach Morcote.

1950 Verlobung mit Roswita. Rückkehr in die Villa Ri-Rita. Ehrenbürgerschaft der Gemeinde Corona.

1950 Dr. Wehrle erwartet Winterhalter in der Villa Ri-Rita, um ein aktuelles Gutachten anzufertigen. Bestechungsversuch, Streit und Zerwürfnis. Das Gutachten fällt fatal aus und führt zur rechtlichen Basis, ihn endgültig zu internieren.

1950 Winterhalter verdächtigt alle und wird aggressiv. Zerwürfnis mit seinem Bruder Joseph und Dr. Ferruccio Bolla. Als er letzterem in Lugano auflauert, wird er von der Polizei verhaftet.

1951 Dritte und endgültige Internierung bei Prof. Ludwig Binswanger in der Klinik Bellevue Konstanz. Erneute Diagnose durch den behandelnden Arzt Dr. Fierz und Prof. Binswanger: Paranoide Schizophrenie, die aber nicht mehr heilbar ist.

1951 Letzter Fluchtversuch, geplant von Freunden, die ihn entführen wollen. Der Gangstercoup in einer amerikanischen Limousine misslingt. Pfleger überwältigen Winterhalter auf der Stelle.

1951 Abbruch der Verbindung mit der Außenwelt, auch mit Dr. Bucher. Der letzte Besuch des treuen Anwalts findet am 15. August statt. Fontana führt die Riri-Werke als Direktor weiter.

1952 Das beschlagnahmte Vermögen soll 25 Mio. Franken betragen haben, auf die die Internierungspartei hoffte. Doch der größte Teil davon floss in eine Stiftung im Kanton Zug, die heute noch segensreich wirkt.

1961 Martin Winterhalter stirbt am 22. Juli im Bellevue in Einsamkeit und Stille nach elf Jahren Isolation von der Außenwelt. Kurz danach feiert die Riri ihr 25-jähriges Bestehen in Mendrisio.

Quellen

Aeschbacher, Jörg: Das Erbe des Reißverschluss-Königs. In: Annabelle, Mai 1988. Zürich, 1988.
Baur, Alex: Rippen, Rillen, Grillen. In: NZZ-Folio, Oktober 1998. Zürich, 1998.
Baur, Alex: Zeitungsausschnitte, Polizeiberichte und Fotos aus dem Privatarchiv. Zürich, 2004
P.W.B.: Die abenteuerliche Flucht des schweizerischen Reißverschluss-Königs. In: Schweizer Illustrierte, Oktober 1949. Zürich, 1949.
Riess, Curt: So wird man Millionär. In: Frankfurter Illustrierte Zeitung. Frakfurt a. M., Okt. bis Dez. 1953.
Stäuble, Eduard: Biographien, Zeitungsausschnitte und Fotos aus dem Privatarchiv. St.Gallen, 2002.
Von Schumacher, Felix und Froidevaux, Marc: Genie, Genuss und Wahn. Drehbuch zum Film für das Schweizer Fernsehen. Ohne Jahresangabe.
Winterhalter, Stephan: Martin Othmar Winterhalter. Das Schicksal eines St.Galler Fabrikanten. Maturaarbeit am Gymnasium Untere Waid. Mörschwil, 2004.
Zwicky von Gauen, Jean Paul: Schweizerisches Familienbuch. Zürich, 1945.